教育部人文社会科学重点研究基地——华东师范大学俄罗斯研究中心
"985"国家哲学社会科学创新基地——"俄罗斯与大国关系研究"
研究成果

苏联解体的原因及思考

主　编◎冯绍雷　　副主编◎刘　军

时事出版社

图书在版编目（CIP）数据

苏联解体的原因及思考/冯绍雷主编. —北京：时事出版社，2013.11
ISBN 978-7-80232-651-4

Ⅰ.①苏… Ⅱ.①冯… Ⅲ.①苏联解体—研究 Ⅳ.①D751.25

中国版本图书馆 CIP 数据核字（2013）第 236653 号

出 版 发 行：时事出版社
地　　　址：北京市海淀区巨山村 375 号
邮　　　编：100093
发 行 热 线：（010）82546061　82546062
读者服务部：（010）61157595
传　　　真：（010）82546050
电 子 邮 箱：shishichubanshe@sina.com
网　　　址：www.shishishe.com
印　　　刷：北京百善印刷厂

开本：787×1092　1/16　印张：24.75　字数：340 千字
2013 年 11 月第 1 版　2013 年 11 月第 1 次印刷
定价：79.00 元

目 录

SU LIAN JIE TI DE YUAN YIN JI SI KAO

第一部分 苏联解体研究

第二部分 冷战终结及其思考

第一部分

SU LIAN JIE TI
DE YUAN YIN
JI SI KAO

苏联解体研究

一场远未终结的辩论

SU LIAN JIE TI DE YUAN YIN JI SI KAO

——关于苏联解体问题的国外学术诠释

冯绍雷*

如果说罗马帝国的解体和法国大革命的发生至今还是引起人们巨大兴趣的辩论题目的话，那么像苏联解体那样刚刚过去 20 多年，还没有经过几百年、甚至千余年历史沉淀的重大事件，从时间的逻辑来讲，似乎依然被认为是不宜过早得出历史结论的。

当然，这仅仅是事情的一个方面。从目前对苏联解体的各种各样评价所产生的实际影响来看，对于苏联解体的评价不仅具有保持和延续历史记忆的作用，而且显然将影响人们对于未来道路的选择。

在这样的认知背景下，本文主要介绍了 20 多年来国外学术界是怎样利用政治学、经济学、社会学、历史学、国际研究等各个学科门类的知识和范畴，通过对苏联解体这一事件所进行的学术性解释来深化我们对它的认识的。当然，即便是这样的学术性诠释，可能依然“为时尚早”，但它是更深入讨论这一问题的必要前提和条件。

* 冯绍雷，华东师范大学国际关系与地区发展研究院院长、俄罗斯研究中心主任。

一、"帝国"和"革命"范畴研究中的苏联解体

"帝国"和"革命"是晚近国际研究学界较多运用于苏联问题研究的两个学术范畴。虽然关于这两个范畴的功能效用依然有不少争论，但运用这对范畴进行研究的作品显然在逐渐增多，而且其结论也引人注目。在近代国家出现之前，帝国曾经是在相当长时间内存在过的一个历史现象，比近代国家体系存在的时间要长得多。帝国体现出的不仅是一个国与国之间相互关系的现象，还是一个国家间关系的和国内的治理系统。换言之，帝国不仅是一种消极历史现象，也是人类社会在国际交往和治理进程中值得深入发掘和总结的一个方面。

运用"帝国"范畴对苏联解体所进行的分析，笔者认为至少有三种类型：其一是关于不同帝国的地理类型如何影响其衰亡的过程；其二是关于帝国的治理状态如何影响其命运的分析；其三是从系统结构的角度对宏大的国际系统进行动态分析，观察其如何影响苏联的最终解体。

首先，关于是否在苏联解体问题上使用"帝国"这一范畴，西方学者也是有着不同看法的。有学者认为，苏联的非帝国性质并不宜于从"帝国"范畴角度对其进行分析。比如，与19世纪帝国现象相比，苏联曾经长期获得人民支持，有着较高水平的经济增长，广大疆域之内有如此之多民族混合居住，特别是意识形态曾经具有强大的作用。但是，更多的学者认为，毕竟"帝国研究"已经在国际学界作为一种"价值中立"的学术方法在广泛流行，值得做一番介绍与思考。①

为了区别于其他的帝国现象，诸如以皇帝为首脑的君主制国家、帝国主义殖民大国等，E. T. 盖达尔（E. Гайдар）在《帝国的消

① Gregory Gleason, *The Federal Formula and the Collapse of the USSR*, Oxford: Oxford University Press, 1992, pp. 141—163.

亡——当代俄罗斯的教训》一书中为俄国现象专门量身定制了一个“优雅的”定义：“帝国”这一术语可以理解为支配权集中于宗主国，而民主设置（如果有的话），抑或至少选举权未能普及到其掌控下的全部领土的强大的多民族国家类型。[①]

这样的“帝国”定义与苏联解体有何干系呢？根据盖达尔的定义，原则上有两类帝国，即跨海帝国（英国、荷兰、葡萄牙等）和领土毗连帝国（奥匈帝国、俄国等）。这两类帝国在衰落过程中所遇到的问题表现出明显的差异。对于前一类帝国，由于宗主国领土与海外殖民地有着大洋阻隔，因此发生在殖民地的政治和经济变化很难直接在宗主国的本土内得到反映。比如，发生在英国殖民地的革命和独立并不那么直接地对英国本土政治构建产生严重的冲击和影响。而作为大陆型的后一类帝国，由于没有海洋将殖民地与宗主国分隔开来，宗主国与附属领土上占主要地位的民族共同体（宗主国）比邻而居，相互影响密切。帝国附属地或边缘地区的举手投足都会对帝国核心部位产生深刻影响。因此，特别是在帝国解体过程中，这两类帝国的表现有着巨大的差异。大陆型帝国的政治结构由于疆域毗连、人口混居、文化一脉相承，往往会受到边缘地区政治和经济状态的直接影响。比如，20 世纪 80 年代末、90 年代初波罗的海和高加索地区民族情绪高涨后的形势动荡就直接影响了苏联的解体。盖达尔甚至认为，特别是 20 世纪后半叶的历史经验显示，当帝国已经解体，大国情结和帝国心态交织，使得昔日宗主国的民族意识要适应强国地位的丧失而成为一项并非容易的任务。[②]

盖达尔进一步指出，多民族国家如果再加上集权政治统治，那么它经常会发生的情况是，制度的自由化和民主化首先会动员起那些准备利用民族感情的政治力量。而戈尔巴乔夫根本不明白这一“帝国”

① ［俄］E. T. 盖达尔著，王尊贤译：《帝国的消亡——当代俄罗斯的教训》，社会科学文献出版社 2008 年版，第 3—4 页。

② E. T. 盖达尔：《帝国的消亡——当代俄罗斯的教训》，第 17—33 页。

特定历史背景下的挑战，也根本忽视了苏联民族问题的危险性。[①] 显然这就成为苏联解体的动因。同时，盖达尔又强调，具有帝国传统的“奥匈帝国、南斯拉夫的经历都令人信服地证明，当中央政权的合法性被摧毁，军官和士兵的忠诚在他们的原籍所组建的新国家与宗主国以及他们所驻扎的那个帝国的行政当局之间被搞得四分五裂时，国家机关所遭遇的困难是十分巨大的。通常的结果只有一个：军人丧失采取行动的能力”。[②] 笔者在这里指出这一特点是有意义的，因为在诸如奥匈帝国等大陆型帝国的解体过程中，军人用兵的力量受到了限制。一方面，这是催动反抗力量不受武力威慑，推进帝国解体的客观条件；另一方面，这也使得帝国解体有可能在相对和平的条件下进行。像苏联解体这样的大帝国解体，居然大体是在和平背景之下实现的，可谓是不幸中的大幸。除了上述军队作用受到限制之外，另外一个重要背景乃是核威胁的存在反而成了一个制约解体过程不能过于受武力影响的外部原因。可见，大陆型帝国的连续性和海洋性帝国的非连续性乃是观察其兴衰存亡历史性条件的一个重要方面。[③]

第二类帝国研究的特点在于对于帝国治理问题的分析。伦敦经济学院教授、沃尔夫森历史学奖得主多米尼克·列文（Dominic Lieven）在对各个欧亚帝国进行了气势磅礴的历史性比较后，强调了导致俄罗斯帝国解体的一系列治理方面原因。在他看来：第一，苏联解体最根本原因在于它在国外和国内赋予了自己过于艰巨而不切实际的使命（herculean tasks）。在内部，苏联试图在由文化、宗教和民族及其不同人组成的混合体上建立一个可行的政治群体，要实现这个目标需要“非常强大的意识形态”。此外，“普遍较高的文化程度和快速的经济发展也是苏联国家合法性和生存的关键”。[④] 这意味着苏联不

---

① E. T. 盖达尔：《帝国的消亡——当代俄罗斯的教训》，第 220 页。

② E. T. 盖达尔：《帝国的消亡——当代俄罗斯的教训》，第 287 页。

③ 于向东：“关于俄罗斯帝国性和民族性的对话”，《大观》2009 年第 5 期。

④ Dominic Levien, *Empire: The Russian Empire and Its Rivals*, London: Yale University Press, 2000, pp. 330—339.

能以一个普通帝国身份存在，而必须既是帝国又是“社会主义意义上的现代性旗舰”。作为第一个社会主义国家的苏联必然会招致资本主义国家的联合反对，“由苏联自身设定的反对全球资本主义的任务是一个太过艰难的任务”。这样的背景使得苏联必须极尽动员资源、投身于强敌的竞争，“而且国家意识形态如此紧密地与体制合法性相联”，一旦外部目标无法实现，就会产生严重后果。

第二，苏联解体的另一个最基本同时也是相当简单明了的原因，乃是其意识形态的失败。苏联意识形态曾经“预言资本主义经济的崩溃以及相互之间将会发生大战，这至少在1945—1991年这段时间里被证明是错了的”。意识形态可信度和合法性的丧失导致苏联“认同感”的缺失乃是帝国崩溃的重要背景。

第三，帝国往往因对于外敌的恐惧而兴盛，而“戈尔巴乔夫对外政治新思维一笔勾销了西方对于苏联安全的威胁存在”，从而大大降低了帝国存在的价值。

第四，苏联在“中东欧的非正式帝国形态堪称过度扩张的典型案例”，而到了20世纪80年代中期，这一地区已经成了苏联帝国的负担而不是利益。乌克兰、波罗的海、巴尔干地区的民族运动在苏联解体过程中发挥了关键的作用。

第五，帝国疆域辽阔并且民族关系多样，因此中央与地方精英之间关系对于维系帝国显得非常重要。但是，戈尔巴乔夫的“失败的经济改革伴之以揭露苏联过去的‘公开性’政策损害了莫斯科共产主义体制的合法性”，其推行的民主原则也使得地方精英有机可乘。中央与地方精英的关系由此变弱，帝国岌岌可危。从这个意义上说，“苏联解体很难被说成是民主的不言自明的一次胜利。民主化虽然有限，但却对苏联解体起了很大作用”。

第六，1985—1991年，戈尔巴乔夫的个人因素以及他对于改革战略和技巧的选择，包括他和叶利钦的个人关系，所有这些因素都导致了帝国走向崩溃。多米尼克·列文的研究表明，不同帝国的不同治理方式将决定帝国的命运。①

除此之外，有关帝国结构系统的研究视角也是分析苏联解体的工具之一。加拿大学者斯蒂芬·斯特里特（Stephen M. Streeter）认为，为什么那么多对于苏联极权主义的研究却没能预测到苏联解体，其原因就在于没有从帝国结构角度进行思考；而结构问题的关键不在于行为体是何性质，而在于其占首位的结构关系。从结构关系出发的观察有助于避免意识形态等因素的干扰。② 斯蒂芬·斯特里特等人主编的《帝国与自主性》一书以 1986 年戈尔巴乔夫和美国总统里根在雷克雅未克的谈判为案例，认为这一场谈判实际上已经宣告了冷战的终结和苏联的解体。作为新帝国的美国正在开始以其全球政治、经济、战略等多方面的主导性优势来限制其他国家的自主性。而作为另一大帝国的苏联就是在美国在其正式主权范围之外投放力的压迫下，宣告实际上已经接受妥协。这样从帝国外部环境出发的分析使得人们对于苏联解体的理解不光限于自身，而且有了全球性结构的宏大背景作为支撑。③

“帝国”范畴的运用告诉我们，无论是从类型学意义上抑或是从帝国治理能力和质量的层次上，还是从帝国内部和外部结构的视角下，帝国内外行为的逻辑及其制约性乃是理解苏联解体现象的一个重要切入点。

再来看有关“革命”问题的分析。如果说在几十年前，当国际局势发生动荡，特别是若干国家和地区通过暴力或者非暴力方式出现政治更替时，人们还不太习惯使用“革命”这一范畴来对之加以描摹，那么在几十年后，当“革命”一词已经被媒体和学术研究广泛使用于对发生在世界各地各种形式的激进政治变动所做的描述和分析时，我

① 转引自饶淑莹：《转型时代的帝国研究》，上海人民出版社 2010 年版，第 83—85 页。

② 转引自饶淑莹：《转型时代的帝国研究》，第 155—185 页。

③ 转引自［美］斯蒂芬·斯特里特、约翰·韦弗、威廉·科尔曼主编，陈家刚等译：《帝国与自主性》，社会文献出版社 2010 年版，第 174—197 页。

们就有必要通过“革命”这一范畴在苏联解体问题上的运用和分析来加深对苏联解体本身以及“革命”这一范畴的进一步认知。

对于“革命”的历史实证研究以及通过暴力实现政治变革的研究曾经是以往很多有关“革命”研究的基本内容，但是在20世纪最后的几十年中，随着越来越多的社会政治变革，特别是发生在向现代市场经济和民主法治转变过程中的国家地区的复杂政治经济转型过程的出现，“革命”范畴就更多地指向这样的社会政治急剧变化过程。

曾经是20世纪90年代俄罗斯经济改革与管理团队中的重要成员、具有广泛影响的经济学家弗拉基米尔·马乌（ВладимирМау）在他的《大革命：从克伦威尔到普京》一书中曾经将俄罗斯20世纪80年代末和90年代的转型与历史上的英法革命相比拟。他认为，有关“革命”的现代理论可以用来解释现代化和转型进程中的一系列事件。[①]

那么，弗拉基米尔·马乌是如何看待“革命”这一现象的呢？

他认为：第一，“革命”不会产生在缺乏动态变化的稳定社会，这往往与现代化进程中经济增长现象有关。比如，早期现代化危机往往见诸经济增长的准备阶段以及最初的病态阶段，这一阶段危机要解决的是居民如何适应经济增长、尖锐的国际竞争等一系列极具动态性的问题；而成熟工业化时期的危机则产生于大规模工业化生产阶段，这时的危机反映的是市场经济如何自我调节和国家如何调适对经济和社会生活的控制和管理；后工业社会早期的危机则往往产生于如何应对全球化的挑战、生态威胁等情况之下。上述任何一种危机如果无法得到解决，并且限制和阻碍对于变动中客观条件的调适，那么便会引发“革命”。第二，“革命”乃是一种自发形成的社会转型，往往发生在国家管理弱化，已经没有能力控制所发生的事件和过程的情况之下。第三，国家管理的弱化主要体现于社会的碎片化——在经济变动

① Ирина Стародубровская，Владимир Мау，*Великие революции. От Кромвеля до Путина*，Москва：Вагриус.

的情况下，既定社会结构会受到新社会集团和阶层的冲击。第四，“革命”具有以下类似的进程：旧体制危机—反对旧体制的温和力量联盟掌权—温和政权的危机—受到保卫革命成果联盟支持的激进力量掌权—激进政权危机—热月派政变：新精英阶层伴随着财产状况的重新分配而形成、民众疲惫但又没有做好积极的政治准备，进而导致危机深化——这为国家强权的出台做了铺垫——“革命”之后基于新政治精英阶层及其联盟专制的形成。第五，“革命”后的专制往往是国家权力的强化，但并不意味着稳定，一般这样的不稳定状况会延续几十年。第六，“革命”往往是在大量偶然性因素积累之下形成的，“革命”的结果难以预言。第七，在一系列重要学术作品中已经出现了有关“革命”问题的有关共识：诸如暴力已经不再是“革命”的最主要标志；“革命”更多具有政治经济性质，而非原来单纯的政治性质；社会基本结构的碎片化较之阶级分析更加受到关注；“革命”中发生的政治体制的更替并不具有明确的社会属性；“革命”后的专制并不意味着强有力国家管理的最终恢复。①

那么弗拉基米尔·马乌是如何通过“革命”范畴来观察当代的社会变迁的呢？马乌认为，20 世纪末在俄国发生的是一场真正意义上的“革命”。这场“革命”就其属性而言无异于以往历史上的一系列革命，但是当代俄国“革命”并不以暴力为其特征，并且是从相对谨慎的改革逐步走向了“革命”。这场革命从 20 世纪 80 年代后期开始，经过了苏联解体，一直延续到 21 世纪初普京政府执政，这时“革命”时期才走向完成。②

如果说弗拉基米尔·马乌的“革命”范畴研究较多的是从纵向的历次革命以及每次革命周期性历史变化来进行的比较，并勾画出苏联

---

① Ирина Стародубровская，Владимир Мау，*Великие революции. От Кромвеля до Путина*，Москва：Вагриус，pp. 418—433.

② Ирина Стародубровская，Владимир Мау，*Великдо Путина*，Москва：Вагриус，pp. 418—433.

解体前后俄罗斯社会政治变迁的特征，那么迈克尔·麦克福尔（Michael McFaul）的《俄罗斯未竟的革命》一书则更多地从一般社会体制转型的横剖面分析来刻画俄罗斯世纪末的“革命”。迈克尔·麦克福尔的研究作品之所以值得关注，不光是因为这位学者是从小布什政府时期就开始受到包括美国总统在内的最高当局重视的一位俄罗斯问题专家，而且对他的关注甚至延续到了奥巴马总统时期。2011 年底，麦克福尔就任美国驻俄罗斯大使，这是国际关系学者中为数不多的“学而优则仕”的一个例子。

迈克尔·麦克福尔与弗拉基米尔·马乌的异曲同工之处在于两人都是把从苏联至 21 世纪初的俄国社会政治转型视为一个“革命”过程。麦克福尔明确地提出：“到 1990 年秋天，形势已经很清楚，苏联特别是俄罗斯处于社会革命的中途，这次革命的规模堪与现代史上其他几次革命相媲美。”①

稍有区别的是，麦克福尔对于俄国“革命”的评价要稍低于弗拉基米尔·马乌。弗拉基米尔·马乌把俄国转型与历史上的每一次革命进行比较之时，强调了前者的优越之处；而在麦克福尔看来，俄国“革命”不光行进艰难，认为先是经济、后是主权边界之争，真正民主的改革很晚才问世，在革命过程中还是出现了“暴力因素”（指的是 1991 年 8 月的莫斯科“政变”和 1993 年“炮打白宫”事件）。②

麦克福尔首先是强调了两个背景性变量：争议的转型议程和敌对力量之间的权力平衡。就前者而言，这位现在已经是美国驻俄罗斯大使的“前学者”非常有意思地提出，有关转型议程的经验表明，凡是将政治改革和经济改革同时推进的国家鲜有成功的可能；与其分兵两路，还不如攻其一点，集中精力抓好一个方面的改革，或许还能够有

① 转引自［美］迈克尔·麦克福尔著，唐贤兴等译：《俄罗斯未竟的革命——从戈尔巴乔夫到普京的政治变迁》，上海世纪出版集团 2010 年版，第 8 页。

② 转引自迈克尔·麦克福尔：《俄罗斯未竟的革命——从戈尔巴乔夫到普京的政治变迁》，第 1—4 页。

所突破。[1] 就第二个变量而言，麦克福尔挑战了转型问题的理论家亚当·普热沃斯基（Adam Przeworski）所提出的命题：权力之间的不确定的平衡更容易走向最民主的安排。因为在普热沃斯基看来，“民主不可能产生于专制，它只能在协商中出现”。[2]

而麦克福尔反驳道，权力不平衡、不对称状态才是民主产生的前提，甚至提出民主“可能通过强制而产生”的结论。麦克福尔在这里指的是，转型过程中势均力敌的对抗状态无法真正产生民主，相反，叶利钦这样的强权人物甚至在 1993 年炮打白宫事件中动用了武力，才使俄罗斯有了民主制宪的可能。[3]

值得注意的是，较结构性因素来说，麦克福尔在俄罗斯革命性转变过程的分析中更加强调个人角色的因素。他提出，中长期条件下，结构性因素会起到比较大的作用，但是在苏联发生“革命”的较短时期之内，应该更加关注的是个人角色的巨大作用。他强调，结构性因素并不决定结果，个人因素才决定结果，“推动这部苏联/俄罗斯转型戏剧的是最终由这些个人在关键点上偶然作出的决定”。[4] 显然，这与帝国范畴对于苏联解体进程的观察有所不同。

无论是从“帝国”范畴，还是从“革命”范畴的运用来看，虽然上述这些学者还只能从其带有个人特点的研究角度提出对于苏联解体以及围绕解体的历史过程的看法，但与单从历史事实角度出发做的研究相比，这些判断显然已经有了进一步的深化。

---

① 转引自迈克尔·麦克福尔：《俄罗斯未竟的革命——从戈尔巴乔夫到普京的政治变迁》，第6—8页。

② Adam Przeworski, *Democracy and the Market*, Cambridge: Cambridge University Press, 1991, p. 80.

③ 转引自迈克尔·麦克福尔：《俄罗斯未竟的革命——从戈尔巴乔夫到普京的政治变迁》，第13—14页。

④ 转引自迈克尔·麦克福尔：《俄罗斯未竟的革命——从戈尔巴乔夫到普京的政治变迁》，第371页。

二、争议之下的苏联民族主义和联邦制问题

长期以来，学界对民族主义问题是否是苏联解体的原因这一问题一直存在着争论。一种观点认为，民族主义问题在苏联解体过程中只是起了很小的作用。这种观点的主要理由在于，影响苏联解体的主要事件只是在正式体制之内发生，很少与社会相关；这种观点认为，在关键的决策过程中，民族主义只是一种相当边缘的动因和影响——因为在当时影响苏联解体的各种因素中，失败的体制与意识形态、衰落的经济、与美国竞争的军事重负、以自我实现为工具目标的官僚体制等问题才是影响苏联解体的关键因素。在另外一些著作中，有学者认为民族主义问题只是被视为苏联解体的一种结果，它只是在苏联解体之后才发生影响的，而并不是在苏联解体过程中起着自治作用且主动地推动苏联解体的一种力量。①

总体上看，在目前国际学界，较多学者认为民族主义在苏联解体过程中起了重大的推波助澜作用。苏联时期一位相当有影响的评论家维塔利·特列季亚科夫（Виталий Третьяков）认为，苏联晚期民族主义的崛起与联盟国家建构有关。他认为，苏联是一个多民族大国。在20世纪70年代，具有多民族但又有统一国家属性的“苏联人民”这一概念并非完全是意识形态宣传，的确是当时实际的生活状态。他认为：一方面，各民族之间大量通婚、以各民族单位为主体的加盟共和国之间大量异族人员混居，当时有着非常接近于美国那样把各族人民变成为一个统一整体的条件；但另一方面，每一个这样的加盟共和国不光有着自己的“原始国家建构”，而且这样的民族国家身份还不断地得到来自中央政权的各种“照顾”，诸如发展民族语言和文化的优

① Mark R. Beissinger, “Nationalism and the Collapse of Soviet Communism,” *Contemporary European History*, Vol. 18, No. 3, 2009, pp. 331—347.

惠政策、进入一流大学的特殊入学条件、对于地方传统经济的保护等等。也正是这样一种状态才使得20世纪90年代初期苏联面临国家危机，当各主权国家纷纷倾向于独立时，它们具有几乎一应俱全、马上能够启用已有的独立国家建构，并以此推倒苏联。①

苏联解体后不久，美国新墨西哥大学的学者格雷戈里·格利森（Gregory Gleason）曾经发表一篇题为《联邦制形式和苏联解体》的长文。按照他的观点，苏联晚期修正联邦体制的努力为何归于失败，主要有着以下5个方面的原因：

第一，苏联联邦体系本身缺乏合法性，以至于在无法实行有效镇压的情况下，其体系就难以为继，再加上引发解体的过程是突如其来的，其更无法应对。第二，苏联的规模过于庞大、内部过于多样化，除非实行垄断统治，否则就难以协调。第三，许多联邦制的历史经验表明，民族原则和领土原则行政的交织重合实际上是其难以治理的痼疾，苏联也无法例外。第四，苏联联邦体制由于“大俄罗斯”的存在这一事实而大为复杂，因为俄罗斯具有自己的联邦制结构，并且内部分裂主义的挑战非常严重。第五，1991年接连不断的一系列事件的发生顺序和事件也不可能形成一个导致联邦体制存活的胜者同盟。由于这些原因，苏联联邦体制无法逃脱倾覆的命运。②

美国社会学家马克·贝辛格（Mark R. Beissinger）将苏联解体过程中民族主义所起的作用推演发展为三个问题。

第一个问题是，在苏联解体的趋势逐渐蔓延过程中，民族主义在使解体的路径“结构化”方面发挥了何种作用？他认为，不可以简单地说，是民族主义“导致了”苏联的解体。作为一个如此复杂的历史过程，总是会有很多结构性因素在起作用，因此不能认为是这样的一

---

① Виталий Третьяков, “Крушение СССР и Возрождение России/Две Тенденции Одного Пятнадцатилетия,” *Политический КЛАСС*, 01 декабря 2006, pp. 16—29.

② Gregory Gleason, “The Federal Formula and the Collapse of the USSR,” *The State of American Federalism 1991—1992*, Vol. 22, No. 3, 1992, pp. 141—163.

种单一因素在起作用。同时，他也认为，如果轻视民族主义这一向度在苏联解体过程中的作用，那也是愚蠢的：因为民族主义在使苏联解体走向“物质化”的动态过程中的确是起了核心作用，使得解体过程有了“物质承担者”；而且，如果排除了民族主义向度进行解释的问题，也不可能理解后苏联时期这一地区的政治和社会发展走向。马克·贝辛格提出，在1987—1992年的这一阶段，民族主义是最有鼓动能力的政治口号，而且尤其是在1988—1989年间以“公开性”为口号的政治开放使得民族主义因素在各种场合之下被政治化了。这是一个苏联人民和苏联精英包括苏联持不同政见者都没有预料到的结果。马克·贝辛格提出了一些数据来证实他的这一结论。1988年以后，在苏联地区出现的街头示威游行当中，具有民族主义要求而没有民主要求的比起仅有民主要求而没有民族主义要求的游行示威次数要多出3倍；前者的参加者要比后者多出10倍；既有民族主义要求又有民主要求的示威游行比单有民主要求而没有民族主义要求的参加者要多出5倍。这是一个非常有说服力的现象表明：在决定苏联命运最为关键的几年当中，民族主义政治倾向是比任何其他一个政治倾向都更加具有社会影响力的政治潮流。

第二个问题回答的是，民族主义动员过程在苏联解体之前的这一阶段并不是任何单个民族的故事，而是一个各个民族的行动趋向之间互相影响、互相作用的时期。贝辛格将这一现象称为民族主义的“潮浪效应”，也即潮汐起落之时各方汇聚的潮流互相合流、互相激荡的那种汹涌澎湃的场景。在他看来，苏联解体之时，并不是单个民族或国家的民族主义在单独发挥作用，而是出现了一个各式各样民族主义互相连接、互相影响之下民族主义浪潮翻涌的过程，这才是影响苏联解体的关键问题之所在。作为当时这一历史过程的见证人，笔者认为这一结论比较符合当时的实际情形。笔者在1986—1987年在苏联作为进修学者留学时，曾经在当时的白俄罗斯加盟共和国的首都明斯克有较长时间的生活与工作，当时在白俄罗斯有民族主义倾向的年轻人和波罗的海的民族主义青年已经有较多交往，但是直至 1988 年之前，他们之间基本上还一直保持着私人交往，或是一种类似小型团体集会这样规模的具有民族主义倾向的活动。然而，到 1988 年 6 月苏共十九次代表会议前后，民族主义情绪急剧上升。先是 1988 年 2 月在亚美尼亚首都埃里温首先出现了大规模的民族主义抗议活动，然后延续到 1989 年秋天，在整个苏联地区，在波罗的海、外高加索、乌克兰、摩尔多瓦到处都出现了民族主义倾向的集会、游行乃至于激烈的抗议活动。到 1989 年秋天之后，一方面是苏联相对比较安定的中亚地区也纷纷出现了民族主义的抗议声浪，东欧的政治激变已经到了完全不可挽回的地步；另外一方面，正如马克·贝辛格所说的，民族主义浪潮在当时和其他政治潮流是紧密联系而且同时出现的。特别是到了 1989 年以后，在东欧、中亚、苏联的欧洲部分，对于民主的呼吁和对于民族独立的欲求始终是相互推动而发展成为一个无法遏制的潮流。

马克·贝辛格提出的第三个问题认为，当一个结构化过程形成之时，民族主义动员的作用并不只是表现出原有体制、结构和认同在先前存在时的那种行动逻辑，相反它在体制、结构、认同的重新构建和改造的过程中能够发挥着自己的独立作用，以至于这样一种作用相当深刻地从体制和思想上为苏联解体做好了铺垫。实事求是地说，即使到了 1989 年波罗的海国家开始广泛地要求脱离苏联的时候，也没有出现过像现在这样的认知：似乎苏联帝国马上就要崩溃。但苏联解体的过程同时也是一个大规模的政治转型、意识形态重构以及公众政治认知发生巨大变化的一个时期。在这样的背景下，具有巨大动员能量的民族主义思潮势必和其他政治潮流汇合，使得民族主义思潮不仅仅是高度的政治化，民族主义一面具有能力摧毁苏联的多民族共同体的框架，同时也为民族分离的政治重构提供新的体制和心理基础。[①]

也正是从这样一种理解出发，马克·贝辛格认为，当人们把苏联解体现象过度解读为一个结构上早已经被规定的脚本之时，这种观点是不甚妥当的。他认为“现在有很多人认为苏联解体的原因实际上早在它刚刚建立起自己的体制构架时就已经被确定了，这样的说法难以成立。这是因为类似于苏联解体这样的现象，是在无数的挑战和竞争的作用之下才会最终走向它的结果的，而这样的复杂结果是很难从一开始就被事先确定的。”[②] 依笔者之所见，每种体制确立之初，总有其难以规避的历史理由与背景；而每一种这样的体制抉择一旦作出，也往往会有成功和失败的两种前景与可能。它将更多地取决于如何在而后进程中不断修正和经营。就像贝辛格所说的，这是一个要经过无数挑战和竞争的作用之下才会有最终结果的历史过程。从这点出发，更加关注历史和文化对于体制构建的作用，更多体察体制构建与解体过程中的思潮与现实政治力量的互动，比之任何“原罪”说或者任何与生俱来就具有“先进性”的说法，要来得更为合理。

三、苏联解体的社会学分析

关于苏联解体的社会学角度的分析一直是学术界关注的一个重点。俄罗斯及西方学者们思考和分析的重点尤其集中在苏联解体前这几十年中的社会变化。自20世纪80年代中期以来，学界对于苏联解体前几十年的社会结构和代际状况的分析总体上倾向于比较消极的评价。显然，如果不是对这一阶段消极的看法占上风，也就无法理解20世纪80年代中期以后掀起的一场急风暴雨式的将苏联掀翻在地的改革运动。同时，苏联解体前后以及近年来出现的一些对于苏联解体之

① Mark R. Beissinger, “Nationalism and the Collapse of Soviet Communism,” pp. 331—347.

② Mark R. Beissinger, “Nationalism and the Collapse of Soviet Communism,” pp. 331—347.

前的苏联社会状况持较中性立场的学术作品却认为，在苏联解体之前，即使被认为是处于“勃列日涅夫时期”这样的社会保守化阶段，还是可以发现大量因时而异并自然出现的一些社会变化，但问题是社会体制未能相应地跟随这样的变化而进行调整。而进一步的看法认为，即便是在晚期的苏联，依然有不少积极的因素值得关注，否则就不会有后苏联时期的市场体制和政治民主化。如果说前者比较多地倚重于社会结构功能分析的话，那么后一种观点则较多地从主张文化多元主义的新古典社会学出发。因此，针对这几个方面观点进行比较和思考可以成为探讨苏联解体前后社会向度深层变化的一个重要切入点。

就前一种消极观点来说，可以将俄罗斯相当有影响的学者C. 卡拉—穆尔扎（С. Г. Кара-Мурза）的观点作为代表。按照C. 卡拉—穆尔扎的说法，前苏共中央总书记安德罗波夫曾经对于苏联晚期的社会认知状况有过一个重要的判断：“我们不了解自己所生活的这个社会。”[①]

笔者以为，即使超出苏联解体研究的范畴，安德罗波夫的警语也是可以给人以深刻启示的。C. 卡拉—穆尔扎进一步认为，在20世纪70—80年代，这种状况恶化了：无知变成了不了解，接下来则转化成敌意，在一部分精英中甚至达到偏执的程度。根据C. 卡拉—穆尔扎的分析，当时的特点之一是，领导层无法迅速地揭示、也无法预防社会上已经出现的矛盾，而且无法找到有效的方法来解决已经成熟的问题。这一批新领导人大部分是苏联共产党的第一代党员知识分子的后代，这批领导人对处于基层的工业企业、集体农庄、军队、学校的特点一无所知简直到了令人吃惊的程度，而当时只有基层干部掌握着形势。这种局面一旦面临戈尔巴乔夫的政治路线带来的挑战，自然就如同雪崩似地陷入危机。C. 卡拉—穆尔扎认为当时的问题之二在于，

① ［俄］C. 卡拉—穆尔扎著，施海杰、陈亚梅译：“苏维埃制度崩溃原因的初步分析”，《俄罗斯研究》2011年第5期，第40—58页。

无论是在权力中心的知识精英，如主管意识形态的雅科夫列夫（А. Н. Яковлев）等人，还是在科学技术和文化领域的知识精英，如原子物理之父萨哈罗夫（А. Д. Сахаров）、诺贝尔奖得主索尔仁尼琴（А. И. Солженицын）等人，“在世界观真空以及思想停滞的情况下”，他们当中有相当一部分都倒向了“反苏势力”一边。问题之三是，第二次世界大战以后苏联的城市化进程为后来形成的对于苏维埃的不满制造了客观的前提条件，也即当“苏联构想首先是从农民的俄罗斯处世哲学中成长起来的”社会基本状况还没有发生根本变化的时候就急速进行城市化，使得农民脱离了城市的节律。言下之意，急速城市化使得作为苏联存在依托的农民失去了根基。按照C. 卡拉—穆尔扎的说法，问题之四是“苏联社会与国家没能胜任在代际更替过程中更新社会制度的合法性手段的任务；无法保障文化历史类型嬗变的延续性，这种嬗变发生在现代化和城市化过程中，并和整个社会走出20世纪20至50年代的动员性发展状态的危机相吻合”。特别是苏联共产党的知识分子并没有能够在“工业化、城市化以及时代更替的过程中，当农民共产主义理念逐渐失去效力，在大约60年代耗尽了自己潜能的时候”，“为了巩固苏联社会而保持政治体系的领导权而建立一个新的思想基础”，“新一代的领导集体在马克思主义现有理论中寻找解决这个（只从直观理解）问题的对策，可那里根本就不可能有现成答案。这在党的知识分子中引起了思想危机”。①

很有影响的俄罗斯公共知识分子维塔利·特列季亚科夫（Виталий Третьяков）则这样认为：第一，20世纪70年代，苏联社会实际上已经进入大规模消费的社会，但是国家经济政策没有能够回应这样的社会变化。第二，道德和思想意识形态教条非常危险地越来越与社会日常生活脱离，也和部分西方发达国家的实际情况相脱离。第三，苏联社会的教育程度的提高和已经不错的信息状况（成千上万

① ［俄］C. 卡拉—穆尔扎：“苏维埃制度崩溃原因的初步分析”，《俄罗斯研究》2011年第5期，第40—58页。

有条件的人出国，西方媒体的传播实际上已经相当普遍）使国家有必要及时对此作出理性解释，这两者之间的矛盾日渐显著。第四，兴起的中产阶级在现有社会设置当中没有找到能够使自己正当地位得以保障的政治机制，特别是在消费社会兴起的背景之下对私人所有权的否定。第五，曾在苏联襁褓中形成的各个国家政治主体出于对于俄罗斯依附性的不满，势必在苏联解体时发挥关键作用。特列季亚科夫认为，正是这样，实际上早已经出现了的社会转型、社会基础与意识形态滞后之间的矛盾导致了苏联的解体。①

但是，近年来也有若干对于解体苏联社会状况的学术研究，提出了在苏联最后20年的思想文化变迁，即出现了当时已经从苏联体制内部形成的"俄国式的资本主义精神气质"，从而成为苏联晚期与解体后新市场体制接轨的历史纽带的观点。

俄罗斯新社会研究学院的专家安娜·巴雷茨卡雅（Anna Paretskaya）在其《苏联共产党和另一种资本主义精神》一文中认为（该文在美国社会学学会主编的《社会学理论》上刊出，这篇文章与前述对于苏联晚期的消极观点持相反的立场），从总体上说，在苏联解体之前的20世纪70—80年代，苏联社会已经形成了一种"非资本主义的资本主义"精神气质。她提出，如果不是依照直觉，而是根据对于苏联媒体和国家官方文件的定性分析出发，那么可以得出结论，自20世纪70年代至80年代的共产党乃是资本主义精神气质在苏联的代理人。在安娜·巴雷茨卡雅看来，资本主义精神并不只是禁欲精神，而是包含了一系列广泛的个人主义崇拜物。巴雷茨卡雅在这里枚举了一系列苏共与国家如何推动崇尚个性、表达自我、乐于寻找工作和消费领域的理念和价值观的实例。她认为，按照这样的对于资本主义精神的广泛理解，搜寻当时在苏联体制内存在的资本主义倾向以及当时的相关机制发生和形成的方式，那么就可以形成资本主义文化从

① Виталий Третьяков, "Крушение СССР и Возрождение России/Две Тенденции Одного Пятнадцатилетия," *Политический КЛАСС*, 01 декабря 2006, pp. 16—29.

苏联旧体制之内形成的这样的新观点。这位作者还期待通过对于现代资本主义的起源、发展途径、目标等有关新古典社会学命题的研究对于本题作出进一步的研究。

在安娜·巴雷茨卡雅的研究中，她的分析前提不同于马克思和韦伯对于资本主义兴衰的历史前提的论述，她所主张的是要通过新古典社会学对资本主义进行现实观察和理论比较，其重点是转向 21 世纪之际的资本主义形态及其相互关系的多样性。这位学者关注到了学术出发点的差异。她认为，“在这里，如此多样化的范畴使得新古典社会学不同于新古典经济学，仅仅把资本主义视为‘单一均质全球化的逻辑’加上‘总括所有时空的社会法则’的样式，这种样式可以一些后社会主义国家的‘休克疗法’式改革实践为例证”。她认为，“新古典经济学认为资本主义如果从理性行为、效用最大化到自由人的观念这些范畴来看，存在隐含的内在统一性。但是，从新古典社会学来看则正好相反，这一学说认为资本主义乃是具有多种样式的形态，不光是由于其发生时的历史环境不同，也由于其代理人的文化规范以及政治习性的不同，更是由于社会权力关系变化而形成其特点”。巴雷茨卡雅进一步举例说，比如东欧国家资本主义发生的特点就各有不同：或者是官僚与技术精英的结盟，或者是持不同政见者与技术精英联合起来反对党务官僚，或者是技术精英与官僚集团的对垒。在安娜·巴雷茨卡雅看来，俄罗斯事实上早在“历史的终结”之前，就有了共产党这样一个“代理人”，虽然她所认定的资本主义不同于“一般社会理论习惯上”所称的资本主义。

虽然安娜·巴雷茨卡雅接受了马克斯·韦伯所强调的“资本主义精神”，但她又排除了新教伦理、禁欲主义、利益导向等概念导向，更多地强调了从资本主义的文化向度来诠释俄罗斯资本主义。她认为，俄罗斯资本主义已经是资本主义的一个分支，是一种“没有资本主义的资本主义社会”。早在 1992 年推行资本主义导向的改革开始之前，这样一种个人主义的精神已经大为流行了。巴雷茨卡雅通过研究苏维埃政党的文件资料，认为苏联党当时并不想要放弃集体主义取向，只是一种促进崇尚个人独立精神、不墨守成规、追求个人自我实现、对社会主义工作和需求的理解做重新诠释的语境，这种观念已经相当接近于资本主义中个人主义的精神气质。这位学者认为，俄罗斯实际上存在着活生生的资本主义精神气质以及一个具有类似取向的社会集团，这一局面自苏联解体之后迅速崛起，并且部分地得益于苏联昔日旧体制下的后集体主义的语境。安娜·巴雷茨卡雅坚持认为，这种发现不仅对解释苏联解体，而且对当代资本主义的社会起源和特性起着广泛的理论影响。

对于苏联晚期后集体主义语境的功能问题，安娜·巴雷茨卡雅认为，这对于在苏联旧体制内培养形成一个消费者阶层、形成独立的意识、自我依靠而不盲从社会主流、协调个人选择和社会需求之间的关系等方面起了积极作用。她认为，从直接的意义上说，这种集体主义语境"并没有导致社会主义的解体和俄罗斯资本主义的开始"，因为这种语境的功效还是非常不明确的，但这种语境诞生在被称为是"停滞"的勃列日涅夫时代意味着人们已经开始了对于"新苏维埃人"、"新苏联人"这样一些概念的重新思考，这对于苏联晚期社会的革故更新起到了推动作用。①

安娜·巴雷茨卡雅对于苏联解体之前社会状况的积极评价和C.卡拉—穆尔扎等人对于同一时期苏联社会的悲观评价形成了鲜明的对比。但值得注意的是，这两种评价都没有回避在解体前的苏联社会发生了深刻变化的事实，这就为理解苏联解体前后社会变化的关联性问题提供了一个重要的切入点。换言之，这样的研究至少表明，苏联解体的历史过程并不是一个前后决然断裂的过程，而是发生着各种正相关、负相关关系的复杂演变过程。

---

① Anna Paretskaya, "The Soviet Communist Party and the Other Spirit Of Capitalism," *Sociological Theory*, Vol. 28, No. 4, 2010, pp. 377—401.

四、关于苏联解体的经济辩论

关于苏联解体的经济原因 20 余年来已经有了很多探讨。最为集中的表述是过于僵化的计划体制对于苏联经济的长期影响；也有表述认为，苏联过于倚重军工、能源等部门的畸形结构，最终造成苏联崩溃的后果；被许多学者所接受的表述是，在苏联经济趋于衰落的背景之下，美苏之间的军备竞赛给苏联带来了深重的灾难；此外，苏联晚期领导人的决策错误以及对苏联经济问题严重性的无知与忽视也是导致苏联垮台的一个重要原因。总之，从迄今为止的讨论来看，即便存在着不同的意见，这些表述似乎也已经比较充分地揭示了苏联解体在经济方面的缘由和背景。

但是，就是在苏联解体 20 年之际，美国传统基金会的俄国项目负责人，也是这一领域的一位资深专家利昂·阿伦（Leon Aron）却发表了一篇题为《如果你以为已经知道了关于苏联解体的所有故事，那么你就错了》的长文，提出了一连串对于既有研究结果的质疑。在他看来，到 1985 年苏联几乎拥有与十年前差不多的自然资源与人力资源。在 1985 年之前几乎没有任何指标表明苏联经济将会发生大的灾难。1981—1985 年年均增长 1.9％，略低于 1960—1970 年的平均水平。苏联经济尽管依然没精打采，但是直到 1989 年还未见灾难迹象。自法国大革命以来，财政赤字历来被视为革命性征兆，但是 1985 年苏联财政赤字不过是国内生产总值（GDP）的 2％。尽管赤字增长迅速，如 1989 年增加到了 9％，但其规模还是可以被管理的。石油价格在 1980—1986 年的下跌沉重打击了苏联的财政，但就在同时，苏联的收入在 1985 年增长了 2％以上，甚至在此后的 5 年当中，随着通胀而调整的工资增长幅度一直延续到 1990 年，也即苏联解体之前的一年，每年平均增长 7％。固然，这是一个停滞时期，但是在政治上也未见更多的问题，甚至看不到那种被认为是革命前迹象的来自外部世界的巨大压力。总之，按照利昂·阿伦的理解，苏联还不至于在这样一种情境之下就如此突然解体。事实上，近些年来已经有越来越多的学者在提出这样的疑问。①

在回答苏联解体的经济原因的时候，我们不能不关注其自身本来就是资深经济学家，且曾任苏联解体后第一位主管经济的最主要政府官员，同时又在退位后全面研究关于苏联解体的伊戈尔·盖达尔。盖达尔在他的《帝国的消亡——当代俄罗斯的教训》一书中详尽地分析了苏联解体之前的整个宏观经济状况。盖达尔并不认为20世纪80年代前期的国际油价的跌落是苏联解体的关键因素。他在书中明确提出，美国当时的确希望通过能源行情的变化来打击苏联经济的这一薄弱环节，但导致苏联垮台的经济因素远不止是一个能源价格波动的问题。盖达尔也提到，绝大多数人也都同意，“这一制度虽说缺乏效率，却仍然稳固”。在盖达尔看来，简单地把苏联经济看作计划经济有所不妥，其理由在于苏联经济实际上并不是真正的行政命令性计划在起作用，用奈舒尔（V. Naishul）的话来说，这是一种“协商经济”，而盖达尔称其为“等级交易体系”。②

也就是说，这并不是一种简单的计划经济，而是经过一个分级协商的过程来分配资源。上级机关根据的是它所掌握的信息以及对下级进行制裁的能力，而下级则是以其实际掌握的生产问题和产能信息，向上级讨价还价。换言之，一种等级交易过程已经取代了纯粹命令式的计划制度。关于20世纪30年代苏联经济中交易关系的资料，在解密的档案中已有披露。笔者2009年在斯坦福大学访学的时候，就专

① Leon Aron, “Everything You Think You Know about the Collapse of Soviet Union is Wrong,” *Foreign Policy*, No. 187, 2011, pp. 64—70.

② E. T. 盖达尔：《帝国的消亡——当代俄罗斯的教训》，第107页，见该页注释3的内容。关于奈舒尔的原话见于他未发表的手稿，此概念后来被广泛运用，参见阿文、希罗宁：“经济机制的改革：可以预见的变革的真实性”，苏联科学院西伯利亚分院院报《经济学和应用社会学》丛书第三辑，1987年第13期。

门听保罗·格雷戈里（Paul R. Gregory）教授在胡佛研究所介绍过他对于苏联模式的研究，在他看来苏联晚期经济模式实际上已经算不上一种计划体制。

根据盖达尔的解读，苏联解体乃是一个非线性原因或者单一原因所造成的结果，是整个体系多年积累的问题相互作用、相互刺激，并且是在当时特定的政治条件和外部环境之下造成的结果。从一个职业经济学家，早年就具有在苏共中央工作的丰富经历，而后又是在俄罗斯转型过程中第一负责官员的特殊角色来说，盖达尔通过一件一件重要档案的披露、一项一项当时所采取政策的分析，大体上勾画出苏联经济当时在生产下降、预算恶化、消费匮乏、外债深重、物价波动等一系列因素的连锁作用之下，最终以滚雪球般的效应全面崩溃。

根据盖达尔的披露，人们几乎难以相信，关于苏联军费在整个国民经济中所占的比重，苏联最高军事首长和苏共中央总书记之间的数据是自相矛盾的，而且一直弄不清楚。人们也难以想象，在外债已经到了十分严重境地的 1990 年，苏共主要领导人对此依然毫无感觉。最为关键的问题在于，当国家已经面临危难关头，最高决策者几乎无所作为，听任局势的恶化。盖达尔指出，在面临尖锐经济形势的背景下，“不能期望仅靠政治自由化本身便足以战胜金融危机”。虽然盖达尔也表示，这里可以暂不讨论政治开放的对错，但他认为这对于形势的崩溃至少起到了重大的影响。临到最后，在 20 世纪 90 年代的民族主义浪潮已经四处汹涌之时，苏联的政治精英们这才意识到，他们面临的是一个无法抉择的两难局面：一方面，凶险财政金融形势逼使他们在国内经济一片凋敝的情况下只能向西方大举借债；另一方面，如果要想保留苏联并且采取强硬手段实行镇压的话，那么任何向西方的借贷都将成泡影。实际上，事已至此，无论是借贷还是镇压，都无法挽回一个帝国的崩溃了。①

① 关于本节内容可参见 E. T. 盖达尔：《帝国的消亡——当代俄罗斯的教训》第三章至第八章的内容。

综上所述，关于苏联解体的学术分析所提供的不光是任何单个统计数据，或者是关于单项政策失误的分析，而是要求人们学会从整个经济系统的运转和多种因素的复杂综合之中来寻求解答。这是一项依然有待花费大量劳动才能有所收获的艰难工作。

五、结语

关于苏联解体的辩论也许可以延续上百年乃至更长时间的讨论。但是，每一个时代对于这一问题的讨论总会留下人们当下思绪的痕迹。比如，在苏联解体 20 年之后，人们又反过来思考，偌大帝国当时是否有可能避免崩溃的厄运呢？苏联是否还可能延长若干年才发生解体呢？这样的一种心态是怀旧，还是基于更深层的一种反思？同时，每个民族和国家对于苏联解体这样重大历史问题的思考也定会带上自己的历史和所处环境的烙印。每个民族自己的记忆和境遇不可避免地会影响对于这样一个宏大事件的认知，而每一个民族和国家之内的每个群体也会以自己的故事和甚至怀有想象来解读这一事件。显然，这样一种对于苏联解体的认知解读会使得任何思考和结论变得更加丰富和复杂。

学术讨论也有别于政治家的哪怕是十分敏锐的情结及其判断，就像普京所言，“谁不为苏联解体而惋惜，谁就没有良心；谁想恢复过去的苏联，谁就没有头脑”。[①] 这相当客观地表达了俄罗斯人今天似乎还无法超越的一种境界，但是依靠学术范畴与逻辑冷静地进行条分缕析还是有可能获得对于这一问题更为深入和理性的认知。

正因为此，本文倾向于不能简单地从某一时间的某一事实，或者某一人物的某一立场来议论这样一场异常复杂的历史巨变，而是力图

① 俄罗斯总统普京于 2000 年 2 月 9 日在《共青团真理报》报社回答民众热线电话时的讲话，转引自王正泉：“普京对苏联历史和苏联解体的评价”，《百年潮》2006 年第 11 期。

通过学者们基于学术的分析，特别是某些范畴及其逻辑的展开，来深化我们正在进行的这一场远未终结的辩论。即使是这样一种相对而言比较超脱的学术分析，在当今的信息化时代也是有其实际功效的，因为毕竟它有可能是超越了具体阀阅，同时又聚焦了专业人士深思熟虑后的一些结论。

帝国研究视角下的苏联解体研究

潘兴明*

帝国作为一种不平等的统治和治理体系制度，在 20 世纪中叶前后退出历史舞台。帝国这个名头也由 19 世纪时遭列强追捧，沦落到受世人唾弃。随之而来的便是学界对帝国研究热度的下降，正如列文（Dominic Lieven）所言："在 20 世纪下半期，'帝国'概念从当代政治辩论中销声匿迹，成了历史学家的私产。"① 然而，苏联的解体以及全球化大潮的汹涌而至，帝国研究再次成为热门的研究话题。在其 70 多年的历史进程中，苏联由一个反帝国家逐渐演变为一个"社会帝国主义"国家。按照帝国兴衰规律，苏联的帝国属性注定了发生非殖民化的不可避免性。因此在这个意义上，苏联解体也是人类历史发展的自然进程。

---

* 潘兴明，华东师范大学国际关系与地区发展研究院教授、俄罗斯研究中心研究员。

① Dominic Lieven, *Empire: The Russian Empire and Its Rivals*, New Haven: Yale University Press, 2000, p. 22.

一

20多年前，苏联解体及苏东体系的瓦解，标志着欧洲地区冷战的结束，成为20世纪最重大的里程碑式事件之一。从此，欧亚的政治版图发生巨大改变，转型成为这个地区国家的共同进程。在这场大变动中，苏联的解体无疑占据着中心位置，也理所当然地成为学界研究的焦点。关于苏联解体的原因，学界已有多种解释，大致上可以归纳为内因和外因两个方面。从帝国研究角度探讨苏联解体问题，多米尼克·列文（Dominic Lieven）等人已提出了卓有见地的看法，但对于苏联的属性以及与其解体的关联性等问题，仍然需要做进一步的探讨。

所谓帝国，我们认为是指一个国家通过侵略扩张，强制性地征服和统治其他国家和民族，建立起宗主国对各种附属地的统治和治理体系的政治实体。宗主国（民族）在帝国内部占有核心地位，附属地（民族）则处于边缘地位，帝国内部形成核心—边缘关系和架构。宗主国与附属地之间、宗主国民族与附属地民族之间，存在着不平等的统治与被统治的关系。强制性和不平等性构成了帝国内部核心—边缘关系的基本特性。多伊尔（Michael Doyle）强调政治控制和主权问题，认为“帝国是一种有形或无形的关系，在这种关系中，一个国家对另一个政治社会行使政治控制，即行使有效的主权。这种控制可以通过武力、政治权谋或经济、社会、文化依附关系来实现”。[①] 列文将帝国定义为具有国际影响力的大国，地域辽阔、民族众多，其核心与边缘地带在种族及民族构成、历史、宗教、文化方面存在着巨大差

---

① Michael Doyle, *Empires*, Ithaca: Cornell University Press, 1986, p. 45.

异。[①] 赫斯奇的定义与列文相似，认为帝国是“一个实行大一统统治的国家，拥有广阔的领土和众多的民族”。[②]

苏联的前身——俄罗斯帝国是个典型的帝国，这应当不存在任何疑问。有一种十分流行的说法：英国拥有一个帝国，俄国就是一个帝国，这凸显了俄国更为深刻的帝国属性。1917 年以前，俄罗斯帝国的统治和扩张已经经历了许多个世纪。由版图狭小的基辅罗斯起家，莫斯科公国不断扩张和壮大，终于在沙皇伊凡四世时期形成了俄罗斯帝国的雏形。与欧洲其他大部分帝国相比，俄罗斯帝国具有自身的特性。首先，俄罗斯帝国是陆上帝国（overland empire），葡、西、英、法、荷、德等帝国均为海上帝国（overseas empire）。[③] 其次，俄罗斯帝国的扩张与民族国家的建设同步进行，那些海上帝国则不存在这种情况。再次，俄罗斯帝国的扩张和治理基本上呈单一性特征，均为通过武力征服占取土地和人口，实行直接统治，将其纳入本国的版图，由欧洲主体部分不断向四周各个方向扩张，最终形成版图最大的陆上帝国。海上帝国的扩张和治理则呈多样性，大英帝国的扩张手段除武力征服之外，还包括列强之间的战争及分赃、商业公司的商业活动以及与当地首领做交易等等，统治面积虽然很大，曾冠以“日不落帝国”之称，但帝国属地分布于各大洲，难以建立起一个真正的国家。在治理方面，英帝国分为直接统治和间接统治两种主要形式，其殖民地又分为移民型、非移民型和二元性三种类型。最后，俄帝国的社会发展落后，国内阶级矛盾尖锐，成为无产阶级革命取得突破的第一个国家。

像俄罗斯帝国这样的陆上帝国，在欧洲历史上还有奥匈帝国和奥斯曼帝国。与海上帝国相比，陆上帝国的整合程度更高，居民流动、

---

① Dominic Leiven, “The Russian Empire and the Soviet Union as Imperial Polities,” *Journal of Contemporary History*, vol. 30 no. 4, October 1995, p. 608.

② F. Hirsch, “Toward and Empire of Nations: Border Making and the Formation of Soviet National Identities,” *The Russian Review*, vol. 59, April 2000, pp. 201—226.

③ 欧洲同属陆上帝国的还有奥匈帝国和奥斯曼帝国。

物资往来和文化交流都较为便捷，在更高程度的一体化经济和社会文化融合的基础上，核心—边缘关系尽管存在，但更容易趋向于模糊化。不过，征服者与被征服者之间不平等关系引发的冲突和斗争，阻碍了国家和文化认同的形成。这样，海上帝国的边缘地区民族主义运动足以导致非殖民化的情况很难在陆上帝国出现，同时也意味着只要帝国的架构未遭受外力摧毁，边缘地区就很难脱离核心。另一方面，陆上帝国抵御大规模战争打击的能力似乎较低，一旦在战争中失利，整个帝国可能就会立即崩溃，不如海上帝国由于核心与边缘分离，有一定的回旋和缓冲余地。因此，在一战中倒下的四大帝国中有三个是陆上帝国：俄罗斯、奥匈和奥斯曼帝国。另一个是德意志帝国，其情况与典型的海上帝国——大英帝国、法兰西帝国也不尽相同。虽然德国拥有一些海外殖民地，但也有较大规模的陆上兼并和扩张，应当属于混合型帝国。

二

苏联的建立与演进似乎都与“帝国”有复杂的关联。普京就曾在2000年3月指出，那种将俄罗斯联邦视为苏联遗存的看法是错误的，因为新俄国“不是一个帝国”，而是“一个具有自信和远大前程的强国”。[①] 就学理探究而言，要判断苏联是否具有帝国性质，首先要考察其内部结构，然后再考察其对外关系的行为方式和准则。苏联的内部结构确实呈现出核心—边缘架构，以俄罗斯文化和语言为基础的俄罗斯民族和制度，在国内其他文化的辅助和参与下形成了一

① Interview with Putin in *Bratislava Narodna Obroda*, March 7, 2000, in *FBIS*, March 8, 2000. Cited in Mark R. Beissinger, “Rethinking Empire in the Wake of Soviet Collapse,” in Zoltan Barany and Robert Moser, eds., *Ethnic Politics and Post-Communism: Theories and Practice*, Ithaca, NY: Cornell University Press, 2005, pp. 37—38.

个以苏联统治体系为核心的制度体系。这个核心通过莫斯科的统治中枢对边缘地区"行使政治控制"。另一方面，俄罗斯民族文化虽然处于核心地位，但俄罗斯人在苏联并没有任何特权，因此俄罗斯民族主义也并不认同苏联体制，而正是俄罗斯脱离联盟的行动给了苏联最后的打击，直接导致了苏联的解体。这一点与英、法、西、葡等帝国的终结过程完全不同。这种强制性和不平等的核心—边缘架构，有别于一般国家的中央与地方的正常关系。当然，苏联在成立之初不是帝国，还曾坚定地反对帝国主义。

苏联成立后坚持反帝立场，宣布要建立一个各民族自由平等的新国家，为此设计并建立了加盟共和国制度，甚至规定各加盟共和国有权退出苏联。在 1919 年举行的俄共（布）第八次党代会上，列宁表示要与沙俄帝国主义彻底划清界限，承认国内各民族的地位。"沙皇和资产阶级的大俄罗斯帝国主义时代遗留下来的对大俄罗斯人的不信任，在先前加入俄罗斯帝国的各民族的劳动群众中正在迅速消失，正在随着对苏维埃俄国的了解而消失，但这种不信任并不是在所有民族和所有劳动阶层中都已完全消失。因此，必须特别慎重地对待民族感情，认真地实行各民族的真正的平等和分离的自由，以便消除这种不信任的基础，而使各民族的苏维埃共和国结成一个自愿的最紧密的联盟。"①

在这里，布尔什维克并不是要肯定和弘扬民族主义和民族国家，恰恰相反，通过建设社会主义和共产主义，民族主义和民族国家将在全世界无产阶级的大团结中走向衰落和灭亡。列宁宣布，明确新的国家制度是为了在未来消灭国家作准备，称苏维埃国家是"向完全消灭国家过渡的新型国家"，② 要建立一个没有剥削和平等的国与国关系，为其他国家的联合树立典范。当时，反对帝国主义既是苏联对内关系的指导方针，也是对外关系的根本原则。而且，俄罗斯人在苏联并不

---

① 列宁："俄共（布）纲领草案"，《列宁全集》第 36 卷，人民出版社 1985 年版，第 86 页。
② 列宁："俄共（布）纲领草案"，《列宁全集》第 36 卷，第 82 页。

享有任何政治经济特权或特别待遇。

可以看出，苏联在建立之初力图全面消除帝国残余，着手主权国家建设，承认和落实民族自决原则。在20世纪20年代的新经济政策时期，苏联政府曾推行名为“本地化”（“korenizatsiia，indigenization”）的民族政策，鼓励加盟共和国实行文化自治，在政府机构和教育系统中使用当地民族语言，为尚无文字的民族语言创立文字，将占主导地位的俄罗斯民族主义称为“俄罗斯沙文主义”。以乌克兰为例，乌克兰语成为本地学校的教学语言，连俄罗斯人也必须进入当地的乌克兰语言学校学习。在中亚，莫斯科取消了土耳其斯坦（Turkestan)、布哈拉（Bukhara）和希瓦（Khiva）之间原有的模糊边界，重新以部族及家族为基础，给予它们以民族的法律地位。以此为基础划定新的边界，成立加盟共和国或自治共和国。如在哈萨克人聚居的地区，苏联成立吉尔吉斯苏维埃社会主义自治共和国（Kirgiz Autonomous Soviet Socialist Republic)，1925年更名为哈萨克苏维埃社会主义自治共和国（Kazakh Autonomous Soviet Socialist Republic)，后在1936年升格为哈萨克加盟共和国。通过这些政策措施，莫斯科希望将当地落后的部族变为先进的苏维埃民族大家庭中的新成员。

苏联全面继承了俄罗斯帝国的领土和人口，所宣布的要放弃沙俄侵略所获土地和废除强加给他国的不平等条约的承诺未能兑现。此时推行本地化政策的另一个原因是要打击和清除那些反苏维埃的俄罗斯反动势力。如在支持罗曼诺夫王朝的白军阵营中，顿河和库班哥萨克人基本上都是逃亡的俄罗斯农奴的后代。政府解除这些尚武的哥萨克人武装，后来还将他们强制迁移到哈萨克和西伯利亚。苏联在后来的发展进程中放弃了本地化政策，重新实行俄罗斯化。1938年，苏联政府规定所有学校都必须使用俄语教学，解散那些实施本地化政策的政府机构，撤销一些民族主义抬头的自治共和国和地区，将其人口整体强迁到边远地区。第二次世界大战中，俄罗斯民族主义成为抗击纳粹德国侵略的有力武器，“为了俄罗斯母亲”的口号家喻户晓。

从20世纪30年代开始，苏联政府向俄罗斯以外的加盟共和国大规模移民，继续对外拓展疆土，将核心以外地区的加盟共和国置于依附地位，并将中东欧国家等纳入自己的势力范围，逐步演变成为一个“社会帝国主义”的国家。

以苏联统治中枢莫斯科及俄罗斯为核心，向外形成了三层边缘地带，其中第一层是苏联的加盟共和国，第二层是中东欧华约成员国，第三层是在亚洲和美洲的经互会成员国。与典型的帝国结构相类似，这种帝国结构体系呈轮轴辐射状，核心对边缘具有支配权，边缘对核心存在着依附性。在苏联内部治理方面，按照列文的看法：莫斯科与边缘地区的经济关系“完全符合‘殖民’一词的所有负面涵义”。[①]

曼兹（B. Manz）指出了经济依附关系的五个方面：第一，莫斯科通过中央计划系统管理边缘地区，带有强制性，对加盟共和国的经济结构造成了长期性的损害；第二，苏联政府各部负责有关政策的制定和实施，加盟共和国当局被排除在外；第三，经济专门化使得边缘地区的加盟共和国的农业等部门受到人为扭曲，产生依赖性；第四，各加盟共和国只与莫斯科建立工作关系，听从莫斯科的指令，相互之间的联系也要通过莫斯科来进行；第五，莫斯科通过价格和补贴政策扭曲市场，实现控制。[②] 这样，在苏联存在的末期，那些推崇民族自决的加盟共和国将苏联视为俄罗斯的帝国；而在俄罗斯本身，苏联被视为一个过度中央集权化的莫斯科的帝国。[③]

在这种核心—边缘关系框架中，非俄罗斯精英的行为方式和价值取向值得注意。在苏联，各加盟共和国精英参与苏联国家事务的基本条件是需要掌握俄语，能够将苏联利益置于地方利益之上，为苏联国家利益服务。苏联通过教育、奖励和惩罚制度，将各地最出色的精英

---

① Dominic Leiven, “The Russian Empire and the Soviet Union as Imperial Polities,” *Journal of Contemporary History*, vol. 30, no. 4, October 1995, p. 619.

② B. Manz, *Central Asia in Historical Perspective*, Boulder: Westview Press, 1994.

③ Reza Zia-Ebrahimi, “Empire, Nationalities, and the Collapse of the Soviet Union,” http: //www. sras. org/ empire_ _ nationalities_ _ and _the_ collapse_of_ the_ussr.

汇聚到国家的各级党政系统之中。同时，对于那些不愿意以这种方式行事的精英，则予以严厉的打击和惩罚。

苏联与中东欧国家的关系同样具备这种核心—边缘的特性。20世纪60年代末，苏联提出的“有限主权论”明确规定了社会主义国家的主权应受到社会主义国家阵营利益的限制，社会主义大家庭的利益是至高无上的主权，而各社会主义国家的主权则是有限的。因此苏联阵营中的其他国家不享有完全主权，苏联有权对它们实行干预，包括武装干涉。[①] 具体表现为：第一，中东欧国家的国内政策需得到莫斯科的首肯才能出台，内政决策空间有限；第二，中东欧国家的对外政策更是控制在苏联手中，不得擅自与阵营以外国家打交道；第三，中东欧国家重要的人事决定需要得到莫斯科的批准，对苏联控制表示不同意见者受到撤换或其他惩治；第四，中东欧国家的政府是在苏联的扶持或干预下建立的，更多的是反映苏联的选择和意志。[②] 在这里，苏联的霸权通过政治、经济和军事等手段得以建立和维持。中东欧国家实际上处于附属国的地位，亚洲的经互会国家的情况与之相类似，但有程度上的差异。

除此之外，苏联还对邻国进行军事干预和入侵，阿富汗战争就是典型的例证。1979年9月，左翼的阿富汗人民民主党（People's Democratic Party of Afghanistan）总统塔拉基（Taraki）在内战中被杀，继任的总统阿明（Amin）不听苏联的指令。于是，为了在南方邻国扶植一个友好的政府和向南方的温水港口以及波斯湾油气产地挺进，苏联在同年12月25日派兵入侵阿富汗。苏军迅速攻占喀布尔和其他重要城市，并在12月27日处死阿明，将亲苏的卡尔迈勒（Babrak Karmal）扶上总统宝座。苏联的入侵很快受到阿富汗武装力

---

① Robert A. Jones, *The Soviet Concept Of 'Limited Sovereignty' From Lenin To Gorbachev: The Brezhnev Doctrine*, St. Martin's, 1990.

② V. Bunce, "The Empire Strikes Back: The Evolution of the Eastern Bloc from a Soviet Asset to a Soviet Liability," *International Organization*, vol. 39, no. 1, Winter 1985, pp. 1—46.

量——圣战者（mujahideen，Muslim holy warriors）的坚决抵抗，游击战很快蔓延到阿富汗各地。圣战者武装得到了美国和伊朗、沙特等国的财政和军火支持。苏军付出伤亡数万人的代价仍然无法打败圣战者游击队武装。苏军最终被迫与美国、巴基斯坦和阿富汗签署停止干预阿富汗事务的协议，于1989年2月全部撤出仍然陷于内战之中的阿富汗。这场不得人心的对外侵略战争，连苏联领导人也觉得底气不足，难有取胜的机会。1982年接替勃列日涅夫担任苏共总书记的安德罗波夫（Yuri Andropov）曾表示："（阿富汗）经济落后，伊斯兰教独大，而且几乎所有乡村人口都是文盲。这不是革命形势。"① 根据罗维尼（Rafael Reuveny）和普拉卡什（Aseem Prakash）的观点，阿富汗战争是导致苏联解体的三大原因之一（另外两个是制度原因和领导人原因）。其具体影响体现在4个方面：一是认知影响。通过战争，苏联领导层改变了苏军有能力平息国内分离主义势力和干预其他国家的原有认识。二是军事影响。苏军的声望和士气受到打击，党对军队的信任发生动摇，加盟共和国的分离势力因苏军的削弱而受到鼓舞。三是合法性影响。苏联当局派遣来自中亚加盟共和国的军人到阿富汗作战的做法，引发了这些地区的反战示威活动，损害了苏联制度的合法性。四是参与影响。战争酿成了新的政治参与形式，参战老兵形成了新的市民团体，削弱了莫斯科的政治控制。而且，新闻报道也产生了最早的一次"公开性"。② 在总体上，阿富汗战争使已经羸弱的苏联国力遭到进一步削弱，苏联的国际声望受到严重损害。在国际社会严厉谴责其侵略行径的背景下，1980年莫斯科奥运会也遭到许多国家的抵制，惨淡收场。

---

① Francis Phillips, "The Fall of the Soviet Empire," http://www.mercatornet.com/articles/view/the_fall_of_the_soviet_empire.

② Rafael Reuveny and Aseem Prakash, "The Afghanistan war and the breakdown of the Soviet Union," *Review of International Studies*, 1999, 25, p. 693.

三

历史上帝国的演进和发展大致上都经历了兴—盛—衰—亡的周期，具有一定的规律性。近代以来帝国的终结，在第二次世界大战前是由于战争和革命，而在第二次世界大战后则是由于非殖民化。苏联解体实际上是“帝国终结”历史的一个组成部分，是一次迟来的非殖民化。由于苏联与传统意义上的那种有形帝国不同，因此其非殖民化也有其自身的特点。在一般意义上，对于传统帝国而言，非殖民化从广义上说，泛指由殖民地、保护国、委任统治地过渡到独立国家的历史事件；从狭义上讲，则指第二次世界大战后在民族独立运动的压力下，殖民国家从自身的利益出发，被迫改变政策，从而使得殖民地和其他附属地获得独立，导致殖民帝国时代终结的历史进程。[①] 对于苏联而言，这场非殖民化运动是由苏联领导层主动作出政策改变为先导，在中东欧国家民族主义得以兴起之际，苏联国内加盟共和国开始出现独立倾向，进而作为核心部分的俄罗斯决定脱离联盟，造成联盟体制的迅速解体。基本上是一个由自上而下过渡到以下抗上，最后由核心脱离联盟的行动完成最后一击的演变过程。

由于苏联本身是一个主权国家，中央集权程度很高，各加盟共和国领土相连，通过先后数次俄罗斯化，加上两千余万分布在俄罗斯以外的俄罗斯居民，所以直到 20 世纪 80 年代末苏联国内并没有像英帝国在第二次世界大战后那样受到强大的非殖民化压力。就这场非殖民化的原因而言，至少有以下 3 个方面：

其一，苏联领导人对当时局势的认识及判断和采取的对策及政策显得至关重要。戈尔巴乔夫的改革和公开性政策使苏联与中东欧国家

① 潘兴明：“试析非殖民化理论”，《史学理论》2004 年第 3 期。

的关系和国内各加盟共和国的关系发生了重大变化。他看到了苏联与中东欧国家不平等关系的消极方面，指出中东欧国家“对苏联的市场和技术产生了依赖，和世界经济失去了联系。因此，这些国家渐渐变得落后起来。可是想挣脱超级大国‘善意拥抱’的企图受到了坚决的制止”。所以，

> 既然我们在自己国内决定改革和民主化的方针，我们就有责任把这个方针推广到和社会主义各国的关系上，不光是在口头上，而且是在实际行动上要承认他们的自决权，承认他们有选择发展道路的自由，不再利用盟国的关系把自己的思想方式、自己的模式、自己的政策强加于人。[①]

因此，戈尔巴乔夫在对中东欧国家的关系中提出“新思维”政策原则：中东欧国家有选择的自由，苏联不会干涉它们的内政。此时，戈尔巴乔夫意识到了中东欧国家“每个民族渴望自由的强烈意愿。人们希望摆脱自己领土上的外国军事基地和军队。他们不愿意忍受‘老大哥’的肆意妄为，不愿意看克里姆林宫一个个主子的脸色行事”。于是，他决定“还‘社会主义阵营’各国以‘自由’”，[②] 明确宣布驻扎在这些国家的苏联军队不会干预当地人民的行动。显然，“苏联已经失去了掌控一个帝国的意愿”。[③] 当中东欧国家发生巨变，共产党纷纷失去政权时，苏军果然按兵不动，后来又撤回本国。这场兴起于中东欧国家的非殖民化风暴很快波及了苏联国内。高加索和波罗的海地区的加盟共和国首先宣布独立，其他加盟共和国纷纷响应，结果只过

---

① ［俄］米·谢·戈尔巴乔夫，述弢等译：《真相与自白——戈尔巴乔夫回忆录》，社会科学文献出版社 2002 年版，第 315 页。

② ［俄］米·谢·戈尔巴乔夫：《真相与自白——戈尔巴乔夫回忆录》，第 316—317 页。

③ Victor Sebestyen, *Revolution* 1989: *The Fall of the Soviet Empire*, London: Weidenfeld & Nicolson, in Francis Phillips, 'The Fall of the Soviet Empire', http: //www. mercatornet. com/articles/view/the _ fall _ of _ the _ soviet _ empire.

了一年多时间苏联便成为历史。

其二，边缘地区民族主义产生了重要的动员和发动作用。我们知道，非殖民化的主要动力来自于殖民地的民族主义。20世纪以来，帝国终结的主要原因之一就是帝国边缘地区民族主义的发展壮大。这种反对殖民主义的民族主义是现代帝国的掘墓人，直接导致了众多民族国家的诞生。苏联边缘地区民族主义的兴起与其他陆上帝国有相似之处。

苏联一方面强调国家的“苏维埃”共性，一方面又保护各民族的个性，因此莫斯科的民族政策失误使得苏联并没有成为一个民族大熔炉，而且在某种程度上培育和造就了各地方的民族主义。而波罗的海地区加盟共和国更由于历史的原因而存在着强烈的民族意识和离心倾向。与英法西葡帝国内边缘地区的民族主义来自于核心地区的扩散不同，苏联欧洲部分的一些加盟共和国在社会发展水平上并不比俄罗斯落后，它们自身的民族主义意识和要求并没有消失，只是在苏联的强大压力下暂时蛰伏起来。中亚地区原先的民族意识并不清晰，而政府的政策反而唤醒和培育了当地的民族意识，听任民族主义坐大变强。高加索的民族主义较为强烈，受到长期的压制，但问题没有得到很好的解决。这样，一旦莫斯科的控制出现松动，这种被压制很久的民族主义就会以不同的形式强烈地迸发出来。

于是，民族主义抗议行动在高加索地区爆发。1989年初，格鲁吉亚最高苏维埃通过立法，将格鲁吉亚语定为官方语言。同年4月9日，第比利斯发生民众示威，要求维护格鲁吉亚的统一，反对阿布哈兹的分裂主张，要求格鲁吉亚脱离苏联，建立独立的格鲁吉亚。苏联安全部队的强制打压造成了更大的反弹，加剧了苏联体制的合法性危机。1990年11月，格鲁吉亚进行最高苏维埃选举，首次允许各政党参加竞选，结果圆桌—自由格鲁吉亚联合阵线（Round Table-Free Georgia coalition）赢得选举胜利，联合阵线领导人加姆萨胡尔季阿（Zviad Gamsakhurdia）当选为最高苏维埃主席，导致当地苏共领导体制的瓦解。1991年4月，格鲁吉亚宣布独立，脱离苏联。

20世纪80年代后半期，立陶宛、拉脱维亚和爱沙尼亚都成立了民族主义组织，发动了多次抗议行动，其共同要求是恢复三国因苏联在第二次世界大战期间的兼并而失去的独立。如拉脱维亚人民阵线在1988年10月发布的纲领中就宣布："本阵线的行动基础是：拉脱维亚人是本共和国的土著民族，拉脱维亚在历史上是拉脱维亚人的疆域。地球上只有在这个地方，拉脱维亚民族、拉脱维亚语言和拉脱维亚文化才能得到保持和发展。"① 1989年8月，多达200万名拉脱维亚人、立陶宛人和爱沙尼亚人参加"波罗的海之路"的联合行动，人们手拉手形成数百里长的人链连接三座都城，表示对三国独立的强烈支持。1990年3—5月，三国自行宣布独立的行动拉开了苏联解体的大幕。俄罗斯、乌克兰和白俄罗斯脱离苏联的决定是对联盟的致命一击。列文认为："在重建本民族历史的过程中，民族主义者将苏联的做法视为根本的、真正的和发自内心的民族抱负的敌人。"②

而在苏联以外，中东欧国家的民族主义也是导致苏联解体的一支重要力量。战后中东欧国家的政权多是在苏联的影响和扶持下建立的，其内政外交受到苏联的全面控制，本国领土上驻扎着苏联军队。莫斯科宣扬的"有限主权论"和武力干预行动造成了相互关系的紧张和当地民众的不满。戈尔巴乔夫一开始推行对中东欧国家的"新政"，即"承认他们的自决权，承认他们有选择发展道路的自由"，"东欧各国的民族民主力量便马上积极活动起来"。③ 于是，波兰开始掀起"团结工会"运动，于1989年6月举行自由选举；匈牙利人拆除与奥地利边界的铁丝网；大批东德人开车经匈牙利前往西方，然后就是柏林墙的倒塌。这场巨变在波兰用了10年时间，在匈牙利用了10个月时

① "National Front Publishes Program," *Foreign Broadcast Information Service Daily Report*：*USSR*，December 6，1988，p. 88.

② Dominic Lieven，*Empire*，*the Russian Empire and its Rivals from the Sixteenth Century to the Present*，London：John Murray，2000，pp. 139—140.

③ ［俄］米·谢·戈尔巴乔夫：《真相与自白——戈尔巴乔夫回忆录》，第315页。

间，在东德用了10个星期的时间，而在捷克斯洛伐克只用了10天。边缘地区的巨变首先波及苏联国内的边缘地区，再影响到核心地区，产生了多米诺骨牌效应。

最后，“帝国的负担”成为难以承受的现实负担。研究非殖民化理论的世界经济学派认为，霸权与经济增长的出现呈一定的周期性，核心国家（尤其是霸权国家）的内部因素起着决定作用。当一个国家掌握霸权时，经济的超常规发展、技术革新的巨大压力以及国家干预都造成了资本的高度集中。但是，由于先进技术的扩散和维持霸权体系的巨额费用，霸权国家在竞争中的优势会逐渐消失，最终导致它的衰落。这一观点得到了研究军事霸权的学者的赞同。他们认为，维持霸权国家势力范围的任务和负担是产生这种周期性的根本原因。到20世纪80年代，苏联政府觉得维持华约的代价已经远远超过所获得的收益。在冷战中，苏联及华约成员国为维持与北约的军备竞赛和力量平衡，实行军工优先的准战时经济政策，所投入的财力和人力的平均水平超过美国及北约成员国，也高于世界平均水平。美国军控与裁军署的统计资料清楚地显示出苏联在军费支出方面的沉重负担（请见表2—1）。

莫斯科也感到无力承担对中亚等加盟共和国的财政补贴和拨款。有时一些加盟共和国获得的年度补贴额相当于其年度总产值。以塔吉克斯坦为例，该加盟共和国所获补贴占其年度财政收入的47%。[①] 这与英帝国和法帝国在帝国末期的经历十分相似。而当时的世界市场能源价格的下降更是减少了苏联的油气出口收入，因而庞大的军备竞赛开支更是难以为继。

① Ollapally and Cooley, “Identity Politics and the International System,” *Nationalism and Ethnic Politics*, 2 (4), 1996.

表 2—1　军费支出比例与军民比例情况表

国家、地区和组织	军费占 GDP%	军人占每千人口
北约	5.4	9.5
美国	6.6	9.6
其余成员国	3.6	9.5
华约	10.7	15.2
苏联	12.5	16.1
其余成员国	5.8	12.7
非洲	4.3	3.1
东亚	2.9	5.1
拉丁美洲	1.8	4.5
中东	15.6	16.0
大洋洲	2.8	3.9
南亚	4.1	2.3
世界平均	6.1	6.0

资料来源：US Arms Control and Disarmament Agency，*World Military Expenditure and Arms Transfers*，1987，Figure 12，p. 12.

四

非殖民化导致了苏联的解体，但是否会像其他帝国的经历一样，意味着俄罗斯帝国梦的彻底终结？从俄罗斯的现实情况来看，当初导致非殖民化的三大因素已发生很大变化和逆转。首先，领导层大力推动和强化以俄罗斯为核心的苏联国家的一体化进程，由经济、安全合作向政治方面的整合扩展。其次，民族主义依然有强大的作用，但阻碍作用已遭到削弱。那些民族主义诉求最强烈的地区，如波罗的海国家和中东欧国家已经置身于俄罗斯的势力范围之外，不再具有体制内的破坏力。第三，俄罗斯的经济发展有了很大起色，国力开始恢复和增强。俄罗斯新近推出了 2011—2020 年装备计划就清楚地表明了重建军事大国的明确意向和坚定决心。

因此。俄罗斯的情况有别于其他帝国，因为“帝国情结”和“帝国综合征”一直是俄罗斯挥之不去的梦想与现实。普京最近提出的“欧亚联盟”构想，就是“帝国”要素在对俄有关后苏联空间政策发生作用的突出反映。俄罗斯并未放弃对这些国家施加影响力的努力，传统的维护其势力范围的意志依然十分坚定。

中亚国家独立20年：经济体制改革回顾与评价

王海燕*

1991 年苏联解体，冷战结束。苏联板块中中亚的五个加盟共和国哈萨克斯坦、乌兹别克斯坦、土库曼斯坦、吉尔吉斯斯坦、塔吉克斯坦纷纷成为独立国家。20 多年来，中亚五国先后程度不同地经历了在没有准备的情况下独立建国、发行本国货币、俄罗斯金融危机、颜色革命、政权更迭、全球金融危机、粮食危机、能源危机等诸多考验。各国在所有制领域、财政信贷领域、外贸体制领域和社会领域等方面选择了不同的经济体制改革路径。其中哈萨克斯坦、吉尔吉斯斯坦和塔吉克斯坦选择的都是激进式改革，所以这三国的经济变化最剧烈，国家对经济的控制力明显减弱，同时受 1998 年俄罗斯金融危机和 2007 年以来的全球金融危机的影响较明显。而乌兹别克斯坦和土库曼斯坦选择的是渐进式改革，在总统集权的严格控制下进行，经济波动相对较小，经济倒退幅度也较小。总体来看，中亚五国经济发展的成效呈现了越来越明显的差异，经济格局与冷战前有了很大不同。

---

* 王海燕，华东师范大学国际关系与地区发展研究院副研究员。

一、变化较大的所有制改革

与冷战前相比，经过20多年的所有制改革之后，中亚五国的所有制结构发生了很大改变，基本完成了从计划经济向市场经济体制的转变。

哈萨克斯坦自1991年9月开始改革经济体制，改变资产的所有制，确立私有制，推行国有资产非国有化和私有化。到1999年年底，非国有制形式已成为哈萨克斯坦经济领域内最活跃的经营主体，决定哈萨克斯坦经济发展的水平和方向。哈萨克斯坦农业领域非国有制形式企业成为农产品的主要提供者，其比重由1990年的1/3多达到1999年的99%，农业经营主体的数量增加了15倍，已彻底完成了国营农场私有化和集体农庄的改革。到2000年上半年，哈萨克斯坦工业企业形成了4种所有制形式，即国有制、混合所有制、私有制和外国资本所有制。至此哈萨克斯坦国有制工业企业占7%，数量虽小，但都是大型或特大型企业；私有制企业占78.9%，其中包括股份制企业和真正属于私人的企业两类，而且股份制企业的数量占大多数，真正的私营企业并不多，主要是小企业；外国所有制企业占14.1%，主要由外国或外国公司占有或管理。① 2008年前后，为应对金融危机，增加国家对经济命脉的控制力，将部分银行和能源企业以各种方式由国家控管。2011年为鼓励中小企业，增加就业，采取了多项措施，支持自主创业。

乌兹别克斯坦从独立时起就以所有制改革为重点，通过实行财产非集中化、非国有化和私有化政策，建立起混合的多种经济成分。工业企业主要采取私有制、股份制、集体所有制、与外商合资等方式将

① http：//www. kazstat，kz，2002年3月20日。

企业建成或改造成非国有制企业。对农业领域的所有制改革主要是：建立农户，其中独立农场可享有终身可继承的土地使用权；将国营农场改造成集体农场；在占农地46.6%的集体农场中实行家庭定额承包制；确认和发展个体农户的经营地位，将国营农场或农庄改变为承包制、租赁制的农业生产单位，发展个体农户和建立个体农场。到2001年，乌兹别克斯坦工业总产值的70%以上都是由非国有经济部门创造的。2011年上半年，非国有经济企业产值占全国GDP的77.1%，同比增长8%；从事进出口业务向国家纳税额占GDP的11.9%。乌全国居民的78%在非国有部门就业，其中小企业和私人企业产值占GDP的42.2%，出口额9.54亿美元。①

吉尔吉斯斯坦在私有化过程中，主要采取了5种方式：公开拍卖、竞卖（招标）、建立股份公司、先租赁后出售、按既定价格将部分中小企业直接卖给个体或集体企业。根据行业特点，工业、建筑业企业主要采取股份制方式，农业部门采取集体购买方式，商业部门采取拍卖方式等。到2000年该国经济私有制成分已占主导地位，私有化改革基本完成。到2010年底，全国正式登记注册的各类经济实体（包括法人和自然人）总计47.48万家，其中具有法人资格的2.45万家，占比5.2%。在具有法人资格的经济实体中，13.1%为国有企业，17.4%为集体企业，69.4%为私营企业。②

土库曼斯坦是中亚五国中向私有化过渡最慢、最不彻底的国家。土库曼斯坦在渐进式改革中逐步将一些不太重要领域的国有资产进行非国有化和私有化，涉及国家命脉的国有大型企业依然由国家掌管。土库曼斯坦在农业领域的改革主要有三个方面：土地改革、完善财产隶属关系、形成市场型的农业结构。由于实行了有效的农业改革，土库曼斯坦达到了改革之初制定的粮食自给的目标。目前，其国有制比

① http://www.uzdaily.uz，2011年8月25日。

② 2010年吉尔吉斯社会经济概况，http://kg.mofcom.gov.cn/aarticle/ztdy/201105/20110507566805.html。

例高于其他中亚国家，国有制与非国有制的不平等比其他中亚国家明显。

塔吉克斯坦从1991年开始对国内部分企业进行私有化，到2001年1月塔吉克斯坦国家所有制经营主体占27.8%，私营所有制经营主体占47.1%，集体所有制经营主体占19.3%，混合所有制经营主体（外国法人、外国公民和无国籍公民所有的企业）占5.8%。[①] 主要私有化方式是将企业卖给职工、股份制改造、租赁企业、拍卖或招标等，所有公民都可参加。截至到2011年8月共对1320家中小型企业和1.1万多个国有设施实现了私有化。[②] 农业领域的私有化改革是政府极力保障所有居民能够接触农业财产，任何一位农民均可要求按份分给土地作为私人使用。1994年，塔吉克斯坦私营农场租用的土地面积总共9271公顷，到2000年1月为27.12万公顷。国家将110家农业企业改造为426家农场，非国有农业在全部粮食产量中所占份额为57.4%。[③]

二、各有侧重的财政信贷体制改革

20多年来，中亚五国在财政信贷领域进行了大刀阔斧的改革，但各国的改革重点各有侧重，财政金融体系呈现出明显差异。

哈萨克斯坦的财政信贷体制改革主要在银行系统、税务系统和价格体系中进行。1995年哈萨克斯坦银行系统改革的主要任务之一是，最大限度地缩减货币资金的集中再分配。银行资金的再供应机制有了实质性的改变，经济信贷职能从哈萨克斯坦国家银行基本上转向二级银行。国家银行作为中央银行履行的职能是向二级银行贷款以维持其

① 独联体国家统计委员会：《独联体国家统计年鉴》，莫斯科2002年俄文版。

② 陈志新："塔吉克斯坦总统建议对停工企业进行国有化"，《人民网》阿拉木图8月10日电。

③ 独联体国家统计委员会：《独联体国家统计年鉴》，莫斯科2002年俄文版。

清偿力，全面地实行货币信贷调节和外汇调节。1996 年 12 月，国家银行批准了银行转入国际标准的办法条例。1998 年哈萨克斯坦国家银行采取了降低国家在银行资本中的份额的措施以及较为严厉的公开化、许可证制度和银行内部实行监督的办法，并在银行机构中成立了保险监督局。1998 年年初，银行总数由 82 个减少到 76 个，而银行累计注册的法定资本增加了 32%，1998 年 10 月已达到 420 亿坚戈。[①] 哈萨克斯坦税制改革的方针和目标是：减轻企业的纳税负担，缩小居民的收入差距，扩大纳税范围，简化纳税程序，减少税收费用。为理顺财政信贷程序，有效压缩财政支出规模，从 1996 年起哈萨克斯坦取消了国家预算对中央银行的透支，并通过扩大各类有价证券的发行量来充实国家的财政收入，减少财政赤字。在价格管理方面，刚开始是进行调整，之后全面放开价格，以刺激自由市场的发育。目前，除了一些战略资源和特殊产品外，几乎所有产品都实行自由价格。

乌兹别克斯坦主要对银行体系和价格体制进行了改革，建立了包括私营银行在内的商业银行网；建立了各类交易所并使其活动规范化、制度化；发展了保险业务；建立了监测机构和法律机构并完善这些部门对经济活动的参与和监督；加强了经营管理人才的培训。乌兹别克斯坦并没有完全放开物价，而是采取逐步放开并保留国家部分定价权的措施。1995 年以后，国家逐步放开了包括粮食和能源在内的几乎所有商品的价格，基本上达到了价格自由化的目的。但没有完全实现本国货币的自由兑换。独立期间，乌建立了新的金融预算系统，实行新税收政策用来持续减轻纳税负担，扩大了生产经营活动的自由权。在税收政策方面，国家继续减轻经营主体的财务负担，促进生产企业工艺设备的现代化改造，提高公民的收入和购买力，简化和完善税务管理。多税种税率降低，用于社会发展领域的拨款占国家预算的比重从 31.5%增至 59%。20 年间，乌已经建立起商业银行网络，银

① ［哈］《哈萨克斯坦真理报》1999 年 4 月 17 日。

行资本和存款的增长来自民众信任度的提升，75%的贷款为长期投资贷款，用于生产的更新与现代化建设。

吉尔吉斯斯坦主要对价格体系和金融体系进行了改革。对价格体系的改革方式较为激进，1994—1995年期间取消了直接或间接的价格控制，实行由经济作杠杆的自由贸易政策，全面实现了价格自由化。对金融体系的改革主要体现在建立证券交易所、发行私有化证券上。2007年前后强调健全金融、生产与贸易风险防范、预警机制，将通货膨胀等因素造成的影响降至最低。通过减税、部分税种实现零税率等措施推动加工工业发展。至今连续几年，改善民生都成为当务之急，外国贷款、投资和援助在吉尔吉斯斯坦的经济发展中占据越来越重要的地位。2010年，外资投入约2.25亿美元。到2011年5月，国际金融机构已累计对吉尔吉斯斯坦贷款15.4亿美元，占其外债总额的60%。

土库曼斯坦是中亚五国中唯一没有实现价格自由化的国家。价格和货币依然由国家调控，货币不能自由兑换。土库曼斯坦对财政信贷体制的改革主要是较早地发行了本国货币，同时建立和完善了会计制度，相继建立了商业银行、保险公司、证券交易所等财政信贷机构，并采取了稳定金融系统的措施，发行私有化证券、发放长期和短期外汇贷款等。近两年来，随着其改革开放的不断深入，对外合作趋于活跃，与国际金融机构的联系日益密切，开展务实合作，伊斯兰开发银行、国际货币基金组织、欧洲复兴开发银行和亚洲开发银行等都与土库曼斯坦建立了各种联系和业务关系。

塔吉克斯坦主要在银行系统、货币发行和价格自由化等方面进行了改革，建立了银行分级系统，一级银行对二级银行进行分层管理；较早地放开了本国几乎所有商品市场的价格，由市场进行调节。相继建立了商业银行、保险公司、证券交易所等金融机构；用私有化证券和贷款向居民支付拖欠的工资和退休金，这些票证部分或全部地用来购买国家财产、企业股份或私有化了的住房。塔吉克斯坦经济自1997

年起开始止跌回升，但外债最多。2010 年塔外债占同期国家财政收入的 4.1%。现阶段塔外债总额的增长主要是贷款本金还款和新增贷款。

资金短缺一直是制约中亚五国经济发展的主要问题，通过财政信贷体制的改革，中亚五国经济得到显著增长，但这一领域的改革还有待深化。

三、较为彻底的外贸体制改革

20 多年来，中亚各国先后放弃了由国家垄断的做法，取消了国家对外贸进出口经营权的诸多限制，实行外贸自由化和非集中化，允许多种所有制成分和地方政府从事外贸活动；取消了出口关税，除个别重要战略物资外，国家鼓励出口，多创外汇；各国还纷纷制定了吸引外资的各项优惠政策，建立了一大批合资或外商独资企业，设立了一些自由经济区和经济特区。中亚五国外贸体制领域的改革较为彻底，路径较为相似，各国外贸体制与苏联时期已完全不同。

在中亚五国中，哈萨克斯坦对外贸体制的改革措施最多，最有代表性。哈萨克斯坦外贸体制改革的重要特征是取消了国家对外贸的垄断。为鼓励生产经营主体参与对外经贸活动，哈曾一度放开了进出口业务，通过出口许可证制度调节外贸企业的活动，最终取消出口限制（武器及军事技术、核材料、麻醉品、贵金属等少数商品除外），同时通过外贸手段刺激国内生产复苏，多次调整进口商品关税税率。通过改革，中亚国家的对外贸易额均有突破性增长，1991 年哈、乌、土、吉、塔五国对外贸易总额分别为 24.2 亿美元、19.7 亿美元、5 亿美元、6.1 亿美元、7.4 亿美元；[①] 2001 年，各国对外贸易额分别增长

① 《走向新世纪的独联体国家》（新疆周边国家系列丛书），中国统计出版社 2000 年版。

到150.8亿美元、53亿美元、23.5亿美元（1999年）、9亿美元和13.4亿美元，分别增长了1—5倍。[①] 2010年分别为889.8亿美元、218.4亿美元、180亿美元、52.66亿美元和38.5亿美元。近几年，以哈萨克斯坦为首的中亚国家又提出了进口替代战略，以保障民族工业的崛起。

中亚五国还越来越重视吸引和使用外资。为吸引外国投资，中亚五国先后颁布了《外国投资法》等一系列法规，并借鉴中国和西方国家的经验先后建立了一些自由经济区和经济特区，实施一系列优惠政策，加强基础设施建设，改善投资环境，引进外资，创办了一批如哈韩LG家电生产企业等具有国际水准和知名度的跨国合资和独资企业。金融危机之后，各国纷纷采取贸易保护政策，保护自产商品。

四、差异较大的社会领域改革

20多年来，随着各国经济发展水平出现越来越大的差异，各国难以保持与苏联时期一致的社会政策和体制，社会领域的改革出现了较大差异。

哈萨克斯坦主要在居民就业、养老保险、医疗保险、居民住房等领域进行了改革。独立以来，哈萨克斯坦在社会领域面临的最严峻的问题是失业。哈政府通过失业登记给失业者提供失业救济金等方法解决失业问题。近几年，哈萨克斯坦政府相继制定了包括《劳动就业法》在内的近20项法律、法规、条例用于规范劳动力市场及其平衡程序，建立再就业制度，安置不能重新工作的人员。哈萨克斯坦还与俄罗斯、乌兹别克斯坦、吉尔吉斯斯坦等国签署了关于加强劳动力安置就业方面的合作、相互间劳动力交流、给劳动者提供社会保护等协

① 独联体国家统计委员会：《独联体国家统计年鉴》，莫斯科2002年俄文版。

议和协定。在世界银行的《社会保护计划》的帮助下，初步建立起了几百个涉及劳动力市场研究、失业统计、就业宣传和就业广告等基础性工作的劳动就业中心。哈萨克斯坦还建立居民医疗保险和养老保险制度，确定了退休制度改革构想。哈萨克斯坦对住房公用事业不再实行统包统管，住房公用事业部门转变成各种有限责任公司，并在合同的基础上对住房公用事业进行管理。按照新的住房政策，国家逐渐减少对住房建设和维修的拨款，住房建设试点方案的贷款和拨款制度正在制定之中。

乌兹别克斯坦除在居民就业、住房等方面采取了与哈萨克斯坦相似的做法外，主要在确立社会保障机制方面采取了一系列措施，其中主要有：(1) 国家从财政预算中拨出专款设立社会保障基金，要求各企业、公司、组织建立起社会保障组织，使社会保障事业拥有财政基础；(2) 对儿童（尤其是孤儿）、学生、退休人员、残疾人、单身母亲、贫困家庭发放补助；(3) 定期调整和提高职工工资、最低收入标准和退休金额；(4) 实行凭有价证券供应消费品制度，让国民暂无现款时也能保证基本生活需要；(5) 国家倡导和鼓励建立慈善机构等。乌兹别克斯坦用于社会保障的资金占国家财政收入的比例约为45%，是中亚各国中比例较大的国家之一，由于措施得力，其失业率一直控制在0.5%以内，是中亚国家中失业率最低的国家。乌兹别克斯坦独立20年期间，用于社会领域的拨款增长了4倍，每年约有60%的国家预算用于发展国民医疗保健、教育、公用事业、社会治安及其他领域。平均工资水平增长13倍，居民总收入增长8倍。

吉尔吉斯斯坦在居民就业、养老保险、医疗保险等方面采取了与哈萨克斯坦相似的改革。在住房制度改革方面，吉建立了住房市场，对居民住房实行私有化，使大多数居民成为住房的真正主人，保证其对住房的自然选择权。国家对30%的国有或公有住房及一些新建住房不实行私有化，作为社会贫困阶层、各享受优惠阶层的储备房。截至到2010年年底，吉全国总人口为547.8万人，城镇登记失业人数为

6.34万人，占经济自立人口的2.6%。

土库曼斯坦由于人口较少，国家财力较强，基本上沿袭苏联时代的社会保障制度。该国用于社会保障的资金占国家财政收入的比例约为60%，在中亚国家中比例最大，因此该国的社会保障体系是中亚国家中较为完备的，也是保留苏联时期社会保障体制较为接近的。

塔吉克斯坦还未完全解决居民的温饱问题，国家社会保障制度已是名存实亡，要建立起来还需要相当长的时间。2011年3月份平均工资为472索莫尼，约折合103美元，自独立以来首次突破100美元关口。尽管塔吉克斯坦每年人口以2.5%的比例高速增长，但随着经济发展，近年来有250万人脱离了贫穷，贫困人口比例已从2003年的72%降至2011年5月的45%。

五、总体评价

冷战结束，中亚五国独立以来，通过一系列社会、经济体制的改革走上了市场经济之路。20多年后，中亚各国由于资源禀赋、经济发展道路、领导人意志、政局稳定等等的不同，采取了不同的经济体制改革方式和路径，经济发展呈现了较大的分层化差异。其中采取激进式改革的哈萨克斯坦和吉尔吉斯斯坦经济波动较大，更易受国际经济形势的影响。不同的是，哈萨克斯坦一直由开国总统连任，经济发展和改革道路比较稳定和连贯一致，目前已成为中亚国家经济发展较好的国家；而吉尔吉斯斯坦政局波动较大，前10余年积累的改革优势丧失殆尽，经济发展明显落后。采取渐进式改革的乌兹别克斯坦、土库曼斯坦经济发展相对平稳，速度较快，粮食逐步自给，石油制品逐步自给有余，还可部分出口，并能出口汽车等工业产品，工农业产品在中亚地区所占的比重稳步上升。塔吉克斯坦还需要进行多方面的改革，解决民生问题。

20 多年来，中亚五国产业结构变化最大的是第三产业，有些传统领域，如邮政业、医疗业、固定资产投资、零售贸易业等在国内生产总值中的比重明显降低，有些领域萎缩严重。独立后，由于世界先进科学技术的飞速发展和各国经济建设的需要，中亚五国出现了一些新兴产业，并呈现方兴未艾的发展势头，其中主要有电信业和通讯业、管道运输业、制药业、旅游业、科技教育业。从占国内生产总值的比重来看，中亚五国第三产业的比例呈逐年上升之势，超过一半以上的领域蓬勃发展，这是中亚五国经济发展最有希望的领域。

中亚五国通过改革取得的主要成果如下：(1) 各国都确认并建立了市场经济体制，逐步建立健全了市场经济所需的法律法规，适时地加入了全球化经济大循环；(2) 大部分国家建立并强化了以市场为导向的产业结构；(3) 所有制均发生了重大变化；(4) 国家对经济的干预明显降低，市场经济之手所起的作用越来越大，企业作为经营主体在市场上开始发挥越来越大的主体作用；(5) 各国已确定对外开放的政策，形成全面对外开放的格局，与世界各国进行广泛的合作。

后金融危机时代，中亚各国经济发展中需要进一步深化改革的领域主要有：(1) 财政信贷领域，需要进一步遏制通货膨胀，减少财政赤字，稳定本国货币汇率，偿还外债。(2) 所有制改革领域，应当有放有收，对中小工农业企业及农场等进一步放开经营，加强私有化的合法性和支持力度，对涉及国家命脉的大型国有企业应当部分收归国有，既可控制国有巨额资产的流失，又可防止被外国控制。(3) 产业结构的改造领域，各国在独立后的 20 年里相继建立了作为独立国家的产业体系，但普遍存在单一化和原料化的问题，各国在产业结构的调整任务远没有完成，需进一步调整和细化本国的产业结构，以期在未来的国际市场多分一杯羹。(4) 对外经济合作领域，各国需进一步吸引外国资金、技术和设备，借助外力建立一些先进的或新兴的适于本国国情的产业，促进本国经济增长。(5) 社会领域，由于国家经济转轨所带来的信仰危机、道德危机、生存危机、社会严重分化等问题，需要通过各种改革措施逐步加以解决。

20 多年之后，通过政治、经济、社会等各领域的改革，中亚国家与冷战时期的苏联已渐行渐远，区域经济发展的格局已完全不同，因为能源矿产资源等重要资源影响，及其连接欧亚的战略地位，对世界经济的影响逐渐扩大，尤其对中俄经济的影响越来越大，成为亚洲地区重要的新兴力量，受到国际社会的广泛关注。

苏联解体原因之我见

SU LIAN JIE TI DE YUAN YIN JI SI KAO

盛世良*

苏共亡党和苏联解体已经20多年，研究苏联解体原因有助于我们总结经验，吸取教训，坚持中国特色社会主义；有助于我们防微杜渐，加强执政能力，与时俱进，建设和谐社会。

有人认为，苏联解体“仅仅”20多年，时间太短，难以客观全面地总结经验教训。笔者认为，在飞速发展的现代社会，20多年时间不能算短，而且亲历这些事件的人如今依然健在。他们除了有干巴巴的史料外，还有鲜活生动的实感。即使仅仅从可信度来说，同代人对经验教训的总结也应该胜过后代学者，因为后者只能从死材料中了解史实。

苏共亡党（或者说社会主义在苏联遭到失败）和苏联解体虽然是两个事件，但彼此密切关联。

多数俄罗斯人并不惋惜社会主义在苏联的失败，但痛惜大国苏联解体，因此不喜欢戈尔巴乔夫。中国人也不喜欢戈尔巴乔夫，因为他让美好的社会主义在苏联遭受失败，但中国人认为苏联解体消除了虎

* 盛世良，新华社世界问题研究中心研究员。

视眈眈的北方强敌，“好得很”。美国人最单纯，没有“精神分裂”，乐见社会主义失败和苏联解体，因此他们宠爱戈尔巴乔夫。

这20多年来，出于不同的立场、视角和好恶，对苏联解体的原因有几种标志性的看法。例如，“社会主义制度的先天缺陷，造成了苏联的垮台”；“斯大林模式葬送了苏联”；“赫鲁晓夫—戈尔巴乔夫叛徒集团搞垮了苏联”；“帝国主义罪恶的和平演变，断送了一个好端端的社会主义国家”等等。

这些看法都有一定道理，但不够深刻，而且以偏概全。当然，笔者的看法也只能是一孔之见。

一、内因一：因循守旧，不思改革

社会主义社会形态与此前其他社会形态相比，有一个明显的特殊性。

人类从原始社会过渡到奴隶社会，再由奴隶社会进入封建社会，总的来说，都是顺乎自然、水到渠成的，并没有奴隶主义或封建主义“伟大导师”事先制定一套奴隶社会或封建社会的光辉理论。后来，法国和英国搞资本主义，也不是由“伟大资产阶级导师”卢梭、狄德罗和孟德斯鸠，或“伟大资本主义先驱”克伦威尔先设计出一套资本主义社会的理论，然后欧洲封建主义国家的革命者遵照这一理论依样画葫芦地建设资本主义，更没有事先确定资本主义初级阶段、高级阶段、“垂死阶段”的具体标准，尔后付诸实践，而是有很强自发性的，先干起来再说，干到哪里是哪里。至于资本主义经济理论，什么凯恩斯主义、里根经济学，无非是对一个时期实践的总结，而且不去追求什么“放之四海而皆准”。

虽然科学社会主义理论是在总结欧洲工人运动实践基础上产生的，但社会主义革命和社会主义建设，从一定程度上说却是先形成理论，再根据这一理论去实践的。而且社会主义国家，特别是苏联，最看重本本，非要引经据典，才能证明自己的政策和措施不是离经叛道，而是“真正的马克思主义”。

其实，马克思从来没有把自己的理论看作教条，也从来没有要求后人把他的理论逐字逐句地付诸实施。

胡锦涛同志在七一讲话中指出：“理论源泉是实践，发展依据是实践，检验标准也是实践。任何固守本本、漠视实践、超越或落后于实际生活的做法都不会得到成功。”

当理论与实践发生矛盾时，不应当“削足适履”，让实践去适应理论，而应当根据实践的需要去修正、发展理论，或是创建新的理论。

我们一再讲社会主义是一个崭新的伟大事业，没有现成的模式可以借鉴。在尊重马克思主义基本原理的同时，对理论加以“修正”和发展，在实践中改革和创新，从实践中总结、归纳、升华出新的理论，这本来就是最正常不过的了。

因此，胡锦涛同志把党的思想路线概括为“解放思想，实事求是，与时俱进，求真务实”，要求全党“积极探索，大胆试验，开拓创新，在实践中丰富和发展马克思主义”。

可以说，苏联在历史上曾有过多次积极探索、改革创新的良机。

在十月革命初年，实行军事共产主义是必要的，起码是可以理解的。此后，在军事共产主义已经推行不下去的情况下，新经济政策产生了良好的效果，社会逐渐恢复元气。按理说，这一政策应该继续执行，起码是执行较长时期。然而，苏联很快便放弃了新经济政策。

1936 年，苏联宣布“建成社会主义”，这又是一次改革良机。

1945 年，卫国战争胜利，苏联外部威胁消除，本可以把用于国防的大量资源投放到经济建设上，改革经济模式和落后的生产力。

1953 年，斯大林逝世，本可借机改革“斯大林模式”。

20 世纪 50—60 年代，北欧“民主社会主义”模式取得了较好的经济效果；南斯拉夫和波兰、匈牙利、捷克斯洛伐克尝试改革苏联经济模式、摆脱苏联控制，然而却被苏联出兵镇压下去。此后，东欧社会主义国家和苏联的改革尝试就更加提心吊胆了。

20 世纪 80 年代中期，中国的改革已经大见成效，苏联不少有识之士对中国改革经验很有兴趣。时任苏联最高苏维埃主席的葛罗米柯曾板着脸对中国代表团说："我对你们的改革毫无兴趣。"

二、内因二：政治机制缺陷

（一）理论脱离实际

强调从实际出发，丝毫不会贬低马克思主义的指导作用，相反地，越是从实际出发，就越需要发展着的马克思主义的指导。

苏联后期领导思想僵化、不思进取，满足于简单地摘抄经典作为政策依据。他们言必称马列，在大会上做报告时往往几十处地引用马列著作，而且无一例外都大量出版、廉价销售自己的文集。在苏联，这些书都成了马克·吐温百年前在《赤道环游记》里讽刺过的"经典著作"——"所谓经典著作，就是人人交口称赞但又谁都不看的书"。

（二）领导脱离群众

20 世纪 80 年代末，一位英国记者刻薄而精辟地形容苏联社会的思想状态：领导装模作样地坚信马列，群众装模作样地拥护领导，领导又装模作样地作出受群众拥护状。

20 世纪 60 年代起，苏联出现大量讽刺国家领导人和社会现实的"政治笑话"，这就是领导脱离群众的生动写照。

群众对这些口头马列、昏庸垂暮、无所作为的领导人早已厌倦，"八·一九"事件后，叶利钦下了禁共令，苏共官员可怜巴巴地离开党中央大楼，有两三名高官因失望而自尽，却没看到有什么人誓死捍卫苏式社会主义。

苏联领导集团并不是非常严重"特殊化"。苏联领取最高月薪的是苏共中央政治局委员，1200 卢布，20 世纪 80 年代为苏联平均月薪的 6 倍（中国实行薪金制初期，最高月薪为平均月薪的 15 倍）；勃列日涅夫与政治局委员、政府部长同住高标准公寓楼，每家占一套二百多平方米的四居室，勃还另有扎维多沃国家别墅。

（三）残酷斗争，镇压异己

尊重多元，容忍差异，兼收并蓄，保持包容性，这是执政党政治智慧和执政能力的重要体现。

但是，苏联十月革命胜利后，政治斗争不断，托洛茨基、季诺维也夫、加米涅夫和布哈林，列宁同代的政治领袖逐一被打成反党分子。肃反、大清洗、20 世纪 50 年代"医生事件"、马林科夫—莫洛托夫—卡冈诺维奇"反党集团"事件……没完没了的"继续革命"，大量消灭党的忠诚干部，殃及无辜，苏维埃政权 73 年内处死 350 万人（可以做一对比：帝俄 1826—1905 年杀害政治犯 894 人）。

某些"持不同政见者"实际上并不反对社会主义，而仅仅是反对苏式社会主义。例如，罗伊·梅德韦杰夫在苏联解体后成了为数不多的坚定左派。"持不同政见者"被驱逐到西方国家后，强化了苏联的负面形象。

这种做法实际上扩大了敌对阵营，起了"为渊驱鱼，为丛驱雀"的作用。

（四）扩张无度，分崩离析

苏联成立时，对民族主义、对地方独立意识估计不足，苏联宪法为共和国脱离联盟而独立留了伏笔。高度集权的政治体制引起地方不满，滋生分离主义情绪，为苏联解体留下隐患。

苏联强大后，继承沙俄向周边扩张的传统，第二次世界大战前后陆续把波罗的海三国、西乌克兰和摩尔多瓦收归版图，进而在波捷匈保罗南阿和东德建立社会主义政权，把苏式社会主义强加给经济远比苏联发达的多数东欧国家。这还不算，苏联还要把亚非拉“以社会主义为发展方向的国家”纳入势力范围，最后发展到武装入侵阿富汗。

这种侵略扩张行为不仅遭到周边国家的反对，而且给资本主义国家指责社会主义提供了绝妙口实，同时加深了分崩离析的潜在危机。

到苏联末期，波罗的海三国率先独立，经济相对发达的俄罗斯、乌克兰和白俄罗斯对补偿落后共和国越来越不满，认为在经济上吃大亏。接受补贴的经济欠发达的共和国则认为，联盟剥夺了它们的经济自主权，也觉得“吃亏”。

三、内因三：经济竞争力弱

俄罗斯 1913 年向荷兰出口黄油和鸡蛋，搞了半个多世纪社会主义后，粮食和肉奶都要进口（现在俄罗斯、乌克兰、白俄罗斯、哈萨克斯坦粮食大量出口）；20 世纪 50 年代，苏联人均国民生产总值与日本差不多，到苏联解体时仅为日本的 1/10。

（一）维持斯大林经济模式

对斯大林模式不应彻底否定，它在苏联初期工业化、第二次世界大战期间适应战争需要和赢得战争胜利方面功不可没。

赫鲁晓夫和勃列日涅夫时期的零星变革没有触动这一模式的本质。这一模式有严重缺陷，但是把苏联解体诿过于 40 年前就去世的斯大林有点牵强附会，起码是不够厚道的。

（二）产业比例失调

三次产业中，第一和第三产业严重落后。工业内部，重工业过重，轻工业畸轻。消费品工业落后，影响人们生活水平的提高，造成进口依赖。

（三）经济军事化

第二次世界大战结束后，苏联误判形势，准备再打世界大战，随后卷入同美国的军备竞赛。苏联时期，军事开支占国内生产总值1/4。军事力量膨胀到荒谬的地步，20世纪80年代末苏联坦克保有量高达7万辆，相当于世界上其他国家坦克数量的总和。

由于体制问题，苏联的军工综合体难以像美国那样促进民用经济，而是成为国民经济的沉重负担。

（四）闭关锁国，固步自封

苏联盲目自满，自诩世界第一，“凡是苏联的，就是最好的”；在解体前，又走入盲目自卑的极端，“苏联等于上沃尔特加导弹核武器”。

苏联坚持不与国际接轨，如工业产品有自己的一套国家标准（ГОСТ）；铁路系统坚持1500毫米的宽轨制（标轨为1400毫米）；为隔绝西方“敌对宣传”，苏产收音机能接收的超短波比国际通用的略长；民用飞机和汽车制造业也都自己另搞一套，落后于世界水平，后果延续至今。

20世纪80—90年代，苏联错过了世界新新技术革命的浪潮。

（五）人民生活改善越来越慢

苏联在同资本主义世界的经济竞赛中日益落后，人民生活水平的差距越拉越大。

跟中国比，20世纪70年代末，即中国刚开始改革开放时，苏联的生活水平明显高一截；但是到苏联解体前，差距大大缩小，中国的市场供应则明显好于苏联。

四、内因四："加盟共和国"留下隐患

1922年，列宁打算建立共和国联合体。当时，原先属于俄罗斯帝国的乌克兰、白俄罗斯和外高加索联邦虽然都由莫斯科安排的干部统治，但名义上是独立的。主管民族问题的斯大林主张独立的共和国一律加入俄罗斯联邦，仅保留一定的自治权，避免出现"国中之国"。

共和国首领"宁为鸡首，不为牛后"，对斯大林的方案群起而攻之。最致命的是，列宁居然也批评了斯大林的"大俄罗斯沙文主义立场"，而且别出心裁地要建立"苏维埃社会主义共和国联盟"。于是苏联应运而生，其中的加盟共和国都各有自己的国旗、国徽、宪法、最高苏维埃（议会）和部长会议（共和国政府）。苏维埃社会主义共和国联盟宪法中规定了加盟共和国有退出联盟的权利。

当时列宁以为，反正"全世界无产者联合起来"，国家早晚要消亡，用不了多久全世界必然成为社会主义的一统天下，何必争一朝一夕！再说，加盟共和国领导人既然都是共产党人，当然都是国际主义者，有高度的阶级觉悟，怎么可能退出苏联这个"各族人民友好大家庭"呢！而且，像苏联这么完美的国家形态，世界各国肯定"相见恨晚"，怎么舍得退出！

但是，他老人家没有想到，民族主义幽灵仅仅是潜伏了起来，终于在69年后钻出魔瓶，助推了苏联的解体。

五、外因：内耗与“和平演变”

资本主义国家不论是搞自由资本主义，还是搞社会资本主义，并不相互批判，更没有在理论上斗得你死我活，多种形式的资本主义相安无事。对社会主义国家，它们善于党同伐异，群起而攻之，搞“和平演变”和“颜色革命”。

社会主义国家“与人斗其乐无穷”。首先是国内斗，其次是社会主义阵营内部斗，社会主义国家同社会主义国家斗。苏联批判南斯拉夫，苏联批判中国搞“教条主义”，中国批判苏联搞修正主义，无所不用其极，“唯我独革”，别人是“不齿于人类的狗屎堆”。中国反修，除了带有反对苏联大国沙文主义的正确成分外，主流是以极左批判左，以“原教旨主义”批判教条主义。

中国“反修”迫使苏联遏制了脆弱的改革苗头。例如，笔者1964年到新华社从事俄译中工作后，经手翻译的苏共中央决议就有这样的奇怪规定：自留地不得种经济作物，盖园地小屋不得超过一层；农户最多只能养一头奶牛带一头小牛，不得养役畜；农户在自由市场上出售的只能是自种的多余农产品……这是因为苏联怕中国批评它“三自一包”，搞修正主义。

阵营内斗的最高境界是武装干涉，打着“无产阶级国际主义”旗号，出兵他国“保卫社会主义成果”。20世纪50年代的波兰事件和匈牙利“反革命事件”、1968年的“布拉格之春”，在一定程度上都是东欧国家摆脱苏联控制、改革苏式社会主义的小心翼翼的尝试，当时如果不被粗暴制止，这些国家也许能走上改革社会主义之路。波兰事件万幸没有被定性为“反革命”，避免了流血后果；匈牙利事件就没有那么幸运，“苏修侵捷”其实和镇压匈牙利“反革命事件”没有本质差别。

苏联解体之初，有人曾把它归因于帝国主义的“和平演变”。没错，帝国主义从不放弃这一梦想，对社会主义国家来说，这始终是一把高悬头顶的“达摩克利斯之剑”，但是对它的危险无须估计过高。这是外部因素，只能在具备像苏联那样抛弃社会主义愿望的条件下起作用。

六、根本原因：丧失执政能力

苏联尽管有种种缺陷和谬误，但直到1991年“八·一九”事件，苏共亡党和苏联解体依然有可能避免。何况，就在几个月前举行的联盟条约的全民公决中，70％的公民主张保留苏联。

为什么？要说经济状况糟糕，苏联解体前夕远不如中国“三年自然灾害”期间或毛泽东逝世时；要说政治局面混乱和社会骚动，苏联解体前夕不见得比文革或天安门事件时严重。

那么，是戈尔巴乔夫的“改革和公开性”搞乱了人心？不完全是。关键是苏共丧失了执政能力。

首先，苏联人民代表大会于1990年3月废除了苏联宪法中有关苏共领导国家政权的第六条，苏共从法理上自我放弃了执政权力。

其次，“八·一九”事件以实例显示苏共彻底丧失了政治决断力和行动能力。

“我们伟大的祖国面临着致命的危险！每个苏联人都应该作出唯一正确的选择！我们呼吁全体真正的爱国者、一切善良的人们，制止目前这种混乱时世！”

1991年8月19日，《苏联国家紧急状态委员会告苏联人民书》振聋发聩！

然而，言辞完全正确，行动软弱无能。

笔者谨以亲历作证。

连一个非洲小国的上尉搞政变时都知道，在发表《告人民书》之前先要逮捕政要，占领要害部门。

1991年8月19日清晨，新华社莫斯科分社是在接到中国驻莫斯科使馆电话后，才知道苏联发生政变，紧急状态委员会让戈尔巴乔夫靠边站。随后安排笔者和另一记者分头速往市中心了解情况。笔者的汽车越过进城的第一列戒严军车，进入市中心，无论是克里姆林宫，还是叶利钦的巢穴白宫，或是国防部和陆军司令部都悄无声息。叶利钦的车队招摇过市地开往白宫，未遇任何阻拦。而且，紧急状态委员会还听任叶利钦及其支持者组织抵抗，听任军队倒戈投叶。

紧急状态委员会主席亚纳耶夫在记者会上双手颤抖，其余成员目光茫然，对救党救国大业既无信念又无决心，既不能使志同道合者振奋人心也不能使敌人胆战心惊。

至此，苏联政权已经完全丧失动武的决心和能力。而以暴力维护政权、恢复秩序是任何国家不可或缺的权力和意志，苏联近3/4世纪的历史是这样的，最讲民主的大英帝国不久前镇压骚乱是这样的，极权统治者阿萨德今天对付反对派也是这样的。

“八·一九”事件暴露出苏联中央政权的虚弱，共和国领导人敏锐地觉察到这一点，火速脱离联盟，纷纷宣告独立。这时，苏联解体已不可避免。

走出历史的困境

SU LIAN JIE TI DE YUAN YIN JI SI KAO

——冷战后俄罗斯与中东欧国家关系发展的几个特点

汪 宁*

在“2000年俄罗斯联邦对外政策构想”中，俄罗斯对中、东欧国家的政策提法比较简单，只提出一些最基本的要求：“在与中东欧国家的关系中，迫切的任务是根据新情况和俄罗斯保持人员、经济和文化交往，消除现有危机和进一步推动合作。”① 普京接任后，俄罗斯调整了外交思想，在2005年度的国情咨文中明确提出：“俄罗斯与昔日的苏联加盟共和国，今日的独立国家被共同的命运、俄语和伟大的文化联系在一起，不可能置身于追求自由的主潮流之外。”② 也正是从这一年起，俄罗斯和中东欧国家之间的关系发生了根本性变化。在2008年经过调整修改的“俄罗斯联邦对外政策构想”中，虽然同样对“昔日的”加盟共和国着墨不多，但是着重强调了“务实”和“相互尊重”的主导思想。俄罗斯提出，要“在考虑各国现实的基础上，

* 汪宁，上海外国语大学国际关系与外交事务研究院教授、博导、教育部国别研究培育基地上海外国语大学俄罗斯研究中心主任。

① 《俄罗斯对外政策构想》（2000年6月28日俄罗斯联邦总统弗·弗·普京签署），转引自[俄]伊·伊万诺夫著：《俄罗斯新外交——对外政策十年》，当代世界出版社2002年版，第159页。

② “2005年致联邦议会的国情咨文”（2005年4月25日），《普京文集（2002—2008）》，第189页。

继续拓展同中欧、东欧和东南欧国家务实的、相互尊重的合作”。重要的是，在新的构想中，开宗明义地提出了俄罗斯“要以全新的视角看待俄罗斯外部的总体情况，根据国家在国际事务中作用增长的实际情况重新思考俄罗斯对外政策的优先方面，提高俄罗斯对世界发展变化的责任”。[①]

与此同时，这几个新成员国在入盟之后，由于身份、地位和国际环境的变化，以及自身经济发展和安全的需要，也不得不及时调整自身的发展战略，使欧盟与俄罗斯关系朝着逐渐改善的方向发展。虽然矛盾还没有彻底解决，问题也仍然存在，然而毕竟已经有了质的改变，出现了新的特点。

一、俄罗斯主动调整战略，从政治上加强互动

在笔者看来，有以下几个因素迫使俄罗斯不得不调整战略。

第一个原因是力不从心。苏联解体后俄罗斯经济实力大大削弱，国力大幅度下降，对外政策不得不进行调整，为经济发展服务成为重点。对于那些昔日社会主义阵营的伙伴国家，其已经无力提供经济上的援助和安全上的保障，使中、东欧国家渐行渐远地逐步脱离了自己的“势力范围”。但当时俄罗斯的感觉是自己的责任和负担减轻了，仅此而已。

第二个原因就是北约的东扩和欧盟的扩张。由于力不从心，其不得不把苏联解体初期坚决反对的政策调整为事实上的承认，把它视为“一个自然的历史的进程”，[②] 并与之建立伙伴关系，使北约东扩和欧

① “俄罗斯对外政策构想”（2008 年 7 月 12 日），转引自左凤荣著：《重振俄罗斯——普京的对外战略与外交政策》，商务印书馆 2008 年版，第 452、432 页。

② 2004 年 4 月 27 日，俄罗斯副外长谢尔盖·谢尔盖耶维奇·拉佐夫在中国国际问题研究所作为“国研论坛”演讲人发表了题为《俄罗斯的中东欧政策》的专题演讲。

盟扩大不再是阻隔俄罗斯发展与中东欧国家关系的焦点问题。

第三个因素是新一代国家领导人的相继接任。随着冷战的结束，雅尔塔国际体系建立之后的第三、第四代领导人与他们的前任相比，最鲜明的特点就是摆脱了意识形态的束缚，思想更加开放、政策更加务实。

国际局势的动荡归根到底是国际结构发生了根本性的变化，即国际政治体系本身的变化和经济秩序的重建。国际体系的结构本身对任何一个国家的对外政策都必然产生重大的影响。从理论上讲，所谓“结构”是指构成一个国际体系的国家与国家之间相互关系的形式。结构作为国际政治中行为的决定因素，意义重大。在新的国际秩序尚未建成，美国单边主义外交政策造成国际局势剧烈动荡的背景下，为了恢复俄罗斯在中东欧地区的影响力，普京从接任开始就及时调整了俄罗斯的外交战略，不再将原来的“社会主义东欧”视为一个整体，而是将其划分为以波兰、匈牙利、捷克、斯洛伐克和斯洛文尼亚几个国家为主的中欧地区、以保加利亚和罗马尼亚为主的黑海巴尔干地区和以塞尔维亚、克罗地亚等国家为主的亚得里亚海巴尔干地区。对于不同的地区采取了不同的政策，并赋予每个地区不同的功能和作用。[①]

在政治上，俄罗斯改变了叶利钦时期对待中、东欧国家中的强势政策，[②] 尽量减少对抗，竭力恢复同中、东欧国家关系的正常化，但坚持国家利益的原则不变。为了达到目的，普京充分利用俄罗斯丰富的资源积极开展“能源外交”，把恢复和加强俄罗斯与中、东欧国家

① 郑羽、蒋明君主编：《普京八年：俄罗斯复兴之路（2000—2008）》外交卷，经济管理出版社 2008 年版，第 237 页。

② 苏联解体后，俄罗斯由于自顾不暇，把原东欧社会主义国家当作包袱，采取了“一边倒”的外交政策，忽略了中东欧国家的需求和对俄罗斯的重要作用，中东欧地区被排除在俄对外政策优先方面之外，甚至一度几乎中断了与中东欧国家之间的联系。后来俄罗斯才意识到问题的严重性，普里马科夫在一次会议上指出：我们在同这些国家的关系中犯了许多错误。完全放弃在经互会框架内的经济联系，将他们推到了非常严峻的地位。参阅国务院发展研究中心欧亚社会发展研究所《年会文集 2003》，第 208 页。

之间的经济关系及施加能源压力的政策并举，试图以经济关系促进政治关系的改善和提升。[①]

俄罗斯采取的第一个措施是加强与这些国家的互动，首先从改善政治关系做起。从2000年开始，俄罗斯与中、东欧国家恢复了中断许久的外长互访。2000年7月，波兰总统克瓦希涅夫斯基率先访问了俄罗斯，双方强调保持良好的睦邻关系符合两国人民的利益，表示愿加强两国在政治、经济、文化等各领域的交往与合作。紧接着于同年12月底，俄罗斯外交部长伊万诺夫回访了波兰，并于2001年访问了匈牙利和捷克，后来又相继访问了斯洛伐克、南联盟、马其顿、波兰、保加利亚，几乎跑遍了所有的中、东欧国家。同年5月份，时任俄罗斯总理的卡西亚诺夫也出访了波兰。12月中旬，波兰外长对俄罗斯进行回访，使中断了7年之久的俄波关系重新启动。波兰总理在接待卡西亚诺夫时表示，俄罗斯总理的访问是“两国关系的政治转折点”，波兰愿意“发展与俄罗斯的伙伴关系”，特别是希望加强与俄的经济合作。[②] 在此期间，波兰总统、保加利亚总统、匈牙利总理以及各国外长也先后访问了莫斯科，掀起了一个国家领导人相互访问的一个高潮，使俄罗斯与中东欧国家间关系的改善出现了希望。

俄罗斯外长伊万诺夫在几乎访问了所有中、东欧国家后对建立新型关系充满了信心，同时表示：“我相信，我们的关系具有美好的前景。我们具有在新基础上建立长远关系的政治意志，我们拥有共同的资本——共同的企业、共同培养的干部文化工作者和学者。”这种新型国家关系不仅对俄和中、东欧国家有利，而且将促进欧洲的和平与稳定。由于中东欧国家的地理位置，它们有可能成为俄与欧盟关系发展的桥梁和纽带，从而有利于整个欧洲大厦的建立。[③]

---

① 朱晓中：“从铁板一块到市场细分——普京时期俄罗斯对中东欧国家政策”，《俄罗斯中亚东欧研究》2008年第3期。

② 《人民网》2001年5月28日。

③ www.mid.ru 2003/12/12，转引自杨莉：“俄罗斯与中东欧国家关系浅析”，《国际问题研究》2004年第3期。

2002年1月，时任总统的普京对波兰进行了正式访问，这是俄总统8年来首次访波。访问结束后，在与波兰总统克瓦希涅夫斯基于1月16日联合举行的记者招待会上，普京的访问被波兰记者称为“转折性的、历史性的，是开辟波俄关系新阶段的。”记者们高兴地表示：“我们等了8年了。”普京本人也高度评价了两国关系：“俄罗斯和波兰是很久远的伙伴了，积累了有分量而且在很大程度上独一无二的经验”，认为“波兰的作用已经远远超出了中东欧的范围”。[①] 普京的访问把俄罗斯与波兰关系一下子提高到“伙伴”的高度。更加重要的是，俄罗斯充分认识到，“中欧、东欧和东南欧地区对俄罗斯的经济、政治、军事等方面都具有重要的意义”。“俄罗斯在与上述国家打交道时，不讲思想，只讲经济效益和保护自己国家的利益。”[②]

通过两国总统的互访，普京与波兰总统克瓦希涅夫斯基之间也建立起良好的私人关系（被波兰记者称之为“第一号伙伴”），对推动俄波关系朝积极的方向发展起到极大的作用。到了2006年，中、东欧已经发展成为“俄罗斯利益的优先地区”。俄罗斯迫切希望和中、东欧国家之间的关系建立在相互尊重、平等、考虑彼此利益和健康的实用主义基础上。俄罗斯利用各种场合公开表示，对于俄罗斯来说，“最重要的是要在相互关系中具备发展合作、解决双边关系中的迫切问题和在国际事务上进行有效协作的建设性平台”。[③]

俄罗斯改善与中、东欧国家之间关系的另一个重要国际背景是，发展与欧盟之间政治关系和经济联系。从中、东欧国家的角度而言，一方面大多数国家在相继入盟的过程中，必须按欧盟提出的条件改造自己的政治、经济和社会运行机制，必须在有限的时间内达到入盟标准。另一方面，入盟之后，它们必须遵循欧盟的“游戏规则”，作为

---

① “要保存和发展俄波伙伴关系的良好传统——在与波兰共和国总统结合举行的记者招待会上的讲话和答记者问”（2002年1月16日，华沙），《普京文集》，中国社会科学出版社2002年版，第559、556、557页。

② gb. chinabroadcast. cn/2201/2004/05/10/622@154420. Htm.

③ www. interfintrade. ru/main/news/prime? n _ id=40334.

欧盟成员，在与俄罗斯打交道的过程中必须遵守欧盟与俄罗斯签订的一系列协议。由于俄罗斯与欧盟关系有了根本性改变，叶利钦时期确定的俄欧关系框架在普京时期赋予了实质内容。双方不仅在“欧盟东扩”、建立“统一大欧洲”、核不扩散等一系列至关重要的政治问题上展开了多层次、多方位、多角度的积极对话与合作，经济关系也有了长足发展。在这样的条件下，作为欧盟的新成员国家，无论在历史上与俄罗斯有过多少过节和发生过什么样的利害冲突，加强互动、改善关系都成为唯一的选择。

因此，从这个角度看，欧盟在俄罗斯与中、东欧国家之间的关系中在很大程度上起到决定性的推动作用。无论是对中、东欧国家，还是对俄罗斯而言，调整相互之间的关系既是迫于自身政治和经济发展的需要，也是欧盟作用的结果。俄罗斯与中、东欧国家之间原来存在的部分问题随着俄罗斯与欧盟的日益接近而逐步弱化，双边关系发展成为俄罗斯与欧盟关系的一部分。如果说中、东欧国家在冷战刚刚结束后脱离俄罗斯，尽快回归欧洲的迫切愿望是国际形势变化的客观要求造成的，那么现在自身国家发展的主观需要则占据了重要地位。主要有这样几个因素促使它们必须改善与俄罗斯之间的关系，即安全、经济发展和同根的斯拉夫文化渊源。

随着苏联的解体，华约组织也随之解散，中、东欧国家失去了“社会主义大家庭”统一的保护伞。由于长期在苏联羽翼之下生活，大多数中、东欧国家的自身防卫能力几乎没有，中、东欧地区安全机制也不可能很快建立，造成的局势是国家之间因民族边界等一系列长期积累的问题缺乏信任，甚至发生冲突和分裂，巴尔干地区就是案例。西方的民主模式以及美国和北约的怀抱充满了诱惑力。除此之外，也没有其他可供选择的道路可走。中、东欧国家在经过短期的徘徊之后，不约而同地选择了回归欧洲这条道路。由于大多数中、东欧国家相继加入北约和欧盟，对自身安全的担心减轻，增强国力，发展经济，提高人民的生活水平成为迫切需要解决的首要任务。与此同时，随着政权更替，原来与俄罗斯素有积怨的国家老一代领导人逐步退出政坛，社会精英以及国家主流思想中对俄罗斯的仇视心理也随着时间和国际国内局势的动荡变化而逐渐淡化。出于国际国内政策的需要，国家整体利益成为新的领导人制定国家对外政策的指导思想。所有这些因素的作用使得大多数中、东欧国家不断调整自己的对外战略，采取了日渐趋于理智的对俄政策。

与此同时，把中、东欧国家纳入俄罗斯对欧洲的总体战略，也日渐融化进俄罗斯的对外政策行动中。1996 年 10 月，俄罗斯在叶利钦时期曾经制定过一个针对欧盟战略计划，表示要与欧盟合作建立一个统一的经济空间。到了普京时期，这一战略开始具体实施，更多地表现在现实主义的外交政策中。

二、能源成为拉近双边关系的主要武器

“任何一个后苏联空间的欧洲国家在未来的 10 年时间内都不可能摆脱对俄罗斯的能源依赖，将长期依赖俄罗斯相对廉价的天然气供应。”① 俄罗斯对于自己拥有的优势非常清楚，而历史的发展也为俄罗斯提供了机遇。普京经过第一个任期的惨淡经营，俄罗斯的经济发展旧貌换新颜，使俄罗斯拥有了改善与中、东欧国家关系的有利资源，世界能源市场的变化更使得俄罗斯占尽天时地利的条件。

俄罗斯没有放过这样的机会。

在所有的经济资源当中，俄罗斯手中最大的王牌是能源。因为俄罗斯是欧洲能源供应的最大供应商，中、东欧国家又是转运俄罗斯石油和天然气必不可少的一个平台。以石油天然气为武器，同时使用各种贸易手段，与欧盟和中东欧国家开展积极的能源对话，扩大俄罗斯

① ［俄］外交与国防政策委员会著，万成才译：《未来十年俄罗斯的周围世界——梅普组合的全球战略》，新华出版社 2008 年版。

的影响力和吸引力成为俄罗斯务实外交的重要内容之一。

从 2000 年起，俄罗斯的大石油公司开始积极进军中东欧市场。2001 年，俄罗斯米格公司同匈牙利签订了一项为期 4 年的协定，保证匈牙利的米格 29 飞机可以正常飞行；2001 年年底，俄罗斯、保加利亚和希腊合资铺设的石油运输管线正式开工，俄罗斯的原油将经由此管线直接输送到欧洲，如此等等。这一切有力地说明俄罗斯对中东欧各国展开了积极的经济能源外交攻势，尤其是与保加利亚的能源对话可以说是成果显著。

（一）通过能源合作改善关系

2003 年 3 月，时任俄罗斯总统普京访问了保加利亚。这是俄罗斯最高领导人近 11 年来首次正式访问保加利亚。期间，除了参加保加利亚国庆（3 月 3 日）暨俄土战争胜利 125 周年庆祝活动[①]之外，普京还与保加利亚总统珀尔瓦诺夫签署了“关于保加利亚和俄罗斯进一步发展友好伙伴关系的联合声明”，两国经济、文化、科技、能源等部门的领导人签署了 8 项合作协定。

据报道，这些协定解决了俄保多年来悬而未决的债务、武器生产许可证和旅游签证等问题。普京宣布，俄将增加对保的天然气供应，并将投资 1.5 亿美元铺设俄保天然气管道延长线，以便向马其顿、希腊和土耳其等国家输送俄罗斯天然气。俄还表示愿意参加保第二座核电站的建设和对第一座核电站的技术改造，同意尽快使俄、保、希三国合建输油管的工作进入商业性操作。此间媒体评论说，这次俄保签署的诸多文件为两国关系的发展注入了实质性内容。[②]

最为引人注目的还在于，对于两国之间的分歧，普京也没有回

---

① 125 年前，俄军在保加利亚击败了土耳其军队，使保从土耳其奥斯曼帝国近 500 年的奴役统治下解放出来。俄在对土战争中阵亡了 20 万军人。

② “普京访问保加利亚：叙昔日友情 建未来关系”，www.cctv.com/news/world/20030304/100228.shtml，2009-7-24。

避，而是大度地表示了理解。众所周知，1989 年保加利亚政局发生剧变后，在外交上开始奉行“走向欧洲”的政策，与俄罗斯的关系日趋疏远和冷淡，甚至发展到互逐外交官的地步。2000 年 8 月，俄罗斯外交部还曾经指责保加利亚同北约过于接近，并警告这会破坏保俄之间的传统友谊。后来这还发生在伊拉克问题上，保加利亚站在美国的立场一边，支持美军派兵打击伊拉克。对此，俄罗斯并没有像以往那样加以指责，普京宽容地表示：每个国家都有权决定和选择自己的对外政策方向。对于俄罗斯与保加利亚双边关系的未来发展，普京也认为俄保两国应当摆脱以往的意识形态陈规，发展友好合作，以造福于两国人民。普京特别强调他的访问是两国“新型关系”的开始，表示我们要以 20 世纪两国关系中的最美好的东西为基础，思考我们相互关系的未来。①

普京的思想不无道理。

俄罗斯与保加利亚关系的改善，除了俄罗斯的因素以外，另一个关键人物也功不可没，即 2001 年在保加利亚议会和总统选举中新当选的总统珀尔瓦诺夫。这位新任总统在不到半年时间内就两次造访俄罗斯，主动修复对俄关系，使两国关系日益升温。

格奥尔基·珀尔瓦诺夫②是个知识分子家庭出生的国家领导人，与普京有不少共同之处，从索非亚大学历史系毕业之后成为当时保加

---

① “普京访问保加利亚：叙昔日友情 建未来关系”，www.cctv.com/news/world/20030304/100228.shtml，2009—7—24。俄罗斯认为，保加利亚同俄罗斯具有天然的历史、文化和宗教联系，是俄罗斯帮助保加利亚获得了独立。在保加利亚许多主要城市中都建有 1977—1878 年打败土耳其的俄土战争、纪念保加利亚摆脱奥斯曼帝国统治获得独立的纪念碑或雕像。在保加利亚人的心目中，是俄国把保加利亚从土耳其的统治下解放了出来，因而对俄国充满了感恩之情，而不像其他东欧国家那样对俄国在巴尔干的扩张耿耿于怀。在能源上，保加利亚严重依赖俄罗斯的天然气，俄也把保视之为东南欧重要的辐射地，并且早在 20 世纪 90 年代俄罗斯对保加利亚 2 亿美元的投资中，绝大多数就已经投向天然气和能源工业。两国之间的能源合作具有历史相对长久、基础比较稳固的特点。

② 奥尔基·珀尔瓦诺夫（Georgi Parvanov）1957 年 6 月 28 日出生于保加利亚西部佩尔尼克地区的西里什特尼克村，毕业于索非亚大学历史系，历史学博士，1981 年加入保共（后改名为保加利亚社会党）并成为当时保共历史研究所研究人员。——摘自《百度百科》。

利亚共产党历史研究所的一名研究人员，1988 年晋升为高级研究员，主要从事 19 世纪末 20 世纪初的保加利亚民族问题、保社会民主主义运动和马其顿等方面问题的研究。珀尔瓦诺夫拥有历史学博士学位，已经出版过两本学术专著。除此以外，珀氏与普京还有不少其他共同点：首先是同样出生在 20 世纪 50 年代，是个草根型的平民总统。珀氏于 1957 年 6 月出生于保加利亚西部的西里什特尼克村（小普京 5 岁），父母亲都在机器制造厂工作。其次是两人的仕途都一帆风顺。珀氏在 1981 年索非亚大学毕业的同一年加入保加利亚共产党（苏东剧变后保共改名为保加利亚社会党），[①] 并在 10 年后的 1991 年 12 月就当选为社会党最高委员会委员，1994 年成为副主席，1996 年 12 月又成为社会党最高委员会主席。2001 年 11 月，珀氏在 45 岁时就当选为保加利亚总统，并同样在 2006 年 1 月再次赢得总统大选获得第二个 5 年的任期。再次是执政理念相近。在就任总统之后，把做好国内各党派的协调和团结工作作为首要任务来完成，认为保加利亚在转轨后的十几年当中有相当长的时间都在进行意识形态的对抗，这严重阻碍了国家的发展。他承诺，要尽全力使保加利亚的政治生活摆脱两极分化和轻率对抗的框框，恢复民众对国家的信任。最后，珀氏也非常亲民。就任总统之后，他经常亲自深入到普通老百姓当中去了解他们的生活和疾苦，并尽可能地在医疗保健、健康保险、退休金改革等各方面满足人民的要求。[②] 在外交上，珀尔瓦诺夫当选保总统后就立即表示，他将遵守保加利亚要求加入欧盟和北约的战略选择，同时将致力于恢复和发展同俄罗斯、乌克兰以及其他国家的传统关系，并实行积极的巴尔干政策。珀尔瓦诺夫实行的是平衡、多边、务实的外交路线，在大力发展与西方关系并在成功实现加入北约和欧盟的夙愿的同时，也注重恢复发展与周边国家之间的传统友好关系，使保加利亚与

① 众所周知，普京也是在圣彼得堡大学上学期间成为苏联共产党党员的。他当年从名不见经传的普通官员，到国家总理、代总统、俄罗斯总统，也只用了屈指可数的几年时间。

② 李丽娜：“保加利亚总统格奥尔基珀尔瓦诺夫”，《俄罗斯中亚东欧研究》2007 年第 1 期。

邻国关系进入近百年来最好的时期。

正是这些共同点使珀尔瓦诺夫认识到与俄罗斯关系的重要性，并很快与普京找到共同语言。2002 年 9 月 19 日，刚刚上任半年时间的珀尔瓦诺夫总统率领着一个包括保加利亚政治家、文化工作者和企业家在内 100 多人的庞大代表团首先访问了俄罗斯，进行了为期 3 天的工作访问，[①] 拉开了冷战结束后重启保俄 21 世纪新关系的序幕。

珀尔瓦诺夫总统的主动和努力没有白费，保加利亚在与俄罗斯关系改善的同时，经济也因得到俄罗斯的支持和帮助而获得较好的发展。

2008 年 1 月 17 日，普京把自己总统任内的最后一次出国访问留给了保加利亚，就在此前的 2007 年 1 月，保加利亚刚刚成为欧盟的新成员国，实现了自己的夙愿。在与普京会见的欢迎仪式上，珀尔瓦诺夫没有忘记表示，尽管保加利亚已经加入欧盟，但这不应影响保加利亚和俄罗斯两国关系的密切发展。珀尔瓦诺夫还强调："我们认识到，我们目前面临的一些问题，必须通过欧盟和俄罗斯之间进行开诚布公的对话才能解决。"对此，普京再次大度地表示，俄罗斯尊重保加利亚在安全和其他重要事务方面的选择，并为其取得的成绩感到高兴。[②] 2008 年 1 月，"俄罗斯年"在保加利亚举行，普京和珀尔瓦诺夫一起参加了开幕仪式，标志着两国关系发展到一个新的高峰。俄罗斯国家交响乐团及俄保两国著名音乐家共 170 余人在开幕式音乐会上表演了精彩的节目。此外，双方还同意在保加利亚建立一个俄罗斯图书中心和一所俄保科学与文化公共研究院。

普京对在位期间的最后一次访问非常重视，在出访前夕专门为保加利亚媒体撰写了一篇题为《命运使我们成为伙伴》的文章。在文章中，普京回顾了两国关系的历史和现状及未来合作前景，保发行量最大的报纸《劳动报》、《24 小时报》1 月 17 日当天均全文登载了普京

---

① news. eastday. com/epublish/gb/paper148/200 ... 2002—9—20.

② 《新华网》2008 年 1 月 18 日。

的文章。[①] 除此之外，据报道，普京还为保加利亚准备了一个能源合作的大礼包，与保加利亚在能源方面成功地签署了3项协议：保俄两国合作建设南部天然气管道协议、就布—亚石油管道工程成立国际项目公司协议以及建造“贝列内”核电站的基本协议。

其中，在会谈结束前最后一刻才达成一致的南部天然气管道协议具有非常重要的意义。[②] 该管道北至奥地利，南到意大利，计划年输送天然气约300亿立方米，建成后不仅将使保加利亚真正成为东南欧最重要的能源过境中心，而且将使俄罗斯输往欧洲的油气管线形成一个环状，俄将掌握输欧能源的主动权，而保加利亚也拥有50%的股份，[③] 称得上达到了双赢。

所谓“布——亚石油管道”，就是俄罗斯与希腊和保加利亚三个国家共同签署的一项名为《布尔加斯—亚历山德鲁波利斯输油管道项目合作方成立国际设计公司的合同》。这项合同的正式签订标志着该石油管道的铺设工作已经开始进入实施阶段。这条管道东起保加利亚的黑海港口布尔加斯，西至希腊爱琴海东北部的亚历山德鲁波利斯。管道建成后，俄罗斯的原油将通过黑海用船运送至保加利亚布尔加斯港口，再通过这一管道输送到希腊和其他欧洲国家。布—亚石油管道全长277公里，计划投资8亿欧元，管道的设计年输油能力为3500—5000万吨，已于2010年完工。

2009年2月6日，“保加利亚年”在莫斯科举行，俄罗斯和保加

---

① 《新华网》2008年1月18日。

② 这条石油输送管线也被称之为“南线”，既从俄罗斯的新罗西斯克穿越黑海海底铺设到保加利亚瓦尔那后，再分为两条支线：一条支线将经希腊通向意大利南部；另一条支线拟穿越罗马尼亚、匈牙利和斯洛文尼亚后，在斯洛文尼亚再建分支，分别通向意大利的北部和奥地利等西欧国家。最近俄罗斯又在积极游说塞尔维亚，以便购买塞尔维亚国家天然气公司51%的股份，如果并购成功，“南线”天然气管道将通过塞尔维亚，并在塞建设一个大型天然气库，使塞成为俄罗斯能源在西巴尔干地区的配送中心。2007年6月，时任俄罗斯第一副总理兼俄罗斯天然气工业公司总裁的梅德韦杰夫和意大利国家液体燃料公司（ENI）总裁斯卡罗尼在罗马签署了关于共同出资铺设这一管道的协议，总投资为10亿欧元，管道设计年输送天然气300亿立方米。——参阅《经济日报》2009年1月24日。

③ http：//www.sina.com.cn，2008年1月19日。

利亚总统共同出席了开幕式并剪彩。两国总统一起祝贺俄罗斯和保加利亚人民在俄罗斯举办“保加利亚年”，一起在莫斯科大剧院举行的庆祝会上发表了热情洋溢的致辞。梅德韦杰夫总统表示：“建立在共同历史经验和相似的精神文化基础之上的真诚而深厚友谊使俄罗斯和保加利亚紧密相连。”他说：“于 2008 年举办的保加利亚‘俄罗斯年’令人印象深刻，取得了圆满成功。这一活动推动了我们两国之间的关系，扩大了两国地区之间、友好城市之间、工商界之间和社会团体之间的合作，数十万人彼此增进了对两国传统和现代生活的了解。”①

一切服从国家利益的需要，没有历史问题的纠结，再加上两国领导人摆脱了意识形态的束缚，把发展经济放在首位，使得两国关系在相互理解的基础上得以顺利发展，而文化互动更加促进了这种良性关系的深化，这是俄罗斯与保加利亚两国关系顺利发展的最大特点。

历史恩怨相对较少，充分利用能源和经贸往来成功改善关系的国家还有斯洛伐克。

（二）求同存异，发展经济

捷克斯洛伐克于 1993 年 1 月 1 日正式分裂成捷克和斯洛伐克两个国家之后，斯洛伐克一直奉行独立自主的全方位外交政策，在重点谋求同西方全面合作、争取加入北约、欧盟的同时，仍然保持并加强着同俄罗斯、乌克兰的传统关系，寻求同欧洲以外地区特别是亚太地区国家的合作。由于斯洛伐克在 20 世纪 90 年代的大部分时间都与俄罗斯关系比较亲近，因此长期以来俄罗斯一直把斯洛伐克视为中欧国家中的一个“薄弱环节”，同塞尔维亚一起构成俄罗斯对这一地区的防波堤。俄罗斯对斯也采取了相对柔和的政策。2004 年 3 月，斯洛伐克加入北约，俄罗斯也没有发出反对的声音。

---

① RUSNEWS. CN，2009. 02. 06.

俄罗斯十分清楚，斯洛伐克虽然是个小国，只有 4.9035 万平方公里的领土面积，但它雄踞欧洲的中心地区，北临波兰，东接乌克兰，南界匈牙利，西南与奥地利接壤，西连捷克，地缘优势非常明显，是连接东西方的桥梁，战略地位十分重要。尤其是在加入北约和欧盟之后，又成为典型的“新欧洲”的代表。与此同时，美国也在竭力通过拉近与斯洛伐克的关系来笼络中东欧地区的中小国家，以达到既可巩固和加强美在该地区的势力范围与影响，也可借此制约法德等西欧国家的目的。

俄罗斯早就意识到斯洛伐克的重要性，从普京时期开始就充分利用能源优势展开积极的经济外交攻势，以巩固和扩大俄罗斯在中部欧洲地区的地位和经济影响力。2002 年 1 月，俄罗斯尤科斯石油公司获得了斯洛伐克国营的输油管道运营商 Transpetrol 公司 49%的股份，从而获得了对该公司很大的管理权限和对欧洲运送管线的控制权。由于这条管线对于俄罗斯来说十分重要，2002 年 3 月俄罗斯天然气工业公司和几家西方公司一道，购买了斯洛伐克天然气管线 49%的股份。与此同时，俄罗斯的资本也通过各种渠道不断涌入斯洛伐克的银行、银行和交通领域，[①] 使俄罗斯成为斯洛伐克最重要的贸易伙伴和能源供应国，每年大约有 600 万吨石油和 60 亿立方米天然气从俄罗斯出口到斯洛伐克。[②]

2005 年 2 月 25 日，普京携夫人一起对斯洛伐克进行了正式访问，这也是近 12 年来俄罗斯总统第一次访问斯洛伐克。虽然普京此行的主要任务是与美国总统小布什举行会谈，对斯洛伐克只是顺访，仍然受到斯洛伐克的热烈欢迎。短暂的访问结束之后，斯洛伐克邮局还发行了纪念邮票。斯洛伐克总统伊万·加什帕罗维奇[③]在普京结束了与

---

① 郑羽、蒋明君：《普京八年：俄罗斯复兴之路（2000—2008）》外交卷，第 240 页。

② http：//www.chinareviewnews.com 2010－04－07.

③ 伊万·加什帕罗维奇（斯洛伐克语：Ivan Gašparovič，1941 年 3 月 27 日出生），斯洛伐克政治家、律师，2004 年 6 月 15 日起任该国总统。——摘自《维基百科》。

小布什的会谈之后，专门为普京举行了隆重的欢迎仪式，和普京一起向斯拉文苏军烈士纪念碑献了花圈。

普京在与加什帕罗维奇会见的时候，亲自邀请斯洛伐克总统参加即将在莫斯科举行的胜利日纪念大会，加什帕罗维奇总统接受了普京的邀请，并表示“悼念那些献出生命，包括为了斯洛伐克在内的士兵”是自己的义务。[①] 同年 4 月，俄罗斯国家杜马主席格雷兹洛夫也访问了斯洛伐克，使两国之间的关系出现良性发展的势头，极大地促进了两国的经贸往来。在斯洛伐克的经贸合作伙伴国中，俄罗斯排在德国与捷克之后，位列第三。在到 2009 年为止的近 5 年期间，俄罗斯与斯洛伐克的贸易额增加了 2.3 倍，在 2008 年更是达到创纪录的 96 亿美元的水平。2009 年 11 月 16 日，已经退任总理的普京在与斯洛伐克总理罗伯特·菲乔（Robert Fico）会谈时充满信心地表示：“我相信，我们可能把贸易额恢复到去年将近 100 亿的水平，但也有可能超过这个指标。”[②]

2010 年 4 月 6—7 日晚，俄罗斯总统梅德韦杰夫对斯洛伐克进行了为期一天半的正式访问。引人注目的是，梅德韦杰夫此次访问斯洛伐克主要是参加苏军解放布拉迪斯拉发 60 周年纪念活动。这是梅德韦杰夫担任俄罗斯总统后首次访问斯洛伐克。据报道，访问期间，两国总统就俄罗斯与欧盟及北约之间的关系、两国的能源、交通以及军事技术合作等举行了会谈，并签署了 9 项政府间经贸合作协议。斯洛伐克总统加什帕罗维奇高度评价了两国之间的合作并表示俄罗斯是欧洲文明进程的组成部分，是斯洛伐克和欧盟自然与战略性的合作伙伴。[③]

作为一个欧洲小国，如何充分利用自己的地缘优势，在与俄罗斯和美国、欧盟以及其他欧洲国家之间找到自己的平衡点，在夹缝中求

---

① Источник-IFX-News，24. 02. 2005.

② RUSNEWS. CN，2009 年 11 月 16 日．

③ 《新华网》2010 年 4 月 8 日。

生存，并且生活得有滋有味，斯洛伐克似乎在当代国际关系中创造了一个颇为成功的案例。

（三）“不存在悬而未决的问题”

在与中、东欧国家的关系中，俄罗斯与斯洛文尼亚之间的关系也许可以称得上是最稳定、发展最正常的。近十多年来，俄罗斯一直把斯洛文尼亚视为中欧地区最可靠的合作伙伴，十分关注斯洛文尼亚的发展，支持斯洛文尼亚加入北约和欧盟。用斯洛文尼亚驻俄罗斯大使季米特里·鲁贝尔（Димитрий Рупел）的话来讲，“斯俄关系只能用一个词来形容——好极了”。[①]“斯洛文尼亚与俄罗斯之间不存在悬而未决的问题。”[②] 斯洛文尼亚外交部长甚至把两国关系开始发生变化的2001年称为“俄罗斯与斯洛文尼亚之间的爱之年”(год любви между Россией и Словенией)。[③]

首先是政治关系发生质的飞跃。从普京上台后的2000年开始，两国之间的高层互动就十分频繁。2000年7月，俄罗斯国家杜马副主席率先访问了斯洛文尼亚。紧接着，时任俄罗斯国家杜马主席的谢列兹尼奥夫于2001年1月对斯洛文尼亚进行了访问。此后斯洛文尼亚总理和时任俄罗斯总统普京接连两次会面，使两国关系的发展出现一个新的高潮。第一次是2001年2月份，普京利用访问奥地利的机会，在一个叫圣安图安（Сент-Антуан）的小镇上与斯洛文尼亚总理雅奈兹·德尔诺夫舍克[④]见了面。同年3月份，斯洛文尼亚总理回访了俄罗斯。6月16日，普京和美国总统小布什把普京接任后与美国总统首次会晤的地点选在了斯洛文尼亚首都卢布尔雅那市郊的布尔多城堡，使卢布尔雅那一举成为世界关注的中心。7月，斯洛文尼亚外交部长

---

① www. ni-journal. ru/archive/56157ba6/dec149ae 2003 № 6 *Свободная трибуна*.

② Газета *Коммерсанты*；№165 (2678) от 12；09；2003.

③ Независимая，2001－12－14.

④ 雅奈兹·德尔诺夫舍克（Janez Drnovšek）2002年11月当选斯洛文尼亚总统。

鲁佩尔访问了俄罗斯。

2002年9月12日是俄罗斯与斯洛文尼亚两国关系历史中的重要时刻，斯洛文尼亚总理Я. 德尔诺夫舍克对俄罗斯进行了正式访问。这是两国正式建立外交关系10年来斯洛文尼亚国家总理首次访问俄罗斯。访问期间两国签署了关于俄罗斯联邦和斯洛文尼亚共和国友好关系与合作的宣言；10天过后的9月22日，斯洛文尼亚首任总统米兰·库昌[①]正式访问了俄罗斯。[②] 从那时起，包括高层访问在内的各种政治互访更是达到一个新的高度，为两国关系的长期发展奠定了基础，几乎所有问题都能够通过政治对话得到圆满有效的解决。仅在2003年，斯洛文尼亚总理就两次访问了俄罗斯。过后不久，斯洛文尼亚总统和外交部长也相继访问了俄罗斯。第一副总理库德林和外交部长伊万诺夫以及其他俄罗斯高官也相继对斯洛文尼亚进行了友好访问。在访问期间，伊万诺夫表示俄罗斯与斯洛文尼亚之间的关系堪称样板，尤其是在巴尔干地区。[③]

的确如此。斯洛文尼亚是个非常年轻的国家，原来是前南斯拉夫六个加盟共和国当中的一个，经济发展优于其他五个加盟共和国。1991年6月25日，斯洛文尼亚议会通过决议，宣布脱离南斯拉夫社会主义联邦共和国成为独立的主权国家。1992年5月，斯洛文尼亚加入联合国，同年与俄罗斯建立了外交关系。作为一个人口只有200万的年轻国家，斯洛文尼亚近20年来一直实行平衡的外交政策，坚持睦邻友好。除了致力于全面融入欧盟体系，积极发展同德国、法国等欧盟大国和美国、中国的关系，注重发展与其他原南斯拉夫国家关

---

① 米兰·库昌（Milan Kucan）1941年1月14日出生于斯洛文尼亚克里热夫齐村的一个信奉新教的教师家庭，1963年毕业于卢布尔雅那大学法律系。1991年6月斯洛文尼亚脱离前南斯拉夫联邦独立，成为主权国家，并实行总统制。1992年12月，斯洛文尼亚共和国举行独立后的首次总统选举，库昌作为独立候选人当选为总统，任期5年，1997年11月连选连任，2002年12月去职。——摘自《互动百科词条》。

② www. vneshmarket. ru/content/document _ r _ 2C460AA4.

③ Демшар Франци, *Словения и Россия: перспективы сотрудничества*, *Свабодная трибуна*, 2003. №6.

系，积极参与协调西巴尔干事务及国际热点问题的解决以外，其对于发展与俄罗斯的友好关系更加重视，把俄罗斯视为最重要的伙伴之一。

斯洛文尼亚与俄罗斯亲近，至于其中的原因，除了首先是在语言和文化上同属斯拉夫一脉的因素以外，两国人民在过去的几十年中形成了相近的思想和精神模式，加之共同的生产和交通以及动力基础设施也起到重要的作用。斯洛文尼亚国旗上白、蓝、红三种颜色与俄罗斯的国旗一模一样，只是上下排列顺序不同。除此以外，在近代两国之间的相互关系史中，几乎没有发生过什么刺激性的事件，不像俄罗斯与其他国家那样。由于斯洛文尼亚的外交决策基本上没有受到加入北约、欧盟等其他外来因素的影响，俄罗斯长期以来一直把斯视为独立自主的国家，对于其回归欧洲的诉求也持理解和支持的态度。在国际事务中，斯洛文尼亚虽然是个小国，但在巴尔干地区以及科索沃和达尔富尔地区等一系列热点问题上始终与俄罗斯保持相同立场，使俄罗斯在解决这些问题时大声说话的底气更足。

2004 年 5 月 1 日斯洛文尼亚成为欧盟正式成员国家，在 5 个斯拉夫民族的国家中先行了一步。

2005 年 5 月，斯洛文尼亚总统德尔诺夫舍克[①]应俄罗斯总统普京的邀请，亲赴莫斯科出席了纪念反法西斯战争胜利 60 周年庆典活动；7 月，斯洛文尼亚外交部长鲁佩尔访问了俄罗斯；俄杜马和联邦委员会代表团同月回访斯洛文尼亚；10 月份，鲁佩尔年内第二次访问了莫斯科。

2006 年，斯洛文尼亚大选中左派获胜执掌政权后，采取了对俄罗斯更加友好的外交政策，把与俄罗斯的关系提升到优先的地位，认

① 雅内茨·德尔诺夫舍克（Janez Drnovšek，1950 年 5 月 17 日—2008 年 2 月 23 日），斯洛文尼亚政治家，曾经先后担任总理和总统，生于斯洛文尼亚共和国的采列市，斯洛文尼亚族；1991 年 6 月 25 日斯洛文尼亚宣布独立后，其担任斯洛文尼亚自由民主党主席，1992 年 4 月 23 日当选为斯洛文尼亚独立后的首任总理。2002 年 11 月，斯洛文尼亚举行总统选举，德尔诺夫舍克当选，2007 年卸任。——摘自《维基百科》。

为积极发展与俄罗斯的关系决定着欧盟的未来，是欧洲安全和成功的重要因素。以这样的思想为主导，斯洛文尼亚的外交政策本着现实主义和互相考虑各自利益的精神，与俄罗斯在各个领域的合作都十分顺利。政治合作从议会、国防部、司法部、文化教育科学部等执行部门，而且扩展到地区的层面，双边互动逐年增多，连续不断，在俄罗斯与其他国家的关系中十分罕见。

2007 年 1 月和 12 月，斯洛文尼亚终于实现加入欧元区和申根协议区的夙愿。2008 年斯洛文尼亚上半年首次担任欧盟轮值主席国。充分利用自己的有利地位，斯洛文尼亚推动了欧盟与俄罗斯关系朝着积极的方向发展。

其次是经济关系日愈密切。斯洛文尼亚经济发达，在东欧转型国家当中人均 GDP 名列第一，同时也是世界贸易组织的创始国之一。不过，斯洛文尼亚虽然经济发展状况良好，但存在一个明显的不足，即矿产资源十分贫乏。这一先天不足促使它不得不实行外向型经济政策，进口和出口额均占国内生产总值的一半左右，自由贸易政策和全方位的对外贸易格局成为其特点，经贸重点为欧盟和中欧，同时积极开拓其他市场。从 2000 年开始，它尤其注重加大发展与俄罗斯的经贸关系的力度。

在成为欧盟正式成员国之后，在欧盟不断扩大的背景下，为了发展与俄罗斯的经济关系，斯洛文尼亚成立了一个工作小组，专门研究如何发展与俄罗斯的关系，扩大经贸往来的问题，为拉近欧盟和俄罗斯之间的关系发挥了积极的桥梁作用，同时自身也获利不少。

互办经贸论坛，保持信息流通是斯俄经贸关系的第一个特点。斯洛文尼亚与俄罗斯经济关系密切，每年在各自国家举行经贸论坛或经贸圆桌会议已经成为两国之间的惯例。斯洛文尼亚的企业家对俄罗斯庞大的市场兴趣非常大，每年报名参加论坛的企业家都多达百名，涉及的范围也十分广泛，包括银行业、代理和投资公司、能源、金属加工、机器制造、航空、石油、食品、医药、家具生产、交通运输以及旅游等，同时对建立合资企业非常积极。第二个特点是斯洛文尼亚对俄投资积极。根据斯洛文尼亚驻俄罗斯大使馆的统计数据，斯洛文尼亚对俄罗斯的投资在2005年超过1亿美元。从2000年开始，两国之间每年的贸易往来都在5亿美元以上。2005年达到9.935亿美元，其中建筑和服务业尚未计算在内。斯洛文尼亚对俄罗斯的经济投资不仅仅限于莫斯科，而是已经深入到俄罗斯各地区，从南方到北方包括索契、新西伯利亚等在内的50个地区，都有斯洛文尼亚的公司。根据资料，到2007年10月份为止，共有85家斯洛文尼亚的公司在俄罗斯设立办事处，行业涵盖制药、电讯电话、能源、建筑、汽车工业、木材加工等各种类型，尤其是旅游业近几年发展得更快，在斯俄经济往来中所占的比重日益增加。① 相比之下，俄罗斯对斯的投资则要少得多，出口成品也主要以石油产品、天然气以及铝，不过俄罗斯的大型企业如“卢科伊”、“天然气公司”、“统一电力”公司等对斯洛文尼亚充满信心。②

2009年11月15日，俄罗斯与到访的斯洛文尼亚总理帕霍尔在莫斯科签署了“南线”天然气协议，使斯洛文尼亚继保加利亚、塞尔维亚、匈牙利之后成为又一个俄罗斯天然气的过境国家。普京总理当天在与近郊的新奥加廖沃官邸举行会谈后对新闻界宣布，“南溪”天然气管道成为全欧洲的大型项目，至此俄方完成了与上述项目所有合作方的协调工作。③

这条“南溪”天然气管道对于俄罗斯来说至关重要，因为它的设计线路绕过了俄罗斯向欧洲输送天然气的最大中转国家乌克兰，能够实现欧洲能源供应渠道的多样化，是俄罗斯能源战略的重要组成部分。管道从俄罗斯出发，自东向西延伸约900公里，穿越土耳其的黑

---

① *Известия*, 01.10.2007.

② “Между Словенией и Россией нет нерешенных проблем,” Газета *Коммерсантъ*, №165 (2768) от 12.09.2003.

③ 俄罗斯已与线路途经的保加利亚、塞尔维亚（2008年1月25日）、匈牙利（2010年1月29日）、克罗地亚奥地利（2010年4月24日）等国家签署了相关协议。

海海底至保加利亚上岸，在保加利亚境内分为两个支线，西北支线经过塞尔维亚、匈牙利、斯洛文尼亚至奥地利，西南支线经过希腊和地中海通往意大利。

“南溪”的建成意味着俄罗斯将打通连接欧洲的能源通道，从而避免了节外生枝的问题。

再次是文化往来频繁，民间外交活跃。早在叶利钦时期，1995年11月17日俄罗斯与斯洛文尼亚就签订过一个俄罗斯联邦政府与斯洛文尼亚共和国政府间关于文化与科学教育领域合作的协议。从那时起，两国之间的文化往来就十分频繁。2002年9月12日，两国总统在莫斯科又签订了斯洛文尼亚与俄罗斯友好关系与合作宣言（Декларация о дружеских отношениях и сотрудничестве между Словенией и Россией），两国之间的议会以及民间往来更加活跃。在友好宣言的框架之下，两国之间的文化交流长期坚持不断，最大的特点就是形式多种多样化。2004年，根据两国总统的倡议还成立了“斯拉夫文化论坛”，总部设在斯洛文尼亚首都卢布尔雅那，对拉近俄罗斯与中东欧国家之间的关系发挥了重要的桥梁作用。2005年斯洛文尼亚在俄罗斯（叶卡捷琳堡）举办了斯洛文尼亚文化日活动，俄罗斯于2006年也在斯洛文尼亚的新戈里察（Нова-Горица）举办了俄罗斯文化日活动，在首都卢布尔雅那举办了“莫斯科电影周活动。

2010年上半年斯洛文尼亚参加俄罗斯的活动就有：5月2—9日总统达尼洛·图尔克[①]参加反法西斯战争胜利65周年庆祝活动；5月11日，高等教育与科技部长参加在莫斯科举行的第42届地区合作委员会会议；6月17日，总理鲍鲁特·巴霍尔参加了在圣彼得堡举行的第14次经济论坛，并与俄罗斯总统举行了双边框架内的会谈。根据最近的调查表明，俄语在斯洛伐克重新受到青睐，现在已成为仅次于

---

① 达尼洛·图尔克（Danilo Turk）1952年2月出生，1975年毕业于斯洛文尼亚卢布尔雅那大学法学院，1992—2000年担任斯洛文尼亚常驻联合国代表，2000—2005年担任负责政治事务的联合国助理秘书长，2007年11月当选为斯洛文尼亚总统。——摘自《百度百科》。

英语和德语的第三大外语。

三、不计前嫌，承担“道义责任”

（一）正视“匈牙利事件”

在中东欧国家中，匈牙利的转型与其他国家相比相对顺利，曾经被西方视为社会转型范例的国家。在与俄罗斯的关系方面，其总体而言发展也比较平稳。在经历过苏联解体和东欧剧变之后，两国关系重新回到一条新的起跑线上，虽然“匈牙利事件”在世人心中是一个永远无法抹去的记忆。在匈牙利，“1956 年”已经成为一种符号，它既是定格在那个时代的历史记忆，也是匈牙利政治变革的一面旗帜，更是最终体制转轨的先声，正如曾任匈牙利社工党政治局委员的波日高伊所说，正是“1956 年的匈牙利事件”催生了 33 年后的“变革之路”。[①] 在经历过激烈的政治变革之后，与其他中东欧国家相比，匈牙利在对待历史问题方面也表现得更有耐心、更加现实。

1999 年 3 月，匈牙利和捷克、波兰一起正式加入北约，成为冷战后首批加入北约的原东欧集团国家，实现了回归欧洲的夙愿。积极巩固和发展与美国以及欧盟之间的关系，成为匈牙利外交政策的重点，匈牙利与美国和欧盟国家的外交互动十分频繁，为了达到尽早入盟的目的，其高层领导几乎访遍了所有的欧洲国家。但与此同时，其也没有忽视发展与俄罗斯之间的关系。当然，这主要归功于叶利钦时期就奠定的比较牢固的基础。

1991 年 12 月，匈牙利总理安托尔·约瑟夫率先访问了俄罗斯，为建立新的国家关系拉开序幕。1992 年 11 月，俄罗斯独立后的第一任总统叶利钦回访了匈牙利。引人注目的是，叶利钦在访问匈牙利时

① 金雁：“匈牙利通向政治变革的三把钥匙”，《经济观察报》2010 年 7 月 28 日。

还带去一份厚礼：把俄国总统档案馆和俄罗斯联邦对外政策档案馆保存的有关匈牙利事件的一批档案转交给匈牙利政府，后来匈牙利根据这些文献档案出版了两本文集。[①] 更为重要的是，俄罗斯的这一举动表现出正视历史，面对现实，改善和建立新的两国关系的良好愿望。不仅如此，就在叶利钦访问期间，俄罗斯与匈牙利签署了 9 项政府和部门间协议。后来在 1995 年，两国又签署了一项政府间协议，规定对在对方国家牺牲的本国士兵的墓地和纪念碑应该予以关照。

众所周知，作为轴心国的匈牙利在第二次世界大战期间曾经追随法西斯德国派出不少军队到苏联参加战斗，在著名的斯大林格勒战役中，匈牙利第 2 军有许多匈牙利士兵战死沙场。在苏联战俘营丧生的匈牙利士兵比在战场上阵亡的匈牙利士兵更是多出 1 倍。[②] 因此，匈牙利与俄罗斯之间的历史纠结与其他国家相比，具有完全不同的性质。

但俄罗斯没有计较这一段不光荣的历史。2003 年 5 月，第二次世界大战期间在苏联境内牺牲的匈牙利士兵墓地在俄罗斯建成。

普京接任俄罗斯总统后保持了与匈牙利的友好关系，高层互访频繁，经贸互动积极。自从 2001 年 10 月，俄罗斯杜马主席谢列兹尼奥夫访问匈牙利之后，高层互访再次达到高潮。在从 2002 年 2 月到 2005 年年底近 4 年的时间里，包括两国国家总统、总理以及部长级高官的互访多达 15 次之多，[③] 其中两国的总理和外长的互访几乎年年都

---

① 沈志华：“一九五六年十月危机：中国的角色和作用”，《历史研究》2005 年第 2 期。

② http：//www.sina.com.cn，2002 年 7 月 4 日南方网。

③ 2002 年 2 月匈牙利外长访问俄罗斯；2002 年 5 月，俄罗斯总统普京和匈牙利总理麦杰希在罗马举行的北约首脑会议上进行会谈；2002 年 9 月，匈牙利外长访问俄罗斯；2002 年 11 月，在布达佩斯特召开第七次双边政府间联合经济和贸易委员会会议；2002 年 12 月，匈牙利总理麦杰希访问俄罗斯；2003 年 3 月，国会主席希莉访问俄罗斯；2003 年 5 月，匈牙利总理麦杰希参加在圣彼得堡举行的活动并与俄罗斯总统普京在俄罗斯—欧盟首脑会议上会面；2003 年 7 月，俄罗斯外长伊万诺夫访问匈牙利；2003 年 9 月，俄罗斯总理卡西亚诺夫访问匈牙利；2003 年 11 月，匈牙利总理麦杰希与俄罗斯总统普京在俄罗斯的圣彼得堡进行会谈；2004 年 11 月，俄罗斯联邦委员会主席访问匈牙利；2005 年 2 月，匈牙利外长访问俄罗斯；2005 年 2 月，匈牙利总理久尔恰尼对俄罗斯进行工作访问；2005 年 3 月 1 日，俄罗斯外长拉夫罗夫访问匈牙利；2005 年 12 月 16 日，匈牙利副国务秘书费伦茨·格迈希（Gémesi，Ferenc）访问莫斯科。

有，有时一年还要会见两次。

两国之间的政治互信极大地促进了贸易和经济关系的快速发展，贸易额逐年上升，范围不断扩大。2001年，匈俄贸易总额达8151亿福林，占匈牙利对外贸易总额的4.4%；[①] 2002年两国就航空、旅游、环保、军技合作达成合作协议，并就互相归还文物达成原则上的一致；2003年，匈牙利向俄罗斯的出口增加了43.1%，与此同时由于能源价格和进口量的增加，从俄罗斯的进口也增加了29.5%。进口的增长占整个进口总量的83%。匈牙利向俄罗斯出口的迅速增加主要是机器和仪器工业产品（如手机、医学设备、电子管、汽车、农业设备）、加工工业产品（如医药、包装材料、塑料和纸工业产品、交通工具零配件）；2004年匈牙利对俄罗斯的贸易额增加了近30%，达到42.952亿美元，[②] 是同时期中东欧国家中与俄罗斯经贸往来最多的国家之一。2005年俄匈双边贸易额突破60亿美元，比2004年又增长了52%。[③]

不仅如此，匈牙利与俄罗斯之间的相互往来是全方位的，在中东欧国家中十分突出，签订的各种协议几乎涉及到社会生活所有的领域：关于公民、家庭法和犯罪问题的法律援助的协议；在社会保障领域合作的协议；2001年签署的领事协议；关于保护知识产权的双边协议；相互承认学历的协议；投资保护协议；在收入和财产税方面避免双重征税的协定；在打击犯罪，特别是有组织犯罪方面进行合作的协议；在突发事件和消除自然灾害影响方面进行合作的协议；空间研究合作协议；道路运输合作协议；航空合作协议；环境保护合作协议；旅游合作协议；政府间军事技术合作协议；承认原苏联许可证关于在匈牙利共和国继续进行武器、军事设备和零件生产的协议；经济合作协议如此等等，不胜枚举。同时，根据新的领事协议和部分免除

① 外交部网站，2004年6月。

② 李丹琳编著：《匈牙利》，社会科学文献出版社2006年版，转引自euroasia. cass. cn。

③ 《经济日报》2006年3月2日。

签证协议，没有公务或外交护照的匈牙利公民只需要签证就可以到俄罗斯。

2004年5月匈牙利正式加入欧盟之后，调整了对外政策，提出了新的外交目标和任务：充分利用欧盟成员国的优势，最大限度地代表匈牙利的国家利益；维护境外匈族人利益，支持其在当地发展和保留本民族的文化特性；巩固和发展与美国、俄罗斯、中国、日本及印度等大国的关系；拓展同地中海地区、亚洲和拉丁美洲国家的关系；支持国际反恐斗争；重视开展多边外交，推动地区合作，积极参加中欧倡议国、维谢格拉德集团、[①] 中南欧合作等区域性组织的活动。

匈牙利与俄罗斯关系的第二次高潮出现在2006年。在叶利钦总访问匈牙利13年过后，普京于2月28日也正式访问了匈牙利。普京带给匈牙利的礼包也不逊色：与匈牙利签署了包括能源、中小企业合作、农业、建筑、环保、医疗、人力资源流动、教育以及文化等领域在内的9个协议文件。还有一个与叶利钦相同的地方，即普京还亲自把一件堪称匈牙利"国宝"的、于1608年用匈牙利语出版的《圣经》带到布达佩斯特。普京参加了包括这本《圣经》在内的134件文物图书的归还仪式。俄罗斯总统外交政策助理谢尔盖·普里霍季科表示，珍贵书籍归还原主标志着俄匈关系进入崭新的发展阶段。一段历史在此画上句号，两国迈出了全面和解的关键性一步。[②] 匈牙利总理久尔恰尼也强调，普京总统此次访匈所取得的成果表明俄匈经贸关系进入

① 匈牙利、波兰和捷克斯洛伐克三国为加强彼此间合作，于1991年2月15日在匈牙利的维谢格拉德城堡举行会议，三国总统和总理商讨了三国面临的形势，决定在取消华约和经互会组织方面密切合作，在建立多党议会制和向市场经济过渡方面相互交流经验，在加入欧共体方面协调行动，加强彼此间合作，商定成立区域合作组织，并发表声明。因会议是在维谢格拉德举行的，所以把参加会议的三国称作维谢格拉德集团（Visegrad Group）。1992年12月捷克和斯洛伐克分别独立后，该集团成员国由3个变为4个：捷克、斯洛伐克、波兰、匈牙利。15年过后，2007年4月，波兰、匈牙利、捷克和斯洛伐克的议会领导人再次在布拉格开会，并作出决定：建立维谢格拉德集团各国议会间的合作对话机制，以提升该集团的作用和影响。2010年3月2日，匈、波、捷、斯四国外长在布达佩斯举行扩大会议，与6个东部伙伴关系国以及波罗的海三国的代表共同探讨如何进一步推动欧盟"东部伙伴关系"计划，寻求具体的合作方案。

② culture. china. com/zh _ cn/reading/news/1102.

了一个崭新阶段。[①]

最为引人注目的是，普京在同匈牙利首相久尔恰尼·费伦茨[②]会见时，主动提及1956年苏联入侵匈牙利的事件，并表示虽然俄罗斯不是苏联，但是俄罗斯人对55年前发生的事情“有道义责任”。[③] 普京还认为，我们“得到的是几十年酿成的苦果”，1953年在民主德国、1956年在匈牙利、1968年在捷克斯洛伐克使用武力的决定是“重大错误”。普京表示，过去两种制度对抗是毫无意义的，其结果是“两个集团的军事力量过度紧张，白白花费了资金，无限度地积存了大量武器”。[④]

俄罗斯国家领导人亲自上门道歉，并对历史进行颇为深刻的反思和检讨，对苏联时期犯下错误进行批判，这在俄罗斯的历史上十分罕见。也许正是普京的这种务实的态度，赢得了匈牙利百姓对俄罗斯的好感，与此同时也或多或少地减轻了中、东欧小国对俄罗斯一向抱有的成见和疑虑，俄罗斯的国家形象也因此得到改善。

2008年2月，俄罗斯与匈牙利签署了一份价值240亿欧元的合作协议，将在2015年前在匈牙利铺设天然气管道。[⑤] 2008年4月4日，普京最后一次以总统身份参加大型国际活动，参加了在匈牙利举行的俄罗斯—北约高层委员会会议。

匈牙利在历史上作为苏联集团内市场改革的领跑者，曾一度被普遍认为是中欧和东欧地区成功转型的未来模式，20年过后其他国家学习的榜样。然而几十年过去，匈牙利一系列转型改革的结果并不理想。从2007年开始，匈牙利的GDP增长率急剧下滑，至2008年已

① 《经济日报》2006年3月2日。

② 久尔恰尼·费伦茨（Ferenc Gyurcsany），1961年6月4日出生。2006年4月，社会党在国会大选中获胜，赢得组阁权，6月久尔恰尼宣誓就任总理，是自1990年以来第一位连续两次组阁的总理。2007年3月，他当选社会党主席。2009年3月21日，久尔恰尼宣布辞去总理职务。

③ 《星岛环球》2006年3月1日。

④ 《光明日报》2006年6月3日。

⑤ 《国际金融报》2009年3月13日。

经变成负增长，其中下滑最快的是出口与固定资产形成两个部门。到2008年末，面临着不断增长的债务危机和潜在的货币贬值（挤兑）风险时，匈牙利的经济遭受了急剧下降的重创，政府不得不向国际借贷机构请求250亿美元的紧急援助贷款。①

然而在如此严峻的情况下，俄罗斯仍然继续加强与匈牙利的经贸合作，尤其是在能源领域。2009年1月24日，俄罗斯与匈牙利双边经济合作委员会扩大会议在布达佩斯召开，奠定了匈牙利与俄罗斯之间“稳定的伙伴”关系。②

匈牙利与俄罗斯关系发展正常化，文化因素发挥了巨大的作用。长期以来，匈牙利一直把俄罗斯文化视为欧洲文化最重要的组成部分之一。因此在2003年9月份，为纪念俄罗斯圣彼得堡市建立300周年，匈牙利在首都布达佩斯举办了俄罗斯文化周活动，共举行了4场俄罗斯古典音乐会、26部电影、2场艺术展和1场俄罗斯专场舞蹈表演，使匈牙利人民感到似乎是重新回到社会主义大家庭的友好时代。

文化互动是双向的。与此同时，匈牙利还在莫斯科建立了匈牙利文化、科学和信息中心，积极向俄罗斯人民宣传匈牙利文化。利用这个平台，2005年2月在俄罗斯举办了匈牙利文化季，而同年5月俄罗斯也在匈牙利举办了俄罗斯文化季。

两国之间的文化互动使得匈牙利和俄罗斯两国之间的关系更加密切和稳定。此外，普京亲自上门道歉认错的国家还有捷克。

---

① ［瑞典］亚当·法布瑞：“自由主义者梦想的破灭——1989年以来匈牙利演变的轨迹”，《马克思主义研究》2010年第4期。

② 俄罗斯代表团由第一副总理祖布科夫·维克多率领，而匈牙利代表团由财政部长维勒斯·亚诺什率领。维勒斯在会议揭幕时说，2002年定下的、更积极地与俄国合作的决定对匈牙利非常重要。据他介绍，自2002年10月以来，双边贸易额提高了3.5倍，根据去年（2008年）10月份的数据，总额达120亿美元。祖布科夫则表示：“很高兴能与匈牙利继续合作。我们在文化和人文关怀方面正积极发展双方关系。我们一直把匈牙利视为稳定的伙伴。”——参阅 www. xindb. com/old/html/. . . /1599. html。

（二）反思“布拉格之春”

根据报道，2006年3月2日，普京结束了为期3天的匈牙利和捷克之行。普京对这两个国家的首次访问可谓成果丰硕。在捷克，对于普京的到来，人们最关心的话题是这位俄罗斯总统对1968年苏联出兵镇压“布拉格之春”改革的态度。普京的表现使捷克人十分满意。那几天里，布拉格几乎所有主流媒体都大幅刊登了普京与捷总统克劳斯会见时的照片，以及对此表示出的歉意。普京承认对华约国1968年出兵捷克负有道德责任。不过普京同时也认为，现在的俄罗斯不是当年苏联的继任者，因此不负有法律责任。尽管如此，俄罗斯总统的这一态度已经足够让捷克人感到宽慰，捷总统克劳斯称赞普京的发言十分明确、合理，表示两国应该把视野放在将来的友好合作上面。克劳斯认为目前捷克与俄罗斯的双边关系“不存在任何问题”。此前，普京在匈牙利访问时也主动提及俄罗斯对1956年“匈牙利事件”负有道义上的责任。作为主要肇事国家，俄罗斯总统亲自前来道歉，并主动承担“道义上的责任”，这在从前是根本不可想象的事情。普京的道歉是匈牙利和捷克两个东道国觉得很有面子，放下了今后与俄罗斯发展友好关系的历史包袱。①

俄罗斯在捷克的外交学说中虽然并非占据“优先”的地位，但与其他独联体国家一样被划入“重要”国家之列，是捷克与“东方”关系的一部分。② 捷克与俄罗斯关系的最大特点是，两国高层领导人都有改善关系的强烈愿望，并且把加入北约、欧盟与发展两国关系区别对待，使之不能影响两国关系的正常化发展。捷克外交政策的这种变

---

① 《光明日报》2006年6月3日。

② Александра Вагнер, *Чехия и Россия: экономическое партнерство*, 11－05－2006, Источник: Радио Прага (www. radio. cz).

Тарасов Илья Николаевич, *Ориентиры внешней политики Чехии*, Опубликовано на сайте 17/09/2008.

化是在加入北约和入盟之后发生的，最重要的原因是对于捷克来说，俄罗斯已经不再是潜在的安全威胁因素。从政治的角度而言，这就意味着从此有了强大的保护伞。从地缘的角度看，捷克与斯洛伐克各自独立之后，捷克与俄罗斯之间的距离拉开了，中间增加了斯洛伐克和乌克兰两个国家。这种地缘变化使捷克从此有了“回归欧洲”的安全感。

普京就任总统之后不久，就于 2001 年 2 月 2 日派遣俄罗斯外交部长伊万诺夫正式访问了捷克。访问期间，捷克总统瓦茨拉夫·哈韦尔、① 政府总理泽曼和众议院主席克劳斯等国家领导人都与伊万诺夫举行了会见，与他一起讨论了发展两国政治经济关系问题，并就军事合作问题交换了意见、统一了看法。捷克与俄罗斯领导人认为，两国都有发展良好关系的政治意愿，而政治对话将有助于两国在各个领域的合作。伊万诺夫与捷克外长卡万商定，今后两国将定期举行各种级别的政治对话，以便进一步发展双方在政治、经济、科技、文化等领域的关系。伊万诺夫表示，俄罗斯坚决反对北约东扩，但不认为它是俄捷发展双边关系的障碍。

俄罗斯的这一明确表态为发展两国关系消除了障碍，奠定了新的基础。

俄罗斯与捷克关系的最大特点就是，捷克对俄罗斯的投资逐年增加，技术合作日愈密切。就在伊万诺夫外长访问捷克不到一个月，普京又派出联邦委员会（议会上院）主席斯特罗耶夫出访了捷克，并再

---

① 瓦茨拉夫·哈维尔（Václav Havel，1936 年 10 月 5 日出生），捷克的剧作家与异议人士，1993—2002 年间担任捷克共和国的总统。哈维尔生于布拉格一个有产阶级家庭，是一位学者型总统。根据资料显示，哈维尔是一位著名剧作家和哲学家，著作多达数十部。1989 年在捷克实现民主化之后，哈维尔作为“公民论坛”的主要领导人物，参与导致了捷克的“天鹅绒革命”，因为这场革命从头至尾没有打碎一块玻璃窗，没有点燃一部小汽车，没有任何冲击政府机关部门的激烈行为。1990 年出任捷克斯洛伐克联邦总统，1992 年由于斯洛伐克独立，哈维尔辞去联邦总统一职。1993 年出任捷克共和国总统，并且于 1998 年连任。哈维尔在当总统期间广泛接触国际社会，先后访问了很多国家，对国际事务积极发表意见，并始终受到高度重视，曾经获得很多奖项和许多所大学的荣誉学位。——摘自《百度百科》。

次与捷克高层领导人逐一见面，商谈合作的具体事宜。捷克总统哈韦尔在会见时表示，斯特罗耶夫在外长伊万诺夫访捷后不到一个月就应邀来访，表明捷俄两国关系正在复兴。斯特罗耶夫则强调指出，俄罗斯希望双方超越在北约东扩问题上的分歧，恢复以往的经济合作。俄罗斯欢迎更多的捷克企业家到俄投资建厂，并承诺给他们提供更加优惠的投资条件。就在同一天，捷克总理泽曼和外长卡万也分别会见了斯特罗耶夫。斯特罗耶夫与捷克参议院主席皮特哈尔特就欧洲一体化、进一步发展两国关系和加强两国议会间交往等诸多问题交换了意见。会谈结束后，双方签署了捷克议会参议院和俄罗斯联邦委员会（议会上院）合作议定书。①

从 2002 年开始，俄罗斯与捷克的经济合作走上快车道，出现了一波合作生产和交流高潮。就在这一年，捷克的“斯科达”公司在俄罗斯的伊日夫斯科耶开始生产小排量的法比亚汽车；捷克的“布里斯克”工厂在俄罗斯奥泽斯克设厂生产火花塞；两国之间科技、文化及民间交流活动也日益增多。尤其是经贸关系发展顺利，贸易额逐年增加，从 1.2％上升到 27.5％（2004 年）、30％（2006 年）、33.6％（2007 年）。② 如果说几年前还只有 30 亿美元的话，到 2006 年已经达到近 60 亿美元的水平，年平均增长率高达 35％—40％。其中，捷克对俄罗斯的出口也不断增加，2005 年达到 13 亿美元的水平，尽管在双边贸易额中只占 1/5 的比重。③

由于两国高层领导人都高度重视发展两国关系，捷俄之间的政治、经济和文化等各方面的关系发展都很顺利。在哈韦尔结束两任总

① 新华社 2001 年 3 月 2 日专电。

② Тарасов Илья Николаевич，*Ориентиры внешней политики Чехии*，Опубликовано на сайте 17/09/2008.

③ Александра Вагнер，*Чехия и Россия：экономическое партнерство*，11 — 05 — 2006，Источник：Радио Прага（www. radio. cz）.

统职务，新当选总统瓦茨拉夫·克劳斯[①]接任之后，这种良好的互动关系也一直保持着顺畅的势头。

然而，捷俄两国之间的这种良性互动关系由于美国要在捷克和波兰部署导弹防御系统而打了一个折扣。

2007年1月，美国重启与波兰、捷克两国关于部署“反导”系统的谈判，同时还把最大的海基雷达站系统从夏威夷群岛调往靠近俄罗斯勘察加半岛的阿留申群岛海域。4月3日，美国总统布什在俄罗斯索契分别与捷克及波兰领导人进行了会晤，重点就上述问题进行了讨论。会后，美、捷在联合发布的声明中表示，两国在该问题上的谈判已基本结束，双方将在近期内签订相关协议。捷克代表团已经公开宣称，该协议可能将在5月初签署，内容包括1部反导雷达设置问题及双方的合作框架等。[②]

美国在东欧建立反导系统的计划理所当然地遭到俄罗斯的强烈反对，因为一旦这一计划成为现实，将反导系统部署于俄罗斯西部边境外，俄罗斯在较近距离升空的任何航天器、导弹、飞机都将处于美国反导系统的直接威胁之下。在提出替代方案和抗议无果之后，2007年7月14日俄罗斯普京总统签署命令，决定俄罗斯暂停执行《欧洲常规武装力量条约》以及与其相关的国际协议。与此同时，俄罗斯开始升级和更新一系列战略武器装备。11月16日，(俄罗斯联邦委员会(议会上院）一致批准了俄罗斯暂停执行《欧洲常规武装力量条约》的法案。

俄美之间反导问题上的分歧使捷克处于两难的境地。虽然捷克政府认为应该履行自己在欧洲大西洋同盟中的义务，支持美国巩固欧洲安全的计划，但是同时也呼吁美国在建设全球导弹防御系统方面和俄

---

① 瓦茨拉夫·克劳斯（Vaclav Klaus），1941年6月19日生于布拉格市，毕业于布拉格经济大学外贸专业，也是一位学者型总统，拥有副博士学位和金融专业教授头衔。克劳斯总统曾出版过20多本有关社会、政治和经济方面的书籍，荣获世界多所大学授予的名誉博士称号。

② 《解放日报》2007年4月4日。

罗斯合作。在捷克国内，根据民调结果显示，有高达70%受访的捷克民众反对美国在捷克建立导弹防御雷达基地，[①] 在国家上层内部也发生了意见冲突，包括前总统在内的不少政要都支持部署反导系统。

在这样的情况下，捷克总统克劳斯访问了俄罗斯，试图说服俄罗斯改变意见。克劳斯保证，在捷克建立雷达基地不会影响与俄罗斯的关系，竭力想要消除俄罗斯对在捷克设置雷达站的担忧，然而他没有达到目的。于是克劳斯2007年6月14日宣布，必须通过全国所有公民投票来解决如此重要的问题。不过，值得一提的是，克劳斯总统虽然没能说服俄罗斯，但在文化交流方面却收获颇丰，与俄罗斯文化部签署了2007—2009年文化合作纲要。根据以前签订的两国文化交流计划，2006年在捷克成功举办了俄罗斯文化年活动。2007—2008年，捷克也在莫斯科举行了大型文化年活动。由于克劳斯总统身体力行地推动，也许更是因为克劳斯总统在部署反导问题上的积极努力，2007年12月27日俄罗斯总统普京将一枚普希金奖章[②]授予了捷克总统克劳斯。据报道，克劳斯总统在颁奖仪式上表示，他被授予这一奖章是良好的捷俄关系开始回到正常状态的又一个证明。[③]

两国之间关系的正常化发展也提高了俄罗斯语言文化的地位和作用。在捷克首都布拉格市中心建有一个俄罗斯科教文化中心，这是一个推广、普及俄语和俄罗斯文化的机构，到中心学习俄语的捷克人每年都以10%的速度增加，捷克各地开展俄语教学的中小学校数量也在不断攀升。因为有不少捷克人认为，掌握俄语比会说英语更加有利于找到好的工作。[④]

2009年9月，奥巴马终于宣布调整东欧反导部署计划，放弃在捷

① 《东方时代》2008年1月18日。

② 普希金奖章由已故俄罗斯前总统叶利钦在1999年，即俄罗斯最伟大的诗人亚历山大·普希金诞辰200周年时设立，用以表彰在推广俄语教学和俄罗斯文化，继承俄罗斯历史精神遗产，促进各国人民之间的科学与教育联系作出杰出贡献的人士。

③ 《中国新闻网》2007年12月28日。

④ “俄语重获中东欧国家青睐”，《光明日报》2008年6月19日。

克和波兰部署反导系统，使俄美之间剑拔弩张的局面得以缓和，与此同时也使得影响捷克与俄罗斯之间关系的这个最大障碍得以消除。

四、在变化中寻求互动与共同发展

在俄罗斯与中、东欧诸多国家的关系中，俄罗斯与罗马尼亚的关系发展变化最多、最大、最频繁。不过，自从普京担任俄罗斯总统之后，这种情况开始变化。

一百多年以前，自从罗马尼亚和俄罗斯作为两个民族国家正式建立关系那一天开始，两国之间的关系就时好时坏，充满了变数。1878年9月，罗马尼亚与俄罗斯建立了公使级外交关系。这段关系保持了40年，于1918年断交。时隔26年之后，于1934年6月9日两国恢复外交关系。这次维持的时间只有7年，1941年6月22日两国再次断交。1945年8月6日，双方重新建立了公使级外交关系，同年8月24日两国外交关系升格为大使级。罗马尼亚和匈牙利在二战期间同属轴心国成员，与俄罗斯之间的关系也颇为复杂。除此之外，德涅斯特河沿岸地区冲突是罗俄之间的第一个障碍。[①] 罗马尼亚指责俄罗斯支持民族分裂主义分子，拒绝从摩尔多瓦撤军。俄罗斯则不愿意让摩

---

① 所谓“德河问题”实际上是俄罗斯与原来的苏联加盟共和国，后来独立的摩尔多瓦之间的问题，产生于20世纪90年代初。由于苏联解体后居住在摩尔多瓦的俄罗斯族人与罗马尼亚族发生分歧，分歧演变成俄罗斯与罗马尼亚以及摩尔达瓦三个国家之间的严重冲突。德涅斯特河流经摩尔多瓦东部，两岸都是摩尔多瓦领土，面积4163平方公里，人口75万，其中操罗马尼亚语的摩尔多瓦族占40%，俄罗斯族和乌克兰族约占60%。1990年，德河左岸俄罗斯族人宣布成立“德涅斯特河沿岸共和国”，但未得到国际社会承认。从1992年至今，摩尔多瓦政府与德河左岸曾多次爆发武装冲突，俄军队也卷入其中。摩尔多瓦、俄罗斯和欧洲安全组织也曾提出过多个解决“德河问题”的方案，比如摩尔多瓦提出的“维持国家统一，准许左岸高度自治”方案；俄提出的把摩尔多瓦划分为一个由基希讷乌中央政府和两个联邦主体（“德河左岸”和“加告兹”）的“新联邦”方案等。但是，“德河左岸”的法律地位始终未能确定。——摘自《新京报》2005年2月20日。据报道，在2006年9月7日进行的表决中，有超过90%以上的当地居民表示愿意合并到俄罗斯。——www. regnum. ru “Главные новости России” 978700. html。

尔达维亚并归罗马尼亚，而这正是摩尔多瓦民族主义分子所诉求的。

20世纪90年代末，俄罗斯和罗马尼亚两国都调整了外交政策，再次采取了相互接近的策略，共同寻找折中的办法解决德涅斯特河沿岸地区的问题成为唯一的选择。俄罗斯首先打出经济牌，“卢科伊”天然气石油公司率先进入罗马尼亚市场。

2000年普京接任总统上台后，采取了更为积极的措施。2001年12月4日，俄罗斯外长伊万诺夫对罗马尼亚的访问排除了两国之间最后的障碍。[①] 2003年7月3日，罗马尼亚总统扬·伊利埃斯库（Ion Iliescu）[②] 在与俄罗斯中断高层互访8年之后访问了俄罗斯。访俄期间在接受俄罗斯《独立报》采访时表示：“历史问题现在很大程度上只具有‘象征性价值观’的性质，因此对造成损失的赔偿问题更具有道德的性质。”

当然，毋庸置疑的是，俄罗斯拉近与罗马尼亚之间的关系，首先还是从发展经济关系开始做起的。其中，罗马尼亚时任总统扬·伊利埃斯库发挥了决定性作用。这位苏联解体后的第一任总统由于曾经在莫斯科留过学，对社会主义经济有着自己的见解。伊利埃斯库总统在访俄期间，与俄罗斯总统普京在克里姆林宫举行了会谈，签署了罗—俄友好条约。在莫斯科举行的实业界论坛上伊利埃斯库总统表示，罗马尼亚计划大规模扩展与俄罗斯的经济关系“如果排除占俄罗斯出口主要部分的能源比重的话，其他部分完全无法满足双方的需求”。伊利埃斯库认为：“两国关系中的主要障碍，是在经互会市场解体之后，双边关系缺乏连续性。”我们大家都不否认，经互会是不可能不根据

① 两国外长商定，在协议文本中，关于苏联在1940年签订的莫洛托夫—里宾特洛普协议问题将只字不提。罗马尼亚总统伊利埃斯库在与伊万诺夫会见后向新闻界表示，双方在会见中均表达了要发展罗俄两国关系，特别是加强双边经济关系的愿望。——“罗马尼亚总统会见俄罗斯外长”，《南方网》2001年12月5日。

② 扬·伊利埃斯库（Ion Iliescu，1930年3月出生）——1992、1994和1996年三次当选连任罗马尼亚总统，曾在莫斯科动力学院学习，在莫斯科学习期间，与后来担任中国国务院总理和人大常委会委员长的李鹏及其妻子朱琳是同班同学。

冷战时期制订的规则存在的，但要忽视前社会主义国家市场高度的一致性也是徒劳的。伊利埃斯库总统呼吁俄罗斯企业家更加积极地投资罗马尼亚经济。像“卢科伊”这样的公司在罗马尼亚投资，能创造很多工作岗位，对于树立俄罗斯的正面形象发挥了积极的作用。

正是由于伊利埃斯库总统的坚持，罗马尼亚与俄罗斯的经济往来快速发展。根据俄罗斯公布的资料，“卢科伊”石油公司 2003 年在罗马尼亚已经拥有 5 家分公司，员工人数多达 2500 名，[①] 所从事的业务也扩展到石油产品、石油加工、贸易、保险业等各种行业。

罗马尼亚与俄罗斯签署的条约奠定了发展友好关系的基础，在罗—俄关系中具有十分重要的意义，有以下几个要点：第一，不得用武力或以武力相威胁来破坏任何国家的领土完整，所有国际问题都必须通过和平方式解决。在出现分歧或涉及对方安全的情况下，双方应通过对话以和平的方式解决相关问题。第二，各国拥有在不受外来干涉的情况下自主决定其政治前途的权利。第三，双方将在裁军、加强欧洲信任等方面开展合作，积极促进裁减核武器、化学武器和生物武器，防止出现新的拥有核武器的国家。双方主张在反恐领域开展合作，大力促进新欧洲的建设，巩固欧洲大陆的安全和合作机制。第四，两国决定建立合资企业和合资银行，以推动双边经贸合作的发展。双方将特别强调了在能源、运输、机械制造、建筑、农业、食品工业及日用消费品等方面的合作。

这个友好条约的重点首先是解除了罗马尼亚在安全上对俄罗斯的担忧，规定了和平相处以及友好对话解决争端的方式，决定了在经济领域广泛合作的诸多范畴。其次，对于罗马尼亚来说，最为重要的是用条约的形式把“不受外来干涉的情况下自主决定其政治前途的权利”，固定下来，这在两国关系的历史上恐怕是绝无仅有的。因此，伊利埃斯库在记者协议签订结束之后举行的招待会上高兴地宣布，两

---

① http://news.bbc.co.uk/go/pr/fr/-/hi/russian/russia/newsid_3044000/3044486.stm, Дата и время публикации: 2003/07/04 GMT.

国领导人决心集中精力处理当今和未来的问题，而“把过去的问题留给历史学家去解决”。同时他还表示，两国将共同努力实现互信和关系的完全正常化。罗马尼亚驻俄罗斯大使亚历山大·托尔卡奇后来在接受记者采访时也明确地表示：“在第二次世界大战的结束阶段，我们两国的军人共同与敌人进行了战斗，有好几万名俄罗斯士兵为了解放多布罗加（Добруджа）、特兰西瓦尼亚（Трансильвания）、摩尔多瓦（Молдова）、巴纳特（Банат）[①] 而献身，在这些地区有 160 座我们的军人墓地就是证明。每年大使馆要花费相当的经费来管理墓地。这是我们共同的伤痛和骄傲，我们不应该忘记他们的功绩。”[②] 因此普京在签字仪式后举行的记者招待会上也高兴地说，双方签署友好条约表明，俄罗关系已发生了变化，变得“更加成熟和可以预见”，该条约将成为两国关系稳定发展的基础。普京还提出，双方都有恢复和扩大多方面合作的愿望，现在两国应转向实际的合作。[③]

2004 年，罗马尼亚和俄罗斯之间的贸易往来增加了 15%，[④] 达到 23.5 亿美元的水平，[⑤] 虽然离开苏联时期两国之间曾经有过的 50 亿美元的最高水平还相差甚远。

2003—2004 年是罗俄关系的最好时期，从两国之间的政治经济以及文化交往中可见一斑：

2003 年 7 月 5 日，罗马尼亚驻圣彼得堡总领事馆开馆；2005 年 10 月 12 日，罗马尼亚在顿河—罗斯托夫市开设了第三个驻俄总领事馆；2008 年 4 月 22 日，康斯坦丁·格里戈里耶夫作为罗马尼亚驻俄

---

① 这几个地方均为罗马尼亚的城市，其中摩尔多瓦原为罗马尼亚的一部分，1940 年被划入前苏联。1991 年摩尔多瓦独立，罗马尼亚是第一个承认并同摩建交的国家。罗、摩两国人民同文同宗，操同一种语言。德涅斯特河是流经摩东部的河流，河东岸是摩领土的一部分。1990 年德河东岸地区的俄罗斯族宣布独立。20 世纪 90 年代之前那里就有前苏联的军事基地，至今俄罗斯军队及相关设施尚未撤走。

② “Balcanii si Europa,” Румыния—Интервью Александра Толкача, посла РФ в Румынии 28/04/2005.

③ 《云南日报》2003 年 7 月 6 日。

④ News. sohu. com. 2005. 0215/n224295613shtml. 2010-2-7.

⑤ RUSNEWS. CN2009. 02. 06.

罗斯联邦全权大使的特别代表向俄罗斯总统普京递交了国书；2004年12月16日，罗马尼亚和平与协作联合会与罗马尼亚友好关系协会、俄罗斯保卫和平委员会与罗马尼亚驻俄罗斯大使馆一起，联合举办了一个以“俄罗斯与罗马尼亚：互迎互见”（Россия и Румыния: навстречу друг другу）为主题的大型文艺晚会，以庆贺两国人民—近邻之间几个值得纪念的日子：俄—罗建交126周年（1878年10月15日两国正式建交）、罗马尼亚国庆节（1918年12月1日）以及两国之间文化合作的发展。

为了巩固两国之间取得的成果，2005年2月14—15日罗马尼亚新任总统特拉扬·伯塞斯库（Traian Basescu）刚刚上任不久就对俄罗斯进行了工作访问。伯塞斯库在到达莫斯科机场之后立即向媒体发表谈话表示，他此行的主要目的是发展两国之间的政治和经济关系，推进两国在黑海地区的合作。他还希望两国在打击毒品和武器走私等方面的合作取得进展。在与普京会见时，伯塞斯库重申了罗马尼亚的立场，表示过去已经成为历史，现在应该面向未来。两国签署的友好合作条约应成为两国发展政治与经济关系的基础。普京也回应说，俄罗斯和罗马尼亚近几年扭转了双边关系下滑的趋势，并希望两国关系能不断向前发展。普京同时还表示希望与伯塞斯库建立良好个人关系，以不断促进两国和两国人民之间的关系向前发展。

在最高领导人的高度重视和身体力行的推动之下，虽然两国在部署反导系统等一些问题上经历过时间不长的低潮期①，两国之间的关系还是顺利经历过一些重大问题的考验，开始进入一个新的发展阶段。

第一个是对科索沃地位问题。2008年罗马尼亚总统伯塞斯库在

---

① 罗马尼亚与俄罗斯之间由于罗加入美国的反导系统出现裂痕，以至于俄罗斯学者惊呼：“在罗俄两国的关系史上，从未发生过这样的冲突。”——参阅 www. regnum. ru “Главные новости России” 978700. html。

各种场合多次表示，科索沃独立不符合国际法，与领土完整和国家主权原则相悖，罗不承认科索沃的独立。罗马尼亚的坚定立场得到了俄罗斯的赞赏，使俄罗斯在科索沃问题上态度更加坚定。第二是在2008年8月8日格鲁吉亚和俄罗斯在南奥塞梯地区发生军事冲突之后，罗马尼亚也没有效仿波罗的海沿岸国家和波兰，没有支持格鲁吉亚总统萨卡什维利。这就使俄罗斯把罗马尼亚视为自己的盟友和战略伙伴。第三个问题是对待莫洛托夫—里宾特洛普条约的态度。由于自身的历史原因，罗马尼亚在第二次世界大战历史问题上从未表示过任何反对俄罗斯的立场。不仅如此，如上所述，两任总统而且都立场鲜明地表达了对第二次世界大战中英勇牺牲的苏联红军士兵功绩的肯定和悼念。特拉扬·伯塞斯库总统还接受普京的邀请，参加了在莫斯科举行的反法西斯战争胜利60周年庆典活动。

罗马尼亚的这些举动无疑在精神上和道义上极大地支持了俄罗斯，使俄罗斯避免了在原东欧地区限于孤军奋战的境地，因此也坚定了俄罗斯捍卫这段光荣历史的决心。

俄罗斯对罗马尼亚的积极表现投之以桃报之以李。普京没有像对待波兰和波罗的海国家三国以及乌克兰那样对待罗马尼亚，把罗马尼亚列入“伪造历史”国家之列，动辄以“断气”相待，而是相反地通过加强一系列双边经贸和文化交流活动，密切了与罗马尼亚之间的关系。尤其是在2008年年底，当席卷全球的金融危机发生之后，罗马尼亚经济也未能幸免地遭受重创，俄罗斯向罗马尼亚伸出了援助之手，加强了两国之间的经贸往来。

2008年11月，罗马尼亚工商会主席应邀访问了俄罗斯；2009年5月，罗马尼亚经济部部长应邀访问了俄罗斯；2009年6月，罗马尼亚旅游部部长应邀访问了俄罗斯；2009年6月，罗马尼亚经济代表团应邀访问了俄罗斯。通过这些活动，两国签署了一系列经济合作协议，积极地推动了两国间经贸的快速发展。据统计，到2009年底，俄罗双边商品流通达到28亿美元，其中罗马尼亚的进口为20.94亿美元，出口增加到7.163亿美元。[①] 2010年2月17日，俄罗斯天然气石油公司副总裁访问了布加勒斯特，加强了与罗马尼亚在石油能源领域，包括参与南溪石油管道[②]建设的合作力度。

罗马尼亚与俄罗斯关系的另一个特点是活跃的经济活动带动了文化的频繁交流。

1993年9月27日，罗马尼亚曾经与俄罗斯签订过一个以两国政府间协议为基础关于在科学、文化和教育领域开展合作的协议，以这个协议为基础，近年来两国之间的文化关系发展迅速。从这一年开始，两国之间的历史学家联合委员会就经常召开研讨会，最近的一次研讨会是2008年9月在罗马尼亚城市克拉约瓦举行的。2007年罗马尼亚科学院和俄罗斯基础研究基金会关于在数理化领域的合作备忘录；2008年10月，应圣彼得堡和莫斯科经济研究所邀请，罗马尼亚科学院国家经济研究所所长访问了俄罗斯，并签署了一系列合作协议；2008年11月28日，在莫斯科大学举行了由罗马尼亚文学家撰写的"陀思妥耶夫斯基诗论"的俄文版首发式；2008年12月8日，罗马尼亚驻俄罗斯全权大使康斯坦丁·格里高利耶夫向俄罗斯文学家亚历山大·索尔仁尼琴家属颁发了由罗马尼亚总统特拉扬·贝塞斯库12月8日亲自授予这位伟大的俄罗斯作家大十字架级的国家奖章"罗马尼亚之星"；2009年4月，俄罗斯科学院副院长率团访问了罗马尼亚，与罗科学院签订了合作协议；2010年5月，罗马尼亚外交学院董事长访问莫斯科，与俄罗斯外交部外交学院院长会见，并签署了共同出版《罗马尼亚战俘在苏联》文件集的协议书。

这一系列文化交流活动的举办，拉近了两国人民之间的相互关系，罗马尼亚人民也不像其他中东欧国家百姓那样对俄罗斯充满敌意，而是恰恰相反。虽然悬而未决的摩尔多瓦和德涅斯特沿岸地区的

---

① www. regnum. ru "Главные новости России" 978700. html.

② "南溪管道"是由俄罗斯能源巨头俄罗斯天然气工业股份公司和意大利石油巨头埃尼公司共同开发的一个项目，该管道将把俄罗斯天然气绕过乌克兰经罗马尼亚输送到欧洲。

问题仍然会在一定程度上会对两国关系产生一些不良的影响，但已经无法改变两国之间关系平等合作的主流发展趋势。

五、“要高瞻远瞩，而不是总是纠缠过去”①

在中东欧所有国家中，波兰与俄罗斯之间的关系历史最为悠久、最为复杂。由于历史的纠葛与现实的困惑交织在一起，两国关系长期以来一直充满了许多难以确定的变数。

不过，从2010年开始，这种情况发生了变化。

（一）“卡廷惨案”开启新的历史

2010年对波兰和俄罗斯来说是重要的一年，一个再次被浓墨重彩地载入史册的一年：2010年4月10日，波兰总统莱赫·卡钦斯基在前往俄罗斯斯摩棱斯克市参加纪念卡廷惨案70周年的途中，其乘坐的飞机在俄罗斯境内坠毁，包括总统在内的97名波兰高官全部遇难；2010年6月12日，由于在人文领域作出的杰出贡献，波兰著名导演瓦伊达在莫斯科被授予俄罗斯联邦国家奖。8月10日，梅德韦杰夫再次签署总统令，授予瓦伊达新的奖章——友谊奖章。②

已故总统卡钦斯基在谈到波兰与俄罗斯之间的关系时曾经表示：“我想与莫斯科搞好关系，但俄罗斯必须保证波兰不再受它的影响。”③ 卡钦斯基的突然离去使两国关系出现了新的转机，普京抓住了这个机会。

安杰伊·瓦伊达（Анджей Вайда）是波兰的著名电影导演，他

① 2008年12月，普京在与俄罗斯民众进行视频连线对话的过程中评论俄欧关系时的讲话。——参阅俄新网 RUSNEWS. CN，莫斯科2008年12月4日。

② 不过就在梅德韦杰夫颁奖之后，俄罗斯的网上马上就出现了反对的意见：“这个人从来就不是俄罗斯的朋友，很像是到了只要有人训斥俄罗斯，那就是表示友好的时候。”——10 августа 2010 г. GZT. RU。

③ 参阅2010年4月11日 大洋网，《广州日报》，http：//www. sina. com. cn。

的父亲也是当年在卡廷惨案中被枪杀的那一大批波兰军官中的一员。瓦伊达共有4部电影获得过“奥斯卡”奖，其中就包括《卡廷惨案》。长期以来，由于波兰和俄罗斯对于“卡廷事件”一直难以达成一致意见，瓦伊达以为在俄罗斯放映这部电影的可能性几乎为零。然而，出乎他的意料的是，2010年4月2日，就在卡廷发生惨案纪念日前夕，这部电影获准在俄罗斯电视台放映。5天之后的4月7日，瓦伊达本人也受到俄罗斯政府的邀请参加了在卡廷举行的70周年祭奠活动，亲眼见证了普京和波兰总理图斯克一起在死难者墓碑前下跪的情况。然而不幸的是，三天后就发生了卡钦斯基总统坠机的悲惨事件。

空难过后，普京与波兰总理图斯克又一起来到飞机坠毁现场，向遇难人员献花致哀。这是普京在数天之内两度为波兰人献花，用自己的方式表达了俄罗斯的诚意，给波兰人民和全世界都留下了深刻的印象。普京的真诚不亚于德国总理勃兰特30多年前在华沙犹太人死难者纪念碑前那震惊世界的一跪。[①]“我既感到震惊又感到幸福”，瓦伊达得知获奖的消息之后对法国《费加罗报》记者说。瓦伊达还表示，希望普京访问卡廷的时候能够向波兰人道歉。[②]

俄罗斯放行《卡廷惨案》、普京不惜屈尊下跪、梅德韦杰夫总统亲自为瓦伊达授奖，俄罗斯通过这一系列行动向全世界表明，俄罗斯已经正视历史，承认错误，重新开启与波兰新的友好关系。因为俄罗斯已经充分认识到：“俄罗斯和波兰是很久远的伙伴了，积累了有分量而且在很大程度上是独一无二的合作经验。”还因为，“波兰的作用远远超出了中东欧的范围，我们非常指望能和波兰在建设新欧洲和整

---

① 1970年12月7日，大雪过后东欧最寒冷的一天。刚刚对捷克、波兰进行国事访问后，当时的联邦德国总理维利·勃兰特冒着凛冽的寒风来到华沙犹太人死难者纪念碑下。在向犹太人死难烈士纪念碑敬献花圈之后，他伫立凝视一幅幅受难者的浮雕，突然双膝跪在死难烈士纪念碑前湿漉漉的大理石板上，并发出祈祷：“上帝饶恕我们吧，愿苦难的灵魂得到安宁。”勃兰特以此举向第二次世界大战中无辜被纳粹党杀害的犹太人表示沉痛哀悼，并虔诚地为纳粹时代的德国认罪、赎罪。在细雨蒙蒙中，这一超出礼仪的惊人之举感动了成千上万的波兰人，使在场的来自世界各地的外交官和记者也无不动容。勃兰特的这一跪胜过千言万语。

② 10 августа 2010 г. GZT.RU.

个世界的新安全体系上进行建设性的对话”。[1]

波兰在经历过社会制度的剧烈变动之后，奉行了一条亲西方的“一边倒”政策，造成的后果是与俄罗斯的政治关系不断疏远，经贸合作水平不断下降，老百姓的生活受到影响。由于波兰与俄罗斯之间传统上经济关系十分密切，因此近十年来波兰国内恢复与俄罗斯之间的友好关系成为最广泛的社会愿望。尽管仍然存在不少反对结束与俄罗斯不愉快历史的人，但这些历史的陈年旧账已经使大多数老百姓感到厌倦，改善两国关系，无论是在俄罗斯还是在波兰，从上层到民间，都已经成为大多数人的共识。

1995 年 11 月，亚历山大·克瓦希涅夫斯基[2]当选波兰第三任总统，改善与俄罗斯的关系成为波兰外交政策的重点之一。1996 年 4 月 8 日，接任总统还未满 5 个月，瓦希涅夫斯基就访问了俄罗斯，并在克里姆林宫与叶利钦见面时向俄罗斯总统表达了改善与俄罗斯关系的强烈愿望。[3] 波兰与俄罗斯的关系开始重新启动，并且互动频繁，高层领导人互访不断，在 21 世纪的开头几年掀起第一波高潮：2000 年 7 月，波兰总统克瓦希涅夫斯基第二次访问俄罗斯，双方强调保持良好的睦邻关系符合两国人民的利益，表示愿加强两国在政治、经济、文化等各领域的交往与合作；2000 年底，俄罗斯外长伊万诺夫访问波兰，确定了 2001 年第一季度普京总统和卡西亚诺夫总理访波的计划；2001 年 5 月，俄罗斯总理卡西亚诺夫访波，双方就俄罗斯在波兰铺设天然气管道、加里宁格勒地区通道、波兰对俄罗斯贸易赤字等一系列问题交换了意见；6 月，波兰外长访问俄罗斯；10 月，克瓦希涅

---

① “要保存和发展俄波伙伴关系的良好传统——在与波兰共和国总统联合举行的记者招待会上的讲话和答记者问（2002 年 1 月 16 日，华沙）”，《普京文集》，第 556、557 页。

② 亚历山大·克瓦希涅夫斯基（Aleksander Kwasniewski），1954 年 11 月出生。在 1995 年 11 月份举行的波兰总统大选中，克瓦希涅夫斯基当选为波兰共和国总统，同年 11 月 25 日宣布退出波兰共和国社会民主党，并辞去党内一切职务，12 月 23 日正式就任总统，2000 年连选连任，2005 年 12 月去职。

③ 在俄罗斯网站上还能找到叶利钦在克里姆林宫会见克瓦希涅夫斯基的录像，以及两国领导人会谈的镜头和克瓦希尼夫斯基用十分流利的俄语与叶利钦交谈的镜像。

夫斯基总统出席了在俄罗斯举办的“波兰科技日”活动；11月，波兰新任外交部长在联大与俄罗斯外长会晤，表示波新一届政府将对包括俄罗斯在内的东方邻国采取更加积极、开放的外交政策；12月，波兰总理米莱尔对俄罗斯进行正式访问。这是5年来波兰总理首次访问俄，与俄罗斯就经济合作的问题进行了深入探讨，签署了旨在加强双边关系的《波俄贸易、金融、科技合作宣言》，并商定建立两国总理至少每半年会晤一次的磋商机制……

2002年1月，俄罗斯总统普京对波进行正式访问，这是自叶利钦1993年访问波兰之后，俄罗斯总统第二次访问波兰。与普京随行的还有包括外交部长、经济部长、旅游部长等政府成员和一批企业家在内150人的庞大俄罗斯代表团。俄罗斯与波兰就双边关系、国际安全等问题交换了意见，签署了航空合作协议等5个文件，确定了两国总理每半年举行一次会晤的机制。随着2002年5月下旬北约—俄罗斯理事会的成立和俄罗斯与北约“20机制”新型关系的确立，波俄关系进一步改善。2002年6月20日，波俄战略合作委员会首次会议召开。这是波俄关系进一步改善的具体表现，意味着两国之间战略协作关系开始形成。波俄战略合作委员会由两国政府和总统下辖行政机构代表出任，每年召开两次会议，主要的任务是协调两国在重大问题上的立场。

普京访问波兰期间除了出席在波兹南举行的第二届波兰—俄罗斯经济论坛以外，更加引人注目的是还凭吊了第二次世界大战时期的波兰地下政府和国家军纪念碑，并向1956年6月的“波兹南事件”纪念碑献了花圈。普京在波兰的言行获得不少波兰人的谅解和舆论的好感，克瓦希涅夫斯基高度评价普京的来访，称“这是波兰第一次有机会同俄罗斯建立史无前例的关系，同普京总统的会谈打开了发展这种关系的大门”。克瓦希涅夫斯基还认为，普京的访问为今后两国关系的发展创造了更好的氛围。①

① 高德平编著：《波兰》，社会科学文献出版社2005年版。

然而，天有不测风云，波兰和俄罗斯关系的升温在 2005 年由于波兰国家领导人的替换，以及在原社会主义国家连续发生了“颜色革命”、波兰国内对于第二次世界大战历史问题、美国在波兰部署反导系统、俄罗斯与欧盟协议遭到人为拖延、“北线”石油管道受阻等一系列不稳定因素的影响，波兰和俄罗斯正常关系的恢复经历了一次严峻的考验，两国关系在此陷入低谷。不过普京没有放弃努力，2006 年 1 月 31 日在一次大型记者招待会上与波兰记者的一次对话一下子拉近了俄罗斯与波兰的距离。

（二）努力攻关，面向未来

在那次记者招待会上，当波兰 TVP 的女记者 Б. ВЛОДАРЧИК 被点名提问时，她很意外地站起来，有些受宠若惊地表示：“我的同事们都说，你是不可能有机会的，很可惜没有和他们打赌。”普京立即风趣地回应说：“的确可惜，否则您可以赢了钱然后再分给我。”女记者笑着回答：“可您是知道的，波兰还不是最富足的国家。”普京说：“别哭穷了。波兰的发展速度非常快，去年波兰资本市场的发展就增长了 30％以上，这是个很不错的数据。”[①] 那位女记者提问的是波兰在俄罗斯媒体中的形象如何的问题，普京的回答得十分精彩。[②] 普京的真诚赢得了不少波兰人的好感。

---

① 摘译自俄罗斯总统网站，2006 年 1 月 31 日。

② Б. ВЛОДАРЧИК：Спасибо большое，я тоже очень верю в свою страну. Я хотела задать такой вопрос. Полтора года тому назад Вы критиковали польских журналистов за способ освещения，например，Беслана и вообще ситуации в России. А как Вы оцениваете образ Польши в российских СМИ? И что для России означает Польша и страны Восточной Европы?

В. ПУТИН：Вы знаете，поляки и русские-это фактически одна семья. Мы не должны забывать，что у нас общая колыбель-это Карпаты. Оттуда в начале нашего времени，в первом тысячелетии после Рождества Христова и пошло распространение славянства в Европе. Кто-то пошел на запад，и этих славян называли ляхи，кто-то пошел на восток，это были поляне，древляне и так далее. У нас общая колыбель. Мы никогда не забываем об этом и относимся к Польше с огромным уважением за ее вклад в мировую культуру，за ее вклад в мировую экономику，за ее вклад в сегодняшние дела в Европе и в мире.” ——president. ru 31 января 2006 года，Москва，Кремль，Круглый зал.

2007年11月，唐纳德·图斯克[①]就任波兰总理。图斯克属温和派人物，虽然积极推行亲欧洲以及亲西方的外交路线，但对发展与俄罗斯的关系也十分重视，认为波兰、俄罗斯两国仅仅满足于外交姿态的时代行将结束，两国需要采取具体的行动来进一步改善双边关系。他还认为，两国关系的改善并不能一蹴而就，仍然需要谨慎行动、逐步推进。[②] 为此，波兰采取了更加灵活务实的外交政策，与俄罗斯进行了积极的政治对话。由于两国都有改善双边关系的强烈愿望，两国关系的发展出现了第二次高潮。

互动频繁，高潮迭起，这是俄—波关系的近年来第一个发展特点。

2008年1月，波兰外长访问了俄罗斯；2月，波兰总理访问莫斯科；6月，以俄罗斯议会主席C.M. 米罗诺夫为首的代表团正式访问波兰；7月，俄罗斯外交部长拉夫罗夫也访问了华沙。与此同时，中断了4年之久的俄—波社会舆情论坛[③]开始恢复工作，俄—波历史遗留复杂问题工作组也开始重启，人文关系得到恢复。此外，在华沙还举办了俄罗斯歌曲节，举行了第二届俄罗斯电影节《华沙上空的卫星》；在俄罗斯则举办了“波兰文化季”和“波兰科学日”活动。

双边经贸发展也得到很大提升，使波兰成为俄罗斯在中、东欧地区主要的贸易伙伴，这是俄—波关系的第二个特点。

为了缔结未来，普京不辞辛苦再次出访东欧诸国努力公关，重点是波兰，而且不惜放下身段，公开承认历史错误。普京的努力没有白费，波兰政府对于俄罗斯的反省也给予了积极的回应。

2009年，尽管俄罗斯与波兰在一系列国际问题和包括历史问题

---

① 唐纳德·图斯克（Donald Franciszek Tusk，1957年4月22日出生），在2007年的波兰议会选举中获得了53万4千张票，这是苏东剧变以来波兰个人竞选议员得票数的最高纪录。他的公民论坛党获得了全部选票当中的41%，图斯克作为党主席当选总理，2007年11月16日走马上任。

② 《国际在线》2010年5月11日。

③ 2003年2月，俄罗斯总统和波兰总统决定建立“俄罗斯—波兰关系社会舆情论坛”（俄—波对话），并于当月6日举行了第一次会议。——*dlib. eastview. com/browse/doc/4995258*。

在内的双边关系问题上仍然存在分歧，建立俄—波关系建设性日程表的系统工作同时也一直在继续进行。这一进程标志性的成果是俄罗斯总理普京对格但斯克的访问，与十几个国家的领导人一起参加了在波兰举行的第二次世界大战爆发 70 周年纪念活动。

这是时隔 7 年之后普京第二次访问波兰，虽然这一次是以俄罗斯总理的身份出访的。就在访问前夕，波兰报纸《Wyborcza》上刊登了一篇普京撰写的题为“历史是互相讨伐的理由还是和解与伙伴关系的基础?”的文章。普京写道：“我毫不犹豫地接受了波兰总理唐纳德·图斯克的邀请参加第二次世界大战爆发纪念活动，因为别无选择。”在谴责《苏德互不侵犯条约》的同时，普京表示将这一条约视为“第二次世界大战唯一的导火索”有失公允。① 利用访问波兰的机会，普京还呼吁人们摆脱历史的负担，互相理解共创未来，并写道：“在今天，当我们被共同的价值观紧密地连系在一起的时候，我们就应当利用这一合作伙伴的经验，以有效地应对共同的挑战和威胁，扩大全球性的合作视野，消除这些旧时代的残余，把它作为一个分界线，无论其具有何种性质。”作为摆脱沉重历史负担的成功案例，普京列举了俄罗斯与德国关系。两国之间的伙伴合作成为“谨慎对待历史的记忆，互相理解，共创未来的样板”。普京表示：“我相信，俄—波关系迟早会到达到成为真正的伙伴这样的高水平，因为这符合两国人民和整个欧洲大陆的利益。”②

《Wyborcza》是波兰一家颇具影响的大报，每日发行，专门刊登波兰国内政论性以及反对派观点的文章。波兰报纸同时刊登了波兰格但斯克第二次世界大战史纪念馆馆长巴维尔·马赫采维奇（Павел Махцевич）的评论文章，认为普京的文章证明，“俄罗斯方面想要降低关于历史争论的温度”，俄罗斯总理文章的语言“打开了对话的可

---

① 《北京晚报》2009 年 9 月 2 日。

② Артем Кобзев, *Путин шагнул навстречу Польше*, 31 августа 2009 г. GZT. RU.

能性”，在自己的文章中俄罗斯总理的表现很温和。[①]

在访问期间，普京和波兰总理举行了会谈，确定了双边互动的日常性机制，这是俄—波关系发展的第三个特点。尤其是最近几年，俄—波双边日常性的互动机制运作非常积极。

2009 年 5 月 6 日，在波兰外交部长尼科尔斯基访问莫斯科的框架内举行了俄—波合作战略问题委员会第 5 次会议；此前在 3 月在华沙还举行了两国政府间经济合作委员会第二次会议；5 月第三届俄—波社会舆情论坛召开；11 月俄—波历史遗留复杂问题工作小组举行了两次工作会议。根据两国议会上院主席的提议，在莫斯科还启动了另外一个新的互动机制：“俄—波合作—地区论坛”。在第一届论坛开幕式上，两国议长都发表了热情洋溢的讲话。2010 年 5 月 18 日还在华沙举行了第二届地区合作论坛，莫斯科市政府驻联邦议会执行机构代表、住房委员会主席奥列克·托尔卡切夫（Олег Толкачев）率团参加了论坛，并对俄波之间的这种对话机制评价很高，认为俄罗斯和波兰两国应该以共同的斯拉夫文化为基础，再次团结起来。[②]

金融危机爆发之后，两国之间的经济合作受到严重影响。2009 年 1—11 月的贸易往来同比下降了 42%。但人文交流仍然在继续，继 2008 年成功举办第一届俄罗斯歌曲节之后，2009 年 7 月再次在华沙举办了第二届“Зелена Гура－2009”俄罗斯歌曲节，11 月举办了第三届名为“华沙上空的卫星”的俄罗斯电影节。[③] 两国人民对各自文化的相互吸引，对改善相互之间关系的积极态度成为近年来俄—波关

---

① Алексей Тимофейчев，Путин “показывает спокойное лицо” —bbcrussian. com.

② 在回答记者提问时托尔卡切夫表示，俄罗斯代表团“有 36 个地区的 80 名代表参加了第二届论坛。他们参加论坛都是受到内心的驱使，没有任何压力。在波兰我们受到了友好的接待。在俄罗斯和波兰的地区之间，严格地说并不存在很大的差异，对于制定共同的经济战略没有任何障碍”。这位议员还提出，在俄罗斯人民和波兰人民之间，无论是在日常生活还是了私人关系方面，一直保持着热情和友好的关系。斯拉夫民族的共同点过去曾经把我们团结在一起，将来还应该如此。这就是工作和挣钱、从事贸易和为人类建设美好的生活。我们可以手挽手地沿着这条路走下去。——council. gov. ru/inf _ ps/chronicle/2010/05/item12738. html。

③ 俄罗斯外交部网站。

系的第四个鲜明特点，两国人民对双边关系的将来都充满了信心。在俄罗斯进行的一次调查数据表明，认为俄波关系能够重新启动，但没有那么快的人占了大多数，为55%；认为不可能的占30%；认为可能的只占13%（见图5—1）。[①] 这反映出俄罗斯百姓对两国关系的未来还是充满信心的，但两国之间毕竟积怨很深，这种长久的历史积怨要通过几年的功夫就彻底消除，显然难以想象。中国学者孔寒冰教授在与一些比较深刻的波兰学者交流时，注意到他们这样一个观点：波兰是一个中欧国家，仍然夹在东西方大国之间，对它来说安全问题仍然是第一位的，德国和俄罗斯都开罪不得，与它们保持良好关系是至关重要的。[②]

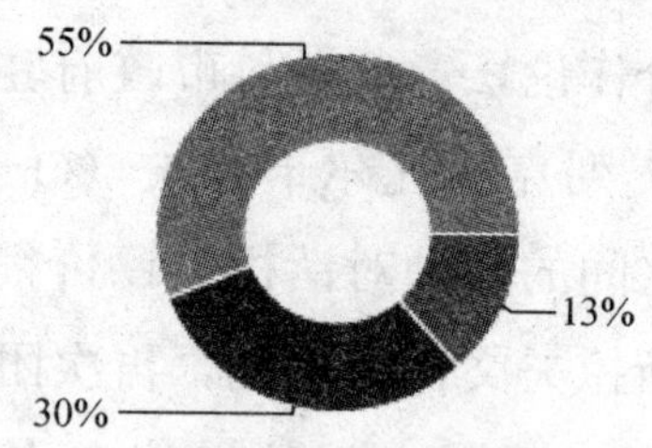

图5—1　俄罗斯人民对俄波关系的看法

不过，有另一个使俄罗斯深感欣慰的现象就是，俄语的地位在波兰开始恢复。根据报道，在波兰，2008年选择学习俄语的大学生达到了3万人，超过了学习法语和西班牙语的人数，比三年前增加了25%。根据我国的媒体报道，三年级的波兰大学生安娜一直在自学俄语，她说现在一点也不为工作担心，毕业后可以很容易在波兰驻俄罗斯公司的代表处谋得职位。波兹南大学的俄语系主任马尔库纳斯也表示，几年前他们还不得不为招不满学生而发愁，不过在近两年波兰与俄罗斯经济关系逐步升温的形势下，现在俄语已经成了好几位学生争

① http：//www.gzt.ru/topnews/politics/-putin-shagnul-navstrechu-poljshe-/257451.html.

② 孔寒冰："原苏东国家社会转型二十年 现况如何？"，《青年参考》2010年3月18日。

夺一个名额的热门专业。[①] 两国间的经济往来升温带动了劳动市场的活跃。

波兰与俄罗斯关系得到改善，最大的功臣非首任民选总统克瓦希涅夫斯基莫属，这位总统的名言就是“不要回头看”。[②]

亚历山大·克瓦希涅夫斯基 1954 年 11 月 15 日出生于一个医生的家庭。大学毕业后，由于工作出色，他很快就被提升为《青年旗帜报》的总编，1985 年刚刚 30 岁出头就在政府中担任了负责青年工作的部长，成为波兰历史上最年轻的部长，在政治舞台上开始崭露头角。

20 世纪 90 年代初，东欧发生剧变，波兰统一工人党停止了活动，在国际局势动荡、国内政治受到巨大影响的严峻形势下，克瓦希涅夫斯基挺身而出创立了波兰共和国社会民主党，并亲自出任党的最高委员会主席。1995 年波兰举行总统竞选，克瓦希涅夫斯基提出了“不要回头看”的口号。克瓦希涅夫斯基在竞选纲领中表示，他如果当选总统，将不站在右边，也不站在左边，做一个团结波兰各种力量的总统。他主张和解，提出不搞“上层斗争”，将摒弃前嫌“向前看”，建设贫富共济的“共同波兰”的构想。[③] 由于他的表现带有西方式的民主风格，并且采取了灵活多变的竞选策略，吸引了不少年轻选民。1995 年 11 月 19 日，刚满 41 岁的克瓦希涅夫斯基如愿当选，成为波兰历史上最年轻的总统。

2000 年，克瓦希涅夫斯基蝉联第二任总统，又成为第一个获得连任的波兰总统。在他领导下，波兰于 1999 年和 2004 年分别加入北约和欧盟。英国《经济学家》杂志对他的评价十分确切：他与世界上最富有的国家保持良好关系，有技巧地处理与东欧国家的微妙关系，

---

① “俄语重获中东欧国家青睐”，《光明日报》2008 年 6 月 19 日。

② 《南方日报》2006 年 6 月 6 日。

③ www.3320.net/blib/c/read/9/4411/132.htm 2010—2—9.

并给犹太选民留下良好印象。① 在如何处理与俄罗斯的关系问题上，克氏的怀柔策略应该说是非常成功的，被称之为“普京的第一号伙伴”。由于克瓦希涅夫斯基主张“不要回头看”，这与普京的思想十分合拍。因此2002年1月16日，普京和克瓦希涅夫斯基在华沙共同举行记者招待会，在回答记者问“我想知道你们形成了怎样的个人关系？克瓦希涅夫斯基总统，人们不时地说，在中东欧您是普京的第一号伙伴。您准备承担这种称谓吗？而您，弗拉基米尔·弗拉基米罗维奇是怎样看待这一点的呢？”时，普京没有回避，也给出相当高的评价。普京说：“我们的确形成了很良好的关系。我和总统先生以‘你’相称，彼此交往称呼名字，这当然有助于解决我们面临的那些任务。……同时我想强调，总统先生讨论任何问题的态度都是建设性和非常善意的，说实在的，这总认人以同样的态度作出回应。”普京对波兰文化也给予了很高的评价：“从欧洲历史的角度说，波兰是一个非常有吸引力的国家。波兰的文化总是会在俄罗斯引起极大的兴趣，而且这实质上就是经典的欧洲历史。”②

2010年9月，上海世博会期间，克瓦希涅夫斯基也来到上海，在世博会波兰馆与不少中国的学者和学生进行了面对面的交流，对波兰的未来充满信心。在回答波兰与俄罗斯之间的关系时，他的回答是“没有任何问题”。这位前总统思维敏捷、风度高雅，给与会者留下深刻的印象。

不过，在波兰国内，对历史持辩证观点的不仅仅是克瓦希涅夫斯基总统，还有许多其他上层领导人也是肯定这一段历史的，前总统雅鲁泽尔斯基③就是其中一个。2010年5月7日在接受记者采访时他还明确地表示：“我总是提醒那些以各种不同方式评说我们共同历史的

① 央视国际 www.cctv.com，2006年5月22日。

② “要保存和发展俄波伙伴关系的良好传统——在与波兰共和国总统联合举行的记者招待会上的讲话和答记者问（2002年1月16日，华沙）”，《普京文集》第561—562页。

③ 沃依切赫·雅鲁泽尔斯基（Wojciech Jaruzelski，1923年7月6日出生），波兰政治家，1989年7月19日至1990年12月22日任波兰总统。

人，有一点不要忘记：为解放波兰有60万名苏联士兵牺牲、150万名苏联士兵受伤。这不是第二次占领，这是从纳粹分子手中的解放。这些言论侮辱的不仅是俄罗斯和俄罗斯人，还有我们波兰人，所有参与解放国家并在之后为人民服务的人。历史会留下最重要的东西，它会保存真相和事实。”① 雅鲁泽尔斯基分别于2010年和2005年两次应俄罗斯总统之邀参加了莫斯科反法西斯战争胜利65周年和60周年的庆典活动，堪称一个亲俄总统，对重启波俄关系也发挥了重要的促进作用。

2008年12月，普京在与俄罗斯民众进行视频连线对话的过程中评论俄欧关系时曾表示：“很遗憾，政治上存在许多过去积累的问题，有很多恐惧症，欧盟新成员国尤其如此。但是我想，随着时间的推移，这些国家，特别是它们的领导层终将会意识到需要高瞻远瞩，而不是总是纠缠过去。”②

普京的想法没有错，随着时间的推移、历史的发展，在全世界许多国家，尤其是精英和上层领导已经意识到如何摆正历史与现实之间关系的重要性。对于波兰与俄罗斯而言，也许可以说，正是“卡廷惨案”加速了这个进程。俄罗斯与波兰实现历史性和解的努力取得了一定成果。2010年8月17日，波兰在华沙附近为1920年牺牲的苏联红军建立了一座纪念碑。虽然波兰国内有不少人对俄波之间的历史恩怨仍然耿耿于怀，但摒弃前嫌展望未来已经成为社会的主流意识，俄罗斯与波兰的关系正在进入一个正常发展期。

（三）正视历史 吸取教训

正视历史、敢于认错是俄罗斯与中、东欧欧盟新成员国家得以改善的主要原因。其中，俄罗斯与波兰关系的回暖主要是因为两国的领

① 《重庆日报》2010年5月9日。

② 俄新网 RUSNEWS. CN，莫斯科2008年12月4日。

导人树立了辩证的历史观。普京十分清楚，要解决与波兰的关系问题首先必须正对历史。客观地说，普京对于历史的反省是颇为深刻的，在各种不同的场合都主动提到历史的话题。“要确立各个民族相互容忍和尊重的原则，要学会理解人类在反对共同困难的威胁的斗争中必须团结一致。最终，要造成大家懂得无论大小民族都拥有平等权利的氛围和选择独立发展道路的权利。”[①] 这是普京通过总结过去的历史教训得出的结论。因为在苏联时期，在所谓“社会主义大家庭”内部，其他国家从来就没有享受过真正的“平等权利”和“选择独立发展道路的权利”，更谈不上“相互容忍和尊重”。这一段漫长的不平等历史，是大多数中、东欧国家对俄罗斯难以释怀根本原因。而“客观地评价自己国家的历史可以帮助我们了解今天所处的历史地位，从而更好地确定国家的发展前景、族际社会之间的关系和国际舞台上国与国之间的相互关系”。[②] 普京认识到了这一点。

基于这样的历史观，普京和梅德韦杰夫在各种场合公开承认苏联时期的错误，作为俄罗斯这样一个具有强烈的帝国文化情结的大国首脑，这种情形在俄罗斯历史上显然是从未有过的。因此可以说，普京书写了俄罗斯一段新的历史。2010 年 4 月 7 日，在与波兰总理图斯克一同参加在斯摩棱斯克州举行的卡廷惨案纪念活动时，普京再次表示极权制度的罪行不容申辩，“迫害给人民带来的是灾难，不分民族以及宗教信仰，遭受迫害的遇难者人数众多”。“这些罪行不可能有任何理由来为自己申辩。我们的国家在政治、法律和道义层面上已对极权制度的罪恶给予了明确的评价，而且这一评价不允许篡改。”[③]

俄罗斯的立场十分坚定，这是一个巨大的历史进步。

普京的思想得到了包括德国、波兰等国政治家在内的不少人的支

---

① “战胜纳粹主义的教训：思考过去，共同建设安全和人道主义的未来——载于法国《费加罗报》的文章”（2005 年 5 月 7 日），《普京文集（2002—2008）》，第 203 页。

② 转引自吴恩远：“俄罗斯反思苏联历史与重评斯大林思潮分析”，《马克思主义研究》2006 年第 1 期。

③ 俄新网 RUSNEWS. CN，2010 年 4 月 7 日。

持和认同。如波兰前总统雅鲁泽尔斯基就明确表示，对他来说，苏联在解放欧洲、战胜法西斯的斗争中所起的决定性作用是显而易见的，不容抹杀。①

2010年5月7日，德国总理默克尔应邀参加了在莫斯科举行的世界反法西斯战争胜利65周年庆典活动，并在接受记者采访时表示："在德国，我们谈（历史教训）的非常非常多。每一代人都重新探索当年的问题，比如当年是如何走到战争这一步的、独裁制度怎么样、国家社会主义可能会给全世界带来的什么样的罪恶。许多年轻人反复研究这些事件发生的细节，谁有勇气，谁没有勇气。今后总有一天我们将不再有能够讲述自己亲身经历的见证者，无论是在俄罗斯，还是在德国。但是我们应当从中吸取教训，我们能够和平合作，我们要尽一切努力加强联系，让战争永远不再可能出现。我们今天生活在友谊之中，德国将永远是俄罗斯的朋友和伙伴。"②

曾经的敌人，现今的朋友和伙伴，德国和俄罗斯两国关系的改变和发展，谱写了当代国际关系史上新的篇章。在这一点上，普京的智慧和功绩不可忽视。

---

① 雅鲁泽尔斯基在接受记者采访时说："过去我总是说，我非常尊重伟大的俄罗斯民族，非常热爱俄罗斯人。荒谬的是，我受到的教育却是应当准备对抗我们东方的邻居，是极端反俄和反苏的。当时这是家族传统。1920年我父亲曾对红军而战，后来被驱逐到了西伯利亚和阿尔泰边疆区。我的父亲也死在了那里，埋葬在比伊斯克市。后来我得到了普通俄罗斯人的巨大帮助和同情。当机会出现时我就参军入伍，1943年底从梁赞步兵学校毕业后，我到部队当了排长。在我们已经解放波兰后，我记住了纳粹分子可怕的罪恶。后来已经在德国境内时，我们参加了解放萨克森豪森集中营的战斗。我们打到了柏林。我的指挥官、同事和下属有苏联士兵和军官。有许多波兰人，但是俄罗斯人非常多。我非常珍视这一点。我总是提醒那些以各种不同方式评说我们共同历史的人，有一点不要忘记：为解放波兰有60万名苏联士兵牺牲、150万名苏联士兵受伤。这不是第二次占领，这是从纳粹分子手中的解放。这些言论侮辱的不仅是俄罗斯和俄罗斯人，还有我们波兰人，所有参与解放国家并在之后为人民服务的人。历史会留下最重要的东西，它会保存真相和事实。对我来说，苏联、苏联军队在第二次世界大战胜利中起到的决定性作用是显而易见的。苏联当时的损失是巨大的！众所周知，战争期间德军每死亡10个士兵，其中就有8个是死在东线战场。这是事实。"——转引自《重庆日报》2010年5月10日。

② 《东方网》2010年5月9日报道。

六、几点小结

第一，普京的高明之处是把原来的“苏联”和现在的“俄罗斯”划分开来，用这种方法把历史的过去和现实的发展区别开来。历史是无法改变的，而极权是不容申辩的，但未来却是可以重新塑造的。退一步海阔天空，俄罗斯为自己打开了一扇通向世界的大门。

不过，俄罗斯主动反省历史错误是有自己的原则立场的，即不容许否定历史、篡改历史。尤其是对于反法西斯战争的历史，立场更加坚定、态度更加明确，苏联士兵的功绩不可抹杀。“在人类的历史上，1945 的胜利将永远首先是苏联士兵的胜利；是保卫了自己祖国的士兵，扭转了第二次世界大战的进程，从法西斯主义的奴役下拯救了世界。”为了捍卫苏联的荣誉，普京甚至可以毫不留情地批评和反击格鲁吉亚：“重新书写历史的企图是极端危险的。他们的立场并非是简单的无知，或者是健忘，不仅仅是简单地想要修改一下耻辱和难以启齿的过去，掩饰自己投敌和曾经与法西斯合作过的那段历史。实质上，是有人想要把伟大胜利的遗产变成为今天的地缘政治阴谋的对象，在邻近国家之间挑拨离间，使它们彼此分裂，散播仇恨、邪恶和狭隘[①]民族主义的种子。”[②] 不过，与此同时普京也表示，俄罗斯准备与所有真正希望与俄罗斯建立伙伴关系的格政治力量开展对话，并相信“俄格关系将会翻开新的一页”，俄格一定会恢复建设性伙伴关系。

2010 年 5 月 6 日，梅德韦杰夫总统在发给联合国的贺电中表示，为取得第二次世界大战的胜利，全世界付出了巨大的共同努力和惨重的代价，国际社会应该坚决抵制有政治目的的修改战争历史、推翻纽

① 普京在此使用了“пещерный”一词，该词具有“洞穴时期”的意思，以嘲讽格鲁吉亚的陈腐、过时。

② GZR，RU，8 Мая 2010 г.

伦堡审判的结论和决定的企图。“维护历史的真相、坚决反对那些玷污战士荣誉的人是我们对（当年）的将士和未来后辈的共同职责。”[①]

2010年5月8日，在莫斯科胜利公园，格鲁吉亚红军纪念碑落成，俄罗斯总理普京和格鲁吉亚反对党领导人布尔贾纳泽出席了仪式，格鲁吉亚老兵代表向纪念碑献花。胜利公园的格鲁吉亚红军纪念碑外形模仿格鲁吉亚库塔伊西卫国战争纪念碑。[②] 普京在仪式上发表了言辞颇为严厉的讲话，说：“任何试图改写历史的做法都是极度危险的，我们共同的责任是保护和捍卫历史真相，维护荣誉、尊严和英雄们的英名。俄罗斯将为此动用一切政治、法律、信息、社会的力量并发挥自身的影响力。”[③]

对于西方的批评，普京反击说：“至于我们历史上的一些有问题的篇章，是的，确实有。而且在任何国家的历史上都有！而且我们的要比其他一些国家的更少。我们的也不像其他一些国家的那么可怕。的确，我们有些可怕的历史篇章：我们回忆一下从1937年开始发生的各种事件，对此我们不应该忘记。但在其他国家更加可怕的事件也不少。无论如何我们还没有对和平居民使用核武器。我们没有喷洒数千公里的化学药品，也没有向一个小国家投比卫国战争期间多六倍的炸弹，这在越南曾发生过。我们也没有像纳粹那样的其他黑暗的历史篇章。”普京反问：“难道每个国家和每个民族的历史上各种各样的事还少嘛！不要把负罪感强加于我们，关于他们自己，让他们自己去考虑吧。对我们自己来讲，对此我们不应当忘记，也不会忘记。但在任何情况下，致力于公民的需要、需求、公民的发展及保护公民的目标，当然都将是组织我们国家和社会的最重要的原则和方式，我们要

---

① 《重庆日报》2010年5月9日。

② 原来的库塔伊西卫国战争纪念碑已经经被格鲁吉亚政府下令炸毁，在原址上将修建格鲁吉亚议会大楼。

③ 《东方早报》2010年8月5日，euro. icxo. com/htmlnews/2006/04/10/834109 _ 3. htm.

以此为出发点。民主制也将是我们的社会和国家的方式。”①

普京的反击自然有力。不过，当俄罗斯（普京）一再强调要以史为鉴的时候，是以哪一段史为鉴，以及如何为鉴，却是值得关注的。通常，“以史为鉴”的总体目标有两个：一是借鉴往古的成功经验而恪守之、发扬之；二是接受历史的教训，避免同样或类似的悲剧发生。然而，历史发展的跌宕起伏、同类悲剧的一再发生，使人们常常不得不怀疑起“史鉴资治”的有效性。在人类历史上，差不多人人都感受到专制制度的暴虐，所有人都痛恨专制制度和专制暴君，然而一旦掌握了专制政权，则无不奉之若宝物，他人若胆敢觊觎，则必欲灭其九族而后快。“成由谦逊败由奢”是至浅至显的道理，然而夺取政权即走向腐败几乎成为不可避免的铁律。②

对于有着几百年帝国文化传统的俄罗斯来说，任何一段历史都是可以用来作为正、反面同时使用的。俄罗斯能否真正做到正视历史、吸取经验教训，在新的历史条件下创造出新的定律，决定着俄罗斯的未来。

第二，利用共同的斯拉夫文化纽带，充分发挥俄罗斯文化软实力的作用，是俄罗斯成功改善与中、东欧国家关系的第二个重要因素。

2005 年 4 月，俄罗斯专门成立了一个对外地区和文化合作局，由总统办公厅直接领导，其目的就是要发展与独联体国家以及周边国家的文化合作，巩固和扩大俄罗斯文化的影响力。“俄罗斯与昔日的苏联加盟共和国、今日的独立国家，被共同的命运、俄语和伟大的文化联系在一起，不可能置身于追求自由的主潮流之外。”③ 2005 年普京在国情咨文中作出的这个判断，被后来历史的发展证明是正确的。如何应对以美国为主的西方文化的诱惑和频频发起的强大攻势，是俄罗

① “重编历史教材，发展人文社会科学——接见全俄人文及社科教师会议代表时的谈话速记稿（2007 年 6 月 21 日，新奥加廖沃）”，《普京文集（2002—2008）》，第 495 页。

② 张绪山：“论“以史为鉴”能否实现”，《中华读书报》2010 年 7 月 21 日第 10 版。

③ “2005 年致联邦议会的国情咨文（2005 年 4 月 25 日）”，《普京文集（2002—2008）》，第 189 页。

斯不得不面对的最大现实问题。在经历过苏联解体后头10年的困惑、迷失、被动应付之后，随着普京接任俄罗斯总统，俄罗斯开始制定自己的文化战略，采取各种举措恢复俄语和俄罗斯文化在独联体以及原苏联地区势力范围的影响力便是其中之一。俄语是全球第四大通用语言，根据资料显示，全世界共有1.7亿人将俄语作为母语，3.5亿人通晓俄文。此外，世界上有1.8亿人在学习俄语。2006年年底，时任总统普京签发了总统令，将2007年定为“世界俄语年”，把提高俄语的地位提高到国家战略的高度。“俄语年”得到官方的高度重视：活动组委会主席也由时任第一副总理的梅德韦杰夫担任。根据俄罗斯政府的计划，“俄语年”的活动数量逾830项，在65个国家举办，涉及独联体和波罗的海国家以及欧、亚、非、南北美洲的国家。梅德韦杰夫对此次活动的意义的评价是：“我们会在发展俄语的同时推动我国的国家利益，并在与其他国家的相互协作中提高经济和文化实力。”

就在“俄语年”如火如荼地展开之际，普京又签署了一项总统令，成立“俄语世界”基金会，该基金会主要用来支持境外尤其是原苏联国家的俄语研究。此外，俄政府还将推广俄语的影响面拓展到互联网，并建立了一个俄英双语网站。①

由于具有共同的斯拉夫文化基础，以及俄罗斯官方的大力推动，近年来俄罗斯的文化战略可谓是成果卓硕，使俄罗斯文化成为拉近俄罗斯与中东欧国家关系的纽带，俄语的地位正在逐步提升，尽管恢复苏联时期俄语地位的可能性十分渺茫。

第三，自从普京就任总统开始，俄罗斯就清醒地认识到自身实力的下降，采取了努力避免与西方对抗，不再激烈反对北约东扩，而是充分利用自己的资源优势有选择地进行合作的外交政策。

十几年来，这种减少对抗、积极合作的政策取得了明显的效果。虽然中、东欧国家与俄罗斯的关系并非一帆风顺，但在双方维护和加

① 《世界新闻报》2007年10月24日。

强友好往来的良好意愿和共同努力下，双边关系中的波折总是能够及时得到平复，不至造成矛盾激化。中、东欧国家与俄罗斯的高层互访增多，相互信任加强，经济和文化往来密切，基本解决了中、东欧国家加入北约和欧盟之后造成的各种问题。不仅如此，俄罗斯还充分利用中、东欧国家的桥梁作用，拉近了与欧盟的关系，使俄罗斯的地缘政治环境发生了有益的变化。

梅德韦杰夫继任总统后延续了普京的对中、东欧国家政策，在接任后不久于 2008 年 7 月 12 日批准的《俄罗斯联邦对外政策构想》中，俄罗斯明确提出了对“新欧洲”国家的政策，明确提出：“在考虑到中、东欧和南欧每个国家的实际意愿的情况下，对于继续扩展与这些国家的现实的，互相尊重的合作关系俄罗斯是坦诚的。”新的构想还提出：“要在欧盟国家心目中树立起俄罗斯可靠伙伴和盟友的形象。”[①] 把构建新的国家形象作为重要的战略任务来加以实施。

本质上已经发生改变的新的地缘政治环境在梅德韦杰夫 2009 年 5 月 12 日批准的《俄联邦 2020 年以前国家安全战略》中有所体现。该战略的基本原则就是通过“发展保障安全”（《безопасность через развитие》。在这份文件中俄罗斯强调，将以国际法条文和对所有国家的同等安全保障原则为依据，实行现实主义的对外政策，消除损耗性的对抗（затратная конфронтация）。[②]

新的构想提出要与周边国家建立睦邻关系，在俄罗斯周边地区以及世界其他地区消除现存的和避免出现新的紧张局势与冲突。

在实现俄罗斯的国家优先利益的过程中，要与其他国家和国际组织一起进行协调，并在此基础上建立双边和多边伙伴关系，以保障国际局势的稳定。以现代法律为基础，与欧盟建立双边的战略关系，在

① Концепция Внешней Политики Российской Федерации, *Утверждена Президентом Российской Федерации Д. А. Медведевым* 12 *июля* 2008 *г.* ——摘译自俄罗斯外交部网站。

② Внешнеполитическа Я Дипломатическая Деятельность Российской Федерации В — 2009 ГОДУ——摘译自俄罗斯外交部网站。

欧洲委员会的保护下构建真正属于全欧洲的法律空间。

明确提出要与周边国家建立“平等”、“互相尊重的合作关系”和树立“可靠伙伴和盟友的形象”，这是俄罗斯的重大变化，如果俄罗斯能够实现自己的这些诺言，也许俄罗斯民族重新崛起的日子就来到了。

2010 年 12 月 6 日，梅德韦杰夫总统开始对波兰进行“破冰之旅”，这是俄总统 9 年来首访波兰。梅德韦杰夫表示，俄国家杜马承认卡廷事件是斯大林政权所为表明，俄罗斯希望将两国关系提高到一个新的水平，让波兰社会对新的俄罗斯有一个全新的看法。[①]

欧盟新成员国家与俄罗斯之间关系的改善，对于推动欧盟与俄罗斯之间关系的正常化发展无疑起到了积极的作用，对于新的国际秩序的重建也将产生重要影响，让我们继续关注。

---

① 《环球时报》2010 年 12 月 7 日，第 2 版。

苏共执政体制的弊端与后果

周尚文*

已经过去的20世纪，俄罗斯大地上发生过两件足以影响世界历史进程的重大事件：十月革命的胜利和苏联的剧变。这两大事件都与苏共①有着密切的关联。苏联模式（又称“斯大林模式”）是苏共创建的，苏联模式那种高度集权和封闭型的经济政治文化体制是与苏共一党统领的执政体制相匹配的，苏共的衰败则是苏联剧变的关键性因素。在当今世界，一个政党（包括执政党）的分裂或衰亡通常不会导致一个国家的剧变和解体，可苏共不是普通的执政党，它是苏联这个联盟大国的缔造者和领导者，是这个大国唯一的执政党。不仅如此，苏共所秉承的社会主义、共产主义也成为国家的主流意识形态和基本社会制度。因此，在苏联，党、国家、意识形态、社会制度就拴在了一起，一荣俱荣，一损俱损。其中，关键就在于党。

---

* 周尚文，华东师范大学政治系教授。

① 苏共始建于1898年，当时名称为“俄国社会民主工党”；1903年党的二大上出现布尔什维克和孟什维克两派的政治分野，1912年布尔什维克独立建党，名为“俄国社会民主工党（布尔什维克）”；1918年党的七大改名为“俄国共产党（布尔什维克）”，简称“俄共（布）”；1925年党的十四大改名为“全联盟共产党（布）”，简称“联共（布）”；1952年党的十九大改名为“苏联共产党”，简称“苏共”。为便于阅读，文中统称“苏共”。

苏共的败亡和苏联的剧变对世界社会主义运动的影响是十分深远的。中共十六届四中全会通过的《关于加强党的执政能力建设的决定》中强调指出："无产阶级政党夺取政权不容易，执掌好政权尤其是长期执掌好政权更不容易。党的执政地位不是与生俱来的，也不是一劳永逸的。"这是我们党对苏共衰败的原因及后果所做的清醒而深刻的总结。科学地剖析苏共执政体制的弊端和后果，有助于加深认识和把握共产党的执政规律，维护党和国家的长治久安。

一、苏共兴衰的历史进程

苏共是列宁缔造的新型无产阶级革命政党，历经百年沧桑，从一个弱小的在野党，领导俄国革命取得胜利，成为世界上第一个社会主义国家的执政党。取得反法西斯战争胜利后，在苏共的领导下，苏联又成为两极格局中的一极，成为一个能与世界头号强国争霸的超级大国。然而，苏联晚期，只有短短十年左右，在外界没有巨大冲击力的情况下，这个大国从巅峰跌落：苏共垮台，苏联解体，社会制度骤变，马克思列宁主义丧失主流意识形态的地位，超级大国地位沦落，这一切构成了苏联剧变的全部内容。

长期以来，苏共是苏联唯一的政党，也是唯一的执政党，它领导着国家、政府、军队、社会生活的各个领域，构成所谓的"党国"体制，是一党制国家最显著的特征，而中国那句古话"成也萧何，败也萧何"表达的正是这个意义。可以说，苏共衰败是苏联剧变的关键性因素。

苏共的兴衰大体上经历了以下几个阶段。

（一）夺取政权时期

1903 年俄国社会民主工党二大出现布尔什维克和孟什维克的政

治分野后，两派虽然都以反对沙皇专制统治为革命目标，但他们在建党原则、战略策略上存在重大分歧。列宁主张党应是一个职业革命家的组织，重视思想建设，队伍精干，组织严密，意志坚强，集中指挥，纪律严格，行动统一，奉行激进战略，与一切妥协政党划清界限。因此，以列宁为首的布尔什维克在很长时期内始终处于沙皇政府高压下的非法状态，党的领袖人物被迫流亡国外，或者被通缉、监禁和流放。因此，革命胜利前这个党的人数一直较少，1917年初才8万名党员。二月革命的爆发结束了几百年罗曼诺夫王朝统治，国内革命浪潮跌宕起伏，各派政治力量纷纷登台亮相。此时，布尔什维克党的队伍才较快壮大，至十月革命前夕党员已增至35万人。即便如此，布尔什维克与社会革命党、孟什维克相比较，在力量上仍处于弱势地位。可是，列宁和布尔什维克党正是由于正确判断了国内外形势，特别是利用世界大战造成的革命危机适时提出武装起义的方针以及“和平、土地、面包”的口号，才将广大民众特别是农民团结在自己周围，并制定了灵活果断的策略。列宁和托洛茨基亲自领导和指挥彼得格勒武装起义，一举取得十月革命的胜利，在俄国建立起苏维埃社会主义制度，使布尔什维克成为新生的苏维埃共和国的执政党，并于1918年初正式更名为俄共（布）。此时，俄共是一个朝气蓬勃、激情高昂、战斗力强的革命政党。当年亲临其境的著名美国记者约翰·里德写道：“据我看来，布尔什维克不仅不是一个破坏的势力，而且是俄国唯一具有建设性政纲并且有力量将之推行于全国的政党。”①

然而，对一个无产阶级政党来说，夺取政权不容易，在一个经济文化落后、长期遭受战祸、内外环境十分险恶的大国，执好政、掌好权更是一个崭新的难题，由于缺乏执政经验，它不可避免地会遇到种种困难和曲折，经历各种苦难和辉煌。

---

① ［美］约翰·里德：《震撼世界的十天》，人民出版社1980年版，第7—8页。

（二）苏共执政前期（1917—1953）：斯大林体制的形成和巩固

苏维埃政权在经历初期与各种敌对势力的生死考验后，20 年代初列宁倡导实行新经济政策，使国民经济在较短期间得以恢复，社会生活开始稳定，民众尤其是广大农民对俄共（布）的政策表示认同和拥护。实践使列宁党察到，应当通过新经济政策的“间接过渡”，在经济文化落后的俄国探索一条符合本国国情的社会主义道路，并使俄共实现从革命党向执政党的转变。因此，列宁将新经济政策看作一次“考试”，他说：“我们一定要经受一次考试，归根到底这次考试将决定一切，既决定新经济政策的命运，也决定俄国共产主义政权的命运。”①

遗憾的是，列宁的早逝使这一探索未能继续。但新经济政策的实施使俄共的威望得到空前的提高，共产主义的美好愿景，工农大众对新政权的拥戴，执政初期共产党员表现出来的勤奋、清廉以及高昂的革命激情，确立了俄共执政的合法性基础。

斯大林当政后，苏共面临的任务是要建立一个工业化的又符合社会主义原则的强国。应该说，设定这样一个目标是符合时代要求的。强国是世代俄罗斯人追求的目标，社会主义则是共产党人和工农大众的理想。可是，如何实现这一任务，既没有成功的先例可资借鉴，党内外对“什么是社会主义”、“怎样建设社会主义”等根本问题也认识各异。尤其是列宁逝世以后，这种认识上的分歧伴随着权力斗争的展开，演变成一场严酷的党内斗争。为实现这个目标，斯大林抛开了列宁的新经济政策，建立起一个高度集中的计划经济体制，使苏联在不长的时间建立起一个工业强国。毋庸讳言，斯大林体制在建立初期曾迸发出强大的潜能，进一步提升了苏共的执政威信。然而，斯大林体制下建立起来的工业强国是畸型的、片面的、不可持续发展的。当

① 《列宁全集》第 43 卷，人民出版社 1987 年版，第 77 页。

时，工业化的成就极大地鼓舞了民众的信心，也掩盖了体制所存在的弊端。偏重重工业和国防工业的发展使得苏联带有军事强国的特征，及至苏德战争爆发，这种体制较能适应战时的需要，可发挥出强大的动员力量和高度集中的优势，成为取得反法西斯战争胜利的重要原因，也使苏共和斯大林的个人威望空前提高。本来，第二次世界大战结束后，苏联有可能利用恢复经济的机会，调整和改革不合理的经济政治结构，但斯大林把这个体制看作完美无缺的社会主义样板，不但不许改革，还把要求改革的干群视为“异端”加以惩处，使这种体制日趋保守僵化，严重阻滞了生产力的发展和社会的进步。

随着苏共执政地位的巩固，党的队伍有了很大扩展，党员已超过300万人，但整体素质有所下降，长期执政也使得党内懈怠之风滋长，同时伴随着个人崇拜的蔓延和意识形态控制的强化，特别是十分森严的国内政治生活，举国上下都潜藏着严重的危机。

（三）苏共执政后期（1953—1991）：改革的始起和曲折

斯大林晚年，苏联模式的弊端已经显现，经济、政治、社会已经是矛盾重重，对斯大林的个人崇拜已达顶点，民主法制横遭践踏，整个国家和社会已到非改革不可的地步。换句话说，不论从世界潮流看，还是从国家的发展进步看，改革已成为苏联的时代主题。然而，斯大林在世时是不能进行任何改革的。斯大林一旦离开人世，不管什么人上台，都会进行某种变革。据有关史料记载，斯大林去世不久，苏共中央主席团（即政治局）即作出部署，制止报刊对斯大林进行无原则的歌功颂德。随后，“医生间谍案”、“列宁格勒案”等几起重大冤假错案接连平反，贝利亚被翦除后，反对个人崇拜、平反历史上各种冤假错案的问题更是直接提上日程。在赫鲁晓夫的主持下，苏共中央成立专门委员会受理各种案件的调查和处理。由此为切入点，苏共二十大揭开了反对斯大林个人崇拜的盖子，也拉开了改革的大幕。

然而，赫鲁晓夫推行的改革有很大波折和局限性。一方面，改革在党内外受到许多阻力，几十年间人们已经习惯于在计划经济体制下过着“不富裕但还过得去”的生活，各级干部也习惯于计划经济的一套规则办事。尽管反对个人崇拜在一定程度上促进人们的思想解放，但固有的传统观念仍束缚着广大干群的头脑，党的高层不少人思想僵化保守，反对各种改革，全党也没有对改革的目标和相应措施形成共识，加上赫鲁晓夫对改革缺乏理论自觉，又没有全面的谋划，所以他的改革常表现为零打碎敲、随心所欲，只是革除了斯大林模式中最残暴、最丑陋的东西，却未能从根本上触动和变革这种体制。但总的说来，赫鲁晓夫改革使国内外环境变化很大，国民经济得到平稳发展，人民生活水平有所提高，社会生活开始趋于正常，苏共的执政地位进一步巩固，党员也增加到近1000万人。

勃列日涅夫上台后很快放弃了改革，特别是1968年出兵扑灭“布拉格之春”后更是忌讳改革，使原先的体制更趋保守和僵化。勃氏前期，经济发展较为平稳，却又走上一条军备竞赛、大国争霸的道路，加剧了苏联的内在危机。由于勃列日涅夫追求“超稳定”的统治，进入当政晚期，病夫治国，领袖集团和各级干部严重老化，安于现状，脱离群众，腐败丛生，社会生活陷于停滞状态。苏共威信急剧下降，体制弊端又积重难返，这一切都埋下了苏联剧变的祸根。

1985年，戈尔巴乔夫当选苏共总书记。面对苏联内外交困的严重局面，又看到改革已成为世界性潮流，包括中国在内的不少国家已在改革道路上迈进，所以一开始戈尔巴乔夫倒是壮志满怀，要干一番改革大业。他最初的改革决心和言行使得他在国内外赢得声誉。可是，他低估了原有体制的顽固性，执政党的凝聚力和战斗力已极度衰竭，尽管拥有近2000万名党员，但党心民心涣散，加上改革的方略和措施失当，改革屡遭挫折，造成了政治失控，社会失序，经济、政治、民族危机并发的严重局面。

在深重的危机面前，陷入困境的戈尔巴乔夫乱了方寸，企图借助西方经济学家的帮助来进行所谓的“经济改革”；在政治上，则主动放弃共产党的法定领导地位，接受多党制，并企图仿效西方国家的议会政治和民主社会主义提出的“民主的人道的社会主义”原则作为消解危机的灵丹妙药，并纵容各种政派公开活动，各种错误思潮自由泛滥，最终酿成“八·一九”事件的发生，使苏共和苏联走上绝路。

二、苏共执政模式的重大弊端

苏联是一党制的国家，党国一体，高度集权，形成了一套特有的苏共执政模式。人们通常认为，苏联模式的主要特征表现为高度集中的行政命令的计划经济体制、高度中央集权的缺乏民主的政治体制，以及高度统制的思想文化体制。然而，苏联模式恰恰是从苏共模式的母体里带来，并在苏共的直接领导下建立起来的。由于共产党是苏联唯一的执政者和领导者，因此在苏共执政的条件下，党的执政理念、执政方略、组织制度、执政体制、执政方式往往与国家的体制结构、发展战略、运作机制、干部制度、施政方式等融为一体，其制度设计也表现为党政不分，以党代政，党主导国内经济、政治、社会生活的各个方面，对内政外交问题进行决策。表面上看，苏共中央是集体领导，但事实上权力只集中在少数人手里，甚至集中在领袖一个人手里，因此当这种原则和方法固化为体制以后，就以其惯性和刚性牵引着庞大的国家机器蹒跚前行。

在经济建设和经济生活领域，有关经济发展的体制、格局和大政方针都是由党的最高层决定的。如果决策者能够科学把握马克思列宁主义精髓，深入研究时代主题和本国国情，遵循客观规律，倾听民众呼声，来决定国家的发展方向和道路，那也无可厚非。问题就在于，苏联建立起来的高度集中的计划经济体制，是按照斯大林理解的“社会主义原则”来实现国家工业化，建造一个工业强国的。消灭各种形式的私有制被认为是坚持社会主义的必要前提，于是斯大林便公然废弃列宁倡导的新经济政策加速铲除城乡“资本主义经济成分”，不惜使用暴力对付那些依靠这个政策发家的“富裕农民”，从而营造强大的政治压力，迫使所有农民加入集体农庄，并利用工农业产品剪刀差，实行“贡税制”以榨取农民，为工业化提供粮食和资金，导致20世纪30年代前期乌克兰等地出现大饥荒。在工业化的过程中，斯大林推行“高速度、高积累、片面发展重工业”的方针，固然在较短时期内基本上实现了工业化，但这样的工业化却是畸形的、粗放的、不符合社会主义建设规律的，广大民众也为此付出了巨大的牺牲。尤为甚者，斯大林把这样的工业化上升为理论，把它总结为社会主义国家经济建设的必由之路，造成很大的危害。正如有的学者说：“把斯大林进行的国家工业化放到历史的长河考察，只能恰如其分地给以肯定，如实承认这不过是一个集中力量发展工业、并取得了一些成效的阶段。但是，就在这个阶段中，伴随着成就，既包含着违反客观规律的理论错误，也包含着严重的实践错误，如果把一时取得的成就夸大为多么正确的理论，多么伟大的功绩，那就极为片面了。至于有人认为这是斯大林的英明决策，吹嘘他给马克思主义增添了多少新内容，为社会主义国家开创了现实的发展道路等等，那更是差之毫厘，谬之千里了。”① 以国有制为主体的计划经济体制渗透经济生活的方方面面，不仅工业企业的生产、流通、销售各个环节，连集体农庄的种植和产品分配，均须列入国家指令性计划的范围，不但严重束缚企业和职工的生产积极性，而且使整个经济生活失去活力。长期以来，苏共领导常常凭主观臆断来判断形势，制定方针，进行决策，造成重工业过重、轻工业过轻、军事工业片面发展、农业萧条落后、国民经济结构严重失衡、体制僵化、积重难返、发展陷入困境等一系列消极后果。

在政治生活领域，苏共领导突出表现为高度集权，民主和法制严

① 李宗禹等著：《斯大林模式研究》，中央编译出版社1999年版，第156页。

重缺失。苏联建立的一党执政体制是在特定的历史条件下形成的，是十月革命前后俄国各派政治力量博弈的结果。不可否认，一党执政体制在苏联的推行，曾经发挥过积极的作用，它在经济建设及各项运动中统一意志、统一行动、集中力量去完成既定的目标和任务。但同样不可否认，一党执政往往缺乏相应的权力制衡系统和民主监督机制，容易造成权力过分集中、个人集权、党政不分、以党代政等弊端。名义上，苏联也有一套“完备的”立法和行政机构，如最高苏维埃、部长会议等。但实际上，党对国家的全面领导使国家机构失去独立行使权力的功能，党几乎包办了一系列立法和行政职能，这样苏共已与政府合为一体，无法发挥执政党的应有作用，成为“一部管理国家的机器”。斯大林时期提出“按照生产原则设立党的机关”，党中央设立农业部、工业部、运输部、计划财政贸易部等专门领导管理相关的政府业务部门，使行政管理机构叠床架屋、效率低下。高度集权还表现为一切权力集中于党中央、政治局，集中在领袖个人手中。在个人崇拜盛行时期，缺乏监督和制约的权力就产生了种种践踏民主、破坏法制的事件，制造了无数冤假错案，给苏共执政地位留下严重隐患。例如，从解密的档案资料揭露，第二次世界大战初期，骇人听闻的集体枪杀两万多名被俘波兰官兵的卡廷森林事件，就是由苏共最高层的几个人决定后实施的。后斯大林时期虽然停止了那种明显践踏法制的事件，但强力部门的目无法纪，将不同政见者关进精神病院、集中营的消息仍时有所闻。在对外政策方面，更是少数人说了算，苏共通过共产国际干预其他国家共产党内部事务，如 1948 年苏共指使共产党情报局开除南共联盟案件、1968 年扼杀“布拉格之春”、1979 年决定派兵入侵阿富汗，都酿成极其严重的后果。高度集权使执政党严重的行政化、官僚化、特权化，显现了苏共执政模式的重大弊端。

在意识形态领域，苏共实行文化专制主义，把马克思列宁主义教条化，使党的指导思想长期陷于僵化半僵化状态，造成全国和全党范围“万马齐喑”的局面。列宁和布尔什维克党一向重视意识形态工作，革命胜利后列宁十分注意共产主义意识形态的宣传和教育功能，并根据苏俄的现实国情运用马克思主义，制订方针政策。列宁去世后，斯大林开展一个“造神”运动，将马克思列宁主义变为僵硬的教条和空洞的说教，使科学理论失去活力和创造精神，也逐渐失去教育和凝聚人心的功能。不仅如此，斯大林以维护列宁主义为名，将党内反对派一个个打倒，又通过意识形态批判将学术文化界有独立见解的流派和个人加以整肃。1938 年，斯大林主持的《联共（布）党史简明教程》出版，这本歪曲史实、传播不少错误理论的教科书被誉为“马列主义的百科全书”，在全党乃至共产国际各国党内被奉为经典，广为流传，禁锢了无数共产党员、干部、大学生和学者的头脑。即使到了后斯大林年代，斯大林的肖像和语录虽然销声匿迹，但思维方式依旧，在时代变迁和具体实践中遇到新问题、新情况，还要到经典作家几十年、上百年前的语录中寻找现成的答案。勃列日涅夫时期社会发展平稳，思想界也死水一潭，一场所谓“发达社会主义”的理论大讨论变成了引经据典、空洞抽象的概念游戏，对实际生活不起什么作用，这是进入停滞时期的标记之一。苏共把马克思列宁主义奉为指导思想，看似十分正统、正规、无处不在，又与外部世界隔绝，似乎筑起了一座牢固的意识形态堤坝，可是经不住风浪的冲击，所以戈尔巴乔夫一打开“闸门”，苏共整个意识形态的堤坝就坍塌了。

三、苏共衰败与苏联剧变

人们在探寻苏联剧变的原因时，常常把苏共的失误和失策联系起来加以考察，这自然是必要的。但笔者以为，更需从体制以及党和国家相互关系上去考察苏联发生剧变的根本原因。

苏联的根本体制是“党国一体制”，或称“党国制”，“党治制”，这一名称是苏联时期持不同政见者阿夫托尔汉诺夫概括出来的，他认为这种体制的特征是一党执政，党凌驾于国家之上，具有立法和行政机关的职能，通过这种体制党成为国家中的国家，或者说它本身就是国家，并对政府、社会实行全面的控制。①

苏维埃俄国建立后，并非一开始就只有俄国共产党（当时称布尔什维克）一党执政。苏联一党制并不是布尔什维克党事先设定好的，列宁曾经设想在苏维埃代表大会和政府机构内，不同党派可以组成议会党团和联合执政，苏俄初期也有过这方面尝试，但由于复杂的历史原因，最后形成了俄共一党执政的局面。② 在当代世界各国政党政治中，大体上有以下几种执政模式：一党制、两党制、多党制、无执政党制。不同执政模式的利弊是非没有一个绝对的标准，国情各异，历史文化传统不一，选择何种制度，各有利弊，不同的人站在不同的立场上，也会作出不同的评价。列宁晚年改变了早先的想法，倾向于在苏联建立一党执政的模式，这是可以肯定的。一种可能的解释是，苏维埃俄国建立以来局势过于严峻，党内党外、国内国外各种纷争又过于复杂，以至执政党每一个重大决策都会引起无休止的争论，妨碍了政治体制的正常运行。而一党执政比起多党联合执政或轮流执政模式要简约、省力、安全得多，办事效率也可能高一些，这也许是列宁改变初衷的缘由。当然，一党执政往往缺乏相应的权力制衡系统和民主监督机制，容易造成权力过分集中、个人集权、党政不分、以党代政等弊端，不利于民主政治的正常发展。

在苏联确立一党执政体制的时候，列宁已身患重病，他对苏维埃国家的政党制度，对共产党的执政方略、执政方式以及执政党自身建设等问题，已不可能深入考察，对共产党的执政理念也没有做进一步的阐发。所以，从理论上对苏联的一党制加以论证的是斯大林。斯大林认为，在苏联只有共产党是唯一合法存在的政党，是对国家、社会、各群众团体唯一的领导党，斯大林公开宣称，在苏联实行的是

---

① 《苏共野史》导言，湖北人民出版社 1982 年版。

② 关于苏俄一党制的形成，笔者曾有专文进行考察，参见《探索与争鸣》2006 年第 1 期。

“共产党的垄断”。[①] 党不但执掌着政权，掌控了国家的所有自然资源和社会资源，而且建立起被称为“斯大林模式”的经济、政治、文化体制，至此苏联的“党国制”正式确立。

这种高度集中和高度集权的体制在推行初期曾经发挥过一些积极作用。然而，这种体制本质上违背共产党的执政规律和社会主义建设规律，不能不在实践中产生许多严重的弊端。在一党执政的条件下，要求建立更加民主的政治体制，制定和健全各种法律、法规和制度，以使国家公共权力合理配置，权力运作能置于法律、舆论和公众的监督之下，并使各种社会力量发挥各自的积极性。这也要求执政的共产党始终保持自己的先进性，要求党的干部忠实地为人民掌好权，执好政，真正地做到立党为公、执政为民。可是，苏联后来的发展却始终未能建立起合理、高效、良性的党政、党群、党与社会的互动关系，一党执政体制的形成和固化使其弊端不但未能克服，反而恶性膨胀，党内官僚主义、特权现象泛滥，形式主义盛行，公共权力被滥用，民主空气被窒息。特别是自20世纪30年代起，对斯大林的个人崇拜之风愈演愈烈，出现了“大清洗”的惨剧，给苏联与苏共的命运留下难以治愈的伤害。

“大清洗”惨剧的发生集中反映了“党国制”的弊端。众所周知，列宁逝世后，苏共党内出现一个“空位”时期，为争夺最高领导权力，党内斗争空前激烈，斯大林在战胜托洛茨基、季诺维也夫、布哈林等反对派以后，登上了党内最高领袖的职位。苏共党内斗争严酷本来并不奇怪，也不是苏共所特有的，然而按照党章和政党政治的例行规则，党内斗争的失败者最多只应受到开除党籍的处置，但在党国体制下，党（或者说党的领袖）可以借党的名义随意动用国家机器来对付党内反对派。斯大林刚一成为党内最高领袖，就动用国家强力部门将托洛茨基驱逐出国，并宣布将其“开除国籍”，从国际法看这样做

① 斯大林：“和第一个美国工人代表团的谈话”，《斯大林全集》第10卷，第102页。

是十分荒唐的。20 世纪 30 年代中期以后，斯大林统治地位已经巩固，可是正当此时斯大林发动一场名为肃反的大清洗运动，将早已打倒在地的党内反对派首领季诺维也夫、加米涅夫、布哈林等人又以“反党叛国罪”重新“审判”，并立即处决，这些集团的所有成员几乎都不能幸免，制造了无数冤假错案。大清洗是苏共滥用国家机器消灭党内异见者和大批忠诚共产党员的一个例证。斯大林逝世后，虽然大清洗一类极端事件不再重演，但领袖集权过多、终身制、党国一体的体制并未触动，使苏共日渐走上脱离民众的衰败之路。

为了从组织上掌控国家行政机关、社会团体，从 20 世纪 20 年代后期起，苏共实行一种官职等级名录制（Номеиклатура）。这是党国制的一项重要制度，按此名录任命各级领导干部，由于可以不经过民主选举程序，执政党干部成了一种等级森严的官职，助长了一些人追求职位，凭借手中掌握的公共权力，以权谋私，腐败现象由此滋生蔓延。赫鲁晓夫试图对干部制度进行若干改革，推行任期制和轮换制，却触犯了一批人的既得利益，遭到许多干部的反对，成为将赫鲁晓夫赶下台的原因之一，所以当勃列日涅夫一上台就废除了这些改革措施。

苏共执政之初，在当时俄国政坛上，还算不上是个大党，但这个党朝气蓬勃，以巨大的勇气和毅力，战胜了国内外各种敌对势力，克服种种艰难险阻，广大共产党员表现出英勇无畏的革命精神，使第一个社会主义国家屹立在世界上。1991 年，苏共已拥有 1900 万名党员，① 是一个执政 74 年的大党、老党，却在没有外来入侵和国内巨大灾害的情况下一夕之间轰然垮台。苏联剧变固然是多种因素造成的，但长期以来的党国体制已经严重锈蚀了苏联这座大厦，苏共执政理念陈旧僵化，执政体制弊端丛生，执政能力不断衰竭，党心民心尽失，

① 苏联官方公布的数据称，苏共党员 1960 年为 870.9 万人，1980 年为 1708.2 万人，1986 年为 1900.4 万人，以此推算，1991 年仍有 1900 万名党员。参见周尚文等著：《苏共执政模式研究》，上海人民出版社 2010 年版，第 350 页。

因此当戈尔巴乔夫改革失败转向，党和国家面临存亡的危难时刻，人们都漠然置之，苏联剧变就这样发生了。

俄罗斯著名历史学家罗伊·麦德维杰夫在《苏联的最后一年》中把执政的苏共比喻为一座大厦的“承重结构”。他在分析苏联剧变原因时说，世界上没有任何人会怀疑苏联的强大，执政的苏共拥有近2000万名党员，垄断了国内所有的新闻媒体，手中握有巨大的财政和经济资源，还控制着世界上最强大的国家安全机构和军队，“这样一个强大的国家突然间由于并不猛烈的冲击而开始削弱和瓦解，这个强大国家的命运只能说明一个问题，即苏联这座大厦是建立在不坚固和不稳定的基础之上的，其内部结构也有许多缺陷。如果基础被冲毁和削弱，如果承重结构被侵蚀和破坏，那么无论看起来多么坚实和宏伟的建筑都会倒塌。1991年正是发生了这样的剧变”。[①]

① ［俄］罗伊·麦德维杰夫：《苏联的最后一年》，社会科学文献出版社2005年版，第278—279页。

制度供给过剩与苏联政治的衰朽

郝宇青*

所谓制度供给过剩，是指相对于社会对制度的需求而言，有些制度是多余的，或者一些过时甚至是无效的制度仍然发挥作用。十分明显的是，苏联是一个高度集权和政府管制较多的国家，制度供给过剩成为其政治生活中的一种常态。虽然在苏联历史上也曾有过一些政治体制方面的改革，但是制度供给过剩的状况并没有得到实质性改变。例如，2010 年 4 月《独立报》主编列姆楚科夫在采访戈尔巴乔夫时即认为，苏联制度的保守性和运作的惯性是"难以想象"的，其超常的"自卫"能力是造成"20 世纪 70—80 年代的社会困局"的重要原因。① 而制度供给过剩则使得苏联的政治生态恶化，导致其政治衰朽，这在某种程度上成为苏联解体、苏共败亡的一个重要原因。

在这里，笔者试图探寻苏联制度供给过剩的表现及其造成的政治后果，以就教于方家。

---

* 郝宇青，华东师范大学政治学系教授。

① "戈尔巴乔夫：我是一个社会民主主义者"，李慎明主编：《苏联解体：二十年后的回忆与反思》，社会科学文献出版社 2012 年版，第 8 页。

一、苏联制度供给过剩的表现

苏联是在一个经济文化落后的国度里建立起来的世界上第一个社会主义国家，为了弥合共产主义理论和现实之间的差距，迅速实现现代化就成为苏联政治的内在要求。而为了迅速实现现代化，则需要一个高度集权的政治经济管理体制与之相配合。苏联这种高度集中的体制通常称之为“斯大林模式”。毫无疑问，斯大林模式下的制度安排必然表现为制度供给的过剩。① 这突出地表现在以下几个方面：

（一）党政机构重叠，部门林立

在苏联，管理国家事务的机构包括两部分，即党的机关和政府机关。但是，由于没有厘清党和国家之间的正当关系，一方面党取得了对国家的全面控制，党包揽了国家几乎一切大小事务，成为一个全能型、官僚型、行政化的党。因此，有学者指出：苏共“名义上是政党，实质上是国家政权组织”。② 另一方面，从机构设置上看，表现为党政机构的直接结合。列宁曾强调指出：“任何国家机关不经党中央指示都不得解决任何重大政治问题或组织问题。”③ 在这样的思想指导下，许多重大问题都是由党中央直接决策、直接组织实施的。这在很大程度上造成了党政机关同构、以党代政的客观事实。在 1934 年联共（布）十七大上，党中央机构就是按照生产原则进行改组的。按照

---

① 英国历史学家霍布斯鲍姆针对高度集权的斯大林模式评论道：“苏联体系在斯大林手中变成了一个独断专制政权，如水银泻地，无孔不入，不但要全面整体地控制其人民生活、思想的各个层面。人的存在，人的价值，但凡可以之处，也完全受制于整体制度的目标与成就。至于目标为何，成就何在，则由至高无上的绝对权威界定指令。”（霍布斯鲍姆：《极端的年代》下，江苏人民出版社 1998 年版，第 581—582 页。）

② 潘德礼：“论苏联剧变的思想政治根源”，《东欧中亚研究》2001 年第 5 期。

③ 《列宁选集》第 4 卷，人民出版社 1995 年版，第 157 页。

这一原则，党中央设立了农业部、工业部、运输部、计划财政贸易部等专门负责生产业务的职能部门。[①] 这些部门的职能大都和政府相应部门的职能直接对口、相互对应。党的官僚化和行政化不仅使得政府的地位和作用显然处于不尴不尬的境地，而且形成了党政机构重叠、部门林立的客观事实。这种状况在勃列日涅夫时期可以说达到了高峰。在1986年召开的二十七大上，苏共提出了“根本改革”的指导思想，并进行了又一次对国家行政机构改革，但是这次改革也没有改变党中央机构设置的原则。

（二）党政机构臃肿，干部队伍庞大

斯大林在1953年5月提出了“干部决定一切”的著名口号，虽然有他自己的特定内涵，但是在一定意义上也确实反映了苏联的社会实际。因为在苏联这样一个在经济文化落后条件下建立起来的社会主义国家，它不仅要集中各种资源，而且要进行大规模的政治动员，这自然需要大量的干部来从事各项事务的管理工作。这样造成的一个结果就是：国家管理机构日益膨胀。这以勃列日涅夫时期的苏联最为典型。勃列日涅夫时期庞大的国家管理机构的特点是：（1）机构多。据1982年的统计，在勃列日涅夫执政的最后一年，部级单位（部和委员会）和部长会议直属单位有110个。（2）副职多。中央和各加盟共和国各个部的副部长多达11—12人。（3）领导人多。一些部务委员多达30人，在管理机关人员中，各种“长”字号的，即正副首长、正副主任，占总人数的31%。这就是说，平均2个下属人员就有1个领导人。（4）干部队伍庞大。尽管一再宣布精简编制，人员却在继续增加。1975—1983年，全苏管理机构人员就增加了300万人，总计有

① 《苏联共产党代表大会、代表会议和中央全会决议汇编》（第四分册），人民出版社1957年版，第388页。

2100万人，约占总人口（2.72亿）的8%。[①]

（三）党和政府机关不仅进行着国家事务的宏观管理，而且对政治、经济、文化等各个领域进行着微观而具体的管理；不仅借助于计划经济体制实行着经济的、物质的控制，而且实行着对人思想的调控

列宁自己也承认：由于党中央和政治局“掌握了无限的权力”，它不仅解决着一系列大政方针问题，而且“整天忙于行政工作”，有些具体的小事情都搬到政治局去解决了。[②] 像是否增加运粮的车皮和存放粮食的库房、干部休养所的归属问题、是否允许出售外国书籍、谁出国购买机车问题，甚至是否让某教授出国并拨款给他等十分细小的问题都要由党中央、政治局讨论、定夺。[③] 我们从卡冈诺维奇下面的一段话中也可以深刻地体会到苏联制度供给的过剩。他说：“中央委员会不仅花时间来指导国际政策问题、国防问题和经济建设问题，而且同时处理这样一些问题，诸如课本、图书馆、文学、剧院、电影院；处理这样一些问题，诸如唱片的生产、肥皂的质量等等。布尔什维克的领导艺术也就在这里，就是说要分出主要战线，全力以赴，同时又要注意到整个战场，任何一个地段都要观察到。”[④] 如此微观而具体的管理不能不说是制度供给的过剩。关于这方面的事例非常之多，在此略举两例。例一，联共（布）中央委员会和苏联部长会议在1946年夏、秋分别通过了《关于确保粮食完善保存、不许浪费、盗窃粮食、防止粮食霉变的决定》和《关于确保国家粮食完善保存的决

---

① 刘克明、金挥主编：《苏联政治经济体制七十年》，中国社会科学出版社1990年版，第554—555页。

② 《列宁全集》第32卷，人民出版社1958年版，第196页。

③ 参见《列宁文稿》第3卷，人民出版社1978年版，第347页。

④ 卡冈诺维奇：“从党的第十六次至第十七次代表大会”，1934年，转引自阿·阿夫托尔哈诺夫：《权力学》（上册），新华出版社1980年版，第345—346页。

定》,[①] 我们从这两个决定的名称上就可以看出苏联政权机关从事微观而具体管理活动的内容。例二，在 1947 年 3 月 28 日，联共（布）中央政治局作出了《关于在苏联各个部和中央部门设立荣誉法庭》的决定，这一决定的目的是培养国家机关工作人员的爱国主义精神，教育他们忠于苏维埃国家利益，而其实质则是加强对他们的精神控制。[②]

二、制度供给过剩的政治后果

苏联制度供给的过剩造成的后果是全方位的。例如，在经济领域，由于苏联实行的是高度集中的计划经济，而计划经济在某种意义上又可以看作是命令经济，因而在其运行过程中必然会引发政治权力的寻租性腐败、缺乏竞争和创新、效率低下；在思想文化领域，由于也和经济领域一样实行着“国有化”，人们的思想是由国家来“配给”的，因而也必然会引发思想的僵化、教条主义之风泛滥。但是，在这里，笔者只想从政治领域来考察制度供给过剩在苏联所产生的后果，即政治衰朽。对于因制度供给过剩而产生的政治衰朽似乎可从如下几个方面加以检讨：

（一）制度的运转失灵，功能难以有效发挥

苏联制度供给过剩的表现已如上述，在此不赘。但它却在实际上造成了制度运转失灵、制度功能难以有效发挥的不良后果。譬如党政机构重叠、部门林立必然造成部门之间的相互扯皮和内耗、人浮于事、责任意识缺乏、办事效率低下（如公文旅行、文山会海等）和官僚主义作风盛行等弊端。而党政机构臃肿、干部队伍庞大也必然造成

① 鲁·格·皮霍亚:《苏联政权史（1945—1991）》，东方出版社 2006 年版，第 7 页。
② 鲁·格·皮霍亚:《苏联政权史（1945—1991）》，第 28 页。

上述诸多弊端。特别是在勃列日涅夫时期，由于强调干部的稳定性、继承性，结果只能是干部只上不下、管理机构数目增加、人员膨胀。而且由于干部实际上是上级委任的，因而他们自然养成了只对上级负责，并极尽逢迎拍马之能事，而为人民服务的意识淡化甚至消失。同时，在这庞大的官员队伍当中必然会有一些不称职的人，他们更是深谙官场秘诀，没有本事不要紧，要紧的是如何讨好掌握着生杀予夺大权的上级，因而在官僚体系当中形成了一种人身依附关系。[①] 这更加重了苏联官场生态的恶化。本来，人们通常以为“人多力量大”，但在苏联那种恶化的官场生态条件下，人事的恶性竞争和相互拆台，人浮于事和官僚主义大行其道，人多反而成为一种劣势。在这种情况下，制度的运行实际上只能意味着制度的空转。与此同时，由于作为制度供给主体的官员已形成为一个既得利益集团，他们的自私和保守在某种程度上造成了处于空转状态的制度的僵化。又如，党和政府机关不仅进行着国家事务的宏观管理，而且对政治、经济、文化等各个领域进行着微观而具体的管理，实际上就是我们通常所说的“管得太多”，但其最终结果则是“管不了，管不好”的困境。而“管不了，管不好”反映出的是制度的低效甚至无效。因此，再多的制度供给都是等于无，因而也等于制度供给的不足。

（二）干预政治的人治悖论

苏联制度供给过剩意味着国家干预过多，因而它表现出强烈的干预政治的色彩。在苏联政治制度的建构中，一直坚持“民主集中制”原则，但到最后却只剩下了集中，而且这种集中按照托洛茨基的说法

① 美国学者科兹和威尔针对苏联党政官僚特权阶层的特殊主义道德取向一针见血地指出：“除了少数几个极高级的领导外，他们所有的人都完全依附于上一级官僚机构并最终依附于党。要想保住现有的位置，要想有所提升，就得要有上级党组织的嘉许才行。”一旦失宠，在斯大林时期即意味着坐牢或杀头。而在斯大林之后，“虽然不再意味着坐牢或杀头，但也要在失去位置的同时，失去物质优惠，失去权力”。（大卫・科兹、弗雷德・威尔：《来自上层的革命——苏联体制的终结》，中国人民大学出版社 2002 年版，第 37 页。）

是："党的组织取代了党本身，中央委员会取代了党的组织，而最终独裁者取代了中央委员会。"① 分明地，这种高度集中的制度安排为几个人或一个人的干预政治创造了条件，以至于几个人或一个人成为政治的化身。也因此，由于高度集中的权力由几个人或一个人来掌握和处分，过多的制度供给并没有向政治制度化转化的可能，却导致了人治的结果。可以看到，苏联每一个历史时期的政治生活都带有强烈的人格化色彩，特别是在具体决策问题上更是如此。这并不是说领导人不能有个人的意志，而是说领导人的个人意志具有了决定一切的能力，一切问题都要以领导人是否同意、是否喜欢、是否高兴为转移，领导人的言论成为裁决一切问题的最终依据，甚至具有了超越于法律之上的不正当地位。各个时期领导人的小册子的大量发行，领导人的语录满天飞，都是人治的表现。

人治是领导人掌握过多权力造成的，在他们可以率性而为的同时，却要求人们对他们政治忠诚。在苏联的政治生活中可以发现，在一切领域尤其是在分配领域中，基本上是按照一种和普遍主义原则相反的特殊主义的"道德准则"来进行活动的。对此，托洛茨基的一段话可谓经典，他说："在一个政府是唯一雇主的国家里，反抗就等于慢慢地饿死。'不劳动者不得食'这个旧的原则，已由'不服从者不得食'这个新的原则所代替。"② 因此，在政治忠诚原则的规制之下，便不可避免地出现了政治道德化、道德政治化的非常态的政治现象。实际上，苏联这种政治与道德合一的现象是一种政治上的返祖现象，是由社会主义政治向封建主义政治的回归。无论站在何种立场、坚持何种价值，人治现象以及由此衍生出来的政治与道德的合一的现象，都是与现代政治的民主化、制度化的要求相背离的。

---

① 乔治・萨拜因：《政治学说史》下卷，上海人民出版社 2010 年版，第 504 页。

② 转引自 F・A・哈耶克：《通往奴役之路》，中国社会科学出版社 1997 年版，第 116 页。

（三）民众的政治冷漠

本来，人民群众是国家的主人，人民群众应该直接参与国家事务的管理，这是马克思列宁主义国家学说中带有根本性的问题。但是，从苏联的政治现实来看，人民群众并没有真正拥有在理论上所宣扬的那种自由思考和行动的权力。对此，美国学者法伊格曾指出："在苏联模式的社会里，国家控制、国家所有、国家干预达到无处不及的地步，从而几乎每一步都需要国家官员的批准和合作。"① 其言外之意就是，公民个人的任何行动几乎都是国家作出的安排，都受到了国家意志的控制和支配。戈尔巴乔夫把这种情况称作"苏维埃生活方式"。他指出：苏维埃生活方式"最大的特征就是将个人贬低为程序化了的巨流中最微不足道的一个个体。基本群众实际上根本没有经济、政治、精神等方面的选择余地，一切都被限定和'安排'在现行制度的框子里。人们不能决定任何事情，一切都需由当局代他们决定"。②

然而，国家对民众的管制、干预较多，从长远的角度看，势必会造成民众的政治冷漠。因为就苏联民众来说，高度集中的体制已经变成一种异己的强制性力量，国家政治生活在实际上已经和他们毫无关系。在这种情况下，他们拥有以塞亚·伯林所说的"积极自由"，即拥有"去做什么"的权力，却没有"不去做什么"的自由，这样民众的自主性便被抹杀了。而自主性的丧失则意味着政治冷漠的形成。戈尔巴乔夫就曾指出，具有强制特征的苏维埃生活方式的结果将必然会"转化为社会性的依附心理和社会性的冷漠态度"。③ 美国学者悉尼·胡克曾就民众的政治冷漠所可能产生的后果提出忠告说："在被统治

---

① 艾德加·法伊格编著：《地下经济学》，上海三联书店、上海人民出版社 1994 年版，第 381 页。

② 米·谢·戈尔巴乔夫：《"真相"与自白——戈尔巴乔夫回忆录》，社会科学文献出版社 2002 年版，第 132 页。

③ 米·谢·戈尔巴乔夫：《"真相"与自白——戈尔巴乔夫回忆录》，第 132 页。

者觉得他们对政府无关重要的地方，结果就会产生漠不关心的情绪。而政治上的漠不关心就可以被称作民主的枯萎。穆勒说得好，‘感情的滋养料是行动……让一个人对他的国家无事可做，他就将对国家毫不关心。’”① 由此出发，我们便可以弄清楚在苏联解体和苏共垮台时，民众却表现出极度冷漠的原因了。

（四）政治合法性的下降

苏联制度供给过剩非但没有提升其政治的合法性，反而导致其合法性的下降，究其原因，笔者认为主要可以从如下两个方面来解释：

第一，在苏联出现了一个庞大的既得利益集团，而且一般认为这个既得利益集团在勃列日涅夫时期得以形成。这样一个既得利益集团不仅专权擅政贪污腐化，完全成为一个利用公共权力为自己服务的自利集团。毫无疑问，由这样的官僚队伍来领导国家是无法获得民众的合法性认同和支持的。列宁早在1921年10月就曾把“贪污受贿”看作“政治教育”工作的“三大敌人”之一，他说：“只要有贪污受贿这种现象，只要有贪污受贿的可能，就谈不上政治。在这种情况下甚至连搞政治的门径都没有，在这种情况下就无法搞政治，因为一切措施都会落空，不会产生任何结果。在容许贪污受贿和此风盛行的条件下，实施法律只会产生更坏的结果。”② 在这里，列宁的思维逻辑是：政治教育工作的目的是为苏维埃政权进行合法性辩护，进而引导民众认同和支持苏维埃政权，然而贪污受贿现象的存在却在侵蚀着苏维埃政权的合法性。

第二，苏联制度供给过剩反映在国家与社会关系领域，则表现为“强国家—弱社会”的客观事实，而国家权力过于强大，在某种程度上又表现为公共权力的不可约束性。在苏联，公共权力的不可约束性

---

① 悉尼·胡克：《理性、社会神话和民主》，上海人民出版社1965年版，第287页。

② 《列宁选集》第4卷，人民出版社1995年版，第591页。

受惠于这样一个前提，即执掌政权的苏联共产党是无产阶级的先锋队组织，这个先锋队是以人民利益为重，并会自觉为人民谋幸福的，因而它没有必要受到约束，有约束反而会束缚为人民服务的主动性和创造性。这在理论上是合理的，然而在现实的政治生活中却不可避免地出现了问题：不受约束和监督导致了政治上的不负责任的“乱作为”现象，即使官员们犯了错误，只要目的高尚，那也没有什么关系。所谓“目的高尚”便成了免责的通行证。这在表面上保护了官员和公共权力，但是从长远的角度来看，它实际上在削弱着政权的合法性。法国学者德尼·里歇的观点即说明了这一点，他说政治权力免受惩罚的情形，在一个或长或短的时期内，“不仅仅是领导者，而且同样是整个政治机构失去了它们的信誉。如果政治体制过分得保护了它的领导人，它就只能使自己更加趋向于脆弱”。①

三、结语

在苏联70余年的历史中，制度供给过剩的问题始终未能得到改变、解决，这在某种程度上成为苏联解体、苏共败亡的重要原因之一。

从某种意义上看，制度供给过剩的苏联没有正确处理好两个方面的关系：一个是苏联未能处理好政治与经济、文化、社会等其他领域之间的关系。虽然制度供给过剩主要是政治领域的问题，但是由于苏联主要是一个政治性的国家，政治占据着主导性的地位，因而政治领域的问题得不到解决的话，那么就会影响到整个国家生活系统的良性运行和健康发展，过剩的制度也就成为政治发展、经济发展、文化发展、社会发展的阻碍性力量。另一个是苏联未能处理好党群、官民关

① 让—马克·夸克：《合法性与政治》，中央编译出版社2002年版，第54页。

系。制度的意义在于其所具有的普遍价值，然而苏联的制度却染上了特殊主义色彩，它主要是用来约束、管理民众的，管得太多太滥必然损害了民众的自主性、创造性和对制度的忠诚，管了又管不好则必然有损于政府和官员的权威和形象，有损于制度的感召力、凝聚力。

"power"视野下的中俄美三角关系*

SU LIAN JIE TI DE YUAN YIN JI SI KAO

李 兴 孔 瑞**

一

权力论一直是西方国际关系理论学的一个核心概念。最早在学术界较系统地提出和阐述软权力概念（soft power）是美国学者约瑟夫·奈。20世纪90年代，他先后发表了《世界权力的变革》、《软权力》、《注定领导—变化中的美国权力性质》。① 后来，他还与中国学者合作，在北京大学出版社出版了《硬权力与软权力》一书。

何谓"软权力"？约瑟夫·奈认为，这是相对于传统的、第一种硬权力而言的，是第二种、无形的、更有吸引力的权力运用方式，包括文化凝聚力、意识形态和国际制度，不是通过威逼利诱，而是通过

* 基金来源："中央高校基本科研业务费专项资金资助"（supported by "the Fundamental Research Funds for the Central Universities"），项目名称"中国北部周边安全战略研究"。

** 李兴，北京师范大学政治学与国际关系学院教授、国际问题研究所所长。孔瑞，外交部工作人员。

① Joseph Nye, "The Thansformation of World Power," *Dialogue*, No. 4, 1990; "Soft Power", *Foreign Policy*, Issue80, 1990; Bound to lead, *The changing nature of American Power*, Basic Books-Harper Collins Publishers, 1990.

合法性和道德威信，让别国自觉地去做事以实现“软实力”强国的战略目标。软性的同化权力与硬性的指挥权力同等重要。约瑟夫·奈坚信，相比之下，美国拥有更多的传统硬权力资源，还拥有确保其领导地位的意识形态、制度等软权力。①

软权力资源往往与同化权力行为相关，而硬权力往往与命令性行为相关。所谓同化权力，即塑造他者期望的能力可依赖于某国文化和形态的吸引力，或控制政治议程以使得其他国家无法实现其目标。所谓命令性权力，即改变他者所作所为的能力可依赖于强制和引诱。同化权力与命令性权力之间的行为形式可用图表表示如下：

命令性权力	强制	诱致	议程设置	吸引	同化权力②

由此看来，国际政治中“power”一词，确实是西方话语，也是为西方霸主强国出谋划策的，其论述未必完全科学、可信。但他山之石可以攻玉，其研究视角和观察问题的方法还是可以借鉴的。

在英语中，”power”一词与国际政治关系密切，有三种含义：一种是权力，与能力、影响力关系紧密；第二种是实力，与力量紧密相关；第三种意思是强权、大国或强国，如 superpower（超级大国）、“great power”（大国）。“实力”或“权力”有时划分为“hard power”（硬实力或硬权力）、“soft power”（软实力或软权力）、“smart power”（巧实力）。“power”除了静态的实力、权力和大国的意思外，还有动态的运用实力、权力和强权（大国）地位的手段之意。因此，”power”这个词意义确实很宽泛、广义，涵盖面大，内容丰富，也比较综合。

---

① “Soft Power,” *Foreign Policy*, Issue80, 1990, pp. 153—171.

② ［美］约瑟夫·S·奈著，门洪华译：《硬权力与软权力》，北京大学出版社 2005 年版，第 117 页。

"硬实力"既可测也可感,"软实力"可感但不可测。两者的有机结合即是"巧实力","运用之妙,存乎一心"。软硬兼容,互相包含,相互转化。笔者认为,"硬实力"类似于"物质文明",而"软实力"类似于"精神文明"加"制度文明"。经济、军事硬件即"硬实力",文化、制度软件即"软实力"。"硬实力"关系到国家的实力和能力,"软实力"事关国家形象、凝聚力、向心力,两者都是综合国力的重要组成部分。"巧实力"即是"聪明外交"、"智慧外交"。

关于中俄美三角关系,国内外学者谈得不少,仍意犹未尽。从"power"维度分析中俄美三角关系是一个全新的视角。

二

美国是当今唯一超级大国,俄罗斯是过去的超级大国,中国是未来的超级大国。克林顿比较重视美国的"软实力",提出"参与扩展战略",构建"世界新秩序",其理论基础是理想主义;小布什比较重视"硬权力",提出"单边主义"和"先发制人",打造"世界新格局",其理论基础是进攻性现实主义。而奥巴马比较重视"巧实力",把美国的所谓"软实力"和"硬实力"有机地结合起来。提倡"多边主义",寻求"大国合作",其理论依据是防御型的现实主义。与克林顿的"软实力"外交相适应,叶利钦时期的俄罗斯外交比较"西向",大西洋主义是其理论基础。与小布什的"硬实力"外交相适应,普京时期的俄罗斯外交比较"东倾"。而与奥巴马的"巧实力"外交相适应,梅普组合的外交"东倾西向"。梅普外交的基础是新欧亚主义。

在苏联解体、两极冷战格局结束以后,美国确立了其一超坐大、单极独霸的地位。维护和巩固美国的领导地位、防止竞争对手的崛起,目标不变,手法不同。其对中俄的政策总的来说是软硬兼施,文武相济,刚柔并举,时而挑拨离间,分化瓦解,各个击破,时而同时打压或拉拢，具体方法各有侧重。但万变不离其宗，即强国不能成为敌国，敌国不能成为强国。尽管同时批评中俄民主、自由、人权，加强美日同盟对中俄共同形成消极影响，但美国以前基本上是更多地是以"硬实力"对付俄罗斯，以"软实力"对付中国。在俄罗斯梅普组合形成以后、美国奥巴马上台提出"巧实力"外交新政以后，逐渐调整为以"硬实力"对付中国，而以"软实力"对付俄罗斯，而以"巧实力"总揽全局。虽然并不排除根据具体情况美国的政策是变化的，但总结起来在特定时期大致有以上所述特点。

表 8—1　奥巴马执政以前美国的中俄政策比较表

美国"硬"对俄罗斯	美国"软"对中国
北约东扩至东欧	台湾问题基本维持现状
决定在东欧建立反导系统	钓鱼岛问题维持现状
取消《反导条约》	在南海问题上中立
在俄欧洲边境经常军事演习	同意以六方会谈框架解决朝核问题
空袭南斯拉夫联盟，置俄罗斯反对和斡旋于不顾，挤压俄传统势力范围，打压其威信	和平解决中美南海撞机事件，向中国道歉、赔偿
与独联体一些国家建立和平伙伴关系	支持中国加入 WTO
在独联体鼓动"颜色革命"	大力发展同中国的经贸往来
批评俄对格鲁吉亚战争，公开支持格鲁吉亚	大力发展与中国的文化教育合作
认为"俄罗斯特色的资本主义其实是社会主义"	认为"中国特色的社会主义其实是资本主义"
唱衰俄罗斯（说你不行，你就不行，行也不行）	抬举中国（说你行，你就行，不行也行）
敌国不能成为强国	强国不能成为敌国

表 8—2　实施"巧实力"外交新政以后，美国中俄政策之比较表

美国"软"对俄罗斯	美国"硬"对中国
北约东扩暂停	加强美日同盟、美韩同盟，美日、美韩多次在东海联合军事演习

续表

美国"软"对俄罗斯	美国"硬"对中国
"重启"俄美关系	中美"战略再保证"
取消东欧反导	美舰机在中国专属经济区内高频度的抵近侦察，航空母舰开往中国近海多次军演
美俄达成新裁军条约	中美两国军事交流一度中断，扬言在东亚建立反导系统
美不在独联体事务上过分介入	介入南海争端，宣称事关美国利益
美俄在中亚军事基地问题上达成默契	在朝鲜半岛问题上持高压立场
美俄在伊朗问题上合作	不同意中国重开六方会谈团长会议紧急磋商朝鲜半岛局势的提议
美国支持俄加入 WTO	美国国会祝贺刘晓波获得诺贝尔和平奖
北约与俄就反导问题表示合作，宣称互相不视为敌人	售台湾军火，质量、数量都超过以前
恢复两国在民用核能领域的合作	在人民币汇率问题上对中国施加压力，多次对中国进行反倾销、反补贴调查
明确表示日美安保条约不适用于北方四岛	美国明确表示日美安保适用于钓鱼岛
在国际气候问题上同属于"伞形集团"	在国际气候大会上剑指中国
挑拨梅普关系，扬梅抑普	加强美国在大陆与台湾两岸之间的作用
2011 年美国国家军事战略"交好"俄罗斯	2011 年美国国家军事战略暗指中国
美批准美俄新裁军条约	2011 年以国家安全为由否决中国华为兼并美企业
利比亚战火，美国有限介入，俄罗斯有限超脱。G8 峰会俄宣称卡扎菲政权已经失去合法性，要求卡扎菲"走人"	2011 年不惜断绝与中国的军事关系，也要向台出售武器
2011 年北约与俄罗斯建立阿富汗俄式战机维修基金 800 万美元	美扬言武力对付网络攻击，主要针对中俄，指责中国"偷窃"军事情报
美俄北极抱团应对包括中国在内的非环北极国家对北极的要求	美参议院通过"南海决议"，与菲律宾、越南等进行联合海上军事演习，半公开支持与中国有领土争议的国家与中国叫板
在气候问题上美俄属于"伞形集团"	美国飞机逼近中国领空

续表

美国"软"对俄罗斯	美国"硬"对中国
奥巴马对梅德韦杰夫"耳语"：这是他的最后一次选举；表示会在反导系统上对俄采取"灵活"的政策，希望在寻求连任期间得到俄方的谅解	美国两党总统候选人都拿中国说事，争相"逞强"，批评、指责中国
美国书面保障反导系统不针对俄罗斯	美要求中国就航母"解释"和"透明"，明确宣布不会停止对中国的空中侦察，反对土耳其进口中俄防空系统
2012年初新军事战略放弃"打赢两场战争"，变为"打赢一场战争"，牵制"另一场战争"	美提出"空海一体化"，新军事战略应对中国、伊朗的军事崛起和"不透明"
美邀俄参加2012—环太平洋军演	美排斥中国参加2012—环太平洋军演
俄美两国石油巨头合作	否决中国收购美国石油公司
俄为美开通军事转运基地（乌拉尔）	指责、批评中国在南海设立三沙市，建立三沙警备区，警告中国勿在南海"各个击破"
俄美互开"黑名单"拒绝"不受欢迎"官员	美国加强环中国军事存在，驻军澳大利亚，在冲绳部署先进战机，新美日同盟报告直接呼吁日本加强军力
美对中俄政策共同点：指责中俄人权，宣称中俄是"最大黑客"，情报偷窃者，间谍行为实施者；扬言要武力对付网络攻击；在叙利亚问题上，中俄联手多次否决西方提案，美国指责中俄"无耻""妨碍"国际社会推翻巴沙尔独裁政权，解决叙利亚问题。	

表8—3　美国对华"巧实力"外交明细及其效果表

问题领域	美方意图	实力组合	实际效果	说明
中美G2	占据理论制高点	巧实力	中国政府及主流民意没有上当	G2与其说是对中国的抬举，不如说是对中国的忽悠
温室气体排放	占据道德制高点	软实力＋巧实力	尚在发展过程中	美在哥本哈根国际气候大会上稍占上风

续表

问题领域	美方意图	实力组合	实际效果	说明
东南沿海争端	占据武力与道德制高点	硬实力＋软实力	美方稍占便宜	美挑拨中国与日韩、东盟的关系
朝鲜半岛危机	占据武力与联盟制高点	硬实力	成功拉拢日、韩，加强美日同盟和美韩同盟	此前日、韩有与中国接近的趋向，日本曾提出“东亚共同体”
人民币汇率问题	占据金融、经济制高点	软实力	人民币渐进升值，不按美要求节奏跳舞	国际社会未追随美国，相反，美宽松货币政策引起国际公愤
美国会祝贺刘晓波获诺贝尔和平奖等	占据政治、国际道德制高点	软实力	中国政府强烈反对，国际社会相当多国家支持中国，不出席诺奖颁奖仪式	美国总想把自己所谓的“软权力”包括所谓人权、民主、自由价值观等强加于人
奥巴马获诺贝尔和平奖，呼吁建立“无核世界”，要求中国核透明	占据国际军控和核裁军主导权，以及国际道德制高点	软实力＋巧实力	奥巴马获和平奖引争议，“无核世界”是高调，其意在削弱中国这样的有核国家的核能力	中国支持核裁军，反对利用核裁军谋取战略优势
美国人权报告指责中国人权	占据道德制高点	软实力＋巧实力	遭到中国的反击，中国发表美国年度人权报告	美国每年都要发表人权报告，指责中国
2011 年奥巴马接见达赖	占据道德制高点，迎合国内选举的需要	软实力＋巧实力	中国多次强烈反对	奥巴马为了选举需要，中美关系由于美方挑衅陷入“摇摆”

续表

问题领域	美方意图	实力组合	实际效果	说明
奥巴马提出TPP（太平洋经济战略伙伴关系协定）	重返东亚，主导太平洋军事政治经济体系	巧实力	中国心存疑虑，但没有公开反对	对中国在西太平洋地区的经济地位，对APEC客观上会带来一定的冲击
奥巴马高调参加东亚峰会	重返东亚，主导东亚经济安全	巧实力	中国没有公开反对，但保持关注	美国顺应世界经济政治形势发展，对付中国崛起是其最主要原因之一
希拉里访问缅甸	重返南亚，改善中缅关系	软实力	中国没有公开反对，保持关注	缅甸是中国睦邻

那么，为什么美对华政策从“棒杀”（软实力）变“棒打”（硬实力），从“挤压”（软实力＋硬实力）到“打压”（硬实力和巧实力）呢？

第一，美国对中国定位越来越明晰，即中国取代俄罗斯成为美国最主要的竞争对手。从“利益攸关方”（stake holder）到“同舟共济”、“中美G2”，再到“战略再保证”，一方面固然说明中国在美国心目中的地位确实是提高了；但另一方面，伴随着美国的全球战略重心从欧洲向亚洲转移，从大西洋向太平洋转移，美国的战略重心集中东亚，中国在美国对外战略中的分量越来越重。如果说在以前，由于冷战的惯性，美国还是把俄罗斯作为主要安全竞争对手，因而“硬”对俄罗斯、“软”对中国的话；那么在俄格战争以后，特别是奥巴马“巧实力”新政以后，其注意力从非传统安全转移到综合安全，从中东到东亚，中国已经取代俄罗斯成为美国最主要的战略竞争对手和防范对象，美国的中俄对策也逐渐发生了变化。

第二，国际体系已经发生了深刻的变化。国际格局从冷战后的一超多强向目前多强一超的方向发展。世界霸主美国的相对实力和相对地位在削弱。中国已经取代日本成为全球第二大经济体，其经济增长速度在全球金融危机中一枝独秀；军事实力不断增强，现代化水平不断提高。中美两国的实力和地位在此消彼长。在美国看来，中国俨然已经是世界老二。按照美国学者米尔斯海默的观点，中美之间必然发生冲突，甚至战争，提醒美国必须未雨绸缪①。

第三，美国已经度过了由于金融危机和反恐战争带来的深刻危机，经济开始恢复增长，奥巴马政府似乎又重新找回自信。其军事“硬实力”无与伦比、优势明显。根据米尔斯海默理论，国际政治等于大国政治，大国政治就是实力政治，实力主要是军事实力，军事实力除了海空军外，特别重要是陆军力量。古往今来，霸权国的挑战者必败，只有霸权国的战略合作伙伴，才有可能实现霸权的转移，成为继任的霸权国。② 美国是当今世界霸权，而中国并非美国的战略伙伴。因此，美国自信中国挑战美国霸权并无胜算。

在中美俄三角关系中，俄美关系和中美关系都具有“钟摆效应”的特点，既不对称，也不平衡。中俄关系相对稳定。因为中国的对外政策具有继承性、连续性，而俄罗斯梅普组合也保证了其政策的相对稳定性。人称俄罗斯是“欧洲的中国”，历史上“差点成为一个国家”（指蒙古帝国时期—笔者注）。冷战后，中俄面临的国际环境、国家战略任务、战略构想相同或相近，相互需要，相互借重，上海合作组织提供了合作的平台，已经解决了容易导致伤筋动骨的边界问题，两国声明强调在核心利益问题上加强合作，可谓“准同盟关系”。

俄美关系不可能一帆风顺，两国国内政治特别是美国的国内政治因素会对两国关系产生周期性的影响。但总的来说俄美矛盾要小

① John J. Mearsheimer, *The Tragedy of Great Power politics*, W. W. Norton Company, Inc., USA, 2001.

② John J. Mearsheimer, *The Tragedy of Great Power politics*, W. W. Norton Company, Inc., USA, 2001.

（次）于中美矛盾，也就是说俄美关系要近于中美关系。其原因在于政治、宗教、文化、人种及历史等等。比起俄罗斯，政治上中国离美国更远。东正教属于基督教文明圈，同天主教同根同源。如果以美国文化为中心，英国是美国近亲，法德是美国中亲，俄罗斯则是美国的远亲。而中国文化自成体系，与美国并无历史渊源。正是基于这种分析，哈佛大学亨廷顿教授预言若真爆发文明间大战，俄罗斯最终将倒向美欧阵营，对抗儒教—伊斯兰教阵营。[①]

目前中方有求于俄，多于俄有求于中。俄要求的资金和技术，中方不具备优势。对于中国来说，外交分三块：大国、周边、发展中国家。俄占其前两项，是中国主要战略伙伴，在中国外交战略中排在第一、第二的地位。虽然如此，中国还是有相当一些人，特别是年轻人，对俄不了解，对发展中俄友好不理解。而对于俄方来说，中国是排在独联体、欧盟、美国之后，据第三、第四的地位。发展对华友好，是俄国家战略，也是俄外交中唯一没有争议的领域。中国没有必要失去心理平衡。中俄之间的军事互信显然要高于中美之间，也高于俄美之间，虽然也不是没有问题。中俄战略协作已发展到相当水平，再进一步发展已经不容易，必须开动脑筋，下大力量寻找新的增长点。而调整俄美关系，相对容易，且易见效、出彩。奥巴马要搞“巧实力”外交新政，梅普要搞现代化创新型国家，“重启”俄美关系是必然的、符合逻辑的选择，但这既不意味着俄外交全面西向，也不意味着俄的设想就一定能够成功。

在中俄美三角关系中，中国实行双向同盟发展战略。与俄美同时、平等发展合作关系，具体来说，就是在军事上、政治上、部分能源、货币、文化问题上与俄合作，在经济、金融、科技、管理、教育等方面与美国合作。均为局部的、非全局的、非全面的合作，

---

① ［美］塞缪尔·亨廷顿著，周琪等译：《文明的冲突与世界秩序的重建》，新华出版社 1998 年版，第 363—365 页。

使其相互制衡，有利于借势谋利，追求国家利益的最大化。[①] 其原因在于：第一，利益的多元化，不同地区、部门、利益集团、社会阶层，不同领域，不同时期，不同需求，不同侧重，而非单一的。第二，行为主体的多元化。既有国家行为体，也有非国家行为体（如跨国公司）；既有国家领导，政治、军事精英，学界领袖，杰出人物，也有普通百姓，草根人民。三为实现国家利益的手段多样化。因此，在中国，亲俄与反俄、亲美与反美都很有市场，势力都很强大。同时，中国国民性格和历史传统中有非理性、易走极端的一面，历史上曾与苏联结盟，言必称苏联，现在崇尚以美为师，又言必称美国。不仅中国，俄美两国国内政治对其外交政策的影响也是非常大的。军工、能源、强力集团强调甚至炒作安全、威胁，其目的是获取更多的资源、资金和注意，而经济、金融集团则强调协调、合作和相互依赖，其目的还是利益所系。知识分子集团往往众说纷纭，难以达成一致。普通老百姓（草根）不了解实情，往往跟着主流媒体和社会舆论走，带有非理性、情绪化的特点，而国家决策者往往实用主义地左右摇摆。各阶层、集团的利益和意见，有时一致，有时不一致甚至冲突。这就出现了国内层面上的博弈。俄美关系、中美关系的“钟摆效应”原因就在于此。

三

当前的三角关系不如冷战时期影响大，不具有全球性和战略性，局限于某些地区和某些领域。目前三角关系主要体现在东北亚、中东、中亚等地区。在东北亚地区，日本与中国、韩国、俄罗斯之间有领土问题，中国和朝鲜半岛的统一问题没有解决，美国与朝鲜之间、

---

① 李兴、孔瑞：“中美关系中的俄罗斯因素”，《俄罗斯中亚东欧研究》2010 年第 5 期，第 65—66 页。

俄罗斯与日本之间没有签订和平条约，因此可以说冷战虽然结束了，但冷战的遗产仍然存在于东北亚。在朝韩危机问题上，隐隐约约可以看到两个意见和利益相对接近的国家群体，即以美日韩为一方，中朝俄为另一方，虽然没有朝鲜战争时期那么明显、对抗。

一个国家，政府虽然可以更迭，国内政治可以变化，但国家利益具有某种历史的继承性。因此，国家的对外政策也具有某种“惊人的相似”。梅德韦杰夫不顾日本的反对登北方四岛，客观上是对中国钓鱼岛立场的配合。俄飞机飞临史上美日最大军事演习的上空，也是对美日同盟的警告。在中亚，由于上海合作组织，中国选择了俄罗斯，而不是美国作为自己的战略合作伙伴。尽管将来可能有变数，但总的说来俄罗斯对中亚的传统影响不容忽视，在中亚的博弈中占了上风。美国取代不了俄罗斯，但俄罗斯也赶不走美国。

中国俨然已经世界老二，失去了冷战时期在中美苏大三角中左右逢源、八面玲珑的地位和条件。“和平发展”、“和谐世界”的理念和道路一时遇到了困难和障碍。中国既没有争当世界第一的实力，也决没有此主观愿望，不当头、不争霸、不称霸，是中国基本国策和战略选择。说中国要取代美国、称霸世界完全是一个神话。[①] 世界老二的地位取决于客观实力，不取决于主观认识和政治宣传，最容易成为各种国际矛盾的焦点。一味回避矛盾不但无济于事，可能事与愿违。所以，中国不仅要重视“硬实力”，还要重视“软实力”，特别要重视“巧实力”，把国家力量细化、具体化，有的放矢，对症下药，继续韬光养晦，积极有所作为。

尽管有些人不理解，甚至不愿意，但中俄友好是大势所趋，明智选择。尽管我们有着良好的愿望，希望搞好与美国的关系，与美方相向而行，但由于中美之间结构性矛盾，美国占据实力优势，掌握着中美关系的主动权，常常挑起事端，制造麻烦。中国正在崛起，美国重

① 戴秉国：《坚持走和平发展道路》，中国外交部网站，2010年12月7日。

返东亚。今后更复杂，烦恼少不了，需要大智慧处理。

在冷战结束之初，美国力量达到极盛，认为即使中俄加起来也不如美国，因此美国当初对上合并不感兴趣，也不看好其发展前途。[①]金融危机美国是始作俑者，其软硬实力有所下降，中俄相对实力上升，如2008年中国奥运会，可以说是以“软”的方式标志着中国的崛起。而同期的俄格战争则以“硬”方式标志着俄罗斯的重振雄风。但中美俄之间力量对比只是发生了量变，并未发生质的变化。国际格局从一超多强向多强一超转化。[②] 美国唯一超级大国的地位并未动摇。中俄争相发展与美国的关系，并且经常超过相互关系，不会形成反美联盟。美国处于主动、优势、有利地位。在中美博弈中，“全球的创新成果及大多企业家出自美国；美国幸运地拥有一大批年轻人，这和中国不同；聪明的中国人仍然喜欢到美国大学接受教育，而且美国梦仍然是吸引冒险家的磁石，他们在寻找机会以向上攀登；美国军队仍然是世界上最强大的军事力量；美国有幸拥有丰富的自然资源”，[③] 而中国是“处于青春期的大国”，“正在抛弃克制”，有些“过于自信”，仍需“韬光养晦”。

国际金融危机对中俄美都有严重影响。冷战结束以来，俄的发展经历W型曲折，美国是U型缓转，中国是V型翻转。中美、俄美关系相对波折，中俄关系相对稳定。中俄美三角关系具有不对抗、不结盟的性质。图示如下：

---

① ［美］约翰·伊肯伯里主编：《美国无敌：均势的未来》，北京大学出版社2006年版，第101页。

② 李兴：“国际秩序新变局与中国对策的思考”，《现代国际关系》2009年第11期，第29页。

③ 欧文·施特尔策：“奥巴马在智慧上不敌中国人”，［英］《星期日泰晤士报》2010年12月19日。

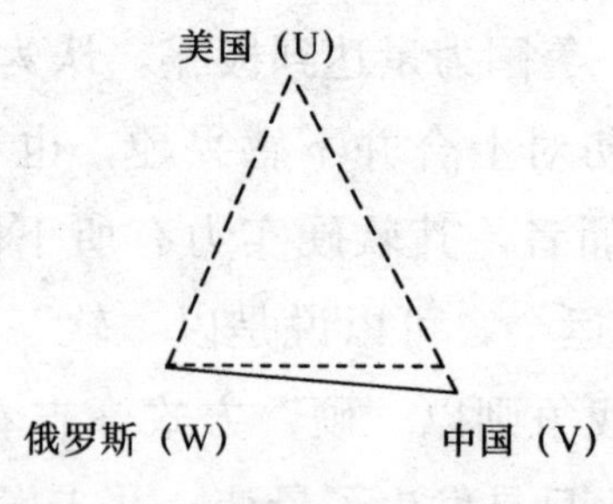

很显然，中俄美均是当今大国，而且是世界“奇迹”，俄罗斯是国际政治中的一个“奇迹”，裂而不崩，衰而不亡，很快卷土重来。中国是国际金融危机中的一个“奇迹”，一枝独秀，依然高速。美国是国际体系和国际关系中的一个“奇迹”：当今世界无与伦比的、有创新力和强大吸引力的超级大国。在苏联解体后的国际格局中，俄罗斯是一个失势者，但并非失败，更不是战败者。美国以冷战胜利者自居，是得势、得利者。中国可谓是“搭便车”的既得利益者，但交了学费，而且费用会越来越昂贵。

中俄美各有其软硬实力，尺短寸长，各有千秋。负面的如美国的霸权主义、俄罗斯的帝国情结、“中国威胁论”，正面的有美国的“自由”、“民主”、“先进”，中国的“和平发展”、“和谐世界”，十七大又提出了“文化软实力”，俄罗斯民族性格的打抱不平、主持公道等等。美俄的军事“硬实力”仍然独占鳌头，经济“硬实力”是俄罗斯的软肋，中国经济“硬实力”有较大的提高，而文化软实力没有充分发扬光大。国际金融危机后，中俄的实力和国际影响力相对上升，美国实力和国际影响力相对下降，世界格局从一超多强向多强一超转化。但美国“巧实力”老谋深算，比如东南亚国家“邀请”美国回来“主持公道”，平衡中国的势力和影响。美国所谓的“聪明外交”、“智慧外交”弥补了其实力下降的缺陷。

中俄美政治制度的不同，意识形态上的竞争，并不排除经济、技术、知识方面的沟通与合作。"经济是全球的，而政治往往是本土的"。因此，应提倡多渠道交流，良性互动，善意竞争，和而不同，和谐发展，互利互信，共存共赢。

四

2012年中美俄均发生权力交接或总统大选，其发展战略都在东移，对三角关系必然产生影响。中国外交保持连续性，俄罗斯"梅普组合"变成"普梅组合"，对外政策不会发生根本变化，故中俄关系相对稳定，虽然也暴露出一些深层次问题。随着美国战略重心东移亚太区域，经济取代反恐成为第一要务，美国锁定中国为自己的竞争对手，中美的合作在进一步加深的同时，矛盾和冲突将增多和加剧，出现严重的波折。由于美国对世界安全领域及独联体政策的调整，俄加入WTO后与世界经济联系的加深，尽管普京会与美国拉开距离，俄美关系总体还是有可能缓和。中俄都会实行双向联盟战略，即经济、金融上与美国合作，在安全、政治上彼此合作。俄对中美的需求都会增加。美国作为唯一超级大国，仍然处于主动、有利地位，关键在于其综合实力、对外政策。三角关系的主要推动力来自美国。

2011年底美国重返东亚，在东南海搞所谓的"巨头阵"、"海空一体化"，在欧洲搞反导系统，不顾俄罗斯反对，态度强硬。美国的这种态度，类似于冷战结束之初左右开弓，双拳出击。本文认为，美国的亚欧战略是建立在其超常的实力之上的，单极独霸，咄咄逼人；而目前中俄相对实力上升，美国深受金融危机和多场战争之困，相对实力下降，主要依靠所谓的巧实力、软实力和军事硬实力。这对于中俄来说，客观上是机遇，也有利于相互战略配合。但对于美国来说，这是非理性的、不明智的，也是难以长久的。奥巴马政府的外交理念和外交战略调整得很快，也可以说不无成功之处，很显然其"重返东亚”在西太平洋地区以所谓的“巧实力”在一定程度上弥补了经济等“硬实力”的不足。谋求连任的美国总统奥巴马提出 TPP，重返宝座的俄罗斯总统普京提出来的“欧亚联盟”有异曲同工之妙，都是在为2012 年之后布局谋篇，只不过前者是在亚太地区，后者是在独联体地区，其目的都是掌控地区经济、政治主导权。中国也要有自己的地区大战略，未雨绸缪。

从X到Z：西方“苏联学”的兴与衰

SU LIAN JIE TI DE YUAN YIN JI SI KAO

于 滨*

一、问题的提出

1989年，象征着传统东西方政治、经济和意识形态分野的柏林墙顷刻之间倒塌，欧亚大陆的地缘政治格局全盘重新洗牌。然而，“历史”并未像西方自由主义者所断定的那样就此“终结”。欧亚大陆各类民族主义滋生繁衍，其惯性和冲击力不仅继续支配欧亚大陆“后共产主义”制度/地区的政治生态，同时极大地影响着欧洲本身的政治—经济整合、欧盟与俄国的关系以及美俄关系。在“9・11”事件和国际金融危机的强烈冲击下，横跨欧亚大陆的俄罗斯也在亲西方的理想/自由主义和更为传统的欧亚主义（Eurasianism）之间摇摆和探索，寻求一条适合自身国情的发展道路。

欧亚大陆未来的政治走向前景如何？欧亚大陆最大的政治实体俄罗斯如何应对其“渴望”又不可及的西方？基本上错过了西方主导的

* 于滨，美国文博大学政治系教授、东亚项目主任。

全球化“良性”运作时期的俄罗斯如何摆脱目前全球化的“厄运”期？美国主导的西方又会怎样对待一个劫后重生、欲振乏力但雄心未泯的俄罗斯？美国和欧洲如何看待一个与其若即若离的俄国？什么样的俄罗斯更符合美欧的利益？俄罗斯又如何自我定位？一个在西方化与俄罗斯化之间永久徘徊的俄罗斯到底是正常还是反常？这对欧亚大陆的地缘政治走向又意味着什么？西方俄罗斯研究与西方对俄政策之间有何种联系和互动？

冷战以后西方的俄罗斯/欧亚研究和对俄政策，是冷战期间“苏联学”的继承和发展。本文的任务是对西方/美国的“苏联学”研究进行梳理，并将其置于西方国际关系研究的理论框架中加以比较和考察，同时兼顾美国对苏政策的制定和走向，以寻找三者之间的交叉点和互动之处，以期为进一步研究冷战以后西方的俄罗斯/欧亚研究和对俄政策提供一个基础。

二、X先生与“苏联学”（Sovietology）

冷战后美国和西方的俄罗斯研究，对冷战时期的“苏联研究”有继承也有扬弃。从苏联到俄罗斯的转型剧变，对西方的苏联/俄罗斯研究和政策制定以及西方国际关系理论研究，都造成了强有力的震荡和冲击。

第二次世界大战后西方“苏联学”研究之拐点，一般要追溯到乔治·凯南（George Kennan）1947年在美国《外交季刊》上以“X”笔名发表的“苏联行为之根源”（“The Sourcesof the Soviet Conduct”）一文。[①] 该文提出的“遏制”观念，不但被杜鲁门政府立即转化为美国冷战时期的对苏政策，也影响了几代西方苏联学学者。

冷战期间，西方倾注了大量的人力物力，在学界、政策界和政府

① George Kennan, “The Sources of Soviet Conduct,” *Foreign Affairs*, July 1947.

部门设立了众多的“苏联研究”项目和机构。政府的外交、国际事务高官中也多有研究苏联问题的重量级学者，如基辛格（尼克松、福特政府）、布热津斯基（卡特政府）、赖斯（小布什政府）等。[①] 不仅如此，战后美国和西方国际关系理论的拓展，在相当程度上也借助了苏联研究的动力和资源，苏联作为一个超级大国在国际体系中的角色和分量，更为西方国际关系理论的发展提供了广阔的想象空间。无论是以国家实力为研究基本出发点的汉斯·摩根索的传统现实主义（classic realism），[②] 还是立足于国际体系、高屋建瓴的华尔兹（Kenneth Waltz）的结构现实主义（或新现实主义，structural or neo-realism），[③] 均与苏联在第二次世界大战后崛起、成为与美国相抗衡的超级强国有关。而在 20 世纪 70 年代出现并风靡一时的所谓“极派”（polarity）学者，更是与中苏两个意识形态和政治体系相同的大国由结盟转向对抗、并因此产生了中—美—苏“大三角”关系、在以往泾渭分明的国际两极体制之外开拓了“三度”的想象和操作空间有关。[④]

---

① 值得注意的是，美国历届国家安全顾问中，从未有“中国通”。

② Hans Morgenthau, *Politics among Nations*, 5th edition, New York: Knopf, 1978.

③ Kenneth N Waltz, *Theory of International Politics*, New York: McGraw-Hill, 1979.

④ 有关“大三角”的主要著作有：Joseph L. Nogee, “Polarity: An Ambiguous Concept,” *Orbis* 18, Winter 1975; Henry Kissinger, *White House Years*, Boston: Little, Brown, 1979, esp. 837; Ilpyong Kim, ed., *The Strategic Triangle: China, the United States and the Soviet Union*, New York: Paragon House, 1987; Herbert J. Ellison, ed., *The Sino-Soviet Conflict: A Global Perspective*, Seattle: University of Washington Press, 1982; Gerald Segal, *The Great Power Triangle*, London and Basingstoke: Macmillan Press, 1982; Gerald Segal, ed., *The China Factor*, London: Croom Helm, 1982; Douglas T. Stuart and William T. Tow, eds., *China, the Soviet Union, and the West: Strategic and Political Dimensions in the 1980s*, Boulder, Colo.: Westview Press, 1982; Strobe Talbott, “The Strategic Dimension of the Sino-American Relationship: Enemy of Our Enemy, or True Friend?” in Richard R. Solomon, ed., *The China Factor*, Englewood Cliffs, N.J.: Prentice-Hall, 1981; Lowell Dittmer, “The Strategic Triangle: An Elementary Game-Theoretical Analysis,” *World Politics*, Vol. 33, No. 4, July 1981; Kenneth G. Lieberthal, *Sino-Soviet Conflict in the 1970s: Its Evolution and Implications for the Strategic Triangle*, Santa Monica, Calif.: Rand Corporation, 1978; Steven I. Levine, “China and the Superpowers,” *Political Science Quarterly* 90, Winter 1975—76; Min Chen, *The Strategic Triangle and Regional Conflicts: Lessons from the Indochina Wars*, Boulder, Colo.: Lynne Rienner, 1991; Harvey W. Nelsen, *Power and Insecurity: Beijing, Moscow, and Washington, 1949—1988*, Boulder, Colo.: Lynne Rienner, 1989.

总之，苏联的盛与衰催生了西方国际关系学的大批理论性著作，其中包括约翰·盖迪斯（John Gaddis）的“持久和平论”(long peace)、[①] 弗朗西斯·福山的“历史终结论”、[②] 亨廷顿的“文明冲突论”等。[③] 甚至冷战结束以后开始成气候的建构主义也是建立在对现实主义和自由主义的批评之上的。而批评的矛头所向就是这两个学派都未能预见到苏联的解体。[④]

建构主义对主流学派的批评不无道理，但在苏联问题上误判误导的绝不仅仅是学术界。美国情报界和决策界也未能预见强大的苏联会突然解体。中情局资深苏联问题专家罗伯特·盖茨（后任中情局局长、现任国防部长）在 1986 年戈尔巴乔夫执政初期就曾坚持认为，戈尔巴乔夫本人及其政策毫无新意（“nothing new”），“在苏联只有暴政才能行得通（The Soviet Union is a despotism that works)”；全然没有察觉到戈尔巴乔夫与众不同的能力和致命的施政弱点，及其在以后的几年里给苏联政治和社会带来的巨变。拥有众多类似盖茨这样的“苏联通”的中情局，因此也只是年复一年地编织着苏联强国强军的神话，直到编不下去为止。[⑤]

苏联问题研究是美国外国问题研究领域中投入最多的项目，但其最终结果却远不尽如人意。这种投入产出完全不成比例的现象，与美国情报界 10 年以后未能预测到“9·11”恐怖袭击的背景完全不同。当时以小布什总统为首的美国决策界和情报界几乎完全忽视了恐怖主义的滋生蔓延。[⑥] “9·11”前的几个月，小布什总统的注意力实际是

① John L. Gaddis, “The Long Peace,” *International Security*, Spring 1986.

② Francis Fukuyama, “The End of History?”, *The National Interest*, no. 16, Summer 1989.

③ Samuel P. Huntington, “The Clashes of Civilizations?”, *Foreign Affairs*, summer 1993.

④ Russell Bova, *How the World Works*, 1st ed., Longman, 2010, pp. 24—25.

⑤ Walter LaFeber, *America, Russia, and the Cold War, 1945—2006*, 10th ed., McGraw-Hill, 2008, pp. 344, 349.

⑥ Richard A. Clarke, *Against All Enemies: Inside America's War on Terror*, New York: Free Press, 2004.

在俄中两国——2001年3月驱逐50余名俄国间谍、4月1日中美军机相撞，就可以证明这一点。

美国的苏联问题研究与美国国际关系研究有密切关系，但美国对苏政策的制定和实施似乎有自身的逻辑和惯性，二者之间的关系是复杂和不断变化的。简单地认为美国学界和政策界之间是无数的“旋转门”（revolving doors）——即学者与政府官员和智库人士经常转换位置、互相配合——进而认定学界与政府之间的“共生”关系，可能是过于武断的推论。

一般来说，中情局如此“钟情”甚至迷信苏联的“长治久安”，其主要目的之一很可能是为美国国内军工集团的利益而塑造一个强大的对手，以便使自身的利益最大化。这种政治化的情报当然无法客观和精确。对于中情局夸大苏联实力的做法，居然还有人匪夷所思地认为，该局在对苏分析中的“盲点”是苏联谍报机构在中情局内部长期卧底的间谍阿尔德瑞奇·艾姆斯（Aldrich Ames）造成的。在最高决策层面，老布什本人从内心不希望戈尔巴乔夫失败。而他的国务卿贝克及其助手对苏联事务的了解几乎是一张白纸。相比之下，其前任舒尔茨国务卿和他的副手们则精通对苏事务。贝克本人出身律师，擅长言辞和谈判，但对历史和地区事务知之甚少，对苏联的突变当然缺乏直觉。①

其实，决策者所需要的不一定是非常专业化的知识，而是战略眼光和对历史的把握。在这一点上，美国第四任总统詹姆斯·麦迪逊（James Madison）早在1821就对俄国日后的发展有言在先：

> 很难设想……俄国未来的扩展仍然会一帆风顺。如果俄国不能教化那些居住在俄国统治所伸延到的天涯海角的游牧族类，这些被征服的部族就算不给俄国添乱，也不会给俄国

① Walter LaFeber, *America, Russia, and the Cold War, 1945－2006*, 10th ed., pp. 344, 352, 355.

帮忙。而教化这些部族的过程又会使俄国成为一个膨胀过度的帝国，它必然会重蹈历史上无数帝国最终分崩离析的覆辙。①

麦迪逊的先见之明是建立在类似“物极必反”的常识基础之上的。他虽然不可能精确预测苏联解体的具体时间，但对苏联帝国的长远走向显然有相当的洞察力，至少避免了中情局众多“苏联问题专家”们的双重错误：戈尔巴乔夫执政初期不相信他会改革，而在戈氏执政后期则低估了改革的风险。

三、Z先生的“苏联必亡论”

中情局的失误不是偶然的。苏联剧变前夕，西方和美国研究苏联问题的主流沉浸在戈尔巴乔夫改革所引发的亢奋和企望之中，对戈尔巴乔夫执政后期（1990—1991 年）陆续出台的激进改革政策遇到的阻力以及伴生的风险毫无察觉。甚至有学者在戈尔巴乔夫激进改革开始之前就宣布西方已经胜利，可以高枕无忧了。② 在西方政府、媒体和学界为戈尔巴乔夫的改革齐唱赞歌时，美国的一家名为《代达罗斯》（Daedalus）的人文学术杂志在 1990 年冬季号发表了一篇署名“Z”的长文，指出苏联的极权体制必定会走向灭亡，而戈氏改革只会加剧这一进程。对“苏联问题”和国际关系学界来说，该文的署名

---

① 引自麦迪逊给理查德·布什的信，1821 年 11 月 20 日，in James Madison，*Letters and Other Writings of James Madison*，Philadelphia，1867，III，pp. 235—236，cited by WalterLaFeber，*America*，*Russia*，*and the Cold War*，*1945—2006*，10th ed.，p. 349.

② Francis Fukuyama 的“历史终结论”是这一时期典型的乐观派，“The End of History?”，*The National Interest*，*Summer* 1988；另见 Michael Kaufman，“Martin Malia，80，Soviet-Era Skeptic，Dies，” *The New York Times*，November 24，2004，http：//www.nytimes.com/2004/11/24/obituaries/24malia.html.

“Z”立刻使人联想到凯南当年以“X”笔名为冷战“定调”的长文，在西方和美国造成了轰动效应。[①]

在这篇题为“通向斯大林的墓地”的文章中，Z先生严厉斥责西方苏联学界对戈尔巴乔夫改革一厢情愿的盲目乐观（第296—301页），指出了苏联制度的“不可改革性”，原因是苏联制度不是一般的官僚体制，而是以意识形态构成的意识形态—官僚体系（ideocracy）；任何背离这一体系的举动都会引起连锁反应，牵一发而动全身；因此，苏联的问题不是如何改革其共产主义制度，而是如何使之解体（dismantling），而戈尔巴乔夫的改革就是自掘坟墓。[②]

Z的真实身份是加州大学伯克利分校的苏联历史学教授马丁·马里亚（Martin Malia），[③] 使用匿名是为了保护为此文提供消息的苏联人士。在西方对戈尔巴乔夫及其改革的一片赞歌中，马里亚在苏联解体近两年前作出极为悲观的预测，似乎有“众人皆醉，唯我独醒”的洞察力。Z文的论述基于两点：对苏联历史系统和细微的观察，以及对西方苏联学主流的强力批判。在马里亚看来，在苏联解体前的20余年里，西方苏联学的主流学者及其各种“理论”已经在相当程度上成了苏联集权制度的辩护士；他们看到的只是制度表面的超稳定性[④]，

---

① 在苏联存在的74年里，各种预测苏联消亡的著作不计其数。其中主要的学者以及著作有：George Orwell，*James Burnham and the Managerial Revolution*（London：Socialist Book Center，1946）；Ludwig von Mises，*Socialism：An Economic and Sociological Analysis*（Yale University Press，1951）；Robert Conquest，*The National Killers：The Soviet Deportation of Nationalities*（The Macmillan Company，1970）；and Zbigniew Brzezinski，*Dilemmas of Change in Soviet Politics*（Columbia University Press，1969），Between Two Ages，*America's Role in the Technetronic Era*（Greenwood Press，1970），The Grand Failure，*The Birth and Decay of Communism in the Twentieth Century*（Charles Scribner's Sons，1989）. 然而上述预测均未引起Z文所造成的轰动效应。第337页。

② Z，“To the Stalin Mausoleum，”*Daedalus*，vol. 119，no. 1，winter，1990，pp. 295—344. “代达罗斯”是古希腊神话中的一位建筑师和雕塑家，传说曾为克里特王国建造迷宫。

③ 1993年，马里亚出版了The Soviet Tragedy：A History of Socialism in Russia 1917—1991（Free Press，1994）一书，基本沿用了Z文的观点。

④ 甚至美国政治学泰斗亨廷顿在其1968年的《变化社会中的政治秩序》中，也把前苏联政治制度的有效性和稳定性与西方民主制度相提并论。见Samuel Huntington，*Political Order in Changing Societies*，Yale University Press，1968.

认为苏联体制已逐步过渡到“成熟的工业社会”，甚至具有“向多元社会发展的潜力”，全然忽视了苏联社会变迁所经历的巨大震荡和付出的沉痛代价。

据马里亚观察，20世纪60年代中期以来，西方的苏联学界对第二次世界大战以后一直占据苏联研究主导地位的“集权模式”（totalitarian model）进行了数次“修正”，以加强对社会和经济等“底层问题”的研究，却忽视了对集权模式所特有的意识形态和政治等“高层问题”的专注，即以“社会研究”（social studies）取代了“政权研究”（regime studies）。[①] 在这些被修正了的、非集权化的模式中，西方的苏联学界几乎把苏联描述成了具有西方民主特点的政体，认为苏联模式虽然是从乌托邦开始，但经历了城市化和教育普及后，最终发展到了“现代化”。[②] 根据这种逻辑，斯大林的“暴政”不过是过眼烟云（a passing phase），或一个“非正常”现象（an aberration）；在勃列日涅夫时期，苏联实际上恢复到了所谓“正常状态”（normalcy）。与此同时，勃列日涅夫时期还出现了所谓“机构性多元主义”（institutional pluralism），苏联军方、企业管理阶层或科学院学者，都可以通过多元方式表达各自的见解。[③] 最令马里亚反感的是，西方苏联学界中有人把斯大林时代描写成由一个从下至上、由“恐怖社会”经过“进步”发展，达到社会“流动”（terror，progress，and

① 其代表作为：Robert Tucker，ed.，*Stalinism*，*Essays in Historical Interpretation*，New York：Norton，1977.

② 对“现代化”问题（modernization）的研究是第二次世界大战以后西方社会科学所致力的重要议题之一。有关苏联“现代化”的研究，见 Richard Lowenthal，“Development versus Utopia in Communist Policy”，in Chalmers Johnson，ed.，*Change in Communist Systems*，*Stanford*，Calif.：Stanford University Press，1970；Richard Lowenthal，“Beyond Totalitarianism?” and Michael Walzer，“Failed Totalitarianism”，in Irving Howe，ed.，*1984 Revisited*：*Totalitarianism in Our Century*，New York：Harper and Row，1983.

③ 马里亚把“机构性多元主义”的代表作、Jerry Hough 与 Merle Fainsod 的 *How the Soviet Union is Governed*（Cambridge：Harvard University Press，1979）一书，与 Fainsod 本人1963年出版的 *How Russian Is Ruled*（Cambridge：Harvard University Press，1963）相对比，认为后者是建立在“集权主义”模式基础之上。

social mobility）的“民主现象”，使得勃列日涅夫一代领导人能够由底层脱颖而出[①]等等。他认为，西方苏联学主流未能透过表象看到苏联极权主义的本质，过分注重苏联集权政治的程度和数量（degree and quantity），而非本质和质量（nature and quality）。在马里亚看来，尽管戈尔巴乔夫对苏联体制动了大手术，但该体制的基本内核（党政体系、中央计划、警察系统、党务系统等）基本上得以延续。

作为苏联史学家，马里亚认为要真正把握现状和洞察未来，必须以史为鉴。首先，布尔什维克革命是基于乌托邦式的理念。之所以“侥幸”成功，是由于俄国在第一次世界大战期间的深度危机。革命后苏俄实行战时共产主义，以政治委员制度加强对沙俄旧军队的控制，以政治警察（或契卡）来打击布尔什维克的一切“敌人”。在1917—1920年间，有1500—1900万俄国人死于战乱、饥荒和疾病，其中主要原因是布尔什维克的乌托邦式的奢望和执政不力。20世纪30年代的苏联经济高速发展和1929—1935年强制性集体农庄运动，造成了600—1100万人死亡、3000万农民迁入城市从事工业生产，农业生产力因此遭受严重破坏，农村生活水平倒退至1913年以前的水平，俄国由第一次世界大战前欧洲的“粮仓”沦为谷物净进口国，至今元气尚未恢复。

在工业方面，苏联政府发布的20世纪30年代的年经济增长率为20%；然而在戈尔巴乔夫时期，西方经济学界估计这一时期的经济增长率仅为4%—6%。[②] 此外，斯大林时代的经济增长极为畸形，绝大部分集中在重工业领域，农业、轻工业和服务业几乎没有发展。整个苏联经济犹如一个庞大的军工联合体（military-industrial complex）。而确保这一庞大体系运行的则是1936—1938年间斯大林的“大恐怖”

---

① 此种观点的主要著作有 Sheila Fitzpatrick, ed., *Cultural Revolution in Russia, 1928—1931*, University of Indiana Press, 1978; Sheila Fitzpatrick, *The Russian Revolution*, New York: Oxford University Press, 1982.

② Abram Bergson, *The Real National Income of the Soviet Union since 1928*, Harvard University Press, 1961.

(Great Terror)，以此来制止任何可能对其农业政策和“一五计划”的怀疑和批评。马里亚援引西方和苏联学者的统计，从1936年到1953年斯大林去世，“大恐怖”的受害者可能高达1000万，而这还是比较保守的统计。①

在这千万受害者中，还包括80%的苏军军官。苏军受到如此重创，为何还能在第二次世界大战中击败德军？马里亚认为是“地利”的原因：苏联幅员辽阔，斯大林有足够的空间去换取时间，使希特勒自己犯错误而步步走向失败；同时苏联有时间转移大量军工企业，保存实力，并伺机反击。卫国战争的胜利使苏共政权拥有了新的合法性；20世纪40年代末的原子弹、50年代末的人造卫星、70年代与美国实现了核均势……这一切华丽的表象在很大程度上掩盖了苏联计划经济体制中的粗糙内涵。这种高投入高产出的粗放经济建立在对资源和人力大量消耗、不计成本的基础之上，在工业化和战时可以有傲人的业绩，但在高、深层次的经济发展阶段就日渐乏力。到20世纪70年代末，苏联的发展模式达到巅峰。1979年，苏军入侵阿富汗。同年，苏联的经济增长为零。

后斯大林时代被马里亚划分为赫鲁晓夫的解冻期（thaw）、勃列日涅夫的停滞期（stagnation）以及戈尔巴乔夫的改革期。对赫鲁晓夫来说，在政治上清算斯大林似乎并不难，一纸秘密报告就可拨乱反正，纠正冤假错案也可一挥而就。然而赫鲁晓夫面临的最大难题是如何改革苏联盘根错节的官僚体系。在马里亚看来，恰恰是赫鲁晓夫在三个方面触动了苏联官僚体制的最敏感处，最终导致其下台。首先，赫鲁晓夫把经济决策权下放到新成立的“地区经济委员会”（Regional Economic Councils，Sovnarkhozes），从而削减了中央部门的权限。与此同时，赫鲁晓夫又把党务系统分为主管农业和工业的两部分，引起众人反对。最令人难以接受的是，赫鲁晓夫力图对重要的党内职务

① Robert Conquest，*The Great Terror*，New York：Macmillan，1968；Roy Medvedev，*Argumenti I Facty*，September 1989，cited from Z，op. cit.，note25，p. 342.

的任期加以规范和限制，触动了一大批党内高层人士的根本利益。赫鲁晓夫在这些国内政策上的失分甚至超过了古巴导弹危机，最后墙倒众人推。

勃列日涅夫当政的18年（1964—1982）在戈尔巴乔夫时期被称为“停滞期”。其政策走向包括停止非斯大林化，因为过分贬低斯大林不利于政治稳定；虽然勃列日涅夫政权从未以官方名义恢复斯大林的名誉，但停止了赫鲁晓夫时期对“个人迷信”的攻击。在经济方面，由于工业部门的反对，柯西金总理试图用以某种有限的权力下放来提高生产效率的政策也裹足不前，工人对工作没有积极性，得过且过，经济效益低下。与此同时，“地下”经济却大行其道，最终导致相当的经济管理部门、党务系统甚至执法部门“黑社会化”（Mafiaization）。到20世纪80年代初，随着苏联执政的老人们一个接着一个地被埋葬在克里姆林宫墙脚下，整个苏联的体制已病入膏肓，滑向一座巨大的斯大林式的墓地。

在马里亚看来，医治这些制度上的痼疾，挽救这一垂死的机体，对经历了18年“停滞期”以后上任的戈尔巴乔夫来说，从一开始就注定是一场以悲剧（drama）收场的改革尝试。然而，戈氏还是知难而进，对已经不可救药的政治、经济体制施以“重建”（perestroika）、“透明化”（glasnost）和民主化“三板斧”。戈尔巴乔夫的重建政策始于1985年4月，目标是为举步维艰的苏联经济打一剂强心针，以加速经济发展。为此，戈尔巴乔夫问计于专家学者，以自上而下的行政手段对政府经济部门进行改组和合并，撤换了一大批官员；同时在全国范围内开展反酗酒运动，实行质量检验制度。然而这一切均未能重振经济，结果适得其反：反酗酒运动迫使伏特加的销售转入地下，国家失去了一大笔收入；质量检查制度使大批企业完不成利润计划，收入下降；机构调整和人事变动又使各级官员人心浮动、惶惶不可终日。到1986年秋，戈尔巴乔夫的各项“重建”政策均遇到重重阻力。

不得已，戈尔巴乔夫发起了“透明化”运动（glasnost），力图通过知识界和舆论营造开放、改革的气氛，对体制内的官僚体系和僵硬的思维方式施加压力。戈尔巴乔夫甚至亲自打电话给正被流放的萨哈罗夫（苏联主要持不同政见者），请他“出山”并保证其言论自由，希望他能为改革推波助澜。其结果是苏联的政治生态急剧分化，自由/改革派的交锋日益白热化，来自反改革派的阻力也越来越强。保守派的领军人物利加乔夫（Ligachev）指责说，自由知识分子的批评会使苏联的体系、传统和价值观念毁于一旦（到 1989 年，苏联的几乎所有政治和价值观念都受到公开指责、批判和诋毁）。对此，戈氏的改革派认为，不存在除了重建以外的任何其他选择；如果经济继续停滞，苏联会很快失去其超级大国的地位，以至亡党亡国。到 1989 年初，由“透明化”运动引发的改革和保守派之间的辩论白热化，并在苏联的政治和知识精英中造成强烈危机感。

戈尔巴乔夫改革的最大败笔是打开了遍及苏联各地的分裂、分离运动的闸门。就在改革、保守两派争论不休、苏联经济每况愈下时，苏联除俄罗斯以外的各加盟共和国的分离倾向日趋明显。从 1988 年初到 1989 年，在亚美尼亚、波罗的海各加盟共和国、格鲁吉亚、阿塞拜疆和乌克兰，来自底层的分离运动与经济保障、政治民主、个人自由的各种诉求合为一股力量，严重动摇了各地党政机构权力的合法性。戈尔巴乔夫的“透明化”运动实际上对各地的分离运动起到了推波助澜的作用，而这一切是改革的始作俑者始料不及的。马里亚认为，苏联领导人之所以错判形势，是由于俄罗斯中心主义（Russo-centric）的自大和天真。诚然，俄国在 20 世上半叶已攫取了周边大片疆土，但俄国人在这些地区统治的合法性一直是个问题。戈氏大刀阔斧的改革措施的目的是要削弱中央官僚体制，而这不可避免地会导致对周边地区控制的削弱。这本来是一个常识问题，但戈尔巴乔夫却完全忽视了民族分离、分裂的危险。

“重建”苏联经济未果，推动政治“透明”遇阻，戈尔巴乔夫最后在1989—1990年启动激进的民主化进程，以期解开苏联政治、经济的死结。根据马里亚的观察，1989年的民主选举苏维埃人民代表产生了一个意想不到的后果，即一向令人生畏的苏共一夜之间开始惧怕平民百姓了。1989年5—6月，苏联电视台在两个星期里实况转播最高苏维埃代表会议，自由派和民主派的代表实际上把大会变成了对苏共进行控诉和批判的大会。与此同时，大会并未就困难重重的经济、社会问题提出任何有效的解决方案。到7月份，苏联各地开始出现各种形式的公民社团，实际上开始干预和管理地方事务。至此，戈尔巴乔夫的改革进入死胡同。其结果是旧制度瓦解的速度远超过新体制建立的速度，或者说破旧而未立新。更确切地说，1989年苏联的问题是旧制度拒绝死亡，而新制度无力出生。到当年秋季，莫斯科已有政变的传闻。至此，苏联制度的解体只是时间问题了。

马里亚的这篇文章止笔于1989年底（Daedalus杂志1990年1月号），离莫斯科的“8·19”政变还有20个月。事态的发展从多方面验证了其逻辑和预测的准确性，正如马里亚在该文一开始引用法国作家托克维尔（Alexis de Tocqueville）的名言：“对于一个坏政府来说，最危险的时刻就是它开始改革之日（The most dangerous time for a bad government is when it starts to reform itself）。”而与此同时，西方苏联学的主流仍陶醉在对戈氏改革的赞歌中，中情局也仍在编织苏军强大的神话，美国高层仍对戈尔巴乔夫的改革寄予厚望。

四、X与Z：非主流派的沉浮

从凯南冷战宣言式的“X”长文，到苏联解体前夕马里亚的“Z”调“挽歌”，西方/美国的苏联学走过了43年轰轰烈烈的历程。在政府、军方、情报界、学界和私人的合力下，其形成了美国“外国研究”（foreign studies）最庞大的“国别/地区研究”（country/area studies）体系，同时对西方/美国的国际关系理论产生了巨大影响，二者之交叉、借鉴和互补几乎难分彼此，构成战后西方国际关系研究最重要的环节。由此产生的众多国际关系理论的框架，反过来又影响着苏联研究的发展。

X的身份是外交官，Z则终身执教。两篇文章发表时间相差近半个世纪，但都文笔犀利、逻辑严密、谈古论今、一气呵成，不仅有论述，也有政策建议。虽然二人侧重点不同（凯南侧重苏联的外部行为；马里亚则聚焦于苏联内政），但“X”、“Z”二文在西方繁缛枯燥、过分学究式的书山学海中都有相当的可读性。在方法论上，二人都是从历史看现实，透过现象看本质。虽然都因发表匿名文章而名声在外，然而二人在各自领域（政策界和学界）内却均不得志。凯南出名后，美国外交界和政策界日益强烈的意识形态化使他倍感忧虑又无回天之力，只好自我“流放”到学界。马里亚在成名前的几十年间也难以苟同学界四平八稳的实证主义流派，于是对苏联的看法日趋极端政治化和意识形态化。

凯南与马里亚的为学和个人境遇虽有一些相似之处，但在对苏联体制和行为的认知方面几乎是南辕北辙的。

马里亚对苏联政治史和政治制度的描述与分析有强烈的价值观取向，对苏联的共产主义制度有刻骨仇恨，这与事事考证、自我标榜价值中立的西方社会科学主流的经验主义（empiricism）完全不同，倒是与苏联持不同政见者的观点更为相近。第二次世界大战以后，西方苏联学一度由“集权主义”模式主导；此后社会科学的发展陆续开辟了众多模式，比如发展理论（developmentalism）、官僚/机构模式（bureaucratic-institutionalist approach）、利益集团（interest group）研究等。这些治学路径（approaches）和方法论被陆续引进苏联学，对传统的集权模式造成强烈冲击，并从20世纪60年代起逐步取得主导地位。在西方的苏联史学界，普林斯顿大学的斯蒂芬·科恩（Stephen F. Cohen）1980年出版的《布哈林传》,[①] 以及影响了西方整整一代新左派的伊萨克·戴舍尔（Isaac Deutscher）三卷本的《托洛斯基传》,[②] 对苏联共产主义制度本身并不完全否定，而是认为苏联有可能回到类似20世纪20年代那种更为人道的新经济政策的政治环境。

事实上，西方苏联学在20世纪60年代“转向”、致力于寻找和发掘一个“正常的”苏联，这与西方尤其是美国内部的政治走向息息相关。20世纪六七十年代的美国深陷越战、经济不振，国内政治危机重重、暗杀成风（肯尼迪总统和民权运动领袖马丁·路德·金分别于1963年和1968年遇刺身亡），民权和反战运动高涨，美国制度的合法性受到严重挑战。与此同时，作为美国制度对立面的苏联似乎蒸蒸日上，对西方左派和自由派人士有强烈的吸引力。像戴舍尔这样探求人性化共产主义的学者，在学界和战后“婴儿潮”一代人中的影响力剧增。西方/美国学界一直由中间偏左的自由派占据，乃是六七十年代新左派运动的惯性使然。而在西方知识界向左转的大潮中，马里亚认为根本不存在人性化的共产主义。在他看来，列宁的新经济政策不过是通向集权的第一步，戈尔巴乔夫主义不过是这一制度的最后挣扎而已。[③] 这种“极端的”、非学术的观点在西方的苏联学界无疑属于“另类”，并一直被边缘化。[④] 在此种大环境下，马里亚一生的大部分时间都在与学界那些他认为只注重表象的经验主义学派缠斗，而最终以Z文震动学、政界。两年后苏联解体，马里亚从伯克利退休，功成名遂。

---

① Stephen F. Cohen, *Bukharin and the Bolshevik Revolution*: *A Political Biography*, 1888—1938, Oxford University Press, 1980.

② 伊萨克·戴舍尔分别于1954年、1959年和1963年出版了托洛斯基的三部传记：The Prophet Armed: Trotsky, 1879—1921 (1954), The Prophet Unarmed: Trotsky, 1921—1929 (1959), The Prophet Outcast: Trotsky, 1929—1940 (1963), 见 Isaac Deutscher, The Prophet: Trotsky: 1879—1940, Vol. 1—3, Verso, 2009. 出生于波兰的戴舍尔第二次世界大战时移居英国，后在西方多所著名大学讲学。托洛斯基的传记是戴舍尔在哈佛大学多年研究的结晶。

③ The Soviet Tragedy: *A History of Socialism in Russia 1917—1991*, Free Press, 1994.

④ Michael Kaufman, “Martin Malia, 80, Soviet-Era Skeptic, Dies,” *The New York Times*, November 24, 2004, http: //www.nytimes.com/2004/11/24/obituaries/24malia.html.

五、苏联之命运：在必然与偶然之间

马里亚虽然相对准确地预见到了苏联的解体，但这更出于他的极端意识形态化的信念，即苏联的制度是邪恶的，而邪恶的制度是不可能持久的。事态的发展与其说验证了马里亚的预测，不如说是实现了他的企盼。在治学/研究方式方面，无论是从历史或逻辑的角度，马里亚都并非无懈可击。从历史上看，苏联的政治制度显然不是凭空产生的，其“集权”特征多多少少承袭了俄国传统制度的特色。一直保持到19世纪中叶的农奴制在欧洲绝无仅有，而19世纪下半叶的沙俄逐渐成为一个警察国家也是不争的事实。此外，马里亚一味淡化或贬低赫鲁晓夫“解冻”时期的历史意义，认为苏联制度本身并没有根本改变，从而断定该制度必定消亡。然而这并不能抹杀一个基本事实，即对苏联绝大多数人来说，后斯大林时期政治运作的方式和制度的包容性，与斯大林时期相比是不可同日而语的。至少，斯大林时期人人自危的恐怖感已大为降低，一般民众和官员的日常生活开始了某种“正常化”。这些实实在在的变化是通过政策而非政体的改变实现的，社会和民众所付出的代价显然比革命性的变化要小得多。同样的道理，戈尔巴乔夫时期的苏联政治至少在体制内造成了前所未有的宽松环境。在对外政策方面，戈氏对东欧和阿富汗不仅仅是“撒手”，而且是一种在哲学和道义与苏联以致俄罗斯传统的帝国理念告别。戈尔巴乔夫这样做是冒了极大政治风险的，没有勇气和魄力的平庸之辈难有如此境界。而美国的政治精英在对周边小国和弱国的政策上一直在实行门罗主义。不仅如此，后冷战时期的美国实际上是将门罗主义放大到全世界。

戈尔巴乔夫国内改革的最后失败是悲剧性的，但并不能因此断定其改革动机就是为了维护在马里亚看来是“邪恶”的制度。戈氏改革裹足不前，最终失败，不仅有众多必然和结构性的因素，而且不排除偶然因素。事实上，造成改革后期急转直下的局势是有多种变量的。社会变迁与自然界的变化不同，是不大可能加以精确预测的。尤其是苏军在改革后期逐步政治化，为1989—1991年的苏联政治动荡注入了极大的不确定因素。[①] 在更深的层次，马里亚在Z文中为苏联的历次改革所设计的“要么不改革——要么打碎一切”的两个极端的结局，在相当程度上反映了西方主要思想流派的极端性。典型的西方自由主义和西方马克思主义都力图严格按照自身的模式和逻辑改造世界，都追求各自体制的最高纯洁度和完美性，都拒绝第三条道路，都把不同意识形态之间的关系看作是零和游戏，毫无妥协的余地。马里亚的思维方式就是此种极端宗教性、僵硬的意识形态的表现，也是违反常理的。现实是一个是充满灰色地带、黑白皆有、善恶混杂的“浑沌世界”。戈尔巴乔夫在内外政策上的改革实际上走出了典型的西方意识形态的零和式思维。凯南的现实主义也排斥意识形态的极端性，可惜在美国难有容身之地。

其实就是在马里亚执教的美国，宪法保护下的自由也一直是有条件的。马丁·路德·金所称的“沉默的大多数”（silent majority）在

① 苏军在戈尔巴乔夫改革后期的“政治化”表现出以下若干现象：（1）1989—1990年的选举改革首次允许苏军参与推选军人代表参加选举并进入最高苏维埃。而在改革后期的动荡时期，军人代表往往“被迫”在不同的政治派别中进行选择。（2）由此导致一些少壮军官质疑甚至公开挑战上级。（3）1990年初开始，苏军和苏内务部高级将领日益强烈要求对国内的分离主义倾向和动乱采取强硬措施，对戈尔巴乔夫的改革不满。事实上，苏军作为一个整体，早在20世纪80年代中期就对戈尔巴乔夫的“新思维”不满，主要原因是从东欧撤军、与美国达成中导协议等，这对苏军的利益和士气损害极大。（4）俄罗斯联邦1990年总统选举中，两位总统竞选人叶利钦和尼古拉·瑞斯科夫（Nikolai Ryshkov）的竞选搭档都是军人，苏军内部对戈尔巴乔夫改革的态度已呈分裂状态，政客也竞相拉拢军中派别以壮声势。（5）苏联党、政、社会日益深化的改革与保守的分歧也在苏军内部日益显现，最终驱使苏军保守派于1991年8月19日发动政变；但苏军本身已经严重分裂，军中改革派随即反击，使政变迅速瓦解。详见Yu Bin，“Civil-Military Relations in the Transition of Communism：China and Russia，” *Current Politics and Economics of Russia*，vol. 4，no. 3/4，New York：Nova Science，1995，pp. 237—246.

第二次世界大战以后一直在容忍甚至纵容美国的种族隔离政策。[①] 事实上，美国的政治精英最终放弃种族隔离，实行平权政策（affirmative action），在很大程度上是为了在国际舞台上与苏联争夺道德制高点。一个在美国看来是“邪恶帝国”（evil empire）的苏联，客观上迫使美国向更民主、更平等的社会迈出了一大步。以此观之，戈氏改革的最大失败是在国际体系层面造成严重失衡：侥幸获得单极世界霸主地位的美国，实际是在情不自禁地走向帝国。而且，它不仅在国际上为所欲为，在国内政策上也开倒车，开始逐步放弃很多对少数族裔的优惠政策。[②]

与马里亚强烈的意识形态化和“先苦后甜”的经历相反，凯南则更注重苏联对外政策的“行为”（behavior）。他对苏联意识形态的关注在于其与对外政策的关联，对苏联内政事务则静观其变，由此认为美国和西方必须在世界范围内对苏联的对外扩张加以遏制。[③] 其实 X 文有两个版本。1946 年初，凯南在即将卸任美国驻苏使馆代办前发给华盛顿的 5300 字的“长电”中，把苏联对外政策的基础定义为“俄罗斯传统的和与生俱来的不安全感”，只是在俄国革命后这种不安全感才与共产主义的意识形态相结合。[④] 凯南的电文引起了对苏强硬派海军参谋长詹姆斯·福莱斯特（James Forrestal）的注意，他力促凯南将此电文公开发表，这就是后来发表在《外交季刊》1947 年 7 月号的 X 文。然而 X 文中只是把共产主义的意识形态定位为苏联对外政策的根源，完全不提俄罗斯对外部世界的“传统”的不安全感，这

① Martin Luther King, Jr. “Letter from a Birmingham Jail [King, Jr.],” 16 April 1963, http: //www. africa. upenn. edu/Articles _ Gen/Letter _ Birmingham. html.

② Yu Bin, “America's War against Racism,” *Asia Times online*, June 26, 2003, http: //www. atimes. com/ atimes/ Front _ Page/EF26Aa01. html.

③ Walter LaFeber, *America, Russia, and the Cold War, 1945－2006*, 10th ed., pp. 60－72.

④ Barton Bernstein and Allen Matusow, *The Truman Administration: A Documentary History*, New York, 1966, pp. 198－212. 凯南的“长电”全文，见 http: //www. gwu. edu/~nsarchiv/coldwar/documents/ episode－1/kennan. htm.

当然包括19世纪初拿破仑侵俄，更不用说不久前希特勒对苏联的入侵。无独有偶，X文发表前4个月，杜鲁门总统在对国会的演说中也借用凯南的“遏制”概念，正式推出“杜鲁门主义”。在演说中，杜鲁门强调世界已分为自由与集权两大阵营，美国必须以4亿美元经援军援土耳其和希腊，以制止苏联对这两个国家的“侵略”。在演说中，杜鲁门也只字未提俄罗斯“传统”的不安全感，仅仅把苏联描绘成意识形态的洪水猛兽。凯南事后对杜鲁门政府的“断章取义”十分不满，认为杜鲁门主义严重歪曲了他的本意，由此引发的冷战过于意识形态化、过于强调武力的作用。他认为美国对希腊和土耳其的军援毫无必要，而且会挑衅苏联。不仅如此，凯南在以后近60年的余生里都致力于反对美国历届政府对外政策中日益军事化、意识形态化和泛道德化的趋向。①

X和Z文及其作者的经历仅仅是美国和西方在冷战时期苏联研究巨大冰山的一角。虽然不可能也不应该代表这一领域中的“诸子百家”，然而却在不同时期以不同角度折射出这一领域中主要学派，以及这些理论与政策之间的关系。凯南和马里亚之间最大的不同就是文章发表前后的个人经历和命运。凯南以X文出名，却因美国的对苏政策日益意识形态化而逐渐远离决策中心，几乎成为“体制外”人士。他却仍坚持现实主义的观点，直到2005年辞世。Z文的意义在于，走向斯大林墓地的不仅有苏联体制，还有伴随着这一体制的西方苏联学。美国的苏联学也由此改头换面为俄罗斯学或欧亚学（Eurasian studies)。

① 关于凯南的“失宠”经历，见 Walter LaFeber，*America*，*Russia*，*and the Cold War*，*1945－2006*，10th ed.，pp. 61，66－67，69，70－71，104，134，208－209；关于美国对外政策日益军事化、意识形态化和泛道德化的趋向，见 Henry Kissinger，*Does America Need a Foreign Policy*，NY：Touchstone Books，2001；George Kennan，*American Diplomacy*，expanded edition，Chicago：The University of Chicago Press，1951；Walter LaFeber，*The American Age*，*United States Foreign Policy at Home and Abroad 1750 to the Present*，New York：W. W. Norton & Company，2nd edition，1994.

六、理论、常识与决策

凯南和马里亚二人的经历还揭示了另一个问题，即美国的苏联研究与美国的对苏政策之间的“不同步”现象。美国/西方学界在 20 世纪 60 年代以后逐步走向非意识形态化，至少主流是如此。与此同时，美国的对苏政策和整体外交政策除了尼克松政府的短暂时期，基本上都是意识形态化的。① 究其原因，这既有无处不在的麦卡锡主义，也有“美国特殊主义”（American exceptionalism）的缘故。② 美国已故的哥伦比亚大学历史学家理查德·霍斯泰德尔（Richard Hostadter）曾说：“美国作为一个国家，其命运不是有没有意识形态，美国本身就是意识形态的化身（It has been our fate as a nation not to have ideologies but to be one）。”③ 在这一基础上，北卡大学历史学家马克·亨特（Michael Hunt）在《意识形态与美国外交》一书中，描述和分析了美国意识形态的三个组成部分：1. 民族自大情结（feeling of national greatness）；2. 以种族和肤色来区别和看待他国人民；3. 怀疑、惧怕和反对革命。④ 总之，作为一个没有深层文化的移民国家，美国必须以意识形态作为其民族凝聚力。⑤ 对于美国对外政策中非现实的和强烈的意识形态因素，美国现实派大师基辛格在“9·11”数月前出版的《美国还需要外交吗?》一书中认为，美国 20 世纪六七十年代深陷越战而不能自拔，不是因为美国过度使用武力，而是由于美

---

① 于滨：“‘9·11’与西方国际关系理论——兼论中国国际关系理论的发展与创新”，上海美国研究所，论文，2006 年 6 月。

② 引自 Godfrey Hodgson, *The Myth of American Exceptionalism*, Yale University Press, 2009, p. 1.

③ Michael Hunt, *Ideology and U. S. Foreign Policy*, Yale University Press, 2009.

④ Michael Hunt, *Ideology and U. S. Foreign Policy*, Yale University Press, 2009.

⑤ Samuel Huntington, “The Erosion of American National Interests,” *Foreign Affairs*, September-October, 1997.

国过度推行其价值观。不考虑历史条件而滥用道德标准，只会造成更大的灾难。到了克林顿时期，美国除了军事和经济政策以外，已无真正的外交可言了。[①]

一个拥有阵容最强大的国际关系学的国家何以“没有”了外交？拥有最庞大的苏联研究和最强大的情报系统的美国为何没有预见到苏联局势急转直下的可能？而这些失误与西方对苏联研究的投入根本不成比例。原因何在？是研究资料的问题还是判断有误？是价值观念的问题还是方法论的问题？其实美国学界和情报界的地区研究（area studies）不是第一次犯类似的错误，包括对中国革命和越南革命的判断，对伊朗、朝鲜、日本（1941年珍珠港事件）甚至“9·11”恐怖袭击，都曾出现过巨大误差。在苏联学和地区研究以外，美国的国际关系学界也常常对研究对象误读、误判、误导。[②]

上述问题可以从多方解读。然而学界和政策界的“不对称性”至少可以说明一个问题，即有效的外交并不一定依赖学术理论的发展。在相当程度上，外交更是一门艺术而非学术，其成败取决于领袖人物和精英团体的战略洞察力，而非简单地依靠对对方大规模的技术性侦查；是把握战略机遇的大智大勇，而非时时处处标榜自身、贬低他人的小动作和小聪明。而这些外交的艺术和智慧在美国的对苏和对外政策中似乎正日益短缺。2009年1/2月号的《国家利益杂志》刊登了安德鲁·克莱比奈维茨（Andrew Krepinevich）和白瑞·沃茨（Barry Watts）的题为“国家安全委员会里少了什么?”的文章，指出美国的国家安全和战略部门的战略判断力和决策力从20世纪70年代就开始下降，这当然包括对苏联的评估、战略和政策。[③] 相对来说，20世纪

---

① Henry Kissinger, *Does America Need a Foreign Policy*, NY: Touchstone Books, 2001, chapter 1, pp. 236, 258.

② 于滨：“‘9·11’与西方国际关系理论——兼论中国国际关系理论的发展与创新”，上海美国研究所，论文，2006年6月。

③ Andrew Krepinevich and Barry Watts, “Lost at the NSC,” *The National Interests*, January 6, 2009, http://www.nationalinterest.org/Article.aspx?id=20498.

前半叶，美国在国际社会以外交为主导，军事上后发制人，其业绩可圈可点。

这包括1900年的对华“门户开放”政策，美国不费一枪一弹就获得了进入列强在华势力范围的权利，又在名义上维持了中国的“统一”；1905年小罗斯福总统在日俄之间调停，因此获得当年的诺贝尔和平奖，私下里又得到日本对美国侵占菲律宾的认可；美国在第一次世界大战各交战国筋疲力尽时介入欧战，1919年又以民主和民族自决的道德制高点打开了介入欧洲和国际事务的大门；甚至美国在1941年以前的中立政策都是充分利用其独特的地缘战略资源，从交战各方攫取最大利益。为此，当时还是参议员的杜鲁门曾说：“如果我们看到德国占上风，我们就应帮俄国；如果俄国占上风，就要帮德国。让他们自相残杀好了，尽管我无论如何也不希望希特勒赢。”①

可以说，美国大战略意识衰落的拐点是越战。历时11年（1964—1975年）、耗费万亿美元的越战除了造成数百万的伤亡以外，美国所得到的唯一“积极”遗产，恐怕只是历久不衰的百老汇保留剧目《西贡小姐》（Miss Saigon）。孜孜寻求敌人、刻意夸大对方实力，从来就是中情局的“职业病”。这包括肆意夸大苏联的实力，断定萨达姆有大规模杀伤性武器等。与此同时，美国庞大的情报体系居然未能感受到“9·11”恐怖袭击前山雨欲来的种种迹象。就此，英国记者乔纳森·帕维尔（Jonathan Power）在“9·11”事件三天过后的一篇题为“世人皆知，只有美国蒙在鼓里”的文章中指出，恐怖袭击是针对美国在20世纪90年代的一系列政策。美国在巴以冲突、全球温室效应、海外驻军、反导等一系列问题上唯我独尊的（take-it-or-leave-it attitude）处世方式，使美国处于自我毁灭（self destructive）的境地。帕维尔认为，美国对外政策的傲慢与偏见不可避免地要遭受报复。任何政治运动都可能产生诉诸暴力的少数极端分子，但这并不

① 见Walter LaFeber, *America, Russia, and the Cold War, 1945—2006*, 10th ed., p.7.

等于这些运动的主流是错误的，它们总是事出有因（elements of truth）。对此，全世界都看得清清楚楚，唯有美国由于其大部分政治领袖和媒体的自我封闭而蒙在鼓里，对“9·11”袭击大惑不解。①

其实，国与国相处的最基本原则还是“己所不欲，勿施于人”这句老话。在美国学界中，除古典现实主义（classic realism）以外，绝大多数令人眼花缭乱的理论、定义、假说和概念，似乎连这一基本常识都不具备。在美国的外交和对苏政策中，兼顾对方利益的想法和做法更是少见。对此，前国务卿基辛格说：“美国是对苏联对外干涉主义最严厉的批评者，但美国本身却从未接受过不干涉内政的原则。”② 冷战期间，苏联的核报复能力可能是唯一使美国保持自身行动平衡的清醒剂；而美国三权分立的内部结构，对美国的对外政策几乎没有什么制衡作用。③

---

① Jonathan Power, “Everyone but US could see it coming,” *South China Morning Post*, September 14, 2001.

② Henry Kissinger, *Does America Need a Foreign Policy*, p. 237.

③ Steven Hook, *U.S. Foreign Policy: The Paradox of World Power*, 3rd ed., CQ Press, 2010，第五章。

苏联解体对国际关系与比较政治的影响

艾伦 C. 林奇*

一、引言

有四句妙语恰好抓住了笔者将在本文中论述的观点。首先是1971年，当基辛格问及周恩来对法国大革命历史意义的看法时，周恩来的著名回复："现在回答还为时尚早。"从这个角度看，1991年苏联解体，如今只过去了20年，现在还很难作出最后论断。那时的强大遗产仍旧继续直接或间接地塑造现今的俄罗斯。同时，许多主要国家的国家事务仍然被这种社会化形式控制，受到苏联解体深刻的影响。[①] 从某个角度来看，在2011年评估1991年就如同在1937年评估俄国革命一样。因此，评估时我们应该保持谦虚谨慎，并认识到无论我们

* 艾伦 C. 林奇，弗吉尼亚大学国际研究中心主任、伍德罗·威尔逊政治系教授。

① 这一点在俄罗斯与其他后苏联国家中十分明显。美国学界关于这种现象的深入分析，请参见安德烈（Andrei Tsygankov）所著《恐俄症：反俄游说团体与美国外交政策》，帕尔格雷夫麦克米伦出版社2009年版。

得出何种结论，它们都不可避免地会受到将在未来发生、当前难以预见的事件所影响。

第二，普京有句名言，任何不为苏联解体而惋惜的俄罗斯人都是“没有良心的”；接着他又加了一句，“任何试图恢复苏联的人，都是没有头脑的”。[①] 这一点笔者很赞同普京的看法。1991 年是俄国历史上的重要节点，标志着俄罗斯帝国的终结（随之结束的是自 1922 年爱尔兰自由邦建立以来整个 20 世纪的反殖民主义运动）。至此，俄罗斯已不再是一个真正的世界强国。

第三，据传有一则关于爱尔兰的轶事：在英国承认爱尔兰共和国独立后，《伦敦时报》头条报道称：“爱尔兰获得自治，英格兰在爱尔兰共和国统治 600 年后获得自由了！”也就是说，随着帝国的终结，俄罗斯政治不再受制于殖民主义的政治和经济逻辑，获得了自由和解放。今天，没有一个俄罗斯的领导人会因为华沙、布达佩斯、布拉格或布加勒斯特的政府轮替而失眠。虽然普京领导下的俄罗斯无论从哪个层面看都远未实现西方世界所认同的那种民主，但正因为俄罗斯不再是一个帝国，所以它拥有了有史以来的最好机会，开始长期的现代化进程。

最后，在 20 世纪 80 年代末期，苏联顶尖的美国专家乔治·阿尔巴托夫（Georgy Arbatov）取笑他的美国对手，警告他们说：“我们应该对你们这些美国人做最糟糕的事情：我们应该剥夺你们的敌人。”在这一点上，如果苏联解体是俄罗斯的创伤，那么它同样也是美国的创伤，尽管不那么明显。苏联解体后，美国外交政策连同美国国内政治和基本的经济竞争力都产生严重混乱，这种方式的混乱在苏联存在时绝对不会发生。

---

① 德国电视一台（ARD）和电视二台（ZDF）对普京的电视采访，引述自阿尔弗雷德 B. 埃文斯：《权力与意识形态：弗拉基米尔普京和俄罗斯政治体制》，卡尔·贝克论文，no. 1902（宾夕法尼亚匹茨堡：匹茨堡大学，俄罗斯与东欧研究所，2008 年，第 5 页）。

二、分析失效

几乎所有观察家都未能预见这场发生在1989—1991年间并最终导致苏联解体的国际关系变革。不仅如此，在那些受“现实主义”关于世界政治传统思维教育的分析家们看来，这一变革在理论上也不可能发生。这一时期内，不仅全球体系的基本结构发生了改变——从松散的两极变为以美国为中心的体系，而且这一转变是以这种方式实现的：1. 系统自身层面不存在暴力甚至暴力威胁；2. 导致这一结果的主要力量源自于系统内部的某个单元（尽管是关键单元），即苏联。1989年初，这个苏维埃国家还如1985年初期一样强大，因此国际权力分配的变化并不是戈尔巴乔夫对苏联国家利益继承重新界定的原因。1991年，“权力现实主义”倍受打击，自此就再也没有完全恢复过。事实上，1989—1991年的事件对国际关系学理论中一个全新分支的产生起到了决定性的推动作用，即建构主义。建构主义注重观念的自主能力，尤其是利益形塑过程中对身份的宣称和捍卫。①

研究苏联内政的分析家们也没好多少，美国三大主流学派全都大错特错。所有错误都存在一个共同的因素，即对分析和政治主张的过度解读。例如：

> A. 20世纪70和80年代美国大学里的主要力量——“修正主义者”——认为苏联是通向现代化的一条可行的替代路径。然后莫名其妙地，他们得出结论，认为戈尔巴乔夫代表了一条更为可行的道路，如果他成功了，他就将帮助拯救西方的社会民主事业（这实际上正是修正主义者在政治上

① 理查德·内德·勒博（Richard Ned Lebow）、托马斯·里瑟卡彭（Thomas Risse-Kappen）：《国际关系理论和冷战结束》，哥伦比亚大学出版社1995年版。

首要关注)。

B. 包括中央情报局诸多分析师在内的“主流”社会科学家试图将苏联整合到西方政治发展的模式当中。他们最喜欢那些能够被明确定义、能置于西方背景之下并且适宜计量的事物。所以不足为奇,他们所认为的苏联经济是实际情况的两倍大,他们所认为的苏联国防开支管理也比实际情况容易得多。①

C. 在学术上没什么作为却在里根政府中表现出色的极权主义学派也无法解释苏联体制内部为何会出现一个戈尔巴乔夫。他们中的许多人,如罗伯特·盖茨(Robert Gates)直到将近结束才勉强接受现实,因为他们从理性上认为戈尔巴乔夫并非真意,是个当代的列宁主义者、披着羊皮的狼。他们有个明确的见解,认为苏联体制不可能实现改革(然而邓小平证明了对共产主义进行改革是可能的)。②

当然,即使是安德烈·阿莫尔里克(Andrei Amalrik),这位近乎预测到苏维埃国家将最终覆灭的学者,也对具体触发点估计错误。他认为需要一场诸如对华战争之类的外部冲击来打破苏联的惯性麻木。③ 从这个角度看,在苏联体制中,戈尔巴乔夫在政治上等价于对华战争。(但公平地说,在活着的一代思想家之中,范式几乎从未改

---

① 伊戈尔·伯曼:《苏联军事开支的规模:方法论视角》,斯德哥尔摩,1991 年;亦可参见其文章“经济危机在苏联”,《苏联研究》1980 年,卷 21,第 1 期,第 84—105 页;“1988—1990 苏维埃军事力量评估报告”,《东西方比较研究》1991 年,卷 22,第 4 期,第 5—20 页;和 J. H. 威廉(J. H. Wilhelm),“美国苏联经济问题研究专业的失败”,《欧亚研究》2003 年,卷 55,第 1 期,第 59—74 页。

② 详见奥菲拉(Ofira Seliktar):《政治、范式和情报失察:为何苏联解体鲜有预测》,M. E. 夏普出版社 2004 年版;亦可参见迈克尔·考克斯(Michael Cox)等:《反思苏联解体:苏联学、共产主义的覆灭与新俄罗斯》,Continuum 国际出版集团 1999 年版。

③ 安德烈·阿马尔利克:《苏联能维持到 1984 年吗?》,Harper & Row 出版社 1970 年版。俄文为 Prosushchestvuyet li Sovetskiy Soyuz do 1984 goda?(Amsterdam: Fond im. Gertsena, 1970).

变。在人们的想象中，哥白尼时期，如果最后一位托勒密天文学家去世后，那么托勒密天文学也会随之消失。）

现在，如果1989—1991年这段时期能反映出单个国家的想法与决策影响甚至改变国际秩序的潜能，那随后的一段时期则强调权力对占主导地位的“观念性”外交政策的限制。1991年后的一段时期内，俄罗斯政府试图实施一种自由民主的外交政策。该外交政策基于一个前提，即俄罗斯的利益源于其自身对自由市场民主的渴望。国内经济政策的惨败制定（这一点美国是他的同谋）和北约东扩破坏了俄罗斯政治与外交政策上的自由主义前提。俄罗斯自由主义者主张，俄罗斯和西方世界间共同的利益与价值超越了传统上对势力均衡的算计，然而美国和北约的势力胜过了这种自由主义主张。权力依然很重要，如果说在20世纪80年代后期，单元层次的势力和观念战胜了系统层次的势力和观念，那么20世纪90年代的情况则恰恰相反。①

三、1991年不是什么？

无论1991年意味着什么，它都不意味着冷战的终结。冷战终结于1987年12月中程导弹条约签订与1990年夏德国决定在北约内完成统一这二者之间。例证包括：

1. 1987年12月：签署中程导弹条约，条约中苏联同意比美国多拆除上百枚中程导弹，以便实现该类武器的全面裁军；

2. 1988年5月下旬：罗纳德·里根在红场表示“邪恶

① 艾伦·C. 林奇：“俄罗斯外交政策的现实主义”，《欧亚研究》2001年，53卷，第1期，第3—31页。

帝国”已不复存在。(字面意思:“邪恶帝国“是另一个时期的另一个地方);

3. 1988 年 12 月:戈尔巴乔夫在联合国呼吁实现真正的“民族自决以及在非核领域的真正裁军”;

4. 1989 年 6—11 月的中东欧事件,以波兰选举中反共产主义的团结波兰党候选人的彻底胜利为开端,以 1989 年 11 月 9 日晚柏林墙倒坍告终;

5. 1991 年 8—11 月,苏联政府支持美方在联合国安理会的所有努力,以便在外交上孤立萨达姆·侯赛因统治下的伊拉克并对其入侵科威特实施制裁。事实上,戈尔巴乔夫和谢尔瓦德纳泽(Shevardnadze)给了布什一张空头支票,因为授权武力使用的最终决议不包括任何联合国安理会或军事委员会对盟军军事行动行使监督权的机制。

6. 1989 年 12 月:布什总统在马耳他峰会上作出重大承诺,以加强戈尔巴乔夫的国内政治地位。内容包括:

(1) 布什向戈尔巴乔夫保证,在应对爱沙尼亚、拉脱维亚和立陶宛预期走向独立的行动中,美国将保持克制。布什告诉戈尔巴乔夫,只要后者在解决波罗的海事务时不直接使用武力,自己也不会对上述三国独立予以鼓励。

(2) 1991 年 8 月,布什在乌克兰基辅对他称之为“自杀性民族主义”的行为作出警告。

总之,布什政府事实上希望保持苏联的完整性,这并非因为他们对戈尔巴乔夫国内经济计划的重视(他们并不重视),或碍于严格的外交政策上的原因(他们事实上已经得到了期望的一切,甚至更多),而是出于将苏联作为一个单一的核对话者。换言之,历史上当美国有机会促成苏联解体的那一刻它却背道而驰,这是冷战已经结束的一个明确信号。[①]

四、1991年，俄罗斯帝国的终结

1991年对俄罗斯人（他们在一定意义上是从昂贵的殖民主义逻辑中获得“解放”）和周边的前殖民地而言都意味着帝国的终结。然而帝国的终结也意味着俄罗斯作为一个世界大国的终结，与1653年以来3个半世纪中俄国在欧洲的扩张相比，俄罗斯现今的国际边界（尤其是在西方）顷刻间遭受逆转。下列地图描绘了1653、1988和1992年至今俄罗斯与欧洲的关系：

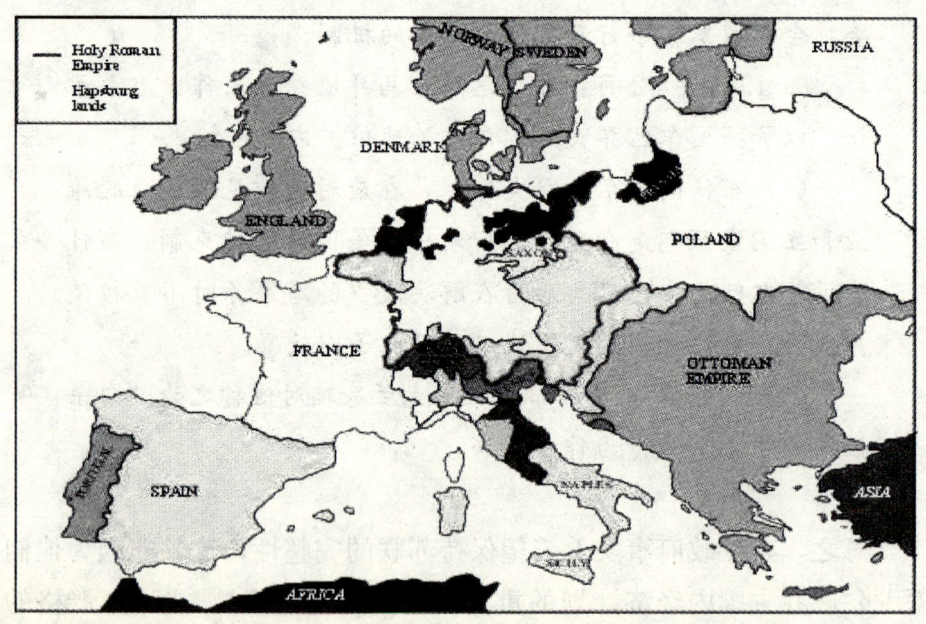

图10—1　1653年的俄国 & 欧洲，俄罗斯与乌克兰联合以前

① 斯特普·塔尔博特（Strobe Talbott）和迈克尔·贝施洛斯（Michael Beschloss）：《最高级别：冷战结束的内幕》，Little，Brown出版社1993年版。本书的写作基于对涉及1989—1991年美苏关系几乎所有主要成员的秘密访问。

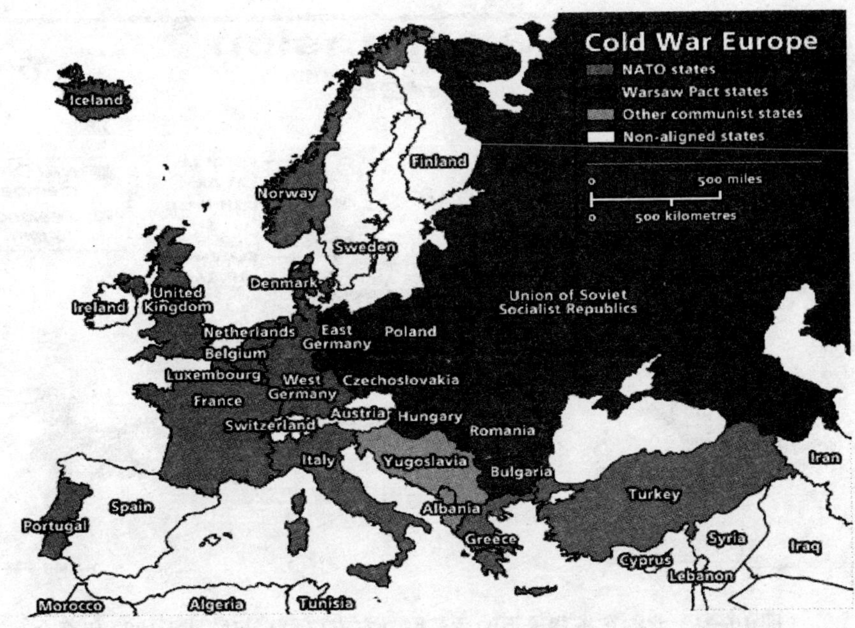

图 10—2 苏维埃俄国与其在欧洲的直接影响（黑色部分），1988 年

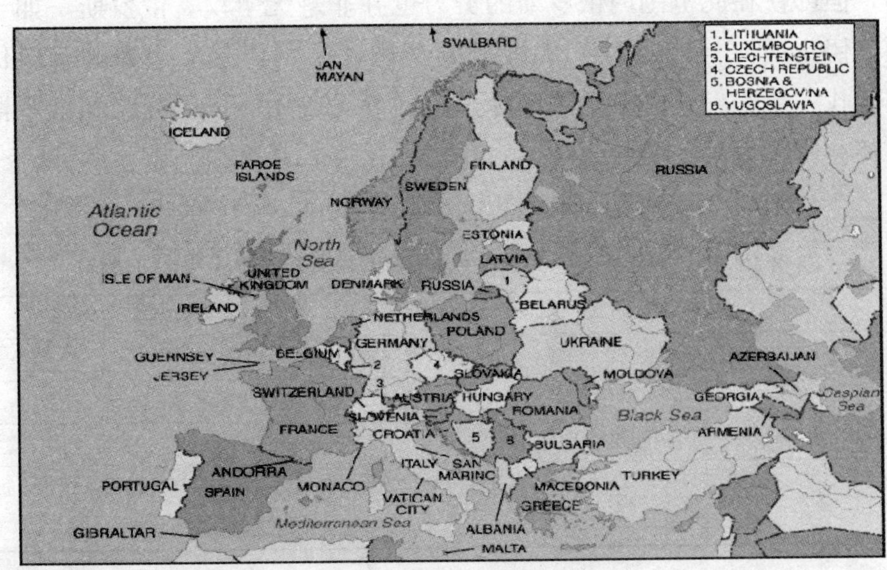

图 10—3 地理学上的后苏联与欧洲，1992 年至今

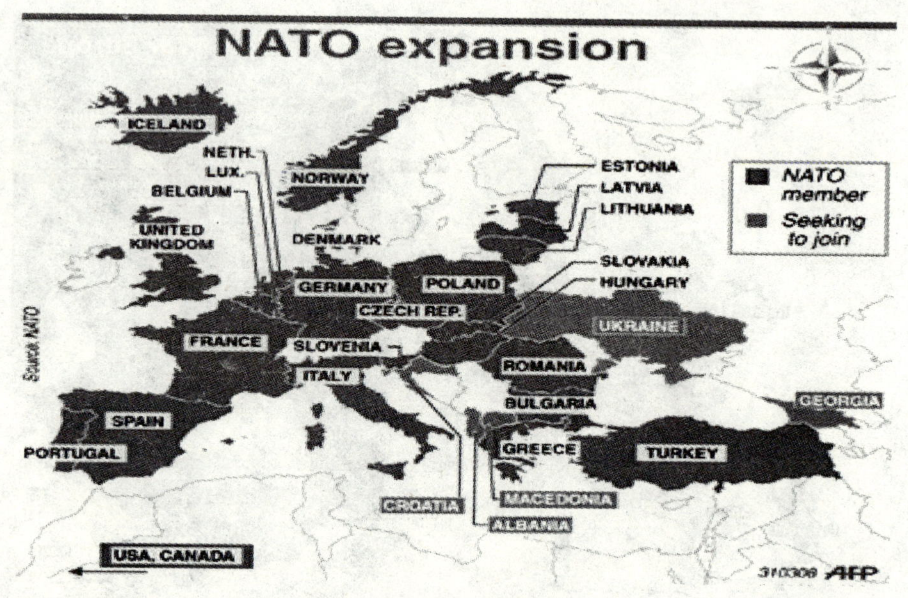

图 10—4　北约东扩背景下的后苏联（右方白色）与欧洲，1997 年至今

因此，现今的俄罗斯主要想努力成为后苏联空间范围内的大国，但即使在此范围内俄罗斯的努力也并非毫无争议。俄罗斯一如干预苏伊士运河（1956 年）失败后的英国，已不再是一个帝国，但仍在寻找一个心理上能接受的国际角色。参见表 10—1 中苏联和俄罗斯联邦在国际力量上的对比：

表 10—1　苏联（1985—1991 年）与俄罗斯联邦（2011 年）对比

	苏联	俄罗斯联邦
经济：GDP	美国经济的 30%	美国经济的 10%
人口：	3 亿	1.4 亿（且呈下降趋势）
军事：规模/预算	5 百万，占 GDP 的 25%—30%	1 百万，占 GDP 的 3%
盟友	华沙公约	所有前华约组织同盟国均已加入北约（加上波罗的海三国）

此外，与中国相比，1991 年是 40 年间的分界点，它见证了中俄

之间经济和外交命运上令人瞠目结舌的逆转，数据详见下面3个表：

表10—2　GDP年均增长率：①

	1981—1990	1991—2000	2001—2010
苏联/俄罗斯	2.48%	－4.04%	5.28%
中国	9.35%	10.45%	9.86%

总之，苏联与后苏联时期的俄罗斯在1981—2000年的20年间经历了经济的净平均负增长，同期内中国经济则以10%的复合年增长率不断攀升，GDP每十年翻一番。即使在俄罗斯经济显著复苏的普京时代，中国的经济增速仍是俄罗斯的两倍，从而进一步拉大了与俄罗斯GDP之间的差距。如果说1970年苏联的国内生产总值比中国大4倍，那么到2010年中国的国内生产总值则是后苏联时代俄罗斯的4倍。

表10—3　历史实际GDP值（以2005年美元计算/十亿）：②

	1970	1975	1980	1985	1990	1995	2000	2005	2010
苏/俄	506	590	687	776	904	568	536	747	932
中国	122	162	222	367	540	963	1456	2300	3727

表10—4　世界GDP比重，1978—2010年（以2005年美元计算/十亿）：③

	1978	2003	2010
中国	＜1.0%	4.5%	7.4%
苏联/俄罗斯	3.0%	1.6%	＜2.0%

① 马修·谢恩（Matthew Shane）：《历史实际GDP值》，www.crs.usda.gov/data/historicalrealgdpvalues.xls；安格斯·麦迪森（Angus Maddison）：《从长远来看中国的经济表现》（第二版），巴黎：经合组织，2007年，第62页。

② 同上。

③ 同上。

即使按人均计算，中国（13 亿人口）的 GDP 仍然比俄罗斯（1.4 亿人口）的 GDP 水平高出 40%。[①] 因此，1991 年不仅标志着俄罗斯政体性质的根本改变，也标志着这一政体在国际体系中位置的根本改变。

1991 年以来没有太大改变的是，现今的俄罗斯经济一如当年的苏联经济，在推动经济增长和维持中央政府的财政上过度依赖石油部门，或更加广义地说是依赖原材料行业。20 年后，俄罗斯经济仍旧未能转型成更为平衡的现代经济；如果当前的俄罗斯经济与苏联后期的经济存在区别的话，那也许就是现在的俄罗斯更加依赖于燃料部门。[②] 话虽如此，普京政府——在叶利钦政府的显著对比下——重新将私有金融利益确立为国家优先考量，并在经济繁荣期努力积累充足的现金储备以应对 2008 年由美国金融危机引发的全球经济衰退。这是一项巨大的成就，它将普京与戈尔巴乔夫和叶利钦区分开来，因为后两者都未能成功应对 1986 年和 1998 年的世界石油价格崩溃。[③] 此外，普京利用这些收益以及自己的总统身份实现了对俄罗斯军队结构和功能的真正改革，打破了自 1984 年亚历山大二世改革以来一直沿用的军事组织的大规模征兵模式。新式俄罗斯军队专注于应对来自于南部的威胁，符合俄罗斯最多是一个地区大国的现实（北约不被视为一个可操作的威胁）。军队改革至少使俄罗斯有机会实现这一诉求。[④] 至少在这个方面，普京是一位伟大的改革家。

话虽如此，但事实上 2008—2009 年俄罗斯经济在所有主要经济

---

① “按现价计算的人均 GDP”，《联合国数据》www.data.un.org。

② 鲍里斯·涅姆佐夫（Boris Nemtsov）和弗拉基米尔·米洛夫（Vladimir Milov）：“一个独立专家的报告，普京：结果”，莫斯科《新报》2008 年。

③ 艾伦 C. 林奇：《弗拉基米尔·普京和俄罗斯的治国之道》，波托马克图书 2011 年版，第 70—74 页。

④ 格雷格·兰顿（Greg Lannon），“俄罗斯军队改革新面貌与俄罗斯外交政策”，《斯拉夫军事研究杂志》2001 年，卷 24，第 1 期，第 26—54 页。

体中仍旧跌幅最大，从 2007—2008 年度 7％的正增长降至 2008—2009 年度 8％的负增长（这期间甚至沙特的经济也实现少量增长），摆幅达 15 个百分点。[①] 在俄罗斯经济基础得以扩大之前，普京在恢复俄罗斯财政状况、改善生活水平与重建国际影响力方面的成就仍然是不确定的。

最后，虽然俄罗斯的自由主义尝试在 1991 年后的第一个十年中遭遇失败，并且普京政府以威权政治治理国家，但俄罗斯社会大体上是自由的，并有史以来最大程度地暴露于国际影响——尤其是欧洲——之下。俄罗斯社会通往最终欧洲化的大门因此打开，并且其军事部署也反映了这一事实。[②]

五、1991 年对美国意味着什么

随着国际安全体系中两极化的瓦解，1991 年也意味着美国成为一个在事实上毫无争议的全球性大国，结合了 1914 年以前的德国（作为体系中的核心大国）与英国（体系中的平衡性大国，在没有任何力量能够或愿意去平衡美国的情况下，英国确实是唯一一个能在整个世界中扮演权力平衡角色的大国）的角色。这种突如其来的对外部约束的缺失，对美国继而对世界其他国家和地区产生了两大主要影响：

第一，在外交政策上，美国军事干预主义的力度更大，也许比自 20 世纪初（西奥多）罗斯福阐明门罗主义推论以来的任何时期都要大（确切地说是以 1989 年 12 月入侵巴拿马为开端，一直持续到 2011

① 格雷格·兰顿（Greg Lannon），“俄罗斯军队改革新面貌与俄罗斯外交政策”，《斯拉夫军事研究杂志》2001 年，卷 24，第 1 期，第 121—122 页。

② 上述说法中最有说服力的学术分析来自于德米特里·特列宁（Dmitri Trenin）：《融合与认同：作为“新西方”的俄罗斯》，莫斯科：Evropa 2006 年版。该书已发行一个更短的英文版本：*Getting Russia Right*（Washington，D. C.：Carnegie Endowment for International Peace，2008）。

年利比亚的政权更迭，期间包括：1994年出兵海地、1995年波斯尼亚战争、1999年科索沃战争、2001年至今的阿富汗战争、2003年至今的伊拉克战争）。[①] 与此相关的是，克林顿政府治下的美国为了拥护自由市场经济政策对俄罗斯实行干预，这种行为在一个真正的民主社会绝不可能获得支持。同时，克林顿政府不顾布什政府对戈尔巴乔夫作出的北约绝不东扩的承诺，在这个过程中埋葬了俄罗斯已经极其脆弱的自由派政治——他们至今尚未从这一记重击中恢复过来。[②]

第二，苏联解体也见证了美国国内政治与经济政策严肃性的明显下降，并由此对业已深入全球化的国际经济秩序产生了重大挑战，这一国际经济秩序以“解放”私人资本利益为基础——美国自身在20世纪80年代里根执政时期已着手推动。例如：（1）1995年，在即将上任的共和党国会议员中有40%的成员没有护照，并且他们以此为傲；（2）新保守主义者对国内“社会工程”的可能性持怀疑态度。虽然这种怀疑是恰当的，但他们却把利用军事干预迫使那些在文化上和历史上与美国不相容的社会变得更像美国视为平常；[③]（3）两党在管理国家、国际金融和宏观经济政策时令人难以置信地不负责任（相较而言普京显得更好，他唯一的缺陷在于不能像美国政府一样可以仅仅通过印制美元的方式来完成承诺）。

在这种情况下，美国的政治体系是否能保留自身能力、美国精英是否能保留卓越的才能以履行美国处于唯一大国地位所暗含的国际责任呢？世界各国政府，比如中国政府，一直致力于全球经济体系，因为在内心深处他们认为美国领导人实际上知道自己在做什么。[④] 假如

---

① 理查德·贝茨（Richard Betts）：“美国领先地位的政治保障系统”，《国际事务》（英国）2005年，卷81，第1期，第1—14页。

② 彼得（Peter Reddaway）与德米特里·林斯基（Dmitry Glinsky）：《俄罗斯改革的悲剧：市场布尔什维克主义与民主》，美国和平研究所，2001年。

③ 詹姆斯·曼（James Mann）：《火神派的崛起：布什战争内阁的历史》，企鹅出版社2004年版。

④ 约翰·米尔斯海默：“回到未来”，《国际安全》1990年夏，卷15，第1期，第5—56页。

世界上几个主要国家的执政精英得出这样的结论：依照美利坚模式继续参与全球化他们将失大于得，那么在经济、政治甚至军事上，后果都将是毁灭性的。这不禁让人回想起约翰·米尔斯海默（John Mearsheimer）由于冷战结束和苏联解体而在 1991 年所做的报复性“回归历史”的预测。要牢记，世界经济比 1929 年时更加一体化，但潜在上也更为脆弱，因为 1929 年欧洲各主要国家受到大萧条影响的途径有限。

我们还要牢记，这个在 1989—1991 年崩溃的国际体系虽然野蛮和不公，却为主要强国提供了几个重要功能：控制了民族主义（西欧超越了民族主义，东欧抑制了民族主义），实现了核稳定（在经历了一段反复试验的痛苦时期之后），并为解决德国问题提供了一个框架。这一国际体系在系统自身层面没有爆发战争的情况下实现了全部三项功能。与欧洲过去的（和相当近期的）历史相比，这绝非易事。在西欧，冷战体系还为社会民主提供了共识，吸收了中下阶级和部分在 1945 年以前被成功动员作为法西斯主义代表的工人阶级。[①]

考虑到目前所面临的挑战，现存的国际秩序在未来几十年内是否有用还有待观察。

① 艾伦 C. 林奇：《冷战再一次终结》，西景出版社 1992 年版；托尼·朱迪特：《战后时期：1945 年后的欧洲历史》，企鹅出版社 2005 年版，第 241—389 页。

苏联解体：谁之罪？怎么办？

SU LIAN JIE TI DE YUAN YIN JI SI KAO

尤里·普罗科菲耶夫
张树华*译

20多年前，在广袤的欧亚大陆上爆发了一场地缘政治灾难，几乎彻底改变了世界历史进程，顷刻间亿万人民跌入另一个世界，并被新生国家的边界线分割开来。

1991年12月25日，苏联国旗从克里姆林宫顶上降下，而升起的是俄罗斯的三色旗。为此俄罗斯山河破碎，失去了数百万平方公里的土地，以及近半数人口。苏联解体20周年之际，俄罗斯两大电视台相继播放了多集纪录片《苏联崩溃》和《帝国瓦解》，笔者深信后一名称更符合历史真相。

一、苏联的解体

苏联是什么？从地域上说，这是一个俄罗斯帝国，是国民经过数世纪的艰辛打造出的从波罗的海到太平洋、从北极到帕米尔高原的强

* 张树华，中国社会科学院信息情报研究院院长、研究员。

大国家。这个曾占据全球 1/6 陆地面积的帝国，其精神血脉不仅包括数世纪以来积淀的俄罗斯文化，也包含居住在国土上的其他众多民族的文化。

苏联的解体是否无法避免？斯瓦尼泽或姆列钦等一些电视人极其武断，认为苏联解体是命中注定的，计划经济应该瓦解，民族矛盾生来而存在。

然而事实终究是事实。依据客观事实，一些著名经济学家、历史学家、政治学家得出了与斯瓦尼泽或姆列钦之流完全相反的结论。的确，经济和政治体制的改革是必须的，当时缺少及时应对挑战的能力。然而，这并不意味着非要打破社会政治制度，破坏一个历时千年才成型的俄罗斯帝国，毁掉在 20 世纪的大多数时间里得以延续的地缘政治实体——苏联。

俄罗斯经济研究院副院长瓦西里·西姆切拉在《俄罗斯经济发展 100 年》一书中列举了如下事实：在戈尔巴乔夫改革之前，苏联经济的年平均增长率为 4%—5%；在戈氏改革的 1986—1990 年期间，GDP 的年度增幅骤降至 2.4%。但即便如此，如果维持这一低的增长速度，20 年后的今天 GDP 总量也绝不是现在的 1.6 万亿美元，而是 4.3 万亿美元。这样也能保证工人的平均月薪能够达到 2000 美元左右。

有必要重申一下，当年苏联的经济体制无疑亟须结构性调整，农业、轻工业、贸易领域也应当引入市场机制，加强科学技术成果的转化，但是不应摧毁整个经济和政治制度。如果实施现代化改革，利用资源潜力，年经济增长达到 8%、10%是极有可能的。但事与愿违，党和政府却无所作为。按美国中情局分析人员的计算，在 20 世纪 80 年代中期，苏联经济占全球 GDP 的比重为 15%—16%，而如今的份额还不足 3%。随着社会制度改弦易辙，人民的道德准则被破坏。不管怎样说，共产主义理想毕竟体现的是人们数千年来对公正、互帮互助的美好追求，而如今这些理想与苏联一起消逝。目前，人们只留下一条路：任金钱牵着鼻子走。

当然，苏联解体木已成舟，由此出现了两大永恒的俄罗斯经典之问：“谁之罪?”和“怎么办?”

二、苏联解体是谁之罪?

谁之罪？原因很多，说法云云。拥有1900万党员的苏共和超级大国苏联为何一夜间轰然倒下、土崩瓦解？此间说法，仁者见仁、智者见智。

苏联解体并非一朝一夕的事，此前已经有为期数年的准备过程。倘若非得找出罪人，笔者想主要有如下三组毁灭者。

（一）苏联党政精英无力应对时代挑战，一些人甚至走上了背叛道路

他们中的一些人行事愚蠢、轻率，另一些人则是有意充当叛徒，心里十分清楚自身所作所为及利害关系。苏共在严峻的考验面前毫无准备，党和国家领导层未及时更新社会政治体制。这为戈尔巴乔夫推行所谓的“改革”提供了土壤。而正是戈尔巴乔夫“改革”时期（1985—1991年）出台的一系列政策，导致了苏共乃至国家的毁灭。

第一，取消宪法第6条，剥夺了苏共在国家和社会生活中的领导地位。如此一来，权力和管理便出现了真空。接下来俄罗斯联邦共产党在1990年夏天宣告成立，这又破坏了苏共的统一性。从此，苏共变为各加盟共和国共产党的联合体，而不再是苏联国家凝聚力的核心。

第二，苏联政府、苏共中央在经济领域通过了一系列决议，对经济造成了非常严重甚至是无法补救的损害。其中影响最大的是《企业法》，这引发了企业乱涨价；《合作社法》的出台导致了卢布现金流泛

滥成灾，造成严重的通货膨胀；《经济核算法》的出台导致了各共和国以邻为壑、各自为政。

第三，导致苏联解体的第一步也是最严重的一步便是俄联邦人民代表大会通过的俄罗斯主权宣言。宣言明确提出，俄罗斯社会主义苏维埃联邦的法律要置于苏联法律之上。而这份文件的出台其实是叶利钦与戈尔巴乔夫权力争斗的直接后果。

第四，当时有些当权派官员直接从事了破坏活动，否则在计划经济情况下，无论如何都不可能出现一下子同时关停所有烟草企业或洗涤用品生产企业的情况。出现了这种怪事，莫斯科和其他城市的商店中货架空空，而在通往首都的公路上却滞留着数百辆满载肉类、食用油和奶酪的货车。

到了 1991 年 8 月，类似的破坏活动几乎已经大功告成：一是削弱苏共；二是搞乱国家管理；三是通过急剧降低物质生活水平挑起民众的普遍不满。这并非外部势力所为，当然或许他们施加了压力。这是苏联党和国家的领导人在三四年间亲手酿成的，正是上述所作所为导致了最后的灾难。被称为“政变”的“八·一九事件”是最后一个节点，其结果是苏共遭禁、苏联社会政治制度经历了翻天覆地的改变。

如果谈到党政最高领导层的叛变行为，那就应当点到这些人名：戈尔巴乔夫、雅科夫列夫、谢瓦尔德纳泽；加上签署“别洛韦日协议”的那几位：叶利钦、克拉夫丘克、舒什克维奇；以及他们的帮凶：布尔布里斯、盖达尔、沙赫莱、科济列夫。

当然，此处不能不强调戈尔巴乔夫的作用，戈尔巴乔夫是党和国家的掘墓人。他才是破坏国家统一和社会政治制度的那些行动的倡议者和实施者。正是他在雷克雅未克和马耳他向美国总统承诺，要解散华沙条约组织和经互会，允许波罗的海三个共和国退出苏联，承诺不干涉摩尔多瓦的内部事务。他本应预先制止“别洛韦日协议”的签署，当时白俄罗斯克格勃组织已经通报给他这次秘密会议，也准备可以随时“将其做掉”。白俄罗斯总理科比奇后来坦承：“当时心存疑惑：这从法律上讲是叛国罪，因为我们违背了宪法。”他接下来讲道：“如果我是戈尔巴乔夫，我就会派一个连的阿尔法特种兵，把我们这些人全都抓到莫斯科监狱里去。”戈尔巴乔夫故意按兵不动、无所作为，放任签署“别洛韦日协议”，为瓦解苏联画上了最后的句号。

（二）以美国为首的外部势力从自身政治和经济利益出发，目的是要摧毁苏联

西方一向对庞大的俄罗斯帝国感到恐惧，但又觊觎其自然财富。在先是与俄国、后来与苏联对抗的过程中，以美英为首的西方大国始终一贯的目的是：过去是消灭俄罗斯这个竞争敌手，现在则是防止俄罗斯重新成为竞争对手。为达到此目的，西方采用了多种手段。

首先是中情局艾伦·杜勒斯纪要，后来又有中情局凯西计划，后者被里根和老布什总统积极推行。美国人深知苏联经济因为冷战对抗而高度紧张，于是趁势炮制了“星球大战”的神话，目的是将苏联拉入新一轮的军备竞赛，彻底拖垮苏联经济。这一伎俩最后得逞。

其次是美国对产油国施加压力，旨在大幅增加全球石油产量，从而压低石油价格。苏联一直通过石油收入在境外购买消费品，弥补本国轻工产能的不足。由于石油产量大增，每桶油价从 35—40 美元迅速下跌至 10—11 美元，这几乎接近苏联石油开采的成本。这重创了苏联经济，外汇匮乏令莫斯科无法正常进口，导致商店货架空空，居民不满情绪高涨。

其三是西方大国情报机构齐心协力，利用各种活动团体和非政府组织在苏联成功组建了“第五纵队”。苏联内部的“第五纵队”来自于知识分子代表。对此，作家谢尔盖·扎雷金有一句准确的名言：知识分子应当明白，自己都干了什么，明白自己的所作所为，明白自己言行的后果。

在雅科夫列夫领导的苏共中央宣传部的支持下，当时苏联几乎所

有的传媒都落入那些鼓吹“必须派”手里。这些人极力鼓吹“不惜一切代价必须全面替换经济和社会政治制度”。当时大约有50名这样的“吹鼓手”、“传声筒”，这些人在报刊上发声、在电视屏幕上出镜，用激进改革的思想蛊惑煽动民众。

如此一来，反对苏联政权的思潮终于占据了主流。

（三）包括苏联知识分子在内的人们不清楚社会政治体制更替会造成何种后果，没有奋起捍卫国家免遭分裂

大部分苏联百姓，尤其是大城市居民，对所发生的变化盲目跟从，其实根本不明白其本质，也意识不到后果会是什么。一些人为此感到欢欣鼓舞，还推波助澜。在中小城市和农村，大多数人则摆出漠不关心的姿态。

当时的人们已经为生活所迫，无暇关注戈尔巴乔夫和叶利钦之间的权力争斗及其危害。套用匈牙利经济学家雅诺什·科尔奈的话来讲：“人们对国家未来的社会体制完全无所谓，对他们而言，能够买到些香肠更为重要。”大家欢迎变革，他们在头脑里认为，资本主义就意味着在商店里应有尽有，而人们的福利仍然会像在社会主义制度下那样得到保障，但他们大错特错了。苏联制度提供了最高水平的社会保障，赋予人们乐观主义精神，而这正是现今俄罗斯大多数公民所缺乏的。

三、苏联解体该怎么办？

接下来是第二个永恒的俄罗斯之问——“怎么办？”如今，我们自然无法回到苏联，然而俄罗斯也不能再像现在这样安于现状，要保住并开发横跨9个时区的广袤领土，仅靠目前的1.4亿人口是远远不够的，至少需要2—2.5亿人。而从人口现状来看，即便形势在未来

出现好转，这一数字在 21 世纪一百年内也是注定无法实现的。

只剩下一条出路，这便是联合一部分昔日的苏联加盟共和国、如今的新独立国家。在漫长隧道的尽头，曙光已在闪现。这便是由俄罗斯、哈萨克斯坦和白俄罗斯组成的关税同盟与统一经济区，笔者相信未来还将有其他国家加入，最终形成欧亚联盟。哪怕刚开始不是全部，哪怕只是俄国—苏联历史疆域的一部分。

20 年后俄罗斯各派人士论苏联“八·一九”事件*

SU LIAN JIE TI DE YUAN YIN JI SI KAO

刘淑春**

苏联“八·一九”事件过去 20 多年了。2011 年的 8 月 19 日前后，俄罗斯乃至独联体国家的各派人士从各自角度以复杂的心情纪念这一事件。“八·一九”事件是苏联解体进程中的转折性事件。20 年后俄罗斯及原苏联地区人民对这一事件的回顾与反思，对于我们研究和总结苏联解体的原因与教训具有重大启示意义。

一、媒体及各党派对“八·一九”事件 20 周年的反应

“八·一九”事件 20 周年之际，俄罗斯官方没有采取特别举动，以沉默表明对这一事件及苏联解体所持的低调态度，主流媒体则以各种方式再现或评述这一事件。俄罗斯各电视台争相以影像资料再现“八·一九”事件。第一频道播放了题为《明天一切都将是另一个样

---

* 本文系国家社科基金课题“独联体国家共产党理论与实践研究”（课题编号：08BKS037）的阶段性成果。

** 刘淑春，中国社会科学院马克思主义研究院国际共运部主任、研究员。

子》的纪录片，该片根据对事件当事人的采访而制作。俄罗斯电视一台放映了电影《91年八月·不同版本》，试图再现那些日子的“真实画面”。独立电视台呈现给观众的是《苏联·帝国的垮台》文献纪录片节目的首映式，制片人试图再现苏联最后几年的生活画面。文化频道整个晚上都播放《天鹅湖》，试图以此唤起观众对20年前的回忆，因为这部舞剧是1991年8月事件期间各电视频道唯一播放的节目。各纸质媒体都推出专题采访、回忆及分析评论文章。

各党派的代表人物都发表了看法，但举行专门活动的不多。右翼党派中只有“争取人权运动”将“八·一九”事件作为“俄罗斯民族旗帜回归和八月民主革命和平胜利”加以庆祝，定于8月22日晚在莫斯科举行游行和集会，原莫斯科市市长加·波波夫等人参加。俄罗斯自由民主党没有举行活动，该党杜马党团领导人伊戈尔·列别杰夫对记者说，该党多年前就对这一事件作出了“正确决定”，“支持国家紧急状态委员会”。“亚博卢”没有举行关于“八·一九”事件的活动，其领导人谢尔盖·米特罗欣认为20年前的事件不能评价为“悲剧，而是闹剧”。

中派没有举行活动。统一俄罗斯党总委员会主席团书记谢尔盖·涅韦罗夫谈到，该党党员中当年站在事件两方的人都有，当前要以争取“公民社会的统一”为首要，因此不搞任何纪念活动，不允许出现设路障并闹出乱子的事情发生。公正俄罗斯党也没有举行活动，但该党领导人谢尔盖·米罗诺夫专程到墓地祭奠“八·一九”事件中的死难者。他对记者谈到：“1991年我就认为国家紧急状态委员会不能成功地实施政变，因为人民当时需要的是自由。”

左翼则在全国各地举行了为期八天的、大规模的、以怀念苏联为主题的系列活动。俄共打出的总口号是“我们将生活在苏联!”，并于8月20日中午在莫斯科普希金广场举行题为“没有苏联的20年”的大型集会和爱国主义歌曲音乐会，原苏联各加盟共和国的代表都参加了。原苏联地区的共产党组织——“共产党联盟—苏联共产党”也在乌克兰的顿涅茨克举行了题为“重建联盟——拯救各兄弟民族之路”的系列活动，包括向列宁纪念碑献花、召开论坛、举行集会和音乐会等，与会者来自原苏联地区。共产党人活动的意图很明确，反思国家紧急状态委员会行动失败的原因与苏联解体的教训，痛斥戈尔巴乔夫、叶利钦等对苏共和苏联的背叛，抨击在“没有苏联的20年”中导致社会退化的制度和政策，与此同时，号召人民重建社会主义的联盟国家。①

二、关于“八·一九”事件的性质

众所周知，1991年的“八·一九”事件以国家紧急状态委员会行动的失败告终，其成员及其支持者相继被捕并被判以“叛国罪”。然而，“八·一九”事件过去20多年了，原苏联地区的各界人士对这一事件性质的看法仍是见仁见智。总体而言，对国家紧急状态委员会当年举动的性质大致有三种评价：政变、上层权力之争、挽救苏联之举。

首先让我们看看民意调查结果。全俄舆论研究中心2011年8月的问卷调查结果显示：41%的受访者认为“八·一九”事件只不过是国家高层领导人权力之争的一个插曲；25%的受访者认为这是对国家和人民造成毁灭性后果的悲剧性事件；只有9%的受访者认为这一事件标志着终结苏联政权的民主革命的胜利；还有26%的受访者无法对这一事件作出评价。② 而另一个俄罗斯民调机构——列瓦达中心8月的调查结果显示，受访者对上述问题回答的相应比例分别是35%、

---

① Елена Денисова，20 лет спустя ГКЧП. http：//www. smi. ru/text/11/08/19/910667549. html.

② 《ГКЧП－1991》：Взгляд Спустя Двадцать Лет. http：//wciom. ru/index. php? id = 459&uid = 111866 18. 08. 2011.

39%、10%、16%。[①]

截至目前，俄罗斯主流媒体仍对“八·一九”事件冠之以“政变”一词。各报记者在新闻稿中用的是如下的统一口径：“1991 年 8 月 19 日，由苏共中央、苏联政府、军队和克格勃的领导人组成、自称为国家紧急状态委员会试图发动政变并解除米哈伊尔·戈尔巴乔夫的苏联总统职位。国内一些地区实行紧急状态。军队进驻莫斯科。成千上万的人走上莫斯科和列宁格勒的街头以示抗议。8 月 22 日，国家紧急状态委员会遭受失败，其成员被捕。”[②]

然而，“八·一九”事件的当事人始终不能同意对国家紧急状态委员会的“政变”判决。不同意“政变”定论的论据主要有二：一是成立国家紧急状态委员会得到了作为当时党和国家的领导人戈尔巴乔夫的认可，委员会成员没有搞阴谋；二是成立国家紧急状态委员会的真实目的是阻止新联盟条约的签订、避免苏联的解体。国家紧急状态委员会成员、原苏联农民联盟主席瓦列里·斯塔罗杜布采夫在 2011 年 8 月 18 日接受《涅瓦时代》杂志记者采访时说：“我不同意把我们说成政变者和夺权者。如果国家紧急状态委员会成员恰恰是整个苏联政权——政府总理、‘强力’部门部长、苏共中央领导层的代表，这怎么能算是夺权。这是合法的国家机关，这在后来起诉我们的刑事案的材料中也得到了确认。我们的行动就是为了捍卫国家宪法，捍卫苏联、苏维埃制度和我国人民。谈何政变?”当记者问道：“戈尔巴乔夫是否参与了建立国家紧急状态委员会的方针的制定?”斯塔罗杜布采夫回答道：“当然！整个情况他都清清楚楚。他是这样打算的：如果我们恢复了秩序，他就飞回来并坐上交椅；如果我们搞不定，他就说

---

① Россияне о событиях августа 1991－го года. http：//www.levada. ru/press/2011081601. html16. 08. 2011.

② Двадцать лет ГКЧП：коммунисты отмечают шире демократов http：//www.ria. ru/politics/20110818/419641604. html.

‘这跟我没有任何关系’。结果事情就是这样。对他没有抱任何希望。”[①] 原最高苏维埃主席阿纳托利·卢基扬诺夫2010年5月18日在接受《独立报》记者采访时对国家紧急状态委员会的行动做了这样的表述：这是一群国家领导人试图挽救联盟的一次绝望的、但组织得不力的尝试，这些人相信他们会得到总统的支持，相信总统会推迟签署那份意味着从法律上确定摧毁苏维埃国家的联盟条约草案。[②]

不仅当事人不承认自己的行为是“政变”，许多政治家今天也坚持认为国家紧急状态委员会的行动不是“政变”，而是挽救国家命运的最后尝试。原苏共中央政治局成员、中央书记，摩尔多瓦独立后的第二任总统彼得·卢钦斯基在接受俄新社记者采访时说：“我至今仍确信，国家紧急状态委员会的成员不是阴谋家，他们只是想阻止国家的解体。”[③] 俄共领导人根纳季·久加诺夫2011年8月18日在俄共网站撰文认为，国家紧急状态委员会的成立是一些舍身为国的人试图阻止日益临近的灾难——毁灭苏联和苏共，消灭社会主义以及我国劳动人民整个生活方式的勇敢之举。这是那些没有丧失良知的党和国家领导人的无私行动，他们奋起反抗戈尔巴乔夫和雅科夫列夫领导下的苏共上层有影响力的那部分人的背叛行径，反抗背叛了人民利益和需要的“第五纵队”的致命政策。久加诺夫还反驳所谓国家紧急状态委员会成员是“阴谋家”和“篡权者”的说法。他谈到，如果是搞阴谋，阴谋家们就不会自愿跑到他们要谋反掉的人——戈尔巴乔夫那里了。说国家紧急状态委员会意味着破坏现行国家制度，可是他们的计划中，除了要保存苏联和现存政治制度外，根本不存在这一意图。而保

---

① Член ГКЧП, коммунист Василий Стародубцев об августовских событиях 1991 года: В то время, как все силы были направлены на развал СССР, мы пытались сохранить государство. Общественно－политическая газета “Невское время”. 2011－08－18 http://kprf.ru/rus_soc/95815.html.

② Анатолий Лукьянов, Это была отчаянная попытка спасти Союз. http://www.ng.ru/ng_politics/2010－05－18/9_lukianov.html.

③ Петр Лучинский, СССР не распался бы, если бы его возглавил Ельцин. http://www.ria.ru/interview/20110819/415765719.html 19/08/2011.

护现存制度的行为，即使想象再丰富，也很难被看成政变。[①] 塔吉克斯坦共产党主席、议会议员绍季·沙布多洛夫同年 8 月 19 日接受俄新社记者采访时说："成立国家紧急状态委员会是苏联高层领导人挽救苏维埃政权的最后尝试。"他还谈到："紧急状态委员会的成立戈尔巴乔夫是知道并同意的。整个事件后，我跟委员会的许多参与者（舍宁、克留奇科夫、亚佐夫等）都聊过，他们告诉我戈尔巴乔夫本来应该签署实行紧急状态的指令，进而确立紧急状态委员会的合法地位，但他突然背着委员会成员与叶利钦和西方国家谈判。当时谁都不希望流血，只想保存苏维埃政权，要知道，在全民公决中 76％的居民投票赞成保留苏联，在塔吉克斯坦则有 96％。"[②] 时任苏联外长的亚历山大·别斯梅尔特内赫在接受《莫斯科新闻》记者采访时也认为，国家紧急状态委员会多数成员的动机是思想上的，"他们感到国家处于分解的边缘，计划签署的联盟条约事实上就意味着苏联瓦解。要知道，不是 15 个加盟共和国准备签署，而是 8 个或 9 个。他们认为这就是最终解体的开始"。[③]

还有相当一些人认为这是一出闹剧，是上层人物之间的权力之争。如亚博卢领导人谢尔盖·米特罗欣不认为 20 年前的事件是一场"悲剧"，而评价为"闹剧"，认为"这是共产主义制度垂死挣扎的最后一幕。当时把希望寄托在叶利钦并反对国家紧急状态委员会（我是其中之一）的人错了，他们被最后夺取国家领导权的人欺骗了"。[④] 一

---

① Зюганов Г. А. Над пропастью во лжи. 20－летие антисоветского переворота в СССР. Горбачев дал согласие на введение ЧП，но сам объявлять о нем не желал. http：//kprf. ru/rus _ soc/95824. html 2011－08－18.

② ГКЧП был последней попыткой спасти СССР－глава Компартии Таджикистана. http：//www. ria. ru/politics/20110820/420537554. html 20/08/2011.

③ Бессмертных，ГКЧП стал чертой，после которой не было возврата. http：//www. ria. ru/interview/20110819/419983666. html. 19/08/2011.

④ Двадцать лет ГКЧП：коммунисты отмечают шире демократов. http：/www. ria. ru/politics/20110818/419641604. html18/08/2011.

些当年上街参与“保卫白宫”行动的文化界人士也有同感。①

至今仍有人把1991年8月事件看成是一场民主革命的胜利。公正俄罗斯党领导人谢尔盖·米罗诺夫的观点颇有代表性。他撰文谈到：“我认为，这毕竟是一场真正的民主革命，是当时的政治和经济进程的发展逻辑使然。”在他看来，值得庆幸的是，这一革命几乎是“天鹅绒式的”，没有使国家走向内战。他认为，这场革命有其客观前提，即“上层不能照旧统治下去了”，国家紧急状态委员会首领亚纳耶夫那双颤抖的手通过电视向全世界说明了许多问题。虚弱无力、优柔寡断、畏首畏尾，这已经不能控制国家了。“下层也不能照旧生活下去了”。从20世纪80年代末起，莫斯科、列宁格勒及其他城市开始持续出现几千人的争取自由和民主的公民行动，任何操控手段都不能把这么多人引到街上。这是自发的人民运动，反对令人反感的官僚、行政命令式的经济、全面短缺、排队、缺少言论自由等。但千百万人的期望到头来变成了残酷的失望。1991年8月重复了一个悲剧性的悖论：革命是理想主义者亲手搞起来的，但革命的果实却被坏人利用。人民自我觉醒的迸发付出了代价，迅疾被接连的可怕打击熄灭了，这就是苏联解体、市场的“休克疗法”。1993年的黑色十月，社会遭受长久的政治冷漠。在米罗诺夫看来，这种胜利无异于失败。②

三、国家紧急状态委员会失败的原因及后果

关于国家紧急状态委员会行动失败的原因，各方人士观点各异，强调的重点不同，但基本上认为：主观上，国家紧急状态委员会组织

---

① Хотели изменить мир, но не смогли: российские знаменитости о путче. http://www.ria.ru/society/20110819/418365052.html 19/08/2011.

② Сергей Миронов, Август 91-го: 20 лет спустя. http://www.mironov.ru/first_face/articles/230.html. 16.08.2011.

不力、意志软弱、行动不果断；客观上，当时的社会情绪不利于国家紧急状态委员会，其行动被以叶利钦为首的民主派所利用。至于后果，大多认为国家紧急状态委员会行动的失败使苏联解体的进程变得不可逆转。

20年来，人们对国家紧急状态委员会行动失败原因的看法发生了很大变化。据全俄舆论研究中心的分析对比，在1991年“八·一九”事件刚结束时，52%俄罗斯人和53%乌克兰人认为紧急状态委员会不成功是因为“民众和国家领导人采取了积极行动”，而如今人们更多地是从紧急状态委员会自身的弱点找原因。根据俄罗斯和乌克兰2011年8月的民调数据，有25%的俄罗斯人和22%的乌克兰人认为是“政变组织和准备的不好”，赞成“军队、内务部和克格勃的分裂导致政变的结束”的人从21%降到12%，认为“缺乏地方上的支持”的人也从15%降到7%。当然，随着时间的推移，越来越多的人对“八·一九”事件及当事人的记忆逐渐淡忘，68%和72%的人说不出紧急状态委员会成员的名字，34%的人很难说出“政变失败的原因”。[①]

相当一些人认为国家紧急状态委员会行动失败的结局是不可避免的，但对失败的原因有不同的解释。统一俄罗斯党领导人、国家杜马主席鲍里斯·格雷兹洛夫2011年8月19日对俄新社记者说：“国家紧急状态委员会是注定要失败的，因为这是试图改变历史进程。多年甚至几十年积累的那些错误不可能一夜之间将之纠正。”[②] 他实际上认为国家紧急状态委员会已经“无力回天”。

国家紧急状态委员会成员对自己当年的行动作出不同程度的反思。他们大多认为，他们行动的失败和苏联的解体首先与苏共意识形

---

① Треть россиян считает，что победа ГКЧП не изменила бы их жизнь - опрос. http：//www.ria. ru/politics/20110823/422319949. html 23/08/2011.

② Грызлов，ГКЧП был обречен，так как изменить историю в одночасье нельзя. http：//www.ria. ru/politics/20110819/419993625. html 19/08/2011.

态阵地的失守有关。斯塔罗杜布采夫谈到，八月事件失败的原因之一是“戈尔巴乔夫执政年间展开了反对我们的可怕的信息战”。[①] 而国家紧急状态委员会领导人、时任苏联副总统的根·亚纳耶夫则把这一原因追溯得更远，他在临终（2010 年 9 月去世）前付梓的《捍卫苏联的最后一搏——国家紧急状态委员会反对戈尔巴乔夫》一书中说：“在苏共二十大的日子里，群众的意识中被植入了思想虚无主义、冷漠和怀疑一切的种子。这些杂草的种子狂长，到千年末已长满曾经是伟大国家的广袤空间。这……几乎成了‘共产主义帝国’日薄西山的主要客观原因。”[②] 亚纳耶夫反驳关于国家紧急状态委员会是苏联解体的唯一肇事者的说法，他认为苏联这个强大国家“不是国家紧急状态委员会在三天之内毁灭的。而是那么多年来在国内培育全面危机——经济的、政治的、干部的、最后还有道德情操危机的人”毁灭的。“人们对政权的信任被彻底破坏了，这是危害最大和最不可逆转的因素。”[③] 当然这些成员也不回避自己的错误。亚纳耶夫提到，在宣布实行紧急状态的第一天，他在克里姆林宫收到的每千份电报中，就有 700—800 份支持国家紧急状态委员会，事后得知一些地区领导人当时甚至悄悄地喝酒庆祝。然而，由于他们对与叶利钦政权的较量“严重准备不足”，被掩住了手脚，对某些军官的“叛变”和军队的倒戈出乎意料，加之他们“不希望发生流血冲突”而导致自己的行动虎头蛇尾，以失败告终。[④] 正如斯塔罗杜布采夫所说，他们经历了与外部敌人斗争的考验，但没有学会如何与内部的敌人斗争。“当时我们对军队寄予希望，但军队成了政治阴谋的牺牲品。而且我们当中的任何人甚至都没有想过要

① Член ГКЧП, коммунист Василий Стародубцев об августовских событиях 1991 года: В то время, как все силы были направлены на развал СССР, мы пытались сохранить государство.

② Янаев Г. И. ГКЧП против Горбачева. Последний бой за СССР. Москва. Алгоритм, Эксмо. 2010. С. 165.

③ Там же. С. 46.

④ Там же. С. 113—121.

采取暴力……在鲜血上建设国家那是不行的。”①

对国家紧急状态委员会行动失败原因作出更多分析的是丧失执政地位的共产党。俄共领导人久加诺夫在前述文章中谈到国家紧急状态委员会行动失败的诸多原因，归纳起来有如下几方面。首先，当时社会舆论不利于国家紧急状态委员会。他谈到，戈尔巴乔夫实行的公开性、民主化方针，引发了对苏共和苏联政治制度的诋毁浪潮，造成苏共党内和苏联社会出现政治分化。到了1991年夏，“民主派”在党内已占据优势，掌控了舆论工具。普通民众真诚地以为所有累积的问题可以在500天内解决，越来越多的人远离共产党人并信任“民主派”。刚刚结束的阿富汗战争被大肆用来诋毁军队的信誉，造成军队的思想动荡加剧。“民主派”还人为地造成商品短缺，引发社会不满。“实际上，在那一历史时刻想要扭转社会舆论已无可能，‘民主派’在雅科夫列夫大众传媒的支持下事实上完全掌控了局势”。其次，苏共内的健康力量缺乏应变的思想准备和鲜明立场。久加诺夫列举一些事例说明，面对“民主派”咄咄逼人的攻势，苏共中央没有及时作出恰当的反击，“有能力打击修正主义者和叛徒的共产党人表现出超出许可的忍耐，经常采取错误的妥协和合作，时常误解党的纪律”。久加诺夫提到1991年6月25—26日召开的苏共历史上的最后一届中央全会。尽管当时国内局势已极其紧张，之前叶利钦发布了国家机关非党化令，可是苏共中央委员仍决定把党内的调整拖到年底即代表大会召开之前。这表现出不可容忍的惯性，而且是在每一天的拖延都是向死亡靠近的时刻。八月事件前夕，“党内的健康力量的思想立场越来越模糊，因而越来越少的人相信苏共或其他信仰社会主义的力量能够扭转事态”。也正因此，戈尔巴乔夫才能稳坐在自己的位置直到一切崩溃为止，上演了一出摧毁苏联和苏共的戏剧。再次，国家紧急状态委员会的行动缺乏深思熟虑的战略和战术，脱离人民群众。久加诺夫认

① Член ГКЧП, коммунист Василий Стародубцев об августовских событиях 1991 года: В то время, как все силы были направлены на развал СССР, мы пытались сохранить государство.

为，国家紧急状态委员会的党政人士早已丧失了战略创意。他们的“战术”也令人费解，在国家紧急状态委员会2011年8月19日的文件中，既没有指出任何应为国家困境负责的个人或势力，也没有号召劳动者为保卫祖国和社会主义而参与某一具体行动，可以说完全没有对群众的组织工作，结果自然看不到在首都和其他城市有任何重大的有组织的支持国家紧急状态委员会的行动了。因此，久加诺夫断言，国家紧急状态委员会的主要失误是远离人民，他们没有想到让人民支持自己的行动，以为一切问题照旧可以由高层干部的重新配置得到解决。最后，国家紧急状态委员会成员对戈尔巴乔夫抱有幻想，被叶利钦的“民主派”所利用。久加诺夫认为，国家紧急状态委员会成员当时对戈尔巴乔夫及其周围人的态度不明朗。他们很长时间内同处于一个班子并支持戈尔巴乔夫，尽管其中一些人洞察到政治和经济改革的危险性，认识到这些改革并不是要在社会主义框架内摆脱发展中的危机。然而，他们与许多其他苏共诚实的领导人一样，“并无勇气坚决并及时地中断戈尔巴乔夫的狂欢”。由于紧急状态委员会成员对戈尔巴乔夫的纵容，“自由民主派”高层得以成功利用国家紧急状态委员会实现了其最终瓦解苏联和苏共的目的，并把委员会的建立和行动涂抹为20世纪最恶劣的政治挑衅，国会纵火案和基洛夫刺杀案在其面前都黯然失色。①

关于国家紧急状态委员会行动失败的后果，久加诺夫认为，“他们不仅遭受失败，而且置国家于一种其解体成为不可逆转的境地”。②在久加诺夫看来，委员会成员优柔寡断的行为和令人费解的立场，使几千名共产党员及支持他们的中央和地方领导人受到打击。这一事件的结局“不仅对在亚纳耶夫领导下采取行动的人是一场悲剧，而且对

---

① Зюганов Г. А. Над пропастью во лжи. 20 — летие антисоветского переворота в СССР. Горбачев дал согласие на введение ЧП，но сам объявлять о нем не желал.

② Зюганов Г. А. Самым великим в нашей истории было государство，рожденное Октябрем! В Москве состоялся митинг 20 лет без СССР http：//kprf. ru/rus _ soc/95868. html 2011—08—20.

我们全党都是最大的失败，因为国家紧急状态委员会表明，党的健康部分的意识形态和组织资源实际上完全耗尽。主导国家的角色转到另一些政治势力手里，这一势力利用人们渴望变好的愿望投机，狡猾地操纵了人们的意识，将人们推入贫困与不幸的漫长时期，直到今天。这是民族悲剧”。①

格雷兹洛夫也认为，苏联的解体对所有原苏联各加盟共和国是个灾难，“结果使成千上万人遭受苦难。经济联系中断了，社会政策被摧毁了，安全受到新的威胁。即使过去了20多年，后苏联空间的所有国家至今仍受这些问题困扰”。②

而当初为终结苏联和苏共立过“汗马功劳”的一些民主派人士，也并没有因为战胜“政变者”而有成就感。如当年“民主派”的急先锋尤里·阿法纳西耶夫对俄罗斯至今没有建立起他理想中的民主自由制度而感到失望。他 2010 年 4 月 6 日在《独立报》上撰文说“我们欺骗了自己”，认为戈尔巴乔夫的改革“是充满幻想和误入歧途的时代”。他早在 1992 年就退出了“民主俄罗斯”党，因为他明白了那些同伙根本不考虑什么改革，而是追求权力，开始是为了进入戈尔巴乔夫的政权，尔后是要进入叶利钦的政权。结果，“我们这些浪漫的民主主义者成了挖洞鼹鼠的挡箭牌”。③

至于戈尔巴乔夫本人，在“八·一九”事件 20 周年之际仍坚持谴责“叛乱者”打乱了他原定 1991 年 8 月 20 日签订新联盟条约的部署，把苏联的解体归罪于“叛乱者”，后悔自己没有在“政变”之前“改良”苏共和苏联。他对德国《明镜》周刊记者说：“我以为，在那个时刻铤而走险只能是白痴，把自己也毁了。但非常遗

① Зюганов Г. А. Над пропастью во лжи. 20 — летие антисоветского переворота в СССР. Горбачев дал согласие на введение ЧП，но сам объявлять о нем не желал.

② Грызлов，ГКЧП был обречен，так как изменить историю в одночасье нельзя.

③ Юрий Николаевич Афанасьев，Мы обманули самих себя. Нынешняя власть научилась манипулировать массовым сознанием еще более искусно，чем советская. http：//www. ng. ru/ng _ politics/2010—04—06/9 _ lie. html.

憾，这真的是一群白痴。而我们是‘半个白痴’，其中包括我。那几年我的确精疲力竭，疲劳到了极点，但我也不该那时去休假呀。这是个错误。”[①] 戈尔巴乔夫对英国《卫报》记者谈及了自己最后悔的几件事，其中第一件就是，“我花费太长的时间去尝试改良苏共了”。他认为自己应该在1991年4月就辞去苏共中央总书记职务，组建一个改良主义者的民主党，因为共产党人妨碍了所有必要的变革。“现在我觉得，我当时真应该坚持退党，然后趁热打铁建立一个新的政党。因为当时即便苏共推行改革，它自身也已经成为了改革的障碍了。”第二件令戈尔巴乔夫后悔的事就是没有对苏联进行改造，应该更早赋予各加盟共和国更多的权力。他坚信，“苏联的所有主要问题都接近解决，但1991年8月的政变将纷争的各派势力扭向了新的局面”。[②]

四、分析与评论

从上述介绍我们可以看到，尽管今天俄罗斯的主流媒体试图在“八·一九”事件上做点文章，左翼和右翼也试图借此事件20周年表明各自对现存制度的反对派态度，但俄罗斯官方却对此事件20周年刻意采取低调态度。当局这样做是有其原因的。首先，“八·一九”事件20周年正值俄罗斯大选前夕，各派政治力量正全力备选，作为国家政权的支撑力量——统一俄罗斯党力争再次赢得议会多数席位，以确保目前的政治格局不变，使普京和梅德韦杰夫2012年能顺利当选国家总统和政府总理。因此，在这个政治敏感时刻，该党及其执掌

① Горбачев，Это и правда были идиоты. http：//www. inopressa. ru/article/15Aug2011/spiegel/gorbi. html.

② Михаил Горбачев，Мне следовало пораньше бросить КПСС. http：//www. inopressa. ru/article/17Aug2011/guardian/gorby1. html.

政权的领导人自然不希望因“八·一九”事件20周年而引发不同政治派别间的纷争和社会动荡。其次，除了少数欲意搞垮苏共和苏联的人在“八·一九”事件中“渔人得利”，其余的没有赢家——当事人成了阶下囚，支持者受到打击，反对者被人利用，苏联大厦倾倒，人民陷入贫困，就连迄今仍认为“八·一九”事件是“民主革命胜利”的人都承认自己当初“上当受骗了”，在他们身上除了失望，再也找不到胜利者“欣快”的影子了。可以说，连“胜利者”都没有了庆祝的理由。最后，20年来，越来越多的民众和精英认识到，“八·一九”事件及苏联解体，对包括俄罗斯在内的原苏联各加盟共和国及其大多数人民而言，无疑是个灾难和悲剧。无论从地缘政治安全还是从经济社会发展来考虑，目前政治家的注意力更多地是在原苏联领土上重建联盟，哪怕是经济上的一体化。事实上，重建联盟是各派政治力量的共识，只不过在建立什么性质的联盟上有不同的看法。近些年，走向经贸联盟的步伐在加快。2011年10月18日，独联体国家首脑会议签署了关于建立独联体自由贸易区的协议，8个国家在协议上签了字，另有3个国家也将签字。[①]

然而，对“八·一九”事件的冷处理并不能根本消除各派人士在这一事件看法上的分歧。这种分歧说到底源于政治分野，不是时间可以化解的。从不同派别对此事件的评价和争议中，我们可以从多侧面了解这一事件发生的背景，看清相关政治力量及其代表人物在1991年8月事件及后来的苏联解体中所起的作用。当事人、尤其是共产党人对国家紧急状态委员会行动失败原因的反思，更可以为今天仍在执政的共产党提供借鉴和启示。与此同时，我们还可以从当事人的回忆、尤其是戈尔巴乔夫最近的“表白”和“悔恨”中，更清楚地看明白他在苏共垮台、苏联解体中的作用。原来，一步步改变苏共的性质，必要时抛开苏共，重建一个社会民主党，这是戈尔巴乔夫当年在

① 李永全：“独联体建立自由贸易区”，《环球时报》2011年10月20日。

“改革”时期越来越清晰的目标；他原本不希望苏联解体，只是想假国家紧急状态委员会之手打掉他的对手叶利钦，以便继续当他的总统。但他要改变苏联的社会主义性质，建立一个松散的、类似于邦联制的所谓“民主国家”。他的这一计划一直在实施之中，眼看就要实现了，却被国家紧急状态委员会 1991 年 8 月的莽撞行动打乱了。事发之后，他以解散苏共中央回报叶利钦，并试图以此作为条件保住总统职位。然而，没有后顾之忧的叶利钦等人把他抛在一边，签订了意味着苏联解体的“别洛韦日协定”，戈尔巴乔夫的最后一线希望也随之破灭。而国家紧急状态委员会成员本来是支持戈尔巴乔夫“改革”的，只是希望“改革”能在保持苏共领导和苏联社会主义制度的前提下进行。但他们看到国家已经走到崩溃的边缘，便奋起进行“最后一搏”。然而，他们直到采取行动时还没有搞清戈尔巴乔夫的真实意图，所以行动起来畏首畏尾，最终落得个悲剧结局。

激进民主化与苏联解体及其风险启示*

SU LIAN JIE TI DE YUAN YIN JI SI KAO

王晓秋　刘世华**

2011 年是苏联解体 20 周年。1991 年，世界上第一个社会主义国家——一个经过多次革命洗礼和战争考验、拥有 90 多年党史、近 70 年国史的超级大国，在既无外敌入侵又无内敌颠覆的情况下骤然间分化瓦解了。这一震撼世人的历史事变是以民主化改革为开端的。戈尔巴乔夫激进的民主化改革没有给人民带来幸福生活，却造成了一系列破坏性结果，也为我们留下了深刻的历史教训和风险启示。

一、激进民主化改革的由来

戈尔巴乔夫之前的历届苏共领导人都没能通过改革克服斯大林模式的弊端，苏联各个方面积累了大量的问题，潜伏着多种复杂的矛

* 国家社会科学基金项目“当代中国政治发展中的民主风险问题研究”（项目编号：09BKS019）的阶段性成果。

** 王晓秋，东北师范大学马克思主义学院博士研究生；刘世华，东北师范大学马克思主义学院教授、博士生导师。

盾，改革的迫切性助长了民主化的激进性。

(一) 政治体制僵化，权力过分集中，并形成了官僚特权阶层

勃列日涅夫在苏联执政长达 18 年，他在前期还能保持着政局稳定、经济发展、民族和睦的良好态势。但从 20 世纪 70 年代中期开始，伴随着勃列日涅夫等中央执政者年老体衰、思想愈加保守僵化、不思改革进取，苏联政治体制中存在的各种问题都暴露出来：权力高度集中、歌功颂德之风盛行、干部终身制，导致整个领导集团暮气沉沉。苏联卫生部长、克里姆林宫医院院长恰佐夫教授深有感触地说："我目睹过的复杂的政治冲突使我认清了一个道理，即为了国家和人民的利益，领导人的任期不应超过 10 年。假若勃列日涅夫 1976 年就离开领导岗位，他肯定会给自己身后留下美好的回忆。把一个患病的领导人的职务继续保留 7 年之久，他不仅丧失了治国的思路，而且丧失了对国际国内形势的批判分析能力，最主要的是他已经不能批判地对待自己。这一切被那些只顾个人私利和官场顺逆的吹嘘拍马、投机钻营、贪污贿赂之徒及一批简直是二流子之类的人物抓紧利用了。"[①] 最为严重也最危险的是国家中诞生了一批"特权阶层"，他们是各级党、政、军机构，群众团体，企业和农庄的领导干部。这个阶层大约有 50—70 万人，加上他们的亲属共有 300 万之多，约占全国人口的 1.5%。[②] 人民政权的领导者成了脱离人民的特权者，这不仅背离了执政党的宗旨，也损害了政权的性质。快速改变这种不良的政治现象必然成为党内外民众的热切期盼。

---

① 谭索：《戈尔巴乔夫的改革与苏联的毁灭》，社会科学文献出版社 2006 年版。

② 陈之骅："勃列日涅夫时期苏联的主要问题和历史教训"，《东欧中亚研究》1998 年第 6 期，第 8 页。

(二) 经济体制弊端严重，人民生活水平大幅度下滑

苏联高度集中的计划经济体制虽然创造了快速发展、抵制资本主义侵略和卫国战争胜利等一系列辉煌成就，但也存在着严重的弊端。勃列日涅夫执政的后期，苏联领导层怕乱求稳，竭力回避改革，经济改革措施大多半途而废，致使经济发展迟滞，远远落后于美国等资本主义国家。一方面，20 世纪 70 年代战略均衡的态势逐渐被打破，苏联的实际军费开支已接近甚至超过美国，而苏联的国民生产总值却只有美国的一半多一点，这使得苏联的国民经济发展不堪重负。另一方面，苏联人民的生活水平明显下滑，尤其是农民的生活水平，生产粮食不如进口粮食便宜，农产品的增长赶不上需求增长。战后到 20 世纪 80 年代末人民生活水平的各项指标呈逐年递减态势，苏联经济的各项指标都出现速度递减规律。例如苏联国民收入增长率 20 世纪 50 年代平均增长 10.3％，60 年代平均增长 6.8％，70 年代平均增长 4.9％，80 年代经济增长率继续下跌，到 90 年代则出现负增长。[①] 尤其从勃列日涅夫执政的后期开始直到苏联解体的长时间内，人民生活水平远远落后于发达国家。这说明传统的计划经济已经耗尽了潜能，苏联的经济问题也不能不归因到体制上，这又为后来苏联改革急速转向政治领域埋下了危险的伏笔。

(三) 民族矛盾长期积郁，民族离心力不断增强

苏联是由 100 多个民族构成的庞大联合体，民族矛盾古已有之，且十分尖锐，历史上发生过多次民族冲突。社会主义制度建立后，民族矛盾有了一定缓和，出现了历史上少有的民族和睦时期。但是，苏联的民族问题还有很多尚未解决，大俄罗斯主义、沙文主义根深蒂固

---

① 焦志勇："苏联演变的经济体制原因"，《今日东欧中亚》1996 年第 2 期，第 57 页。

地凝固在俄罗斯人的血液中，无论是沙皇俄国还是苏联，都对少数民族实行了压迫、同化的高压政策。1922 年苏维埃联盟建立之初，外高加索的格鲁吉亚、亚美尼亚、阿塞拜疆三国被要求以自治共和国的形式加入俄罗斯，这样三国就失去了作为共和国联盟主体地位的资格，比俄罗斯低了一级。对此，这三国一直强烈反对，但慑于斯大林的强权，一直未能得偿所愿，直至 1936 年才终于解决了这一资格问题，但三国人民心灵中的伤痕却无法完全弥合。此外，1939 年 8 月《苏德互不侵犯条约》和《友好与边界条约》签订后，苏联强占了爱沙尼亚、拉脱维亚和立陶宛，并强迫三国以加盟共和国的形式加入苏联。这为三国以后的民族分裂活动埋下了仇恨的种子。还有至为重要的一点，苏联在长期的经济建设中存在一个痼疾，即只强调联盟总体利益，忽视少数民族和地方的利益，实行对少数民族地区自然资源掠夺性的开发政策，使各加盟共和国被迫实行单一制经济。以乌兹别克斯坦为例，1972 年，当局把乌兹别克共和国 2.17 万平方公里不适宜种植棉花的土地划归哈萨克种粮食，迫使乌兹别克成为专门生产棉花的共和国。十几年来，乌兹别克每年都提供占苏联 60%—70%的棉花，可是棉纺工业却发展很慢，纱锭只不过占苏联的 3.7%弱，棉布产量只占苏联的 2%—3%，针织内衣、外衣和长短袜的生产在苏联是最末位，每年要从共和国外运进 1.4 亿米左右的棉布和大量的针织品，以解决居民穿衣服的问题。1966—1974 年，乌兹别克的棉花播种面积增长 24%，而粮食播种面积却减少了 15%，这造成该共和国按人口平均的粮食产量很低，一直是苏联最落后的加盟共和国之一。[①]这种经济布局实际上使一些民族区域成了苏联的原料产地和商品市场，不能不引起各加盟共和国的强烈不满和民族主义情绪的积郁。民族矛盾的长期积压就如同干透的柴草，遇到星火随即燃烧而不可控制。

① 潘广辉：《民族问题与苏联解体——欧美学界的研究》，华东师范大学博士论文，2004 年，中国知网。

任何改革者都希望把改革限定在可控范围内，并且按照自己的时间表进行。因此，戈尔巴乔夫的改革方案也选择从经济改革开始。这种选择既有实用的考虑，也有理论的支持。然而，这需要社会给出一定的空间。20 世纪 80 年代苏联的各种问题已积累到了临界点，长期压抑的社会情绪一旦得到释放就立刻爆发出来，成为反压改革者的力量。它推动改革者调整自己的方案，使改革很快就走向对旧体制的核心，即意识形态、党的领导和政治体制的改革。戈尔巴乔夫也由此走上了激进民主化的改革之路。

二、激进民主化的推进及结果

上台伊始的戈尔巴乔夫满怀热忱，希望通过改革来扭转国家的颓势、巩固自己的权力。在急切的心情和社会情绪的推动下，他很快走上了激进民主化的改革之路。

（一）提倡“民主化”、“公开性”，摧毁了原有的意识形态

按照苏共二十七大关于“公开性”、“民主化”的原则，“公开性”就是要把国家和社会中发生的一切告诉人民，使党和苏维埃的工作置于人民的监督和注视之下，包括公开历史真相与现实问题、公开重大政务活动与决策进程、鼓励无禁区的批评。[①]“民主化”就是扩大群众的政治参与性，在全国都不应该有不受批评的禁区。正如戈尔巴乔夫在二十七大报告中所讲的那样，“没有公开性，就没有也不可能有民主”，公开性是与民主化联系在一起的，也是改革封闭保守的思想意识的现实需要。问题的关键是怎样掌握“公开性”的分寸和尺度，怎

① 李开盛：“公开性与苏联解体”，http：//www. chinaelect ions. org/New sInfo. asp？ NewsID＝177859. 2010－05－26。

样把握“公开性”开启的速度和进程。戈尔巴乔夫以总书记的身份公开倡导“公开性”和“民主化”，实际上等于全面打开了舆论空间。从1986年4月起，报纸、杂志、电台、电视台的报道权力下放给编辑部，意识形态各领域的领导班子被改组，办报自由。实行已久的报刊检查制度废除了。1990年上半年，各反对派办的“非正式”出版物上千种，到苏联解体前报纸有8000多种，期刊5000多种；在办了登记手续的报纸中，苏共掌握的仅占1.5%。[①] 很多报刊热衷于报道西方的价值观和政治制度，贬低苏联的社会主义制度和马克思主义的价值观，更有甚者竟然全盘否定苏联的社会主义历史和伟大的卫国战争。曾做过戈尔巴乔夫秘书的博尔金回忆说：“公开性使人兴奋，可以大声说出多年来积压在心里的话，可以指责任何人，包括以前不敢指责的人。”很快，人们几乎是想怎么干就怎么干了，这种无限的民主化就连西方的有关专家都感到惊讶。公开性常常被扭曲，扭曲得面目全非，这是因为舆论部门常发表严重失实的消息，甚至故意进行歪曲。[②] 改革之前苏联基本上没有言论自由，各个媒体也都控制在苏联政府的手中，言论由政府统一定调，突然放开的言论自由有如脱缰的野马，不断突破对它设定的界限，“开始具有不仰赖于某些人的命令和指示行事的性质。”[③] 虽然领导人通过接见媒体负责人等方式试图对报刊内容加以限制，但是到1988年国家对大众传媒已完全丧失了控制力，只能听任负面的、反对派的甚至歪曲、虚假的信息混乱人心民意，苏联的意识形态瓦解了。苏联产生与发展的思想核心是马克思主义理论和社会主义信念，如果说国家机器是确保苏联存在的躯体，那么意识形态就是维持这个国家生命的灵魂。而“民主化”和“公开性”丢掉了这个灵魂，全党和全民也就失去了统一的思想基础和精神

① 黄宗良：《书屋论政——苏联模式政治体制及其变易》，人民出版社2005年版，第376页。

② 博尔金：《戈尔巴乔夫沉浮录》，中央编译出版社1996年版，第183页。

③ 戈尔巴乔夫著，述弢等译：《戈尔巴乔夫回忆录》，社会科学文献出版社2003年版，第384页。

寄托，苏联在灵魂上首先解体了。

(二) 承认“多元化”、“多党制”，葬送了苏共的执政地位

思想自由与政治多元是相联通的。在“公开性”基础上，很快形成了政治多元化，各种非正式组织如雨后春笋般涌现出来，到1990年春达到了几万个。这些组织既有民主运动团体，又有民族主义性质的政党，它们相互联合、频繁活动，实际上在苏联形成了多党并存的格局。同时，苏共一党执政地位被看成是与民主不相容的现象。苏联共产党是按照马克思列宁主义的建党原则建立起来的。党具有鲜明的阶级性、先进性和严明的组织纪律性，正是在布尔什维克的领导下，俄国取得了十月革命的胜利，并建立了世界上第一个社会主义政权。然而苏共革命时期优良的作风没能沿袭到执政时期，随着政权的稳固，苏联共产党内部的问题却越来越多：党的机构臃肿，干部队伍庞大；党内没有民主，委任制盛行，干部只对上级负责，对人民群众的呼声置若罔闻。苏共体制已经不适应社会发展的需要，改革是必要的。但戈尔巴乔夫把改革的次序颠倒了，不是依靠党的干部和党员先搞党的民主化，而是依靠全体民众掀起全社会的民主化。苏共中央于1990年2月5—7日举行全会，主要议程是讨论苏共中央向二十八大提交的纲领草案，其中最关键的一点是提出宪法第六条的修改案。这条法案规定：“苏联共产党是苏联社会的领导力量与指导力量，是苏联政治体制、国家单位和社会团体的核心。”这实际上是苏联共产党作为执政党和苏联国家实行一党制的宪法依据。通过这次全会，以戈尔巴乔夫为首的党的高层领导人几乎一致同意放弃一党制原则，承认多党制的合理性，并同意修改宪法第六条。同年3月14日第三次苏联非常人民代表大会通过了“苏联宪法修改补充法”，对原第六条做了如下修改：“苏联共产党、其他政党以及工会、共青团、其他社会团体和群众运动通过自己选入人民代表苏维埃的代表并以其他形式参加制定苏维埃国家的政策、管理国家和社会事务。”同时，规定苏联

公民有权结成政党、社团，这就以宪法的名义确认了多党制。从此苏联共产党的合法执政地位被废除，变成了一个与其他政党一样的社会组织。布尔什维克执政 74 年，是维护国家统一的支撑性力量。也就是说，苏联政治、经济、社会生活的方方面面都是在共产党的统一领导下运行的。在没有新的政治、社会组织能够代替它，又没有市民社会的自组织力量的情况下，过早地放弃党的领导权，实际上是极不负责任的。它不仅使党丧失了执政权，也使原本维系联盟团结、社会稳定的力量失去了作用，使统一的国家失去了政治支撑，而不得不在民族分裂主义的攻击下陷入分崩离析的局面。从这个意义上说，苏共丧失执政权也就使苏联在政治组织上解体了。

（三）移植西方的“选举制”、“总统制”，使民族分裂主义者获得契机

戈尔巴乔夫上任的头几年“新思维”强调的重心还是完善社会主义、更新社会主义和恢复列宁主义原则。但是随着改革转向政治体制，他的思想也迎合社会情绪的变化而发生了重大转变，不再倡导完善和更新苏联社会主义模式，而是要建立人道的、民主的社会主义。从此，不仅改革的目标变了，政治体制也开始向西方国家模式发展。首先，苏共十九次代表会议后，全国迅速实行党政分开，恢复苏维埃为国家的权力机构。这一举措是在恢复列宁“一切权力归苏维埃”的旗帜下进行的，也是从发扬社会主义民主的立场出发的，因而无论从目标还是从其利用现有体制的合理因素看都是可以肯定的，从理论上讲不应该有负面的结果。但是，当时的苏联处在危机重重的变乱时期，刚刚从桎梏中摆脱出来的人民还没有当家做主的智慧和经验，把大权真正交给苏维埃反而加剧了局势的动荡和混乱。其次，1990 年 3 月全国人民代表大会正式宣布建立总统制，目的在于使政府和总统与党完全脱钩，使强有力的总统权力不受党的控制，从而使戈尔巴乔夫本人摆脱苏联共产党官僚体制的束缚而独立。最后，第三次人代会通过“宪法修改补充法”，完整地授予总统全部行政权。戈尔巴乔夫在接下来的总统选举中以59.2%的选票当选为苏联总统，并在就职演说中公开表示：他不是某一阶层和政治派别的代表，而是全体人民的代理人，他将最客观地、不带感情色彩地处理社会上的各种观点。戈尔巴乔夫移植了西方的政权组织形式，却没有西方三权分立的社会政治经济基础和法治基础，实际上只是实现了总统集权，结果是进一步剥夺了共产党的领导权，使总统个人取代苏共中央成为国家大事的决策者。但是，“选举制”和“总统制”一旦实行却给民族主义势力创造了以民主的名义分裂统一国家的契机。他们以民主名义制造事端，以民主举措脱离联盟，戈尔巴乔夫却不敢背负反民主的罪名维护国家的统一，最终在民主的名义下一个多民族的、统一的国家解体了。

改革的目标是让民众过上幸福生活，让社会制度为人民谋福利，但人民并没有看到这样的结果，而是在国家不可逆转的颓势和社会持续的动荡中彻底丧失了对社会主义国家、对共产党领导的信心，任由国家解体，执政党解散。

三、苏联解体20年民主评估

从社会主义苏联转变为资本主义俄罗斯，民主化给这块土地上的国家和人民带来了什么，20年后我们应当看得更加清楚。

（一）苏联解体后俄罗斯的国际地位急剧下降，沦为二三流国家

1922年苏维埃俄国正式诞生，强大的社会主义苏联在世界的政治经济中占有举足轻重的地位，各个加盟共和国就是看重这一优越于资本主义的社会体制才纷纷加入到这个团结的社会主义大家庭中的。

就在戈尔巴乔夫将一只装有发射原苏联 2.7 万枚核弹头的黑色公文包交给叶利钦的一瞬间，这个存在了 69 年的红色大厦顷刻间分裂为 15 个碎片。曾经的政治大国、军事大国、经济大国的苏联完全成为过去式。俄罗斯由过去两极格局中的一极变为一超多强中的一强，国际影响力已大不如前。从苏联独立出来的国家相继发生了颜色革命：乌克兰的橙色革命、格鲁吉亚的玫瑰革命、吉尔吉斯斯坦的郁金香革命。这一系列革命是美国在当地施加影响导致的结果，也间接证明了俄罗斯已不复苏联昔日的辉煌，只能扮演二流的角色。民主改革后的俄罗斯因为经济上的受制于人，唯有选择对美国俯首称臣，失去了昔日的大国地位自不待言；相反西方并没有真心实意地接受俄罗斯，大搞北约东扩，侵袭原苏联的势力范围，并且俄罗斯在经济上获得的援助微乎其微，西方是不会希望看到俄罗斯人再度强大起来的。难怪普京说，苏联的解体是 20 世纪最大的地缘政治灾难之一，这对于绝大多数俄罗斯人民来说是一场真正的悲剧。

(二)“民主”后的俄罗斯经济大幅下滑，人民生活极为窘迫

俄罗斯独立初期，叶利钦任命年轻的自由改革派人物盖达尔为政府首脑，进行激进的经济改革，在短时间内结束了社会主义公有制，基本实现了非国有化和私有化。当然，这场改革使一小部分人暴富起来，而大多数人民却没有真正成为私有者。1997 年 7 月《独立报》公布的家庭收支状况显示，9/10 的家庭生活在贫困线以下，1/4 的家庭处于赤贫状态。众所周知，俄罗斯是一个资源极其丰富的国家，尤其矿产资源的品种和总量均居世界前列。占世界 2.4％的人口却拥有全世界 10％的土地、20％的森林资源、45％的天然气储量、13％的石油储量、20％的地表水和地下水资源，人均可耕地面积是中国的 10 倍以上。但是这些有利条件却没有为俄罗斯人民造福，20 世纪 90 年代末俄罗斯的国内生产总值只相当于苏联时期的 25％，相当于美国的 10％左右，人民的生活困苦程度可想而知。到 2008 年俄罗斯的 GDP

才勉强超过1989年的水平。民主的本质是造福人民，而民主了的俄罗斯不仅没有改善民生，而且经过20年的沧桑人民的生活水平仍处于差强人意状态，不能不说是激进民主的悲哀。

(三) 在民主激情中独立出来的俄罗斯并不民主

戈尔巴乔夫以激进民主的方式摧毁了苏联的政治体制，按照西方模式实现了多党竞争、公开选举、各民族独立，看起来独联体国家都"民主"了。然而，从社会主义苏联转变为资本主义俄罗斯以后，俄罗斯国内建立的仍然是大权独揽的"半总统制"，议会权力相对较小，无法形成真正的制衡；党派利益、集团利益严重干扰了决策的科学化、民主化；国家的政治经济活动实际上还是掌握在少数人的手里。最为奇特的是俄罗斯的新总统都是原总统指定的，叶利钦指定普京，普京宣告支持梅德韦杰夫并使其当选。普京当政以后，俄罗斯状况逐步好转，政治稳定、经济发展、国际影响力增强。但是，这一切却不是"民主"的结果，而是重新集权做到的。普京为此提出了"主权民主"回应西方的攻击，而经历了民主噩梦的俄罗斯人民也放弃了民主浪漫主义，欣然接受了普京以及普京的强权执政方式。当然，相比苏联时期，今天的俄罗斯人民有了更多的自由空间和政治参与的机会，定期选举制、总统任期制等也在政治实践中确立下来，为今后俄罗斯民主政治发展奠定了基础。不过，这些成就的代价太高了，这样的民主也太"奢侈"了。俄罗斯要建立起真正健全的民主制还有很长的路要走。

四、苏联解体的风险启示

历史离得越远看得越清楚。20年后，回望苏联解体的前因后果，从戈尔巴乔夫改革到苏联解体再到今天俄罗斯民主现状，我们应当更加认清激进民主主义的风险，警惕激进民主化的重演。

（一）在实现民主化的历程中党的强有力领导必不可少

民主是成熟的现代社会的政治游戏规则，向现代转型的国家并不具备使这些规则良性运行的条件。因而，在进行民主化改革的过程中，要把握步骤，分期推进，且要依据国情逐步放权，以保证民主化在可控制的轨道内进行。民众对民主的期望越高，说明这个社会的民主规则越少，民众遵循规则的能力越差。这个时候贸然开放民主，必然导致民主“大跃进”而使政治混乱、社会无序。政治家不但要发现问题，而且要解决问题。国家领导人和执政党的责任和义务是让社会的演变按照一个稳定的轨道进行，而不是在社会危机的时候还政于民了事。戈尔巴乔夫认识到苏联存在的各种问题，并且以改革的方式解决问题，都反映出他作为领导人的责任意识和政治勇气，对此无论什么时候都是值得肯定的。但是，他发现了问题却没有找到解决问题的正确方法，特别是过早地放弃了苏联共产党的领导权，使改革失控而走到了他预期的反面。2006 年戈尔巴乔夫在接受中国记者采访时，深刻反思了苏共放弃领导权的教训。他说：“我深深体会到，改革时期加强党对国家和改革进程的领导，是所有问题的重中之重。在这里，我想通过我们的惨痛失误来提醒中国朋友：如果党失去对社会和改革的领导，就会出现混乱，那将是非常危险的。”① 从戈尔巴乔夫改革可以看到，激进民主主义最大的风险就是社会失控，民主化的进程中党的强有力的领导必不可少。

（二）谨防民众的民主激情被野心家利用

在民众的心目中，似乎民主了生活中的一切就美好了。因而，大

① “戈尔巴乔夫后悔了：搞‘民主化’是惨痛失误”，《环球人物》，http：//www. chinaelections. org/New sInfo. asp？NewsID=91494＃. 2006－06－02。

多数人对民主怀着极高的期待甚至是幻想，很愿意相信一些不切实际的承诺，也容易被民主浪漫主义所打动，这也是激进民主主义潜在的社会基础。另一方面，集权政治下，没有公民社会的基础，人民的自主、自律能力都难以获得较大发展。突然放开民主，人民反而无所适从，容易被野心家们煽动起来的情绪所左右，引发政治狂热而导致街头政治和社会混乱，反而为野心家和政客们提供了机会。叶利钦在戈尔巴乔夫改革和苏联解体中的表现充分说明了这一点。他利用了戈尔巴乔夫自己提倡的“民主化、公开性”，直接从民众中获得支持。他看准了当时苏联人民对苏共的失望和苏联社会的诸种困境，慷慨许诺，痛陈时弊，凭借不切实际的口号、诺言和对苏共的尖锐指责，很快争取到了社会中下层、工人阶级特别是煤矿工人的支持。从 1989 年开始，叶利钦的激进改革派不断煽动煤矿工人罢工闹事，或者组织数十万人的游行示威活动。政局的动荡加剧了苏联的经济困境，使得戈尔巴乔夫处境更为艰难，支持率不断下降；而不必背负苏共历史包袱、不必承担社会责任的叶利钦却支持率攀升并最终取而代之。叶利钦的政治生涯充分说明，激进民主化存在野心家利用民意发动街头民主、破坏社会稳定的风险，因而在推进民主化改革的进程中必须谨防民众的激情被野心家利用。

（三）警惕民族主义势力打着民主的旗帜分裂国家

激进民主的一个重要表现就是，在社会的现代转型不充分、公民社会不成熟的情况下贸然实行竞争性选举。只要有竞争选举就必然要争夺选票、切割选民，族群是最容易找到的切割点。在一个多民族国家，民族间的文化差异、利益矛盾多少都是存在的，这些都能成为分割选民的裂口。另一方面，民族主义势力也会借助民主化把自己打扮成民主派而进行分裂国家的活动。当一些加盟共和国的民族主义者进行分裂苏联活动时，苏共领导人和苏联人民显然没有看清民主诉求与民族分离的区别。特别是戈尔巴乔夫不敢背负民主镇压者的罪名，只靠口头说服和语言威胁来压制分裂分子的活动。结果，民族分裂主义势力与俄罗斯内部反对派相呼应，使族际冲突、地方与中央的对抗以及加盟共和国的独立倾向愈演愈烈，最终彻底断送了统一的国家——社会主义苏联。一场要挽救国家的民主化改革终于以葬送了国家而终结，一切有良知的人都不能不承认这是一个悲剧。苏联以自己的碎裂告诉世人，民主的良好愿望不等于良好的结果。警惕民族主义势力打着民主的旗帜分裂国家，是趋向民主化的民族和国家必须记取的风险启示。

苏联解体后俄罗斯民族问题变化研究*

SU LIAN JIE TI DE YUAN YIN JI SI KAO

胡延新**

一、苏联解体后的民族关系状况

俄罗斯历史上就是一个多民族的国家，是完整的多民族的结构。俄罗斯联邦现有182个民族和部族，是世界上民族最多和民族构成最复杂的国家之一。其中俄罗斯族是最大民族，也是俄罗斯联邦的主体民族，占全国人口的80%，有20%的俄罗斯公民不是俄罗斯族。苏联解体和民族自我意识的爆发把民族问题推到了政治变化的中心。社会制度任何实质性的变化都与民族问题密不可分，民族问题会进一步导致政治、社会和经济问题。

在多民族国家转型期，民族关系往往会相对紧张。苏联解体时期和俄罗斯联邦成立初期的20世纪80年代末和90年代初，许多地区和共和国内民族关系都曾出现不同程度的紧张，甚至发展为民族冲突。

* 本文为山东交通学院2009年度科研基金项目：20世纪末－21世纪初俄罗斯民族政策及民族关系研究的研究成果，编号为200928；山东交通学院博士科研启动基金资助项目。

** 胡延新，山东交通学院外语系，俄罗斯人民友谊大学管理社会学博士、副教授。

波罗的海沿岸地区的民族运动，巴什科尔托斯坦和雅库特的民族意愿行动，格鲁吉亚、摩尔多瓦分裂导致了阿布哈兹、南奥塞梯和德涅斯特河沿岸地区的暴力冲突，图瓦共和国内部宗派的冲突，在其他地方则发生了共和国之间的冲突（奥塞梯—印古什冲突）。苏联的解体和民族冲突，特别是在高加索地区的民族流血冲突造成了无辜平民伤亡和大规模人口迁移，从而导致大量难民和被迫迁移的移民从高加索地区和中亚的共和国来到了俄罗斯中央地区。

1994—1996 年的“车臣战争”成为影响俄罗斯社会政治发展的最主要不安定因素。1994 年 12 月以“恢复宪法秩序”为目的的车臣驻军，并没有使该共和国服从于俄罗斯联邦的法律。车臣武装分裂分子进行了反击，造成了长期的流血武装冲突。车臣危机暴露了俄罗斯军队薄弱的战备水平，军队的士气更加低弱，同时也证明了用战争的方式解决复杂的民族问题是不可行的。车臣危机不仅成为车臣人民，也成为俄罗斯所有公民的民族悲剧。从 1994 年 12 月到 1996 年 5 月的武装进程中，在车臣牺牲了 8000 名联邦军队的士兵和 2500 名车臣士兵，而且死伤数以千计的和平居民。1996 年 8 月俄罗斯政府与分裂分子达成了停止军事活动以及联邦军队逐步从车臣撤兵的协议。

历史的发展轨迹对民族关系发展起着重要的作用。苏联时期的集权制、大规模驱逐式的强迫移民和对大量的民族文化珍品的破坏，严重损害和打击了包括俄罗斯民族在内的俄罗斯联邦所有民族的发展。在苏联时期民族合作和发展取得成就的同时，所实行的过度集权制也植下了大量矛盾的种子。

苏联解体后，俄罗斯联邦开始了新的发展阶段。然而历史的遗迹、苏联的集中政治和心理影响、转型期的社会经济和政治困难，都导致了民族关系领域的一系列危机状况和问题。这些情况在以下地区表现最为突出：与武装冲突接壤的地区、难民和被迫迁移的移民集中的地区、在有问题的“被分割的民族”地区、具有复杂的社会政治经济形态和导致犯罪环境的地方以及生活资源严重不足的地方。

失业问题特别是人力资源过剩地区的失业问题、土地和其他关系得不到法律的调节、存在领土争议和民族独立意向等问题，都给俄罗斯的民族关系带来了消极影响。

在社会生活民主化进程中，民族的能量被释放出来，国家的任务在于把这种能量引导入国家建设轨道上，但这一点并未及时有效地做到，而且过去的积怨和新的不满开始都表现出来，严重影响到俄罗斯国家、社会和各族人民的复兴和发展。

二、苏联解体后，俄政府民族政策的调整和民族关系变迁

在新的历史条件下，俄罗斯政府必须克服错误解决民族问题造成的不良后果，吸取经验教训，保障国家所有民族人民平等的权利，改变政治制度中的集权政策，承认不同民族、不同地区的人们自己组织具有本民族、地区特色生活的权利。根据该方针，1992 年 3 月 31 日，86 个联邦主体签署《联邦条约》，明确它们与俄联邦之间的关系。新的国家民族政策于 1996 年 6 月 15 日在俄罗斯宪法的基础上由俄罗斯总统令确定。国家民族政策的原则是建立在俄罗斯宪法相应的条款上的，是联邦体制和民族关系立法的政治和权利基础。

俄罗斯新的民族政策充分体现了民主原则和民主价值观，目的是最终促进民族关系和谐发展。民族政策在对待各民族的态度上与苏联的政策相比发生了变化。苏联时期，民族政策中优先考虑联盟共和国的民族利益，而在新的民族政策中所有民族都是平等的。通过一系列的政策调整和落实，从 20 世纪 90 年代中期开始，民族关系民主化和民族问题在市场经济中的发展成为焦点问题。

《联邦条约》的签订对保障俄罗斯的完整和统一发挥了积极作用，保证了俄罗斯联邦的国家领土政权和法制的统一，同时不排除在联邦

主体内部体现共和国、地区特色；把建立联邦主体内部和谐权利体系与联邦政权机构结合起来，考虑到了居住在俄罗斯领土上所有民族之间的利益关系。俄罗斯联邦政权机构之间进行了复杂的谈判，2003年通过了联邦法律：《俄罗斯联邦主体国家政立法（代议制的）机关组织和执行机构的总则》。

2000年6月17日俄罗斯的宪法法院作出了不承认阿尔泰共和国的立宪主权以及不承认其享有该共和国境内的地下资源、土地和森林所有权的决定，实际上结束了共和国主权制阶段。2000年6月27日俄罗斯宪法法院作出决定，废止阿尔泰、印古什、巴什、科米、北奥塞梯和鞑靼斯坦共和国宪法的一系列不符合俄罗斯法律的条款。普京时期的这些措施加强了“政府垂直统治”。2004年底，俄罗斯国家杜马以压倒多数通过了俄总统普京提出的一项议案，取消地方领导人的直选制度，地方领导人改由总统任命，如果地方议会两次否决总统提名，总统有权解散地方议会。这宣告了俄罗斯联邦境内诸侯分立的局面基本结束。

通过21世纪初的民族政策改革，俄罗斯建立了“统一法律空间”，共和国、州和边疆区不符合联邦法律的法律条款被取消。共和国的地区民族特色和特殊规定不能与俄罗斯宪法、联邦法律的基本条款相矛盾。

1996年6月通过了联邦法律《民族文化自治法》。俄罗斯的民族文化自治是民族文化自决的形式，是属于某个民族的俄罗斯公民的社会联合体，是建立在为了实现独立解决保存民族特色、发展民族语言、民族文化的目的上的自愿组织。民族文化自治区可以使不同民族的俄罗斯公民，其中包括散居的或人数较少的民族保存和发展自己的民族特色、传统、语言、文化和教育。

民族文化自治区能够促进俄罗斯的联邦主体关系和共和国内部关系的完善，有利于地方自治机构管理下的社会自治体系的发展。2002年据司法机构统计，在俄罗斯已经建立了14个联邦民族文化自治区，

300个以上的地方自治区。比如，德国人建立了68个，鞑靼人建立了63个，犹太人建立了29个，亚美尼亚人建立了18个。俄政府划拨专门经费支持它们的发展。直属于俄罗斯政府有专门的民族文化自治区事务管理协商委员会。在俄罗斯有全俄社会团体—俄罗斯人民大会及其地方分支机构，执行民族关系问题的协商和建议功能。

为了保证民族政策的顺利推行和实现，从20世纪90年代中期开始，俄政府具体实施了全俄和地区范围的稳定民族关系化与促进民族发展和团结的规划项目，如“俄语”、“俄罗斯突厥民族的复兴与发展”和“俄罗斯芬兰—乌戈尔民族文化的复兴与发展”等等。这些联邦项目的实施不仅消除了民族极端分子滋生的土壤，而且有利于联邦政府解决不同的民族问题。

社会经济因素是国家民族政策得以实现的重要因素之一。让每个民族看到安定富裕生活的前景是民族关系正常化的前提。俄罗斯政府为了扶持地区的经济发展，根据不同主体的具体经济需求进行了专项拨款。俄政府分别向民族冲突后局势复杂的北高加索地区的印古什共和国、阿迪格共和国和车臣共和国等给予拨款资助。

俄罗斯多民族地区大多数地方的民族关系是和谐的，然而一定地区的民族关系处于不同程度的紧张状态。发生过民族冲突后的地区，消除后果、恢复和平以及重建工作仍在进行。21世纪初的实践表明，实现民族政策走的是互让折中的途径。

民族问题在俄罗斯转型10多年里也改变了本身的意义和内容。20世纪90年代初的国家分裂、生存问题已不再是威胁俄罗斯的首要问题，取而代之是民族排外主义、极端民族主义对俄罗斯国家稳定的威胁。民族排外性质的犯罪案件和极端民族主义分子制造的恐怖事件不断发生，成为困扰俄罗斯政府的棘手问题。

三、俄政府改善民族关系的成绩和面临的问题

俄罗斯政府通过调整民族政策、加强立法等全方位改革，极大消除了政治经济巨变导致的民族运动和民族冲突的后果。苏联解体后，俄罗斯政府在民族政策和民族关系方面取得了显著成绩：

第一，采用谈判方式解决了大多数的民族冲突，但车臣和北奥塞梯共和国的冲突是用武力解决的。

第二，通过联邦制进程和建立“统一法律空间”，联邦主体的法律不能与俄罗斯国家宪法相违背，中止了民族分裂的进程。从 2002 年起，所有地区划入到统一的立法范围内。

第三，通过了《民族文化自治区法》和《本土少数民族法》等多项符合国际权利规范的俄罗斯有关民族问题的法律和决议。20 世纪 90 年代起人们不再隐藏或者为自己的民族归属感到羞愧，开始自由地使用本族语交流。

第四，20 世纪 90 年代中期以后，出现了少数民族文化自决的可能性，建立了民族文化社会团体和民族文化自治区。它们能够在一定程度上保证公民利益的实现和公民团体构成范围的扩大。俄罗斯不少主体已具有成功解决民族问题和调整民族间合作的值得肯定的经验，比如萨拉托夫州、奥伦堡州、雅罗斯拉夫尔州、托木斯克州、库尔干州和其他州，布里亚特、雅库特、乌德穆尔特、巴什科尔托斯坦和哈卡斯共和国。在地方上，民族文化自治区不仅能满足少数民族公民的文化需求，同时在民族关系紧张冲突时会成为民族间对话的工具。

但是，不容置疑的是，俄罗斯政府的民族政策和民族关系仍存在不容忽视的问题，制约着俄罗斯的发展：

第一，多数制（一人一票）不能在国家政权联邦机构里保证少数民族的利益。除此之外，俄联邦主体共和国内的政府权力机构中，以

自己民族名字命名的共和国的主体民族代表占大多数。在雅库特共和国，雅库特人占共和国总人口的37%，但在权力代表机构中有69%多的雅库特人；鞑靼斯坦20世纪90年代下半时期的国家委员会里70%以上（当时鞑靼人占人口的51%）为鞑靼人。这是不同民族代表在共和国参与政权的不平等的表现，这种不平等在居住在共和国的俄罗斯族人看来，是对他们的民族歧视，而非主体民族的其他民族同样认为他们在管理机构的代表性不够。

从各个共和国特别是北高加索地区的共和国俄罗斯族居民外迁来看，这正是民族关系状况现实的体现。同时，民主并没有消除主体民族在一定共和国和州的社会优势地位。调查数据表明，和以往一样，在共和国的主体民族的居民享有重要的生活地位：获得高薪工作、创业和政府机构居要职的机会高于非主体民族的居民。而在俄罗斯族人口占优势的州，则是俄罗斯族人拥有更多上述的机会。

显然，机械的民主化不能保证俄所有主体的发展和繁荣。共和国主权化过程显示，在一些地方和不同事务中民族政策的民主和自由运用不当，导致了新的不平等现象的出现。以往的不平等现象主要是城乡差异造成的，而新的不平等现象则是由市场经济、国家社会政治文化变迁和人的心理水平等综合因素决定的。新的不平等肯定会造成新形式的民族关系不和谐。

第二，苏联解体后，俄罗斯族移民从苏联成员国以及俄联邦主体不同共和国回流到俄中央地区的数量不断增加。由于俄政府接收移民的准备工作不够，而且回流移民的工作、生活期望值较高，而现实则没有让他们满意，因此这部分人心中民族排外情绪也持续升温。调查数据显示，1991年只有26%受访者支持“俄罗斯是俄罗斯族人的”的口号，1996年为46%，2009年上升到54%。

第三，联邦关系问题对于俄罗斯社会、俄罗斯族人民和敏感群体少数民族人民仍然是一个不容忽视的现实问题。联邦中央建立统一立法空间的努力是必要的，但是统一空间应该兼顾民族文化和传统。立法的统一性和兼容性还将是俄罗斯政府在稳定民族关系中要面临的问题。

第四，拥有“主体民族”的共和国和民族文化自治区的的状况和发展前景不明确。从一方面看，在保留主体民族自身特点、自我划分和传统继承性的同时，它们具有自治类型的国家体制，能够独立解决自己民族的自我组织和自我发展的问题。从另一方面，这些措施孕育着向民族分裂转化的危险，不可避免地限制该共和国、自治区的其他非主体民族的权利。

第五，维护居住在独联体和波罗的海国家的俄罗斯族人的利益同样是俄政府关注的民族问题之一。苏联解体后，俄罗斯族人在这些国家的政治和社会地位迅速下降，在求学、就业、职务晋升等方面都受到排挤，严重影响了当地俄罗斯族人的生活质量。俄政府曾出台一系列保护境外俄罗斯族人的措施，包括对侵害境外俄族人利益的国家进行经济制裁、俄将取消该国公民在俄享有的优惠和特权等等，但收效不够理想。

总之，苏联解体后，俄罗斯经历了民族运动和民族冲突的重创，复杂的政治经济制度转型过程中，很多地区的所有民族的生活水平都有不同程度的下降，不同地区的不同民族人民的社会地位也发生了改变，加剧了其民族关系的复杂化。俄政府在消除转型后果、促进国家和民族团结方面出台了一系列政策和措施，取得了显著的成效。但解决不断变化的民族问题，建立和谐的民族关系和促进各民族共同发展，对于世界上民族最多和民族构成最复杂国家之一的俄罗斯来说，无疑始终是俄政府面临的主要任务和艰巨挑战。

SU LIAN JIE TI
DE YUAN YIN
JI SI KAO

第二部分

冷战终结及其思考

冷战终结与当前世界变化的十大趋势

SU LIAN JIE TI DE YUAN YIN JI SI KAO

谢尔盖·卡拉加诺夫*

历史并非一门精准科学，没有人确切地知道为什么冷战会结束，苏联会解体。苏联的共产主义体系已使人民筋疲力尽，共产党不能进行自我改革以使国家发展市场经济，国家被军备竞赛耗尽力量。人们对共产主义神话的信念已经消亡，共产主义已经失去合法性。实际上，苏联可以持续那么久已经是奇迹。来自西方的意识形态、经济和政治压力仅是次要原因，关键的因素在于戈尔巴乔夫。冷战的终结是一个历史过程，导致大量的力量、财富和人口向西方转移。冷战留下了一个结构性特征：俄美之间的核对抗。冷战结束引发的新进程仍在开展，国际关系中出现前所未有的民主化和多极化；力量转移，亚洲地位上升，欧美力量下降。未来应对的挑战之一是有效管理西方衰落，避免中美的系统性地缘政治对抗以及国际关系的重新意识形态化；第二大挑战是应对大中东地区局势的持续恶化；第三大挑战是避免未来的核扩散。传统的全球问题——气候、水、粮食等在如此迅速变化的环境中难以系统地解决。只有当世界调整并适应这些新动荡，

* 谢尔盖·卡拉加诺夫，俄罗斯外交与国防政策委员会名誉主席、俄罗斯高等经济大学世界经济与政治系主任。

转移力量，避免新军事主义竞赛时，我们才能重新思考后冷战时期全球治理的新浪潮。

总的来说，当前变化中的国际形势有以下几个显著的趋势：

第一点，我们无法理解周围发生着怎样的一种变化，因为在人类历史上从没有在如此短的时间内发生如此迅猛的变化，包括在地缘政治和各种力量均衡上，一切都在迅速发生变化。如果说过去大的变化每一千年发生一次，之后是三百多年发生一次，而在最近一百年我们看到每三四十年会发生显著的变化，但是我们发现最近每两三年都会发生一次明显的变化。这种趋势可以叫作时间压缩，那对于我们从事国际政治经济问题研究的学者意味着什么呢？这就意味着我们要在尽量短的时间内接受大量信息，但正确接受所有信息是不可能的，这就要求我们有非常好的直觉，要有独立的思维方式，以便迅速接受这些信息，即便犯错也不可怕，因为几十亿人都在面对这个巨大的信息流。

目前发生着在人类历史上从未有过的惊人现象，人们无法理解和接受如此大量的信息，这恰恰导致了第二种现象的产生。正是这种对于信息的不理解，使得人们努力寻找理解信息的方式，很多人习惯地采用熟悉的方式——宗教，不仅仅包括传统的宗教，也包括新近产生的宗教，在不久的将来就可以看到新一轮的意识形态斗争和宗教博弈。当人们无法用正常理智去理解一个问题的时候，感情往往会占据上风，我们便会观察到一些非常奇怪的潮流和趋势，例如最近两年出现的仇恨美国、莫名其妙的中国热、仇恨俄罗斯以及欧洲即将消亡等观点。在两年内发生这样大规模的感情变化，这在人类历史里是前所未有的。

第三点变化是国际关系已经进入新的发展阶段，笔者称之为“第二次解冻”。苏联解体和美苏两个超级大国对峙结束之后，世界范围内发生了第一次冲突解冻，因为两个超级大国的存在将外部的秩序强加给国际社会，压制一些民族、国家之间的冲突爆发，以免波及美苏两个超级大国。两极格局结束之后，我们看到了第一次冲突解冻的浪潮，包括在南斯拉夫发生了长期流血冲突、在俄罗斯边缘地带爆发了车臣危机、在中亚地区出现了不稳定的情况等。之后，第四种变化出现了，即出现了单机格局上升的趋势，很多国家都认为美国在全世界占据主导权，虽然这种趋势不合理，但当时很多人都这么认为。最有趣的现象就是，美国在其单极主导的智力潮流之下，试图用各种政治军事手段巩固自己在冷战中取得的成果，包括先后发动了伊拉克战争、阿富汗战争。美国在伊拉克和阿富汗遭遇失败，以及世界范围内经济力量再分配之后，在远东和太平洋地区，以往两年百年间由西方主导的传统国际政治经济格局发生了变化。而且，传统的西方主导势力削弱之后，以往加在旧冲突上的限制被解除了，中东、北非的剧烈动荡，太平洋地区以往的遗留问题浮出水面，包括美国和同盟在中国扩大自己安全范围问题上对中国施加压力。今后几十年太平洋中东将陷入新冲突，旧国家消亡，新国家将出现。

第五点，政治激进主义不可避免地出现。我们看到目前中国、印度和东南亚国家快速崛起，这些国家摆脱了西方国家强加的政治经济束缚，发展迅速，这种变化不可避免地会导致一些地区原有的生活水平降低，特别是在欧洲和美国。如欧洲危机就有很多深层次原因，目前欧洲正在失去传统的竞争力，这将使得欧洲永远不可能回到五百年来保持的高发展水平和高福利。接下来这种趋势带来的不可避免的结局就是引起传统西方国家政治局势激进的变化，即会出现各种各样左派和右派思潮，一些国家为了解决内部矛盾、转移危机，会在外部局部作战，以转移视线。

第六种趋势比前五点更具有显性特征，即日益紧张的原材料、能源紧缺。目前我们看到的是石油和稀有金属的紧缺，在现在和不久的将来水资源也会紧缺，不仅是饮用水，还包括工农业发展所需要的水资源。这种能源的相对短缺主要是由亚洲的迅速崛起引起的，亚洲日益增长的生产和消费造成了能源的相对紧缺，这不是亚洲的错误，这是发展的客观情况，但是这种相对紧缺引起了一系列连锁反应。一直以来的研究认为，工业革命、信息革命和绿色革命之后，农业生产力大大提高，那么领土所具备地缘政治的概念将逐渐降低，包括它的经济意义。这种能源和食品的相对紧缺，使得领土重新成为具有重要地缘政治价值的商品，这就使得拥有大面积领土的国家获得相对利益，这就是为什么地缘政治又重新回到了我们的视野，要知道过去50年里都没有谁提地缘政治这一概念。

第七个趋势是，目前在对话中发生的新变化比其他领域更值得思索。现在世界范围内都盛行谈民主的末日，我们越来越多地谈到发展模式之间的比较和竞争。目前已经进入新威权主义时代，全世界都看到了中国的经验，中国就是一个典型的威权主义大国，已经取得了非常瞩目的发展成就。俄罗斯也是另一种威权主义国家，不久之前俄罗斯也保持了高速发展。在这个问题上，笔者不同意一般的看法，不认为民主在衰退或者趋于弱势，而认为民主在发展，并且民主的这种发展是以意想不到的方式进行的。这种变化主要是因为个人和群众能够对本国情况和周围环境产生较大的影响，笔者认为是信息革命造成的，政府国家已无法控制人们的思维，这种趋势是不可逆转的。当然，这种变化不是笔者能评论的，笔者一直密切关注中国的发展变化，在最近10—15年中国民主程度大大提高，同40年前的民主情况不可同日而语。以往一直认为民主的胜利是自然而然的，这是西方的观点，但情况并不是这样的。而且当一些国家的人民现实地掌握了国家的权力后，就发生了一些变化，美国已经无法严格控制拉美国家，委内瑞拉、巴西都采取了本国的民主政治，这显然是反美的政体。

这种趋势仍将继续发展，但是会受到另外一种趋势的冲击。过去我们一直在讲西方政治力量激进的变化。目前欧洲许多国家的失业率达到15%—20%，西班牙青年失业率甚至达到了50%。在这种情况下，用原有的民主方式和原则来管理国家已不可能了。所以许多西方国家不得不开始对民主进行限制，增强国家治理中的威权成分。笔者可以预言，10年之后欧洲许多国家的民主模式会更像20世纪50年代，从外部特征上看带有更强的威权特征。所以我们进入的21世纪，可以说是一个威权民主的世纪。

在三四十年前，苏联和中国的许多共产党员及人文学者讲到社会主义和共产主义的趋同。这种现象目前在中国可以部分地观察到，保留了社会主义的模式，但是外部特征发生了很多变化，中国社会主义中融入了许多资本主义成分。而且，笔者认为这种趋同已经上升到政治体制的趋同层面。笔者希望中俄变得更加民主，另一些国家也许会变得更加威权，每一个国家和民族都可以作出自己的选择，这是一个非常精彩的创造过程，我们历史中所有发展道路的可能性都是开放式的。我们的未来是无限美好的。

俄罗斯是非常幸运的。在俄罗斯国家发展的1000多年中，国家发展的宗旨是抵抗外敌。最初是金帐汗国，成吉思汗统治了俄罗斯250多年，我们打退了蒙古人。斯拉夫民族遭受到了来自南方草原游牧民族经常性的袭击。接下来500年，俄罗斯同西方进行了艰苦卓绝的斗争。跟西方斗争的结果是，有的时候不得不扩大领土以便获得更多的阵地，尽管许多国家认为俄罗斯是侵略者，不过这一切都是为了防卫作出的必要举动。至少目前我们没有外部威胁，西方势力已经削弱且无暇顾及我们；中国是与俄罗斯友好的大国，而且我们清楚地知道，中国需要俄罗斯作为同美国抗衡的支撑。当然也不能说俄罗斯没有问题，在俄罗斯南部、中亚地区和阿拉伯世界，我们在几百年间已经学会怎样解决问题，但是问题依然存在。

笔者想再补充一点，我们有非常辽阔的国土和丰富的资源，既有丰富的能源，也能生产密集的产品和食品，但是我们面临严峻的问题，我们决定歇口气了。可以说，过去的20世纪对于俄罗斯来说是非常沉痛的一个世纪，没有哪个国家经历了这么多磨难。第一次世界大战、内战、大规模集体化、镇压和第二次世界大战，在20世纪的

100 年间俄罗斯人口损失了 1/4。20 世纪给俄罗斯带来的精神创伤至今仍没有愈合。我们开始以革命的方式推翻了共产主义，我们没有重复中国的道路，我们决定一次性解决所有问题。我们在 10 年内发生了经济危机，在 1990—2000 年的 10 年间 GDP 下降了 47%。不管怎样，俄罗斯都最终重建起来了，到 2007 年恢复到原来的发展水平，也巩固了自己的地位。但是之后发生了停滞，从最近几年来看，俄罗斯处于不知道何去何从的地步。笔者非常希望两三年后俄罗斯能走出这种状态，希望上述趋势能朝向有利于俄罗斯的方向发展，而不是使我们放松。

俄国解密档案：苏联对东欧剧变的反应和思考

SU LIAN JIE TI DE YUAN YIN JI SI KAO

崔海智*编译

【译者按】自冷战结束以来，苏联解体的原因和教训一直是国际学术界争论的一个焦点问题，在苏联解体20周年之后的今天，人们仍在围绕这一问题展开广泛的争论。在讨论苏联解体的原因时，各国学者都认为苏联解体是一个非常复杂的问题，是多种因素共同起作用的结果。这既有苏联的国内因素，其中包括戈尔巴乔夫的个人因素；也有外部因素，特别是西方国家所起的作用。然而，由于受到档案解密期限的限制，目前能够看到的20世纪80—90年代的俄国档案文件并不多。因此，无论是政治家还是学者，他们之间争论所依据的主要还是当时媒体上的公开信息以及诸多当事人的回忆。公开的信息可以看到事情的表象，但难以深入其内幕，当事人的回忆又带有过多的个人情感色彩，特别是在如此重大的政治动荡中。要把苏联解体和共产党失去政权的原因搞清楚，首先就要把这一事件的历史过程搞清楚，而要把历史过程搞清楚，就需要依靠对历史档案的解读。在沈志华教授20世纪90年代中期收集的冷战时期苏联历史档案中，有一些涉及

* 崔海智，华东师范大学历史学系冷战国际史研究中心助理研究员。

戈尔巴乔夫改革时期历史的文件，尽管数量不多，但也可以从中看出一些端倪。

随着今后新的档案材料的不断解密和开放，学者们对苏联解体和冷战结束等相关问题的认识会越来越深入，同时关于这些问题的争论还将持续下去。现把华东师范大学冷战国际史研究中心收藏的一些有关这些问题的俄国档案翻译出来，供大家参考。

本专题收入的关于苏联的档案资料主要涉及苏共对东欧的政策和面对东欧剧变所作出的反应。戈尔巴乔夫的东欧政策相对以往有了根本性转变。1988 年 7 月 15 日，戈尔巴乔夫在华沙的讲话系统阐述了苏联新的外交政策和理念，阐述了对东欧国家的新方针，其核心是鼓励东欧国家进行改革和努力改善与西方国家的关系。戈尔巴乔夫认为，世界正在发生新的变化，这些深刻的变化源于社会主义本身发生的一些变化。1990 年 4 月 5 日苏共中央政治局第 184 号会议纪要摘录、1991 年 1 月 22 日苏共中央书记处关于东欧局势的发展及苏联政策的决议和 1991 年 4 月 12 日苏共中央书记处关于同中东欧国家经济合作问题的决议，这三份文件均反映了东欧剧变后苏联对东欧的政策。面对东欧剧变，一方面苏共从国家利益出发，希望与这些政权发生更迭的国家建立起正常的国家之间的关系，在经济上加强联系，在政治上使东欧地区不要成为苏联军事安全上现实的或潜在的威胁；另一方面又从感情出发，想办法对陷入困境的原东欧国家共产党进行一些援助，主要是财务资金方面的援助。

苏共中央政治局第 184 号会议纪要摘录
关于苏联共产党的政策以及为支持东欧国家的共产党和工人党而采取的措施

（1990 年 4 月 5 日）

同意苏共中央国际部在 1990 年 3 月 20 日的报告中阐述的一些想

法（附后）。相关党组织和机构在实践工作中应遵循这种想法。

中央委员会书记 戈尔巴乔夫

附件

秘密

关于苏共的路线以及为支持东欧国家的共产党和工人党而采取的措施

苏共中央：

由于在东欧国家发生的急剧的政治变化，工人党面临着非常困难的局势。其中大部分工人党都在意识形态上陷入了深刻的危机，在组织上陷于混乱。

罗马尼亚共产党停止了存在，其在可预见的将来能否复兴也是有疑问的。匈牙利社会党和波兰共和国社会民主党正在向社会民主的立场转变。即使那些不否认自己曾是共产党（捷克斯洛伐克共产党、波兰社会民主党、匈牙利社会主义工人党）的继承者的政党，它们的党纲、政治和组织方针已经接近左翼社会党人了。

大规模退党的现象仍然在继续：在波兰社会民主党领导人看来，从各方面来看，退党的人数有了一些增加，其党内仅有70万党员了（德国统一社会党剩下230万党员）。在匈牙利、捷克斯洛伐克、波兰，追随共产党的人数急剧减少了。共产党人，特别是在机关工作的共产党员和党的积极分子都受到压力，遭受歧视，在道德上受到威胁，经常遭受身体被迫害的威胁。

大部分国家采取的政策都是禁止党组织在企业内开展活动。朋友们被迫从军队、外交部、安全机关和内务部离职。所有这些进程都在发生急剧的转变，在这些转变之后，左翼力量在很多方面将会失去对政治生活的影响力。

尽管可以预见，国家预算中的补助金很快将会终结，共产党事先也没有对财政上的独立，对活动场所、出版社、出版物和企业的所有权在法律上进行登记予以关心。而且，在反对派的压力下，它们无偿地把自己的资产转交国库，因而现在正在经受资金上的困难，它们将不能满足自己活动的开支。

在东欧国家执政的共产党陷入的危机通常同这些国家形成的社会主义指令性管理模式相关。以前的领导人千方百计地延长既存的、按照斯大林模式建立起来的政治结构，并以这种方式保持执政地位。他们不愿意开始早就酝酿成熟的改革或者使改革半途而废，这就破坏了共产党在群众中的威望，促使人们更加不相信在社会主义的条件下能够满足他们的生活需要。

共产党人自己也沮丧了，不再相信他们为之奋斗和自我牺牲的精神的正确性。由于数十年来没有受到权力的监督，随意决定数百万人的命运、掌握巨大的物质财产，许多人都蜕化变质了。

目前党在尽力表现，它们在从过去发生转变，在获得新的面貌，在国家的政治生活中寻找自己的位置。但是看起来，这些进程还远远不是有益的，还远远不是积极地向前发展的。

目前在实践中采取的一些措施经常不是由一些原则方针，而是由“街头压力”决定的。在可预见的将来，东欧国家原来的共产党很可能成为在野党，保加利亚共产党除外。

中派和右派力量在东欧国家的社会生活中占据了中心的位置，他们正在推行反对共产党的政策，坚决反对以前保留下来的任何东西，逐步把一些社会性的标志物从社会生活习惯中消除。他们正在有计划地努力采取一些措施，以便根除社会主义思想的政治基础。在这种情况下，右翼势力甚至亲法西斯的势力都积极地活动了起来。

由于居民中反苏的情绪非常盛行，大部分国家的政治局势都很严峻。新成立的政党中反对共产主义的领导人也迎合这种反苏情绪，企图把酿成现在危机的原因都推到苏联身上，加速这些国家向反苏的方向转变。

同时，尽管存在的这种困难局势都是令人沮丧的，但是也存在一定的客观可能性，以便使东欧国家共产党的继承者们，在经过合理的改革之后重新在政治和社会舞台上占据一定的位置。因此，东欧国家正在开展的向市场经济转变的政策不可避免地会需要建立左翼力量联盟来作为一种政治平衡力量，使其能够保护劳动者的社会利益。而且，一旦来自右翼的激进的民族主义集团的威胁不断增长，广泛的左翼力量联盟就会形成，而这种威胁不断增长的征兆已经出现了。

在这种情况下，存在的以党的继承者为代表的力量是有利于我们的，他们的民主潜力将会增长，他们开展的活动将会有利于本国同苏联保持睦邻关系。

对于苏联今后对捷克斯洛伐克共产党、波兰社会民主党、波兰共和国社会民主党、匈牙利社会党、匈牙利社会主义工人党、保加利亚社会党的政策，现在只能概括地指出，因为东欧国家新的政治结构仅仅现在才开始形成。

第一，当然，随着这些党在本国丧失领导作用，苏联同这些党合作的方式、合作的范围以及在一些情况下进行合作的水平不能不有所改变。在党的层面上讨论国家间问题的机会在降低。继续就经济问题、农业问题和组织问题召开会议，这样的实践活动是不现实的。最后，不应该像以前那样对东欧国家的前共产党表现出偏爱，以便不引起东欧国家现有的其他政治力量的怀疑，这无论是对于我们，还是对于我们的朋友们来说都是不必要的。

同时，无论是由于政治上的原因，还是出于道德上的考虑，今天他们的政治作用都在增加，我们不能抛弃曾经多年同我们一起工作的党，我们都不能听天由命，不从思想上、政治上对他们提供帮助，而在一些特别的情况下也不能不对他们提供物质上的帮助和支持。事实上，这项工作已经开始了：进行了一些会谈，派出了戈尔巴乔夫的一些特使，邀请了东欧国家共产党新的领导人前往苏联，苏共中央代表同他们和党的积极分子进行了一些非正式的工作上的接触。

第二，在实践中产生的一个问题是，对共产党之间的相互联系提供物质上的保障。首先，对于同其他各党之间的合作规模在一定程度上的减少应当予以理解，要区分出一些比较重要的进行合作的方向，事先应当认为不能像以前那样进行均等的交流。接下来提出的一个问题是，关于对那些遭受财政困难的共产党提供物质支持的问题，甚至是为他们提供在苏联工作的机会；关于建立联合企业，满足这些党的各类具体开支的问题等等。看起来，在这些问题上我们应当表现出必要的理解甚至是宽宏大量，因为首先这涉及到那些常年以来忠实于我们的朋友们的命运问题，第二，我们最终正是可以寄希望于这些力量来保证我们同这些国家的人民保持真正的友好关系。

第三，在同东欧国家共产党进行的接触中，看起来，我们应当采取迄今为止在同非社会主义国家的共产党、社会民主党以及其他的政治流派进行接触中所采用的那种形式。我们欢迎党的代表团和党的领导人访问苏联，在此问题上他们同其他的社会团体代表享有平等的权利。

我们认为应当同这些国家的每一个共产党的代表都进行磋商，以便更加准确地了解他们的需求和利益，了解他们对新的政治力量的看法，制定出今后协调工作的最优方式。苏共中央国际部可以根据进行的这些磋商的结果就我们今后需要采取的措施提出具体的意见。

至于进行多方合作的问题，那么近期可以就国际问题，或许还可以就意识形态问题在莫斯科进行1—2次工作会谈，研究一下能否继续进行这种相互协作的方式。在现在的条件下，比如需要就在东欧国家发生的变化及其对外部世界产生的影响交换意见，需要就现代对社会主义的理解交换意见。

第四，在各党之间进行接触的过程中，以及在我们的大众媒体中，必须对东欧各党所处的局势毫无偏见地进行考虑，必须平静地对待那些对于我们来说不习惯的进程，必须理解他们放弃以前的名称、党纲和组织原则中的大量条款。在对所有的这些措施采取态度的时候必须权衡、具体，不要把这看作是同共产党的社会主义信条不相容的进程。

一些共产党在改变自己的名称和党纲之后或许会加入社会党国际，对于这一问题也要采取这种态度。在这一问题上重要的是，不仅应考虑到这些党的状况，而且要考虑到整个世界的状况，考虑到我们同国际社会民主党关系的性质，考虑到我们感兴趣的是社会主义运动中两大派别之间进行最为广泛的接触。

第五，一些新的力量出现在东欧国家的政治舞台上，比如波兰的“团结工会”，捷克斯洛伐克的“公民论坛”，罗马尼亚的拯救民族阵线，匈牙利、民主德国、保加利亚的新党和运动，这就为我们提出了一个如何同他们进行接触的问题。在这个问题上重要的是不应丧失时机。在莫斯科接待了他们的领导人之后，而在实践上对其他各党都提出了一个问题：能否开始修改进行交流的实践，包括特别代表、信使的交流和情报的交流。工作上的接触可以在国际部和我们社会组织的层面进行。

第六，作为对东欧国家友好党进行支持的一种形式，设立社会和政治研究基金会（以苏共中央社会科学研究所为基础）的想法值得注意，该基金会可以成为同各类力量，无论是共产党还是非共产党进行接触和交换意见的中心。基金会的工作可以包括广泛的、较为迫切的一些现代问题。同时，它可以成为对一些党进行支持，同其中最优秀的创造力量进行协作的一种现实的方式。东欧国家共产党的全权代表可以在其框架内工作，通过这些代表可以实现和进行接触。

为了在实践上采取措施，对东欧国家的共产党和工人党进行支持的时候还应当注意：根据苏共中央的委托，苏共中央管理局、苏共中央国际部和社会经济部应当提出一些具体的意见，使苏共的经济部门和相关党之间在商业生产领域以及其他领域进行合作。同波兰和匈牙利共产党已经开始了这样的合作。

苏共中央国际部

1990 年 3 月 20 日

ЦХСД，ф. 89，оп. 9，д. 103，л. 1—9

《俄国档案原文复印件汇编：苏联历史》第 26 卷，第 169—177 页。

苏共中央书记处决议

№Cт—15/2

1991 年 1 月 22 日

秘密

关于东欧局势的发展以及我们在该地区的政策

1. 同意苏共中央国际部在报告中阐述的一些想法（附件）。

2. 苏共中央书记处的考虑是，在同东欧国家的关系方面必须遵循以下原则：

——苏联希望同该地区的国家保持睦邻友好关系。非常重要的是，要使这些国家采取对我们友好的政策，不使它们成为反苏主义的源泉，不使它们对苏联国内的民族分裂主义和离心倾向从外部起到促进作用，不使它们成为那些坚持实施欧洲政治版图重组计划的政治力量的引导者。

——无论在任何情况下，东欧地区都不应成为苏联军事安全上现实的或潜在的威胁。无论东欧国家的局势怎样发展，在这一地区都不应存在外国的军事基地和外国的军队。

同样，苏联军队撤出东欧也应最大程度地考虑到苏联军人的需要和利益。

苏联希望东欧能够和平发展，希望消除民族间的、领土的以及其他的冲突和争执，因为苏联一直在努力推动东欧成为一个稳定的、相互作用和相互合作的地区，把其变为一个由苏联参与的统一的欧洲空间。在国际舞台上以及在欧洲政治中同这些国家进行新的相互理解和相互合作符合苏联的利益。

——近年来，苏联在东欧地区主要的经济利益仍然是同东欧地区保持紧密的经济联系，从东欧进口一些商品，以便加强我们为保持国民经济的稳定而在国内采取的一些措施。要尽可能地采取一种政策，以便使东欧地区在今后仍然成为我们重要的经济伙伴。

同时，我们应当准备提出我们在财产和金融上的各种要求。

——为了保证苏联在东欧的利益，苏共现有的以及今后可能建立的党际联系具有很大的作用。在同东欧地区的左翼力量保持传统关系的同时，应当为逐步同其他民主党建立联系奠定基础，要注意他们的作用及其在社会政治生活中的分量。

也要采取这种态度来促进工会、青年组织、妇女组织、宗教组织以及其他组织在双边和多边基础上进行合作。

在同东欧国家新的领导人进行接触的时候，应当注意不能允许对一些前领导人、共产党员和法律部门的工作人员继续进行迫害的行为。

3. 苏共中央国际部应当就同东欧国家的关系问题为各加盟共和国共产党中央书记、各加盟共和国党委、各边疆区委和州委、主管国际政策问题的苏共中央委员会委员以及苏联最高苏维埃委员会负责国际事务的领导人准备一份报告材料。

应该把这份报告材料送交苏联外交部，请求苏联驻外大使了解其内容。

4. 考虑到可以在苏联最高苏维埃讨论双边和多边合作问题，讨论制定与东欧国家在政治、经济以及在其他领域进行相互合作的新的机制问题，以及讨论苏联同东欧国家新的双边条约问题，苏共中央国际部应当为共产党代表小组就该问题准备一些建议。

5.《真理报》、《苏维埃俄国报》、《工人论坛报》、《苏联文学报》，《共产党人》杂志、《党的生活》杂志、《对话》杂志、《苏共中央通报》杂志应当客观而全面地阐述东欧各国和各党的状况，阐述我们同他们的联系和接触。

建议在全苏广播台和中央电视台的节目中扩大这方面的节目。

6. 意识形态部应当同苏共中央国际部一起就东欧国家的问题以及他们同苏联的关系问题为苏联的国际记者召开新闻发布会。

7. 苏共中央社会科学院应当同苏联科学院相关的研究所一起，在3个月的时间内就东欧国家发生的事件的原因，就这些国家今后的发展前景问题准备一份分析材料，在准备材料的时候要考虑到东欧每一个国家的特点。

8.《真理报》编辑部应于1991年上半年在莫斯科同东欧国家具有左翼倾向的主要媒体的编辑举行会谈。

9. 国际部应根据苏共中央以前通过的决议（1990年11月5日的№Ст—9/1），同苏共中央组织部一起于1991年上半年同与东欧各党保持直接联系的各加盟共和国党中央代表、地方党委代表在苏共中央社会科学院进行工作会谈。

苏共中央副总书记

附件

秘密

苏共中央
关于东欧国家局势的发展以及我们在该地区的政策

东欧国家在政治上和意识形态上已经发生了根本变化。该地区大多数国家以前的权力体系都已瓦解，前执政党在政治生活中都在被边缘化。社会制度正在被更替，被社会所承认的价值标准正在发生转变。这些国家的对外政策正在被重新定位。

但是，东欧国家的发展进程还远没有结束。这些变化大多是发生在上层建筑方面的，很少涉及到社会经济结构。新的权力制度和政党正处于建立阶段，通常还面临着一些问题。宣布了以最快的速度"重返欧洲"的意图，但却受到了一些客观的限制。

东欧国家在走向西方市场的道路上受到了一些限制：基础设施不发达、工艺落后、产品没有竞争力、高额的对外债务。在可以预见的将来，他们未必能够指望从外部得到大量投资。

东欧地区的新局势以及急剧发生的转变坚决要求我们对自己在东欧的利益、目的以及整个战略采取新的思维。苏联在东欧问题上要有牢固而坚定的立场，这在很大程度上取决于我们的政策、取决于对这里发生的事情作出及时而深思熟虑的反应，取决于我们同东欧国家构建的关系是否成功。在这一问题上，正如去年所表现出来的，事实上在战后数十年内建立起来的所有关系绝不是都没有得到发展的。

在最近一两年，在我们对外政策的优先方向中，东欧地区被毫无理由地置于次要的位置，而且这不仅仅是由于局势发展的内在逻辑。

众所周知，如果苏联同西方的相互理解可能达到新的水平，东欧的价值就就会被降低。在经济领域表现出一种虚幻的希望，好似可以迅速而顺利地把我们同东欧的贸易关系转为同西方国家的贸易关系，并且很快就会取得较好的效果。苏联突出发展与大国的对外关系、外交部机关在东欧工作方面的弱点（这一工作数十年来都被认为是苏共中央的权力）也起到了作用。大众媒体施加的压力也产生了效果，在绝大多数情况下，我们同东欧发展关系的机会都被认为是不需要和不利于苏联的。

总的来说，以前苏联同东欧国家关系的模式崩溃了，但是还没有找到一种新的模式来替代旧的模式。现在是为未来的相互关系奠定基础的复杂而关键的时刻，但现在苏联在对东欧的政策上并没有明确的战略概念，没有确定而明确的目标。在西方积极地向该地区渗透的情况下这被看作是我们利益的损失，被看作是没有考虑到我们在物质和精神上的巨大投入，苏联就退出了以前的联合体。

毫无疑问，东欧剧变使苏联以前在东欧享有的地位和起到的作用发生了巨大的变化。然而，由于在地缘上、政治历史上以及民族文化上同我们接近，这一地区仍然应当成为苏联政策上一个优先方向，尽管局势对于我们来说是非常复杂的。

苏联国内出现的困难将会阻碍所提出的任务的解决，将使其越来越难以成为一个主动要求合作的伙伴；东欧国家掌权的领导层对苏联采取怀疑的、有时是不友好的态度；东欧国家在社会经济领域遇到了挫折，在此方面的预测最令人担忧。

东欧地区出现的专制化倾向和民族主义化倾向是个现实的威胁，这对我们的相互关系来说是非常危险的。如果说这些地区以前进行的改革是有助于这些地区的民主派对其体制进行改革的一个有利因素，那么现在在苏联的内政被干涉的时候，这些地区的统治阶层则不再无动于衷了，他们同那些质疑社会主义的前景、质疑苏联作为一个国家的整体而存在的人站在一起。

其中一个例子就是他们对波罗的海、摩尔多瓦事件的态度，对俄罗斯领导人分离主义行径的态度也说明了一些问题。

经互会正在结束自己的活动，年底华沙条约组织将会解体。东欧国家正在试探将来同欧盟以及其他全欧洲性的组织建立密切关系的可能性，正在试探同北大西洋公约组织和西欧联盟建立密切关系的可能性。现在他们希望事先得到德国的青睐，首先是在经济方面。在这个问题上不能完全排除东欧地区国家间关系“巴尔干化”的威胁，甚至是地区冲突，沿苏联西部边界地区出现一个不稳定的地带。

由于可能会在财产方面和金融方面向我们提出一些要求，双边关系可能会复杂化。在东欧国家局势恶化的情况下，今后不能排除他们会向苏联提出一些领土要求。

根据以上所述，可以确定如下几点：

第一，苏联希望同该地区的国家保持睦邻友好关系。非常重要的是，要使这些国家采取对我们友好的政策，不使它们成为反苏主义的源泉，不使它们对苏联国内民族分裂主义和离心倾向从外部起到促进作用，不成为那些坚持实施欧洲政治版图重组计划的政治力量的引导者。

第二，无论在任何情况下，东欧地区都不应成为苏联军事安全上现实的或潜在的威胁。无论东欧国家的局势怎样发展，在这一地区都不应存在外国的军事基地和外国的军队。

第三，考虑到非常必要顺利地推进全欧洲的进程，我们希望东欧能够和平发展，希望民族间的、领土方面以及其他方面的摩擦和争执不会转化为冲突。苏联一直在努力推动东欧成为一个稳定的、相互作用和相互合作的地区，把其变为一个由苏联参与的统一的欧洲空间。

第四，同东欧国家取得新的相互理解，以及在国际舞台上和欧洲政治中进行合作符合我们的利益。这些新的相互理解的基础是对外政策原则的出发点相近或者一致，这不仅会避免这些国家采取一些不利于苏联的行动，而且有助于实现我们对欧洲和全世界的对外政策。

第五，近年来，苏联在东欧地区主要的经济利益仍然是同东欧地区保持紧密的经济联系，从东欧进口一些商品，以便加强我们为保持国民经济的稳定而在国内采取的一些措施。同时东欧地区是我国工业产品的天然市场，也是我们进行投资和进行其他经济活动的场所，我们的企业可在这些地区开展活动。随着我国以市场为基础的经济的不断巩固，这方面的作用将会加强。

相应地，为了实现苏联对东欧政策的目的，自然应考虑到该地区每一个国家的特点：

——保持同东欧国家双边政治关系中优先发展的联系，保证进行的政治接触的数量和层次，保留进行多边会晤磋商的机会，同东欧国家签署全新的双边条约。

——反对我们以前的军事盟友加入其他的军事联盟和集团，首先是加入北约组织（而今后可能还会加入欧盟），同时反对他们签署会导致外国军队在其领土部署军队的协议。

——同东欧国家主要的政治力量建立稳定的联系，无论是现在的统治阶层，还是反对派，以便在这些国家的政权发生变更的情况下，在同我们的双边关系方面能够保持继承性。

——消除，至少是削弱这些国家的反苏倾向。为此应逐步消除我们关系中的一些“空白”，为扩大文化联系、信息和人员交流以及发展旅游关系创造条件，推行公开性的政策，恢复我们在该地区的“存在”，为此既要利用以前的民族文化财富，也要利用新的联系。

——努力为今后参与全欧洲的进程制定一种形式，确定一个方向，以便推动建立统一的欧洲空间。

——保持苏联在东欧地区重要的经济地位，为此既要依靠传统的，又要依靠新的经济形式，其中包括对经互会进行改革的可能性，在科技领域加强联系的可能性。

东欧国家采取实用主义的利益平衡政策将有助于实现这一点。这一政策反映了他们主要是希望摆脱苏联的影响，推行自己的政策，但他们也会充分考虑到我们的需要和利益。在被我们所拒绝的外部干预和利益平衡政策的利用之间在原则上出现一些重大差别，并且在我们捍卫苏联利益、拒绝让这些差别占据主导地位的情况下，这种政策预计会强硬。尽管我们的机会在减少，现在苏联在东欧的政策仍然拥有实现自己任务的一定的空间。

东欧国家非常希望从苏联得到能源（石油的70%—80%、天然气的95%—100%都需要苏联供应）以及其他的一些原料。通过中断苏联对这些原料的供应来减少这种依赖性也不符合我们的利益。向东欧国家出口能源的问题应当被作为我们对东欧总战略中的一个最为重要的工具。

对我们的东欧伙伴们来说，保持苏联市场具有重大的意义。但其意义在很大程度上取决于我们相应的利益要求，取决于苏联严格执行合同中规定的义务的经济能力，取决于苏联作为一个经济伙伴的可靠性。

在对外政策领域，我们可以以苏联和东欧国家在全欧洲发展进程中客观的、共同的利益为基础，可以在更广的范围同西方国家建立更加卓有成效的关系。由于对一些西方大国来说我们今后仍将是他们的主要伙伴，那么就可以利用这一点，以便在考虑到东欧国家利益的情况下促进一些问题的解决。东欧国家现在对德国统一感到不安，随着时间的推移，这种担心的影响将会加强。西方大国现今的政策被认为有造成不稳定状况的危险，并且会引起东欧地区的政治混乱。这种政策是有利于我们的一个重大因素，尽管它不是无条件的。

在政治方面也存在一定的潜在的影响手段——通过同现在的国家领导人及其亲信加强联系，通过党内和各种运动的广泛渠道，通过议会的渠道来加强联系。

为了捍卫我们在东欧地区的利益，苏共的党际联系也起着非常大的作用。出于道义上的考虑，并且为了明智地对东欧国家的左派力量施加影响，就必须注意同传统的伙伴保持和加强联系，他们正在经受一个发生转变、适应新条件的痛苦过程。

这种接触与在官方政策中限制反苏倾向的任务并不矛盾（关于这一点已经举出了一些例子），从长远来说，从左派力量的潜在作用来说这些接触是必需的。党际联系的作用在很大程度上取决于能否对相互关系采取新的态度，是否善于促进那些通过官方的接触难以解决的问题的解决。对那些与我们的朋友们并肩战斗的记者们积极地开展工作，这将起到很大作用。

同时必须扩展联系，扩大苏共发展伙伴关系的范围。这一进程已经开始，但开展得很慢。其目的应当是使苏共与其他政党中的民主分子的关系基础更加稳定，给予这些政党一定的地位，使他们在社会政治和军事生活中拥有与其相适合的位置。

我们有很大的机会来保持和加强我们的文化在东欧的存在，保持和加强人们对俄语的兴趣。即便是为此需要有一些付出，这些付出也是不能节省的，因为这涉及到为未来进行的投资。

加强地方上的联系，在建立兄弟城市方面采取一些措施将有利于事情取得进展。在东欧国家推进“人民民主”面临各种客观困难的情况下，我们的社会组织在其活动中必须促进国家政策的总的方针得以顺利实施。

在对东欧国家的关系方面，经常协调中央和各加盟共和国相关部门的活动也是非常重要的。没有一个协调中心，一条能够保障苏联利益的政治路线将难以得到遵循。

该报告提出的只是苏联对东欧地区政策的总的方向。这些政策总方向需要被应用于东欧的每一个国家，当然在具体实施以及在对这一路线进行更加详细的制定时，需要让一些专业的科学干部参与进来。

苏共中央国际部

苏共中央书记处关于同中东欧国家经济合作问题的决议

(1991年4月12日)

№Ст—22/5г

秘密

1. 同意波斯特瓦洛夫同志在报告中就该问题阐述的想法（附件）。

2. 承认应当在苏共的企业单位与中欧和东欧左翼政党的公司之间

发展互利的生产经营关系。

苏共中央管理局应当同国际部一起对华沙会谈中就同这些左翼政党的公司在双边的基础上建立生产经营关系提出的建议进行审议，协调好这种合作关系。

苏共中央管理局与国际部、加盟共和国中央委员会应当在地区党组织的层面上，为同这些左翼政党的公司建立生产经营关系提供帮助。

3. 赞同建立中欧和东欧国家左翼政党工作小组的建议，协调各党的企业和公司的生产经营活动。

苏共中央管理局应当向该工作小组派出一名苏共中央代表，并就苏共中央的企业单位能够在生产经营方面进行具体的合作准备一份报告。

4. 允许苏共中央管理局按照规定的程序同中欧和东欧左翼政党一起在国外建立业务部门，也就是说，苏方的创办单位将属于苏共中央管理局所属企业，具有法人地位。

5. 同意波兰共和国社会民主党领导人在波兰建立苏波联合公司，开展专门的经纪业务，其中包括进行边境贸易、发展国外旅游业、提供咨询、在销售以及其他方面提供服务。

苏共中央管理局要在技术和经济上对此类公司的活动进行论证，使其遵守苏联和波兰的法律。

6. 要为苏共中央管理局积极参与国外的活动提供资金保障。

7. 苏共中央管理局在1991年应为波兰共和国社会民主党提供30张疗养证，使其党员有权用于商业用途，或者通过在西方国家设立的旅游公司代表处使用。

所需费用列入党的预算储备金。

8. 苏共中央管理局应当保证同国外政党在生产经营方面进行合作建立机构，并制定一些文件，使其符合苏联的法律、合作伙伴所在国家的法律以及国际协议。

苏共中央副总书记

《俄国档案原文复印件汇编：苏联历史》第26卷，第308页

中越同盟中的苏联因素（1950—1979年）

SU LIAN JIE TI DE YUAN YIN JI SI KAO

唐慧云*

在美苏两极对峙的冷战国际背景下，中越两国基于共同的意识形态和国家利益诉求结为盟友，中越同盟成为社会主义阵营对抗资本主义阵营的东方前线。（中国和越南在冷战中虽然没有缔结正式的盟约，但是从两国的关系来看，两国在政治、经济、外交、文化上都结为紧密的关系。中国在政治上、外交上大力支持越南独立；经济上大力支援越南建设；军事上实施援越抗法和援越抗美战略。因此，两国可以看作没有缔结条约的盟友）。但是，随着中苏关系的恶化和苏联外交政策的调整，中越同盟也日益破裂，在中越同盟形成和破裂的过程中，苏联依次起了促成者、离间者、终结者的作用。

* 唐慧云，上海社会科学院国际关系研究所助理研究员。

一、1950—1964：中越同盟形成的促成者

1950—1964年是中越同盟形成和保持亲密关系的蜜月期。基于共同的意识形态和国家安全利益的需要，新中国在建国伊始实施了对越南的援助，成为抗法时期援助越南的唯一国家。与此同时，为了实现越南的民族独立和表示对中国援助的感谢，越南不仅支持中国的内政政策，而且在外交上与中国保持高度一致。由此，中越两国在政治、外交上结为盟友。此同盟是社会主义阵营的一部分，是中越两国共同对抗西方殖民侵略，在亚洲建立和维护社会主义政权的体现。对苏联而言，它的形成既有利于壮大社会主义阵营的力量，又可以实施不干涉亚洲革命的政策避免和西方直接对抗。为此，苏联在一定程度上推动了中越同盟的形成。

苏联的推动主要通过脱手政策实现。它一方面以国际分工为由，强调中国在亚洲社会主义革命中的地位和作用，主观上把援越的责任推给中国；另一方面奉行消极援越的政策，客观上推动中越两国友好密切关系的形成。

新中国的成立壮大了社会主义阵营的力量，也鼓舞了亚、非、拉的民族解放运动。建国之后，毛泽东前往苏联商讨中苏合作问题。12月，斯大林在莫斯科会见毛泽东时，在谈到越南问题时，提出援助越南是中国的责任。[①] 与此同时，受到新中国革命胜利消息鼓舞的胡志明正准备来中国寻求援助，刘少奇答应了他的要求。为了获取更多的援助，胡志明飞往莫斯科请求苏联提供援助。胡志明在莫斯科提议与苏联签订一个类似《中苏友好同盟条约》的协议，斯大林没有允诺，他再一次强调中国在越南革命中的领导作用，并以革命分工说为由把

---

① John L. Gaddis, *We Now Know*: *Rethinking Cold War History*, New York: Oxford University Press, 1997.

援助的责任推给了中国。革命分工说是指 1949 年刘少奇访问苏联之际，斯大林提出的欧洲的革命归苏联管，亚洲的革命归中国管的革命分工。由此可见，苏联直接推动了中越同盟的形成。

在 1954 年日内瓦会议期间，苏联把提升中国的国际地位，缓和中国与西方的紧张关系作为外交目标之一。① 会上，苏联外长反复强调中国的国际地位，苏联外长莫洛托夫在这次会议上发言指出，在解决国际问题方面，中国有着巨大的、积极的、重要的作用。在最后的会议声明中他再次声称："日内瓦会议本身以及会议的结果表明，伟大的中国人民和他们的国家——中华人民共和国在解决国际政治问题中是起着重要作用的，中华人民共和国在日内瓦会议上的作用，再一次说明了中国作为一个大国的影响和威信"。② 鉴于苏联在国际舞台上的地位和社会主义国家的威信，苏联对中国的公开称赞成为越南向中国靠拢的粘合剂。

苏联把援越的责任推给中国后，在随后的 1950—1964 期间均奉行消极援越的政策，客观上拉近了中越两国关系。在援越抗法时期，苏联几乎未向越南提供任何军事援助；越南土地革命时期，苏联开始向越南提供经济援助。尽管苏联在电力、矿业、化工轻工业、交通运输业、公共服务、教育等领域为越南提供了援助，但是总体而言，其规模远比不上中国。③

1955 年苏联援助越南只有中国的一半——3.65 亿美元；1955—1965 年，苏联只向越南提供了 3.2 亿卢布的优惠贷款和无偿援助。④ 相比之下，在援越抗法时期，中国是唯一向越南提供军事援助的国家。黄文欢在回忆录中曾经写道："在 1950—1954 年的抗法时期，中

---

① Mari · Olsen, *Soviet-Vietnam Relations and the Role of China, 1949 - 1964*, London: Routledge Press, 2006.

② 《印度支那问题文件汇编》第一集，世界知识出版社 1959 年版。

③ Jan S. Prybyla, "Soviet and Chinese Economic Aid to North Vietnam," *The China Quarterly*, 1966 (27).

④ 张锡镇：《当代东南亚政治》，广西人民出版社 1995 年版。

国是向越南提供军事援助的唯一国家。越南军队的全部武器、弹药、军需用品都是由中国按照常年的储备粮和越南各个战役的需求直接供给。”[①] 在抗法战争取得胜利后，中国继续为越南的社会主义建设提供各项援助。1960 年 10 月，在越南进行第一个五年计划期间（1961—1965 年），中国给其 6 亿元人民币的贷款。[②]

此外，在承认北越政权、越南统一问题上，苏联采取的不支持态度客观上促使胡志明向中国靠近。苏联因为担心苏越建交影响苏法关系而推迟了对越南的承认。而中国不惜推迟中法建交的时间率先承认北越政权，成为与越南建交的第一个国家。尽管在中国承认越南之后，苏联与东欧国家纷纷承认北越，但是中国作为第一个建交国的地位势必在越南领导人心中留下位置。此外，赫鲁晓夫上台以后实施“三和”路线，为了讨好西方，甚至提出北越和南越作为两个独立的国家加入联合国，这导致越南劳动党的愤怒。[③] 而中国一直支持越南的统一。[④]

简而言之，在中越同盟的形成、发展过程中，苏联起了积极的推动作用。尽管在 1950 年胡志明访问苏联之前，刘少奇就允诺给予越南援助。但是如果不是后来苏联把援越的重任交给中国，中国就不可能成为援助越南的最主要的援助国。中越同盟的基础是：共同的意识形态利益和共同的敌人，中国对越南的大量援助则是维护此基础的保障。之后，中国承担起援越抗法的重任并和越南发展为同志加兄弟的亲密关系，而苏联的消极援越客观上促成了中国和越南的亲密关系的形成和发展。虽然 1950 年胡志明去苏联时，希望主要依靠苏联的力量实现民族解放，但是比较中苏在援助越南问题上的截然不同的态度，他也不得不把主要希望寄托在中国身上。因此，在这一阶段苏联

---

① 郭明：《中越关系演变四十年》，广西人民出版社 1992 年版。

② 中共中央文献研究室：《周恩来年谱（1949—1976）》中卷，中央文献出版社 1997 年版。

③ 时殷弘：《美国在越南的干涉和战争（1954—1968）》，世界知识出版社 1993 年版。

④ 曲星：“中越在印支战争问题上的战略一致与策略差异”，《国际论坛》2000 年第 6 期。

从主观和客观上充当了中越同盟的促成者。

二、1965—1973：中越同盟的离间者

东京湾事件后，越南面临美国入侵的威胁，中国开始大规模援越，原本关系密切的中越两国同盟因中国的大力援助得到进一步巩固。与此同时，苏联的外交政策发生转变，并在全球范围内展开了与美国的争夺。布热津斯基指出了苏联对越南战争态度转变的原因：一开始苏联担心越南战争让美苏之间的关系复杂化或者产生危险。随着战争的深入，苏联领导人开始看到了苏联从中获取的利益：战争减少了美国对欧洲的关注，为苏联外交创造了机会；削弱了美国在东欧政策的有效性；加剧了国内的压力和消耗了美国大部分的资源；越南战争转移了中国对苏联的敌对和降低了中美和解的可能性。①

在亚洲，苏联开始插手亚洲革命，通过大规模援助越南以获得在亚洲的优势地位。本来中苏可以共同携手援越抗美巩固社会主义阵营，但是随着中苏关系的恶化，越南成为苏中博弈的阵地。因此，为了在对美、对中博弈中获胜，苏联凭借大力援助越南离间中越关系致使越南日益倒向苏联。

（一）苏联加大援越力度

纵观20世纪50—70年代的中越关系，最重要的两个主题是援越抗法和援越抗美。对越南而言，获得国际援助，争取抗法、抗美战争的胜利是它核心的国家利益。在第一个阶段，中国凭借大力援越与越

① Zbigniew Brzezinski's views on Soviet and Chinese attitude towards Vietnamese war. Miscellaneous. Department of State. Secret，Issue Date：Nov 27，1967.（Date Declassified：Jun 18，1990.）

南建立起同志加兄弟的亲密关系；在第二个阶段，由于苏联的介入使中国单独援越的格局被苏联、东欧、中国共同援越的格局所取代。尽管中国一如既往地对越南实施援助，但是与苏联的援助相比，中国的援助已处于落后势态，并且军事技术亦不如苏联。因此，越南日益离心中国。

1965 年 2 月，苏联部长会议主席柯西金访问越南，强调越南是社会主义阵营在东南亚的前哨，并在此后加强了对越南的援助。从 1965—1968 年，苏联对越南的援助稳步增长。1967 年，苏联援助越南的费用达到 547.3 百万卢布（608.1 百万美元，1 美元＝0.9 卢布）；1966—1967 年，苏联提高了对越南的军事援助，其价值达到 5 千万卢布（接近于 550.5 百万美元）；1968 年，苏联对越南的军事援助达到 357 百万卢布（396.7 百万美元）；与此同时，苏联在社会主义国家对越南援助的比例由 1967 年的 36.8％达到 1968 年的 50％。[①]

苏联的大量援助使越南在 20 世纪 50 年代初就希望苏联充当其主要援助国的愿望得以实现，苏越关系顿时亲密起来。在中苏分裂的背景下，苏越两国的亲密关系不可避免地对中国造成了一定的压力。中国一方面向越南提供大量援助，另一方面劝告越南领导人不要接受苏联的援助，并多次告诫越南：苏联援助是有目的的，越南面临修正主义威胁。但是越南并不接受，他们告诉中国苏联的援助是全心全意的。

在苏越关系随着苏联的援助而日益密切的时候，中越关系的逆流却日益公开化。1965 年越南的《历史研究》等刊物连续登载了利用历史问题进行反华的文章，1966 年周恩来对黎笋说不该宣传中国封建帝王对越南的侵略，一切要以反对帝国主义为主，但是此后舆论并没有制止。胡志明也没有对此公开表明态度。

此外，在援越抗美时期，苏联的军事优势也成为越南向苏联靠近

---

① Ilya V. Gaiduk, *The Soviet Union and the Vietnam War*, Chicago: Chicago University Press, 1996.

的又一重要原因。在美国发动滚石行动对河内进行狂轰乱炸之后，有效的空中防御置关重要。苏联的空军显示了自己的优势："苏联对越南的主要军事援助是CA－75M的高端导向器和地面导弹（众所周知的SAM－2）以及提高的'SAM－3'系统。"[①] 苏联的军事援助显示出自己技术上的优越性，越南的人民军相信苏联的SAMs能够击落美国1300架战斗机，是战争中最好的武器。[②]

相比之下，中国的空中防御体系匮乏。中国军队进入越南，主要负责后勤和工程修建。越南领导人私底下认为苏联对越南的援助最大。越南人相信，苏联对越南的帮助更有效。[③] 美国学者李小兵据此认为在1968年，苏联赢得了越南靠的是先进技术。[④]

（二）援助策略上的离间

除了技术上的差距外，苏联还在援助策略上提出中国不能接受的计划，为中越关系制造事端，导致两国摩擦不断。苏联于1965年提出，采取社会主义国家联合行动的策略援助越南以及中国为苏联军用飞机进入越南提供军用机场和开辟飞机总航线。但是中国以联合行动会使兄弟党受苏联控制以及自身安全受到威胁为由拒绝。

与此同时，苏联提出的志愿军参与北越作战计划和利用中国铁路运送援越物资的提议也遭到中国的拒绝。尽管如此，中国仍然为苏联和东欧无偿运送了大量援越物资和设备。中苏在援越行动中的摩擦和矛盾在一定程度上影响了援越的效率，这些摩擦与中苏的大量援助相

---

① Xiaobing Li. Ideology vs. Technology and Security：How the Vietnam War Undermined the Communist Coalition in the late 1960s，冷战转型：20世纪60—80年代的中国与变化中的世界国际学术讨论会论文集，http：//www.coldwarchina.org/show.aspx？info _ lb＝29&info _ id＝131&flag＝4。

② 同上。

③ 同上。

④ 资料来源于2006年12月在华东师范大学举办"冷战转型：20世纪60—80年代的中国与变化中的世界"国际会议论文集，内部资料。

比，小巫见大巫，却给越南领导人心中留下了阴影。胡志明时代的越南为了获取中苏双方的援助，不得不在中苏之间调和，尽量减少中苏关系恶化给越南的反美斗争带来的不利影响。

此外，苏联在中国周边地区实施扩张战略向中国施压，致使中国转移对越南的注意力。1966 年苏联与蒙古签署了军事同盟条约，苏军驻扎蒙古，加大了中国北部的军事压力。与此同时，苏联不断向中苏边界增兵，中国北部安全进一步受到威胁。从 1964 年到 1969 年 3 月，由苏联挑起的中苏边境冲突事件达到 4189 起。① 在 1962 年中印边境冲突中，苏联对印度的支持增加了中国西南边境安全的压力。一系列的事件最终导致中国军事安全策略转变。1968—1969 年是中越关系的关键时期，对中国而言，1968 年中国的外交战略发生了变化，由美国为主要敌人变为以苏联为主要敌人，军事防御由南转向北。此时，中国对越南的关注有所下降，强调越南要独立自主、自力更生，这一方针的实施疏远了中越关系。在中国对越南援助有所放松时，苏联趁机拉拢亲苏势力，扩大在越南的影响力。对越南而言，1969 年胡志明去世，越南的外交战略发生转变，并日益倒向苏联。

总之，苏联凭借自己雄厚的国家实力和技术优势不断拉拢越南，成为中越同盟的离间者，越南受惠于苏联的援助并不断向其靠近。在胡志明时代，越南对中国就已经离心，但是出于对中国援助越南的需要，胡志明在两国之间走钢丝、搞平衡。但是随着黎笋的上台，越南对中国的离心和反目日益公开化。中越同盟的破裂也日益明朗。

三、1974—1979：中越同盟破裂的终结者

此时的中越同盟已经名存实亡，黎笋外交上的亲苏举动为苏联终

① 杨奎松：《冷战时期的中国对外关系》，北京大学出版社 2006 年版。

结中越同盟提供了保证。20世纪70年代初，中美两国联合抗苏的态势给苏联造成了一定压力，鉴于此，苏联加强了向东南亚渗透的力度。在1973年巴黎协定签署后，苏联利用美国从越南撤军的机会，趁机填补越南的真空地带。它通过大量援助、与越南缔结同盟条约和支持越南的扩张政策的方式直接导致了中越同盟的解体。

（一）苏联继续大力援越

苏联在越南革命胜利后，继续奉行大量援助越南的政策。早在1973年7月，苏联就把对越南的贷款变为无偿援助，1974年苏联对越南的军事援助为44.7百万美元；1977年的军事援助为80百万美元；1978年的军事援助为700百万美元；1979年的军事援助为890百万美元。[①] 除了以军事援助赢得越南的好感和信任外，苏联此时全面提升与越南的关系。1975年，黎笋访问苏联，两国签署的《越苏宣言》确定了两党的全面联系以及在国际上的密切协作。本次会谈双方还签署了苏联向越南提供优惠贷款基金及协定，勃列日涅夫称越南为“社会主义国家在东南亚的巩固前哨”。1978年越南加入苏联的经互会，勃列日涅夫称越南为“社会主义国家在东南亚的可靠前哨”，再次强调越南在东南亚中的地位。此幕就和当初苏联强调中国在援越问题上发挥积极作用的那一幕极其类似。随着中苏关系的完全破裂，两国视彼此为敌人，苏联把越南引入自己的全球战略，让其充当苏联在东南亚反华、反美的堡垒。

与此同时，中越关系渐行渐远。前面已提到，中越同盟的基础是共同的意识形态和敌人，随着越南抗美斗争的胜利以及中美联合抗苏外交战略的形成，美国已不再是两国的共同敌人。而且此时中国鉴于国内的经济困境和越南革命已经胜利的事实，在1973年后减少了对

① Douglas·Pike, *Vietnam and the Soviet Union Antomy of an Alliance*, New York: Westiview Press, 1987.

越南的援助。而苏联对越南的大力援助使其最终倒向苏联怀抱。越南自认为有苏联的靠山也日益对中国强硬。1973 年越南称中越存在大量的争端边界；1975 年越南向南沙、西沙群岛提出领土要求；同年，越南下令停止了中文报纸《新越华报》；1976 年越南外交部声称，长沙群岛（南沙群岛）属于越南；1975—1978 年越南大批驱赶华侨。此时，中越之间的摩擦日益公开化，不和谐的声音也日益增强。越南领导人虽然表面维持中越友好关系，背地里却把中国作为主要敌人，而把苏联作为越南的最重要盟友。1975 年，黎笋在党内就提出把注意力转移到应对中国的威胁上。

（二）苏联支持越南扩张

1978 年是苏越关系具有标志性意义的一年，在这一年的 11 月，苏联和越南最终签署了《越苏友好合作条约》，使两国最终形成军事同盟关系。至此，苏联和越南确立了在政治、经济、军事各领域全面合作的同盟关系。在此条约中，“缔约双方将对涉及两国利益的一切重要国际问题进行协商。一旦双方中之一成为进攻的目标或受到威胁的目标时，缔约双方立即进行协商，以便消除这种威胁和采取相应的有效措施来保障两国和平与安全”。[①] 不言而喻，威胁自然包括中国。1978 年召开的越共四届四中全会把中国列为“最直接、最危险的敌人”。同年 8 月，苏联开始使用越南的金兰湾。1979 年 3 月 27 日，苏联军舰在金兰湾抛下了锚。到 1985 年，金兰湾已经成为苏联在本土以外的最大海军基地。有了苏越军事同盟作保障，越南走上了对外扩张的道路，最终终结了中越同盟。据旅美学者翟强分析，越南的外交战略不满足于仅实现民族独立和解放，而是想通过控制老挝、柬埔寨，让老挝、柬埔寨、越南成为一个统一的联邦，越南在这一联邦中

---

① Qiang Zhai, *China and Vietnam War 1950－1975*, Chapel Hill: University of North Carolina Press, 2000.

居于统治地位。在越南战争期间，越南的这一政策被抗法、抗美斗争所掩盖。中国在老挝、柬埔寨问题上历来都主张保持其独立性。在日内瓦会议期间，这一分歧就在中越两国间显示出来，只是被反美斗争所掩盖。[17]因此，随着越南革命的胜利，中越在这一问题上的分歧日益显现，而苏联支持越南这一政策。对苏联而言，支持越南的老挝、柬埔寨政策一方面可以提升越南在东南亚的地位，以便充分发挥越南社会主义东南亚堡垒的作用；另一方面苏联可以趁机扩大和巩固在东南亚的势力，增加与美国全球争夺的砝码。因此，有了苏联的政策支持，越南在革命胜利以后变得有恃无恐，在外交上开始实施扩张战略，在老挝、柬埔寨问题和中越边境问题上态度不断强硬起来。1978—1979年，越南不断排华，1978年12月大举进攻柬埔寨，建立亲越政权，中国外交部表示抗议并表示支持柬埔寨。此后，中越边境摩擦不断，加之越南推行的一系列反华举动终于导致了1979年2月的中越边境战争。至此，中越同盟最终解体。

总之，正是苏联对越南的大力援助和越南扩张政策的支持，中越同盟才最终分道扬镳。关于这一点，1984年陈云在会见苏联部长会议第一副主席阿尔希波夫的谈话时就抱怨正是苏联的支持，越南才有力量反华和攻打柬埔寨，导致中越同盟解体。①

四、结语

总而言之，在中越同盟关系的一系列演变过程中，作为社会主义革命领导者的苏联扮演了一个复杂的角色。它是中越同盟的促成者、离间者、终结者。作为外部因素，苏联的促成者角色更多是苏联对亚洲脱手政策的客观反映；离间者、终结者的角色是适应苏联的对外政

① 陈云会见苏联部长会议第一副主席阿尔希波夫时的谈话（摘要）（1984年12月24日）[EB/OL]. http：//www.coldwarchina.com/kfda/zgda/000583_4.html。

策调整而为之，它们对中越同盟的最终破裂产生了重大影响和作用。换句话说，虽然中越同盟破裂的最根本原因是两国对各自国家利益的不同认知，但是作为外部因素，苏联对越南的大量援助和对其扩张政策的支持，间接导致了中越同盟的解体。

冷战与东欧

SU LIAN JIE TI DE YUAN YIN JI SI KAO

——近二十年国外学界相关代表性研究及述评

郭　洁*

东西二分法一直是欧洲主导的地理范式。第二次世界大战结束后，随着欧洲冷战的打响，一条新的分界线出现在欧洲中部，处于这条所谓“铁幕”沿线以东的波兰、捷克斯洛伐克、匈牙利、南斯拉夫、保加利亚、罗马尼亚、阿尔巴尼亚和德意志民主共和国（以下简称“民主德国”）等8个欧洲国家自此拥有了一个共同的名字：东欧。整个冷战时期，作为苏联西部安全和意识形态的屏障地带，东欧在以美苏为首的两大阵营的对抗中始终扮演着战略前沿的角色。自20世纪80年代末开始，上述八国纷纷发生政治剧变，并以此为起点，走上了以实现政治民主化、经济市场化、融入欧洲一体化为目标的综合性历史进程。[①] 1989年之后，东欧社会主义作为一段完整的历史、作为一个政治现象，受到前所未有的关注，并极大地拓展了国际冷战史、比较政治学、社会主义学等诸多学科领域的研究视野。本文的要旨即在对过去20年间国外有关冷战时期东欧研究的大致情况及主要

* 郭洁，北京大学国际关系学院副教授、法学博士。

① 1990年10月3日，民主德国正式并入联邦德国，从此不再同“东欧”命运与共。

结论等加以介绍和评述。[①] 相信国外学者的问题意识和研究方法对中国同一领域的研究具有一定的借鉴和参考价值。

一、有关东欧冷战历史的研究

东欧冷战历史，顾名思义，即冷战时期东欧的历史，具体而言也就是东欧从第二次世界大战结束（特别是欧洲冷战的爆发）到 20 世纪 80 年代末发生政治剧变期间长达 40 余年的社会主义发展史。通过对国外相关学术史的考察可以发现，涉及这段历史的成果细数起来并不算少。不过，真正意义上的历史研究只是在冷战作为一个有头有尾、完整的历史进程结束之后方才开始。在此之前，由于档案文献的缺失以及受意识形态和政治环境的影响，学者们主要依据媒体报道、官方宣传、当事人忆述等相对来说并不具有历史权威性的资料来源。因而，当我们今天回头再看这些早期成果时，常会发现其中许多描述与事实不相符合，有时相去甚远或是完全相反。相应地，作者在此基础上得出的结论亦不免令人质疑，而难具说服力。学者们对此也并不讳言，甚至预想到在缺乏“许多关系重大的文件”的情况下，通过各种途径“拼凑”起来的所有“细节”，可能会“为后来的发现所否定”。[②] 历史研究的基本要求在于必须以第一手的档案文献构成学术论著的叙述主体，即所谓档案创造历史、档案见证历史。冷战结束以后，苏联、东欧等前社会主义国家档案馆纷纷对外开放，相关档案文献如雨后春笋般不断涌现，大量反映事件实际过程和决策内幕的档案资料被披露出来，这使得研究者获得了根据一手材料，超越主观分

① 本文所依据的国外学者的研究成果，主要是他们以英文发表的论著，其中同时包括许多东欧及其他非英语国家学者以英文发表的论著或其著述的英译本。受语言条件所限，其他西文及东欧语言原著则不在本文讨论范围之内，特此说明。

② ［匈］墨雷·蒂波尔著，何泽施等译：《震撼克里姆林宫的十三天——纳吉·伊姆雷与匈牙利革命》，世界知识出版社资料室编印 1964 年版，第 1—2 页。

析，从政治、经济、文化、思想、对外关系等多重维度对冷战时期东欧社会主义发展的历史加以仔细考察和重新评估的基本条件，并在此基础上产生了大量有分量的研究成果。

从通史的角度来看，20 年来可作为东欧冷战史教材最有影响的是美国哥伦比亚大学历史学教授约瑟夫·罗思柴尔德（Joseph Rothschild）与北伊利诺伊大学历史学教授南希·温菲尔德（Nancy M. Wingfield）合著的《重回多样性：第二次世界大战以来东中欧政治发展史》。该书自 1989 年初版以来根据不断出现的新材料已进行了四次修订，2008 年最新一版从内容上虽已涉及东欧近几年的政治发展，但有关后社会主义时期的描述基本是线条式的，全书讨论的重点仍然是冷战时期东欧国家社会主义发展的历史。与同类其他著作相似，《重回多样性》一书亦将东欧 1945—1989 年间的历史进程大致划分出几个阶段：第二次世界大战接近尾声至冷战之初的人民民主时期、20 世纪 40 年代末开始的苏联模式化时期、斯大林逝世（特别是苏共二十大召开）后直至 20 世纪七八十年代改革与危机交替循环的时期以及最后从停滞走向剧变。作者强调，冷战时期东欧的政治发展是一种不断向其传统多样性复归的过程。这一复归最早可追溯到 1948 年苏联与南斯拉夫爆发冲突之时，自此之后“苏联集团铁板一块”这一特征几乎每过十年就会遭到严重的挑战：20 世纪 50 年代，这种挑战在波兰和匈牙利两国表现突出；60 年代矛盾主要聚焦于罗马尼亚、捷克斯洛伐克和阿尔巴尼亚三国；70 年代以后，东欧各国社会主义政权的差异性愈益明显地表现出来并最终从波兰开始接连走向政治剧变。[①] 本书线索明晰、语言精练、论述严谨，尤其适合本科以上的学生阅读。除了这本书之外，同领域其他有影响的教学及配套用书还包括哥伦比亚大学哈罗德·西格尔（Harold B. Segel）教授主编的《哥伦比亚 20 世纪东欧史》、伦敦大学学院舍夫林·捷尔吉（Schöpflin

① Joseph Rothschild and Nancy M. Wingfield, *Return to Diversity: A Political History of East Central Europe since World War II*, New York: Oxford University Press, 2008, p. 174.

György）教授所著的《东欧政治（1945—1992 年）》、莱斯大学盖尔·斯托克斯（Gale Stokes）教授主编的《从斯大林主义到多元主义：1945 年以来东欧文献史》以及日内瓦高级国际研究院尤西·汉希迈基（Jussi Hanhimäki）教授和伦敦政治经济学院文安立（*Odd Arne Westad*）教授合编的《冷战：历史文献与见证者口述》等。①

恰如《重回多样性》这一题名所暗示的，东欧其实一直以来就是一个内部充满差异、五颜六色的“彩虹”地带，一个聚合了各种民族、种族、语言、方言、宗教、文化和传统的“万花筒”，其中每一个国家都有其自身的独特性，各国彼此之间在政治、经济、社会等各个领域的历史前提和现实条件不尽相同甚至迥然相异。因此，对于从事纯学术研究的学者而言，与其借助拉伸“东欧”这一概念来理解地区各国，不如通过细致的国别研究来具体化“东欧”这一概念的内涵。从这个意义上讲，20 世纪 90 年代以来国外学界有关冷战时期东欧国别史方面的成果，较之将东欧冷战史作为一个整体加以研究的通史类著作，具有更为重要的学术借鉴价值。在这方面较有代表性的是西方东欧国别问题专家（包括海外的东欧裔学者）和东欧各国国内学者在深入研究各国冷战档案的基础上出版或发表的著述。以下重点选取波兰、匈牙利两国为例简要地加以介绍。

在波兰冷战史方面，英国东英吉利大学历史学教授安东尼·肯普—韦尔奇（Anthony Kemp-Welch）独著和主编的系列著作在学界有一定的影响力，特别是他 2008 年出版的新著《社会主义时期的波兰：冷战史》，是迄今为止第一部关于冷战时期波兰社会主义发展史

---

① Harold B. Segel, ed., *The Columbia History of Eastern Europe in the Twentieth Century*, New York: Columbia University Press, 1992; George Schöpflin, *Politics in Eastern Europe, 1945—1992*, Oxford, Cambridge: Blackwell, 1993; Gale Stokes, ed., *From Stalinism to Pluralism: A Documentary History of Eastern Europe since 1945*, New York: Oxford University Press, 1991; Jussi Hanhimäki and Odd Arne Westad, eds., *The Cold War: A History in Documents and Eyewitness Accounts*, Oxford, New York: Oxford University Press, 2003.

的英文著作。书中作者利用了大量来自波、苏、美等国公开或未刊发的档案资料，结合东西方冷战的宏观背景，将此时期外交与国际关系史同波兰国内政治、经济、社会发展进程融为一体加以研究和阐述，其中关于波兰政治反对派和社会运动及其发展脉络的部分留给人们尤为深刻的印象。[①] 伦敦大学诺曼·戴维斯（Norman Davies）教授的专著《上帝的游戏场：波兰史》是关于波兰全史的英文经典著作，2005年的最新修订版对波兰冷战史的描述增添了不少有用的素材。[②] 20世纪90年代迄今出版的相关著作中值得关注的还有，比如波兰科学院政治学研究所安杰伊·帕奇科夫斯基（Andrzej Paczkowski）所著的《春天将属于我们：从被占到重获自由的波兰和波兰人》、美国圣塔克拉拉大学简·柯里（Jane L. Curry）的著作《1956—1990年波兰的不断革命：人民对抗精英》、印第安纳大学帕德里克·肯尼（Padraic Kenney）1996年的专著《重建波兰：1945—1950年间工人与共产党》等。[③]

有关匈牙利冷战史的研究，新近出版的两部书，即由匈牙利科学院历史研究所研究员焦尔毛蒂·捷尔吉（Gyarmati György）与其同事赖纳·亚诺什（Rainer M. János）、沃卢奇·蒂博尔（Valuch Tibor）二人分别合著的《一个为苏联帝国俘获的国家（1944—1989年）》和《苏联控制之下的匈牙利（1944—1989年）》，可以说是对过去20年来匈牙利国内关于匈牙利社会主义历史研究的概括与总结。不过，两部书无论从研究主题还是从研究方法、叙事思路等方面看，差异并不是很大。比如，二者均以时间发展为线索，对40多年间匈

① A. Kemp-Welch, *Poland under Communism: A Cold War History*, Cambridge, New York: Cambridge University Press, 2008.

② Norman Davies, *God's Playground: A History of Poland*, Oxford: Oxford University Press, 2005.

③ Andrzej Paczkowski, *The Spring Will Be Ours: Poland and the Poles from Occupation to Freedom*, University Park, Pennsylvania: Pennsylvania State University Press, 2003; Jane Leftwich Curry, *Poland's Permanent Revolution: People vs. Elites, 1956－1990*, Washington, D.C.: The National Security Archive, 1995; Padraic Kenney, *Rebuilding Poland: Workers and Communists, 1945－1950*, Ithaca, New York: Cornell University Press, 1996.

牙利社会主义的整个历史进行了尽可能全面的分段描述，但又并非平铺直叙，而是抓住了每个时段内影响历史路径的核心领域、问题或事件加以重点阐述；同时，大量匈牙利历史档案的运用无疑是这两部书最不容忽视的特点。① 匈牙利科学院历史研究所另一位研究人员博尔希·拉斯洛（Borhi László）博士的专著《冷战中的匈牙利：夹处于苏美之间》是近年来探讨美苏冷战与战后匈牙利政治发展史的一部力作。② 英国学者罗杰·高夫（Roger Gough）所著的《一个好同志：卡达尔、共产主义和匈牙利》是迄今英语世界关于卡达尔传记作品中最出色的一部。透过对卡达尔一生特别是1956—1988年间执政生涯的描述，作者引领读者从另一个更为人性化的角度去理解、领悟匈牙利和它曾经走过的社会主义之路。③ 同类书目中值得推荐的还有加州大学彼得·凯内兹（Peter Kenez）所著的《从纳粹到苏联人：1944—1948年社会主义制度在匈牙利的确立》、西康涅狄格州立大学埃里克·罗曼（Eric Roman）的两部作品《匈牙利的斯大林岁月》和《匈牙利与战胜国（1945—1950年）》等。④

除以上两国之外，20世纪90年代以来相关其他东欧国家冷战时期的历史作品也有不少，其中兼具史料和理论价值的著作包括：英国胡弗汉顿大学历史学教授迈克·丹尼斯（Mike Dennis）所著的《德意志民主共和国兴亡史（1945—1990年）》、美国马里兰大学政治学教授弗拉基米尔·梯斯马尼亚努（Vladimir Tismaneanu）的代表作之

① Gyorgy Gyarmati and Janos M. Rainer, *A Captive Nation in the Soviet Empire, 1944－1989*, Boulder: East European Monographs, 2008; Tibor Valuch and Gyorgy Gyarmati, *Hungary under Soviet Domination: 1944－1989*, Boulder: East European Monographs, 2010.

② László Borhi, *Hungary in the Cold War, 1945－1956: Between the United States and the Soviet Union*, Budapest: Central European University Press, 2004.

③ Roger Gough, *A Good Comrade: János Kádár, Communism and Hungary*, New York: I. B. Tauris, 2006.

④ Peter Kenez, *Hungary from the Nazis to the Soviets: The Establishment of the Communist Regime in Hungary, 1944－1948*, New York: Cambridge University Press, 2006; Eric Roman, *The Stalin Years in Hungary*, New York: The Edwin Mellen Press, 1999; Eric Roman, *Hungary and the Victor Powers, 1945－1950*, New York: St. Martin's Press, 1996.

一《年复一年的斯大林主义：罗马尼亚社会主义时期政治发展史》、英国格拉斯哥大学劳拉·卡什曼（Laura Cashman）博士主编的《1948年和1968年：捷克和斯洛伐克历史发展的重大转折年》、保加利亚冷战研究组协调人约尔旦·巴耶夫（Jordan Baev）教授编著的《保加利亚与冷战：来自日夫科夫的个人档案》等。[①]

纵观以上所列各著作，总体上可以归纳出至少以下三个共同特征：首先，都充分利用了后冷战时期公布的档案材料，对社会主义制度在各个国家从确立、演变、衰落到剧变的整个历史进程进行了重新书写和架构。其次，开始更多地关注到全球冷战的大背景以及外部世界的变化对于各国社会发展所产生的影响，而非仅将研究视角局限于国内政治及其同苏联的联盟关系方面。最后，就总体判断而言，这些著作几乎无一例外地对这段历史进程在东欧民族国家历史发展长河中的地位和作用予以了否定。

二、有关东欧重大危机的研究

冷战结束后，国外学界在有关东欧冷战史方面的研究可谓成果丰硕，不过若从前沿性的角度来看，专题类研究较之上述东欧通史或国别史研究要更胜一筹。其中，涉及最多的是第二次世界大战结束后至1989年剧变前东欧政治舞台上发生的若干次重大危机，特别是1953年东柏林骚乱、1956年匈牙利事件、1968年华约五国出兵捷克斯洛伐克以及20世纪80年代初波兰团结工会危机。相关著述数量众多、

① Mike Dennis, *The Rise and Fall of the German Democratic Republic, 1945－1990*, Harlow, England: Longman, 2000; Vladimir Tismaneanu, *Stalinism for All Seasons: A Political History of Romanian Communism*, Berkeley: University of California Press, 2003; Laura Cashman, ed., *1948 and 1968: Dramatic Milestones inCzech and Slovak History*, New York: Routledge, 2010; Jordan Baev, ed., *Bulgaria and the Cold War: Documents from Todor Shivkov's Personal Records*, Sofia: Academic Publishing House, 2002.

视角多元、深入且细致，成为近20年国外学界有关冷战与东欧研究的一个亮点。这些危机作为国际冷战史上非常引人瞩目的事件，本身具有突出的研究价值。它们不仅充分反映了东欧与苏联之间不断增长的矛盾和分歧，也是导致后来东欧剧变以至苏联解体的重要历史诱因，因此尤其需要加以详细考察。当然，相对充分的档案条件以及相关国际学术机构的推动也是不容忽视的因素。就后者而言，特别值得一提的有以下两个机构：一个是位于华盛顿的美国国家级国际关系研究机构“伍德罗·威尔逊国际学术交流中心（Woodrow Wilson International Center for Scholars)”。该中心据哈佛大学教授约翰·加迪斯（John L. Gaddis）的倡议于1991年设立了冷战国际关系史研究项目（Cold War International History Project)，并于此后在编辑出版的专业刊物《冷战国际关系史研究项目公报》（Cold War International Project Bulletin，CWIHP）和研究论文系列（CWIHP Working Paper series）上刊载了许多从前“东方阵营”各国搜集来的有关东欧危机的档案文献及研究成果。另一个机构是1985年成立并设在乔治·华盛顿大学格尔曼图书馆中的国家安全档案馆（The National Security Archive)。该馆收藏有大批来自前苏东国家的档案并提供多数电子版的免费订阅与下载服务。自20世纪90年代中期，档案馆组织众多国际学者搜集、整理、编译上述东欧重大危机的专题档案，并与中欧大学出版社合作先后结集出版，它们分别是：由威尔逊中心冷战国际关系史研究项目主任克里斯琴·奥斯特曼（Christian F. Ostermann）主编的《1953年东柏林事件：冷战、德国问题与铁幕后的首次重大骚乱》、匈牙利1956年革命历史研究所研究员贝凯什·乔鲍（Békés Csaba）等人合编的《1956年匈牙利革命：文献中的历史》、国家安全档案馆研究人员亚罗米尔·纳夫拉蒂尔（Jaromir Navratil）主编的《1968年布拉格之春：国家安全档案馆文件读本》以及帕奇科夫斯基等合编的《从团结工会到实行军管：1980—1981 年的波兰危机》。[①] 这些档案集的出现极大地便利了研究者和学生。

如上所述，围绕上述东欧危机事件，国外迄今已有大量研究著述。限于篇幅，这里仅以其中 1956 年匈牙利事件和 1968 年捷克斯洛伐克危机为例，对相关重要学者及其研究进行大致介绍和评述。

(一) 1956 年匈牙利事件

东欧剧变后，匈牙利事件的第一个研究高潮发生在 1996 年（亦即此事件发生 40 周年）前后，当时各国学者从不同角度对危机爆发的原因、过程、结果等进行了深入讨论，尤其关注事件本身的性质及其造成的国际和国内影响等方面。相关研究成果主要体现在由已故匈牙利历史学家、政治活动家利特万·捷尔吉（Litván György）主编的《1956 年匈牙利革命：改革、动乱和镇压（1953—1956 年）》以及格拉斯哥大学历史学教授特里·考克斯（Terry Cox）主编的《1956 年的匈牙利：40 年来》两本论文集中。[②] 此外，还有些研究将视野拓展到匈牙利社会主义发展道路和匈牙利社会主义工人党的历史以及苏联

---

① Christian F. Ostermann, ed., *Uprising in East Germany 1953: The Cold War, the German Question, and the First Major Upheaval behind the Iron Curtain*, Budapest: Central European University Press, 2001; Csaba Békés, et al., eds., *The 1956 Hungarian Revolution: A History in Documents*, Budapest: Central European University Press, 2002; Jaromir Navratil, ed., *The Prague Spring 1968: A National Security Archive Documents Reader*, Budapest: Central European University Press, 1998; Andrzej Paczkowski, et al., eds., *From Solidarity to Martial Law: The Polish Crisis of 1980 - 1981: A Documentary History*, Budapest: Central European University Press, 2007.

② György Litván, ed., *The Hungarian Revolution of 1956: Reform, Revolt, and Repression, 1953 - 1956*, London and New York: Longman, 1996; Terry Cox, ed., *Hungary 1956: Forty Years on*, London: Frank Cass Publishers, 1997.

在其中的作用和影响等方面。① 与此同时，国际学界对匈牙利危机的国际因素以及冷战背景下此次危机对国际政治的影响等问题愈益表现出浓厚的兴趣，并产生了一些富有代表性的成果。其中，贝凯什在《1956 年匈牙利革命与世界政治》一文中详细探讨了苏、美、英、法等东西方大国在 1956 年匈牙利事件中扮演的角色、上层行政决策过程及其对国际政治产生的影响。② 美国克莱姆森大学约翰娜·格兰维尔（Johanna C. Granville）的代表作《第一张多米诺骨牌：1956 年匈牙利危机期间的国际决策》重点考察了苏联及波兰、南斯拉夫等东欧国家在匈牙利事件中的决策与反应，指出应对苏东关系中另一种现象即所谓的"小国操纵大国（the tail wags the dog）"予以重视。同样关注并就苏联的决策、"东方国家"对匈牙利事件的反应及其在事件中的角色和作用等做了出色研究的，还有哈佛大学冷战史研究中心马克·克雷默（Mark Kramer）、俄罗斯斯拉夫与巴尔干问题研究所亚历山大·斯特卡林（Aleksandr S. Stykalin）、匈牙利科学院历史所瓦莫什·彼得（Vámos Péter）等人。③ 美国约翰·霍普金斯大学东欧史

---

① 比如，Peter F. Sugar，ed.，*A History of Hungary*，Bloomington：Indiana University Press，1990；Hoensch J. Konrad，*A History of Modern Hungary*：*1867 — 1994*，New York：Longman，1996；László Kontler，*A History of Hungary*：*Millennium in Central Europe*，New York：Palgrave Macmillan，2002；Martin Mevius，*Agents of Moscow*：*The Hungarian Communist Party and the Origins of Socialist Patriotism 1941 — 1953*，New York：Oxford University Press，2005。

② Csaba Békés，"The 1956 Hungarian Revolution and World Politics，" Woodrow Wilson International Center for Scholars，CWIHP Working Paper，No. 16，1996.

③ Mark Kramer，"The Soviet Union and the 1956 Crises in Hungary and Poland：Reassessments and New Findings，" *Journal of Contemporary History*，Vol. 33，No. 2，1998，pp. 163－214；Aleksandr S. Stykalin，"Soviet-Yugoslav Relations and the Case of Imre Nagy，" *Cold War History*，Vol. 5，No. 1，2005，pp. 3－22；Aleksandr S. Stykalin，"The Hungarian Crisis of 1956，The Soviet Role in the Light of New Archival Documents，" *Cold War History*，Vol. 2，No. 1，2001，pp. 113－144；Péter Vámos，"Evolution and Revolution：Sino-Hungarian Relations and the 1956 Revolution，" CWIHP Working Paper，No. 54，2006，pp. 1－39. 此外，论文集《1956 年匈牙利革命与苏联阵营国家》中收录了其他学者的相关文章，参见 János M. Rainer and Katalin Somlai，eds.，*The 1956 Hungarian Revolution and the Soviet Bloc Countries*：*Reactions and Repercussions*，Budapest：The Institute for the History of the 1956 Hungarian Revolution & Historical Archives of the Hungarian States Security，2007。

专家查尔斯·加蒂（Charles Gati）于匈牙利事件爆发 50 周年之际推出的新作《幻灭：莫斯科、华盛顿、布达佩斯和 1956 年匈牙利起义》，以莫斯科、华盛顿和布达佩斯为三个场景，考察了苏联、美国两国对匈牙利事件的反应及三方之间的互动关系等。作者透过美国与匈牙利事件关系的考察得出结论认为，美国对匈政策的最突出特点就是“自欺欺人的伪善与哄骗”，这一特点暴露了美国公开宣扬的所谓“解放”和“推回去”的战略以及它秘密制定的决策同其缺乏后续行动之间存在的巨大差距。加蒂进而强调，如果美国不是“消极地旁观”、“光说不做”，而是稍许发挥些“积极的影响”，或许匈牙利不致以“彻底失败”而告终。[①] 不过，这一结论很快在匈牙利遭到了众多学者的攻击，并引发了如何界定“成功”抑或“失败”的新一场争论。最能反映这一争论的就是随后出版的、由美国詹姆斯·麦迪逊大学教授李·康登（Lee Congdon）与匈牙利前议员基拉伊·贝拉（Király Béla）等人共同编著的《1956：匈牙利革命和争取独立之战》一书。这是一本关于“十月事件”的论文并档案集，笔者以为可以算是冷战结束至今关于 1956 年匈牙利事件研究的集大成之作。[②]

(二) 1968 年捷克斯洛伐克危机

关于此次危机，事实上早在冷战结束前已有无以计数的著作或文章问世。[③] 近些年来，借助不断涌现的新材料，与“布拉格之春”和华约五国军事入侵相关的某些历史事实已在一定程度上得到了重新构

① Charles Gati, *Failed Illusions: Moscow, Washington, Budapest, and the 1956 Hungarian Revolt*, Washington, D.C.: Woodrow Wilson Center Press and Stanford University Press, 2006；相关阐述还可参见 Charles Gati, “Come Clean in Hungary: Behind the ’56 Revolt,” *The Washington Post*, June 21, 2006。

② Lee Congdon, et al., eds., *1956: The Hungarian Revolution and War for Independence*, Boulder: Social Science Monographs, 2006.

③ 相关书目可参见 Zdenek Hejzlar and Vladimir V. Kusin, eds., *Czechoslovakia, 1968—1969: Chronology, Bibliography, Annotation*, New York: Garland Publishing, 1975。

建，相应地围绕一些重点问题也产生了新的历史结论。首先，关于苏联方面的反应与决策。克雷默教授在《重新解读布拉格之春与苏联入侵捷克斯洛伐克事件》等文中强调，勃列日涅夫在此次危机中更像是个被动的决策者，事实上他曾多次试图通过谈判而非诉诸武力化解危机；较之勃列日涅夫，外交部长葛罗米柯等人则更倾向于直接采取军事行动，这背后除了有对捷克斯洛伐克脱离社会主义阵营的担心外，更重要的是对"布拉格之春"进一步外溢到罗马尼亚、波兰甚至苏联自身的可能性感到惶恐不安。[①] 美国天普大学弗拉迪斯拉夫·祖博克(Vladislav Zubok)博士的研究证实，尽管克里姆林宫内的"鹰派"早在1968年春便要求对捷改革运动施以军事干预，不过苏共中央决策层在整个事件过程中的表现却是相当的犹疑不决，入侵决定其实是在发起军事行动前一个月才最终确定的。其次，关于美、英等西方大国的反应。根据美国新奥尔良大学冈特·比肖夫(Günter Bischof)教授的结论，中情局预测到了华约很可能以武力方式解决捷克斯洛伐克危机，然而约翰逊政府对此却表现消极，不仅公开表态无意卷入，私下更是担心与苏联的缓和进程由此受阻。根据英国伦敦大学萨基·多克里尔(Saki Dockrill)教授的研究，此时的威尔逊政府也怀有同样的担忧并急欲挽救缓和进程。除此之外，英国还担心苏联会继捷克斯洛伐克之后再对罗马尼亚、南斯拉夫两国发起军事行动。再次，关于除苏联以外参与军事行动的其他华约四国在此次事件中的角色。根据贝凯什以及德国当代史研究所曼费雷德·威尔克(Manfred Wilke)等人的研究结论，这些国家事实上并非完全被迫跟着莫斯科的指挥棒走。在其内部，民主德国、波兰和保加利亚三国领导人乌布利希、哥穆尔卡、日夫科夫都对"布拉格之春"及其可能带来的后果深感惊

---

① Mark Kramer, "The Prague Spring and the Soviet Invasion of Czechoslovakia: New Interpretations (Part Two)," *CWIHP Bulletin*, Issue 3, 1993, pp. 2—13, 54—55; Mark Kramer, ed., "Moldova, Romania, and the Soviet Invasion of Czechoslovakia," *CWIHP Bulletin*, Issues 12/13, 2001, pp. 326—333.

恐，并敦促莫斯科采取“极端措施”；而匈牙利领导人卡达尔则一直试图在华约“兄弟国家”的强硬派与捷克斯洛伐克改革派之间斡旋，希望避免以武力方式解决危机。此外，关于捷克斯洛伐克共产党内部的派别斗争，捷克科学院当代史研究所奥尔德日赫·图马（Oldřich Tůma）的研究揭示，1968年前后捷党内以杜布切克为代表的改革派与以比拉克为首的所谓“健康力量”（反改革派）之间的矛盾与纷争，其实远较人们先前猜测的要尖锐得多。后者甚至联名致信勃列日涅夫，“邀请”苏联采取“一切可能的手段”阻止捷克斯洛伐克国内正在出现的“反革命威胁”。[①] 此类新的发现还有许多，诸如军事入侵后苏捷双方在莫斯科会谈的详情、捷国内民众对华约五国军队的反抗及人员伤亡情况等。[②] 总体上看，1968年捷克斯洛伐克危机在东西方冷战史以及东欧国家社会主义建设史上的重要性得到了进一步关注与肯定。多数学者同意北约与华约平行历史项目（Parallel History Project on NATO and Warsaw Pact，PHP）协调人、旅美捷克裔学者沃伊泰克·马斯特尼（Vojtech Mastny）所做的判断，即它同1968年其他重大历史事件一起构成了全球冷战史上的一道“分水岭”。[③]

关于另外两场危机：1953年东柏林事件，值得关注的是奥斯特曼的研究。20世纪90年代中期，他依据德、苏、美等多国档案就此事件相关的历史背景和场景以及美国对1953年东柏林事件的反应等

---

① 捷党内反改革派致勃列日涅夫信件（1968年8月），参见 Jaromir Navratil, ed., *The Prague Spring 1968: A National Security Archive Documents Reader*, pp. 324—325。

② 详见2010年最新出版的由比朔夫等人共同主编的《1968年布拉格之春与华约出兵捷克斯洛伐克》一书（Günter Bischof, Stefan Karner, and Peter Ruggenthaler, eds., *The Prague Spring and the Warsaw Pact Invasion of Czechoslovakia in 1968*, Lanham: Lexington Books, 2010），本书汇集了上述学界关于1968年捷克斯洛伐克危机的代表性成果。

③ 详见 Vojtech Mastny, "Was 1968 a Strategic Watershed of the Cold War?" *Diplomatic History*, Vol. 29, No. 1, 2005, pp. 149—177。

做了深入解读。[①] 除奥斯特曼外，克雷默、英国阿尔斯特大学克劳斯·拉雷斯（Klaus Larres）、冰岛大学瓦卢尔·因吉蒙达松（Valur Ingimundarson）、加拿大滑铁卢大学加里·布鲁斯（Gary Bruce）、美国华盛顿大学霍普·哈里森（Hope M. Harrison）等人也分别就苏联及西方其他大国对此事件的反应、民主德国此期国内的社会矛盾、民主德国同苏联的关系等问题进行了独到的研究。[②] 关于 20 世纪 80 年代初的波兰团结工会危机，克雷默的研究颇富启发性。自 20 世纪 90 年代中期，围绕着苏联对团结工会危机的政策及相关问题，他连续发表了数篇有分量的成果，其中最具代表性的是 1999 年提交威尔逊中心冷战国际关系史研究项目的特别工作报告《苏联在 1980—1981 年

---

① Christian Ostermann, "New Documents on the East German Uprising of 1953," *CWIHP Bulletin*, Issue 5, 1995, pp. 10—21; Christian F. Ostermann, "The United States, The East German Uprising of 1953, and the Limits of Rollback," Woodrow Wilson International Center for Scholars, CWIHP Working Paper, No. 11, 1994; Christian F. Ostermann, " 'Keeping the Pot Simmering': The United States and the East German Uprising of 1953," *German Studies Review*, Vol. 19, No. 1, 1996, pp. 61—89.

② Mark Kramer, "The Early Post-Stalin Succession Struggle and Upheavals in East-Central Europe: Internal -External Linkages in Soviet Policy Making (Part 1)," *Journal of Cold War Studies*, Vol. 1, No. 1, 1999, pp. 3—55; Mark Kramer, "The Early Post-Stalin Succession Struggle and Upheavals in East-Central Europe: Internal-External Linkages in Soviet Policy Making (Part 2)," *Journal of Cold War Studies*, Vol. 1, No. 2, 1999, pp. 3—38; Mark Kramer, "The Early Post-Stalin Succession Struggle and Upheavals in East-Central Europe: Internal-External Linkages in Soviet Policy Making (Part 3)," *Journal of Cold War Studies*, Vol. 1, No. 3, 1999, pp. 3—66; Klaus Larres, "Preserving Law and Order: Britain, the United States, and the East German Uprising of 1953," *Twentieth Century British History*, Vol. 5, No. 3, 1994, pp. 320—350; Valur Ingimundarson, "Cold War Misperceptions: The Communist and Western Responses to the East German Refugee Crisis in 1953," *Journal of Contemporary History*, Vol. 29, No. 3, 1994, pp. 463—481; Gary Bruce, *Resistance with the People: Repression and Resistance in Eastern Germany, 1945—1955*, Lanham: Rowman & Littlefield, Inc., 2003; Hope M. Harrison, *Driving the Soviets up the Wall: Soviet-East German Relations, 1953—1961*, Princeton: Princeton University Press, 2003.

波兰危机期间的战略考虑》。[①] 此外，帕韦尔·马赫采维奇（Paweł Machcewicz）、蒂施勒·亚诺什（Tischler János）、迈克尔·库比纳（Michael Kubina）、图马、巴耶夫等人分别就华约及其成员国匈牙利、民主德国、捷克斯洛伐克、保加利亚与波兰危机互动关系所做的考察，[②] 马尔科姆·伯恩（Malcolm Byrne）、帕奇科夫斯基、道格拉斯·麦凯钦（Douglas J. MacEachin）、理查德·戴维斯（Richard T. Davies）、马斯特尼、亨利·西蒙（Henri Simon）、杰克·布卢姆（Jack M. Bloom）分别对相关新材料、美苏两国围绕危机展开的角逐、美国情报部门在危机中扮演的角色、危机对其后波兰政治发展的影响以及同冷战最后走向结束之间的关系等问题进行的研究，[③] 都大

---

① Mark Kramer,"Soviet Deliberations during the Polish Crisis, 1980—1981," Woodrow Wilson International Center for Scholars, CWIHP Special Working Paper, No. 1, 1999. 克雷默同主题其他成果还包括如"Poland, 1980—81: Soviet Policy During the Polish Crisis," *CWIHP Bulletin*, Issue 5, 1995, pp. 1, 116—126;"Jaruzelski, The Soviet Union, and the Imposition of Martial Law in Poland: New Light on the Mystery of December 1981," *CWIHP Bulletin*, Issue 11, 1998, pp. 5—16;"'In Case Military Assistance Is Provided to Poland': Soviet Preparations for Military Contingencies, August 1980," *CWIHP Bulletin*, Issue 11, 1998, pp. 102—109;"Colonel Kuklinski and the Polish Crisis, 1980—81," *CWIHP Bulletin*, Issue 11, 1998, pp. 48—59;"The Kuklinski Files and the Polish Crisis of 1980—1981: An Analysis of the Newly Released CIA Documents on Ryszard Kuklinski," Woodrow Wilson International Center for Scholars, CWIHP Special Working Paper, No. 59, 2009。

② Pawel Machcewicz, "The Assistance of Warsaw Pact Forces Is Not Ruled out," *CWIHP Bulletin*, Issue 11, 1998, pp. 40—42; János Tischler, "The Hungarian Party Leadership and the Polish Crisis of 1980—1981," *CWIHP Bulletin*, Issue 11, 1998, pp. 77—89; Michael Kubina, "Moscow's Man in the SED Politburo and the Crisis in Poland in Autumn of 1980," *CWIHP Bulletin*, Issue 11, 1998, pp. 90—95; Oldrich Tuma, "The Czechoslovak Communist Regime and the Polish Crisis 1980—1981," *CWIHP Bulletin*, Issue 11, 1998, pp. 60—76; Jordan Baev, "Bulgaria and the Political Crises in Czechoslovakia 1968 and Poland 1980/1981," *CWIHP Bulletin*, Issue 11, 1998, pp. 96—101.

③ Malcolm Byrne,"New Evidence on the Polish Crisis 1980—1982," *CWIHP Bulletin*, Issue 11, 1998, pp. 3—4; Andrzej Paczkowski,"Playground of the Superpowers, Poland 1980—1989: A View from Inside," in Olav Njølstad, ed., *The Last Decade of the Cold War: From Conflict Escalation to Conflict Transformation*, London: Frank Cass, 2004, pp. 372 — 401; Douglas J. MacEachin, *U. S. Intelligence and the Confrontation in Poland, 1980 — 81*, University Park: Pennsylvania State University Press, 2002; Richard T. Davies, "The CIA and the Polish Crisis of 1980—1981," *Journal of Cold War Studies*, Vol. 6, No. 3, 2004, pp. 120—123; Vojtech Mastny, "The Soviet Non-Invasion of Poland in 1980—1981 and the End of the Cold War," *Europe-Asia Studies*, Vol. 51, No. 2, 1999, pp. 189—211; Henri Simon, *Poland 1980—82*, Detroit: Black & Red, 2002; Jack M. Bloom, "The Solidarity Revolution in Poland, 1980—1981," *The Oral History Review*, Vol. 33, No. 1, 2006, pp. 33—64.

大丰富了我们对此事件的认识。

三、有关东欧政治剧变的研究

1989 年的东欧剧变对 20 世纪世界历史的意义是毋庸置疑的。按照牛津大学政治学教授蒂莫西·阿什（Timothy G. Ash）的说法，如果把“1989”所涵盖的意义范畴延伸到包括德国统一和苏联解体的 1990 年和 1991 年，可以说这三年结束了整个世纪。[①] 过去 20 年，国外各种涉及 1989 年事件的著述虽然未有达到像东欧后社会主义转型方面的成果那般“汗牛充栋”的程度，但其数量同样是非常多的，大致可见如下几类：

第一类是档案文献。关于 1989 年的档案文献，除收藏于档案馆或相关学术机构的散件外，斯韦特兰娜·萨夫兰斯卡娅（Svetlana Savranskaya）等人共同主编的《历史的杰作：1989 年欧洲冷战的和平结束》是迄今相关档案集中最值得推荐的一本，其中汇集了来自苏联、美国、欧洲共计 122 份档案资料。[②] 除此之外，早前出版的如《冷战之尾声：1989—1991 年美国关于苏联和东欧的情报》等专题档案以及国家安全档案馆推出的系列国际会议档案汇编《1989 年欧洲冷战的结束：“新思维”与新材料》、《1989—1990 年匈牙利的政治转型》、《1987—1989 年

① Timothy Garton Ash, “1989!” *The New York Review of Books*, Vol. 56, No. 17, 2009, http://www.nybooks.com/articles/archives/2009/nov/05/1989/? page = 1.

② Svetlana Savaranskaya, Thomas Blanton, and Vladislav Zubok, eds., *Masterpieces of History: The Peaceful End of the Cold War in Europe, 1989*, Budapest: Central European University Press, 2010.

捷克斯洛伐克的民主转型》等，也具有很高的史料价值。[①] 第二类是历史当事人或见证者的忆述类资料。这方面受到广泛关注的，除了前苏东国家领导人如前苏共中央总书记戈尔巴乔夫（Mikhail S. Gorbachev）、前苏共中央国际部副部长兼戈尔巴乔夫首席外交政策顾问阿纳托利·切尔尼亚耶夫（Anatoly Chernyaev）、苏联外交部长阿纳托利·多勃雷宁（Anatoly Dobrynin）和爱德华·谢瓦尔德纳泽（Eduard Shevardnadze）、前苏共中央政治局委员亚历山大·雅科夫列夫（Aleksandr Yakovlev）和叶高尔·利加乔夫（Yegor Ligachev）、保加利亚共产党领导人托多尔·日夫科夫（Todor Zhivkov）、前民主德国统一社会党总书记埃贡·克伦茨（Egon Krenz）、民主德国前总理汉斯·莫德罗（Hans Modrow）、波兰前总理米·弗·拉科夫斯基（Mieczysław Franciszek Rakowski）、波兰前总统莱赫·瓦文萨（Lech Wałęsa）等人的回忆或日记外，还包括美、英、德等西方国家前政要如美国总统里根（Ronald Reagan）和老布什（George H. W. Bush）、英国首相撒切尔夫人（Margaret Thatcher）、德国总理科尔（Helmut Kohl）、美国驻苏大使小杰克·F. 马特洛克（Jack F. Matlock，Jr.）、美国国家安全顾问布伦特·斯考克罗夫特（Brent Scowcroft）、国务卿詹姆斯·贝克（James A. Baker III）、曾任老布什政府中央情报局局长的罗伯特·盖茨（Robert M. Gates）、就职于国家安全委员会的菲利普·泽利科（Philip Zelikow）和康多莉扎·赖斯（Condoleezza Rice）等人在其相关著作中对此段历史的回顾和

---

① 具体可参见如 Benjamin B. Fischer，ed.，*At Cold War's End*：*US Intelligence on the Soviet Union and Eastern Europe*，*1989—1991*，Washington，D. C.：Central Intelligence Agency，2000；"The End of the Cold War in Europe，1989：'New Thinking' and New Evidence，" Musgrove，St. Simon's Island，Georgia，May 1—3，1998；"Political Transition in Hungary，1989—1990，" Budapest，June 12，1999；"The Democratic Revolution in Czechoslovakia：Its Precondition，Course，and Immediate Repercussions，1987—1989，" Prague，October 14—16，1999。

追忆。[①] 第三类是建立在档案研究和口述历史基础上的学术成果。著作方面，加拿大魁北克大学雅克·莱韦克（Jacques Lévesque）于1997年出版的《1989年之谜：苏联与东欧的解放》堪称早期的经典之作；由美国得克萨斯A&M大学杰弗里·恩格尔（Jeffrey A. Engel）主编的《柏林墙的倒塌：1989年革命遗产》和南加州大学玛丽·萨罗特（Mary E. Sarotte）所著的《1989：为创建后冷战欧洲进行的斗争》，则可视做近两年较有影响的作品。[②] 文章方面代表性成果较多，此处特别提请关注的是克雷默的系列论文，无论就史料分析还是理论

---

① 前者分别参见 Mikhail Gorbachev，*Memoirs*，New York：Doubleday，1995；Mikhail Gorbachev，and Zdenek Mlynar，*Conversations with Gorbachev*：*On Perestroika*，*the Prague Spring*，*and the Crossroads of Socialism*，New York：Columbia University Press，2002；Anatoly S. Chernyaev，*My Six Years with Gorbachev*，University Park：Pennsylvania State University Press，2000；Anatoly Dobrynin，*In Confidence*：*Moscow's Ambassador to America's Six Cold War Presidents*，Seattle and London：University of Washington Press，1995；Eduard Shevardnadze，*The Future belongs to Freedom*，New York：Free Press，1991；［俄］亚·尼·雅科夫列夫著，徐葵等译：《一杯苦酒——俄罗斯的布尔什维主义和改革运动》，新华出版社1999年版；Yegor Ligachev，*Inside Gorbachev's Kremlin*：*The Memoirs of Yegor Ligachev*，New York：Pantheon Books，1993；［保］日夫科夫著，吴锡俊、王金柏译：《日夫科夫回忆录》，新华出版社1999年版；［德］埃贡·克伦茨著，孙劲松译：《89年的秋天》，中共中央党校出版社2005年版；［德］莫德罗著，王建政译：《起点和终点——前东德总理莫德罗回忆录》，军事科学出版社2002年版；［波］拉科夫斯基著，郭增麟等译：《波兰剧变是怎样发生的》，世界知识出版社1992年版；Lech Wałęsa，*The Struggle and the Triumph*：*An Autobiography*，New York：Arcade Publishing，1992。后者详见：Ronald Reagan，*The Reagan Diaries*，edited by Douglas Brinkley，New York：Harper Collins Publishers，2007；George H. W. Bush and Brent Scowcroft，*A World Transformed*，New York：Knopf，1998；Margaret Thatcher，*The Downing Street Years*，New York：HarperCollins，1993；［德］科尔著，葛放主译：《我要的是德国统一：科尔自述》，辽宁人民出版社1999年版；［美］小杰克·F. 马特洛克著，吴乃华等译：《苏联解体亲历记》，世界知识出版社1996年版；James A. Baker，*The Politics of Diplomacy*：*Revolution*，*War*，*and Peace*，*1989－1992*，New York：G. P. Putnam's Sons，1995；Robert M. Gates，*From the Shadows*：*The Ultimate Insider's Story of Five Presidents and How They Won the Cold War*，New York：Simon and Schuster，1996；Philip D. Zelikow and Condoleezza Rice，*Germany Unified and Europe Transformed*：*A Study in Statecraft*，Cambridge：Harvard University Press，1997。

② Jacques Lévesque，*The Enigma of 1989*：*The USSR and the Liberation of Eastern Europe*，Berkeley：University of California Press，1997；Jeffrey A. Engel，ed.，*The Fall of the Berlin Wall*：*The Revolutionary Legacy of 1989*，New York：Oxford University Press，2009；Mary Elise Sarotte，*1989*：*The Struggle to Create Post-Cold War Europe*，Princeton：Princeton University Press，2009.

论证而言，均具有较高的学术价值。[①] 再者是各种新闻纪实及历史回顾类作品。前者首推阿什教授至今仍广为引述的叙事著作《幻灯：见证1989年布达佩斯、柏林和布拉格的革命》。该书出版于1990年，系作者根据亲眼所见、亲身感受，对东欧诸国剧变现场进行的记录和描述；后者如英国记者维克托·谢拜什真（Victor Sebestyen）所著的《1989年革命：苏联帝国的倾覆》以及美国《新闻周刊》记者迈克尔·迈耶（Michael Meyer）根据当事人访谈与回忆写成的书《改变世界的一年：柏林墙倒塌幕后的故事》等。[②] 第四类是有关历史解释的争议性著作。这方面成果也有不少，近期在学界引发广泛争论的两部著作值得一提。一部是美国普林斯顿大学历史学教授史蒂芬·科特金（Stephen Kotkin）的新作《非公民社会：1989年与共产主义体制的内爆》，另一部是美国霍山学院历史学副教授康斯坦丁·普列沙科夫（Constantine Pleshakov）的专著《没有面包就没有自由：1989年与致使共产主义崩溃的内战》。[③]

综合现有著述可以发现，过去20年间，虽然有关原因、过程、结果、意义的探讨始终是国外学界对东欧剧变研究的主线，但是较之剧变后的最初十年，伴随着研究的不断深入以及后冷战时代的一系列

---

① Mark Kramer, "The Collapse of East European Communism and the Repercussions within the Soviet Union (Part 1)," *Journal of Cold War Studies*, Vol. 5, No. 4, 2003, pp. 178－256; "The Collapse of East European Communism and the Repercussions within the Soviet Union (Part 2)," *Journal of Cold War Studies*, Vol. 6, No. 4, 2004, pp. 3－64; "The Collapse of East European Communism and the Repercussions within the Soviet Union (Part 3)," *Journal of Cold War Studies*, Vol. 7, No. 1, 2005, pp. 3－96.

② 分别参见 Timothy Garton Ash, *The Magic Lantern: The Revolution of '89 Witnessed in Warsaw, Budapest, Berlin, and Prague*, New York: Random House, 1990; Victor Sebestyen, *Revolution 1989: The Fall of the Soviet Empire*, London: Weidenfeld & Nicolson, 2009; Michael Meyer, *The Year That Changed the World: The Untold Story behind the Fall of the Berlin Wall*, New York: Charles Scribner's Sons, 2009。

③ Stephen Kotkin, *Uncivil Society: 1989 and the Implosion of the Communist Establishment*, New York: Modern Library, 2010; Constantine Pleshakov, *There Is No Freedom without Bread! 1989 and the Civil War That Brought down Communism*, New York: Farrar, Straus and Giroux, 2009.

新变化——特别是一度盛行的“西方胜利论”和“民主优越论”愈益受到现实的挑战。2000年以来学者们开始对20世纪90年代关于东欧剧变一些盛行的看法和结论展开反思，相应地，对上述主线及由其衍生出的许多问题也渐渐有了不同的解读。

首先，围绕着剧变的原因出现了更多的争论。20世纪90年代，较为普遍的看法是：东欧社会主义走向失败是历史的必然，其根源在于制度自身的内在缺陷，此种缺陷加之执政党在日益严峻的经济与社会危机面前束手无策，使得“党国体制”与“社会”之间久已存在的冲突愈发尖锐，并最终导致“社会”起来推翻“国家”；而较之此前东欧数次危机屡遭苏联干预的事实，1989年东欧的政治变局得以不受外力约束地呈连锁式扩散开去，并最终结束了冷战，则应完全归功于里根、撒切尔夫人、教皇保罗二世等西方的强硬派和保守派及其所作出的正确决策。最近十年，这种看法开始受到了越来越多的质疑。比如，有学者指出，这种对东欧剧变中“社会因素”的解释太过简单，没有阐明群众抗议背后的动力学，换言之需要进一步探讨的问题是：是什么因素促使单个的人走上街头？又是什么力量将单个的人组织起来采取集体行动？[①] 但也有学者对以“社会因素”作为分析问题的出发点持不同看法。科特金在其《非公民社会》一书中，通过对民主德国、波兰、罗马尼亚三国的案例考察，就东欧社会主义缘何“失败”提出了独特的历史解释。在他看来，这一结局不应简单归结为国家机构之外的各种组织或运动（亦即“公民社会”或“公共社会”）的推动，事实上它完全系由党内精英（即作者所谓“非公民社会”）的“政治破产”所致，至于公民社会，它更多的是1989年剧变的后续结果而非主要诱因。[②] 恩格尔也认为，以往研究过于关注和强调1989年东欧剧变中“自下而

① Timothy Garton Ash，“1989!” http：/ /www. nybooks. com/articles /archives /2009 /nov /05 /1989 /? page = 1.

② 详见 Stephen Kotkin，*Uncivil Society*：*1989 and the Implosion of the Communist Establishment*，p. xiv。

上”的民众运动及其传染性，对于东欧各国领导人的思想和活动未能给予足够的重视和了解。他在《柏林墙倒塌》一书中指出，个人因素在历史上是至关重要的，剧变虽然在很大程度上是群体推动的，但群体得以形成是因为有改革家的存在。[①] 另外，围绕着特定政治人物在推动东欧剧变以及冷战结束方面的作用问题，弗吉尼亚大学梅尔文·莱弗勒（Melvyn Leffler）教授提出与上述20世纪90年代主流看法不同的观点。他在2007年出版的专著《争夺人类之灵魂：美国、苏联和冷战》中强调，在这一历史过程中发挥了主要作用的是戈尔巴乔夫，而非西方领导人或罗马教皇。[②] 克雷默亦持同样的看法，并强调戈尔巴乔夫在苏联发起的政治改革及其在外交政策方面所做的大胆变化，帮助点燃了东欧剧变的火苗。[③] 至于里根的作用，据谢拜什真、詹姆斯·曼（James Mann）等人的观点，并不在于他对苏联采取了咄咄逼人的强硬政策或以军备竞赛拖垮了苏联，相反其成功之处恰恰在于他采取了一条谨慎路线并自戈尔巴乔夫上台后寻求通过谈判与苏联达成和解，从而帮助塑造了冷战得以“平静”结束的外部氛围。[④] 跟许多学者集中关注政治家的作用不同，斯坦福大学历史学教授詹姆斯·希恩（James Sheehan）将视角转向了欧洲，并提醒人们注意“欧洲”作为一种思想、一种向往和一种历史范例与东欧剧变之间的关系。[⑤] 无独有偶，波兰社会主义时期民主反对派领袖之一、现任《选举报》主编亚当·米奇尼克（Adam Michnik）在《欧洲对波兰意味着什么》一文中也强调了

① Jeffrey A. Engel，“1989：An Introduction to an International History，” in Jeffrey A. Engel，ed.，*The Fall of the Berlin Wall*，pp. 1—35.

② Melvyn P. Leffler，*For the Soul of Mankind：The United States，the Soviet Union，and the Cold War*，New York：Hill and Wang，2007，p. 448.

③ Mark Kramer，“The Collapse of East European Communism and the Repercussions within the Soviet Union (Part 1)，” p. 180.

④ 分别参见 Victor Sebestyen，*Revolution 1989：The Fall of the Soviet Empire*，pp. xx，157—158，263；James Mann，*The Rebellion of Ronald Reagan：A History of the End of the Cold War*，New York：Viking，2009，pp. 345—346。

⑤ James J. Sheehan，“The Transformation of Europe and the End of the Cold War，” in Jeffrey A. Engel，ed.，*The Fall of the Berlin Wall*，p. 37.

“欧洲”在剧变前后所扮演的特殊角色。他写道：“1989 年以前，欧洲对比如我本人以及我的波兰朋友们意味着什么？欧洲意味着自由、常态、经济理性……也是我们国家有朝能获得自由的一种希望。”① 总之，随着时间的流逝，越来越多的学者意识到，东欧剧变远远不能简单归结为“社会主义必然失败”或是某个人、某些人推动的结果。20 世纪末发生的这一具有转折意义的重大事件就好似一场三维棋赛，在其背后是众多因素的交织与互动，任何从单一角度出发作出的解释都将难以经受住历史的考验。

其次，对于剧变进程及相关历史细节的认识进一步走向深化。最初，人们对于 1989 年东欧剧变的了解主要来自于新闻媒体的报道，而非学者的著述。此后，伴随着历史档案的大量涌现，学术成果日益增多，大大丰富了人们的认知。近年来，像罗马尼亚学者彼得·夏尼—戴维斯（Peter Siani-Davies）的《1989 年 12 月罗马尼亚革命》这类详细描写每一国家剧变过程的著作以及东欧各国冷战史学家集中推出的系列文章（如《1989—1990 年匈牙利的政治转型》、《1986—1989 年的波兰》、《1989 年 11 月的捷克斯洛伐克》、《柏林墙的倒塌》、《1989 年保加利亚向多元民主的转轨》等）凸显出 1989 年前后东欧各国国内政治存在的巨大差异。② 不过，让人略感遗憾的是，一部全面描述和阐释 1989 年东欧各国剧变进程的综合性历史著作尚未出现。自剧变结束至今，如上所述，人们对这一事件的了解在不断加深，但

---

① Adam Michnik，“What Europe Means for Poland，” *Journal of Democracy*，Vol. 14，No. 4，2003，p. 128.

② 分别参见 Peter Siani-Davies，*The Romanian Revolution of December 1989*，Ithaca and London：Cornell University Press，2005；Csaba Békés and Melinda Kalmár，“The Political Transition in Hungary，1989－90，” *CWIHP Bulletin*，Issue 12 /13，2001，pp. 73－87；Paweł Machcewicz，“Poland 1986－1989：From ‘Cooperation’ to ‘Negotiated Revolution’，” *CWIHP Bulletin*，Issue 12/13，2001，pp. 93－130；Oldrich Tuma，“Czechoslovak November 1989，” *CWIHP Bulletin*，Issue 12/13，2001，pp. 181－193；Hans-Hermann Hertle，“The Fall of the Wall：The Unintended Dissolution of East Germany's Ruling Regime，” *CWIHP Bulletin*，Issue 12/13，2001，pp. 131－164；Jordan Baev，“1989：Bulgarian Transition to Pluralist Democracy，” *CWIHP Bulletin*，Issue 12/13，2001，pp. 165－180。

要真正理解它，正如有的学者所说，还需“在一丝不苟并详细地按时间顺序重构预期和非预期后果的基础上，在多个方向、多个阶段，一天一天甚至有时是一分钟一分钟的情况下”才能实现。[①] 总体上看，20 年过去了，关于“1989”还有许多待解之谜。其中“最大的一个谜”，按照莱韦克的看法，并不是东欧社会主义发生崩溃这件事本身，而是苏联对东欧政治变局所作出的“消极”反应。[②] 近年来，国外学界围绕这个“最大的谜”有不少的探讨和争论。美国阿姆赫斯特学院的威廉·陶布曼（William Taubman）和国家安全档案馆的萨夫兰斯卡娅认为，这是因为戈尔巴乔夫此时正备受国内包括经济改革、波罗的海三国动荡局势的困扰，同时他也没能理解柏林墙倒塌对于德国、欧洲和苏联将意味着什么。[③] 克雷默则强调，这是因为戈尔巴乔夫“始终坚持了推动根本性变革并不惜一切避免使用武力的政策”。[④] 斯托克斯不同意以上观点，指出东欧剧变完全是“本土性的事件”，尽管受制于冷战，受控于苏联，但“每个国家仍是依照自己的方式发展着”。[⑤] 剧变本身是否有预设目标和轨道，也是相关研究中的一个热议话题。根据许多学者的看法，答案是肯定的，因为在剧变过程及其后，人们同时看到的是东欧各国无一例外地向“民主化”、“市场化”和“欧洲化”的转型目标迈进。不过，相反的看法也同样存在。比如，普列沙科夫即认为，1989 年的剧变是突如其来的，并非一开始就已设定好实行西方式的议会民主、自由市场经济以及融入欧洲一体化的转型路径

---

① Timothy Garton Ash，“1989!” http：/ /www. nybooks. com/articles /archives /2009 /nov /05 /1989 /? page=2.

② Jacques Lévesque，*The Enigma of 1989*，p. 1.

③ William Taubman and Svetlana Savranskaya，“If a Wall Fell in Berlin and Moscow Hardly Noticed，Would It Still Make a Noise?” in Jeffrey A. Engel，ed.，*The Fall of the Berlin Wall*，pp. 69—95.

④ Mark Kramer，“The Collapse of East European Communism and the Repercussions within the Soviet Union (Part 1)，” p. 191.

⑤ Gale Stokes，“Thinking about 1989：The End of Politics by Other Means，” *Problems of Post-Communism*，Vol. 56，No. 5，2009，p. 16.

或目标。[①] 除此之外，罗马尼亚以外的东欧各国剧变过程何以能免于流血而以和平的“圆桌”方式得以完成，也需进一步寻找历史与理论的解答。至于其中一些关键环节，如政治反对派的崛起、执政党内部的分裂等，目前学界的研究还亟待深入。可以想见，如此多“问号”的存在，会吸引学者们将研究继续下去。这本身也反映了剧变过程的复杂性，这种复杂性仅以“民主”、“自由”这样的宏大词汇无法作出合理的解释，甚至可能会误导人们对真实历史的认识。

最后，关于剧变的后续影响及其遗产。在这方面，国外学者近几年的讨论也很热烈。其中一个热点问题是东欧剧变与苏联解体的关系。相较对东欧剧变中“苏联因素”或“戈尔巴乔夫因素”的探讨，东欧剧变对苏联有何影响，在 20 世纪 90 年代几乎未有学者深入触及。2001 年，克雷默刊发于《冷战史研究》杂志上的系列长文专门就此问题做了探讨并得出结论，认为 1989 年东欧的“革命性变化”直接促成了苏联自身的解体。“苏联国内大规模的政治变化以及苏联外交政策的重构，在东欧引发了广泛不安。但渐渐地，外溢过程变成双向的，东欧发生的事件对苏联产生了深远影响”，并以一种示范效应直接或间接地导致苏联走向解体。[②] 牛津大学政治学教授阿奇·布朗（Archie Brown）用“循环影响流（the circular flow of influence）”的概念表达了同样的观点。他在 2009 年出版的《共产主义的兴衰》一书中指出，如果仅将目光锁定在 20 世纪 80 年代末 90 年代初最动荡迷离的那几年，可以明显看到一个表象，亦即所谓的“循环影响流”效应：戈尔巴乔夫的“新思维”和“辛纳屈主义（Sinatra Doctrine)”解开了东欧身上的缰绳，获得了“松绑”的东欧各国最后选择了放弃社会主义制度、回归欧洲的路程；东欧获得自由的结果，鼓舞了一直试图摆脱联邦、寻求独立的波罗的海三个加盟共和国，随着

① Constantine Pleshakov, *There Is No Freedom without Bread! 1989 and the Civil War That Brought down Communism*, pp. 237－238.

② Mark Kramer, “The Collapse of East European Communism and the Repercussions within the Soviet Union (Part 1),” p. 180.

波罗的海三国的相继独立，最终一步步地导致了苏联自身的解体。[1]除此之外，围绕剧变是否不可避免以及剧变的历史遗产等话题，也出现了一些新的看法和结论。与对东欧社会主义历史的否定相一致，国外学者对于1989年所发生的一切普遍持肯定态度。不过，这并不意味着对相关的另一个问题，即“剧变本身是否具有必然性”也绝无异议。事实上，近十年以来，越来越多的学者对此给出了否定的回答，阿什便是其中之一。他在东欧剧变20周年之际撰写的评论文章中写道：“1989—1991年，革命确实最终从一个国家扩散到另一个国家，并彻底瓦解了共产主义。不过，这个故事更多是非预期的后果，而非有意识的行动，更非历史之必然。”[2] 关于剧变的历史遗产或曰对当今国际体系的影响，也是新世纪以来颇受关注的一个问题。诚然，“1989”具有分水岭意义。不过需要指出的是，它并不是一道毫无弹性的分界线，“1989”本身并没有将前后两个时代、两种不同的国际秩序截然分割开来。换言之，历史并没有在这一点上落下帷幕。在一些学者看来，事实可能恰恰相反，“1989”所代表的不是一个终点，而是一个“新的开始”，正是“1989”创造了存在至今的国际秩序，也正是它奏响了其后世界政治一切重大变化的前奏。[3]

由上可见，东欧剧变虽已过去20年之久，国外学界对此事件及相关问题的看法不是越来越接近，而是变得更加分散与多元。这应予以充分肯定，各种不同的解读显然更有利于促使人们用冷静的眼光、理性的思维重新审视1989年东欧所发生的一切。柏林墙已不复存在，冷战也变成了历史，但“1989”作为20世纪末国际政治舞台最重要的一幕，仍在影响着21世纪的后冷战世界，这一点大概多数学者都不会有异议。

---

① Archie Brown, *The Rise and Fall of Communism*, London: The Bodley Head, 2009, pp. 563—565.

② Timothy Garton Ash, “1989!” http://www.nybooks.com/articles/archives/2009/nov/05/1989/? page=2.

③ Mary Elise Sarotte, *1989: The Struggle to Create Post-Cold War Europe*, p. xi.

对冷战时期西方非政府组织在苏联东欧地区活动的历史考察*

——从非政府组织角度兼论苏联解体与东欧剧变的原因

闫文虎**

同苏联的建立一样，苏联的解体是 20 世纪最重大的世界政治事件之一。针对其原因的分析，学术界或从苏联共产党集权的角度、或从民族问题的角度以及世界民主化潮流的角度来解释，也有的从苏联模式的失败、苏联当权的腐败、西方的和平演变来解释苏联的解体等等。本文则试图从非政府组织角度来分析苏联解体的外因。从 20 世纪 50 年代开始，西方国家就采用各种手段，对苏东国家推行“和平演变”战略，他们利用人员往来，“以接触促演变”；利用大众传播媒介，进行西方意识形态的渗透；以维护“人权”为名，干涉社会主义国家的内政；大力扶植社会主义国家内部的反对派组织，支持他们搞动乱，乱中夺权；利用经济贸易援助，对社会主义国家施加压力，迫

* 本文系国家首批博士后特别资助项目《非政府组织与国家安全研究》（项目编号：20081482）的阶段性面果之一。

** 闫文虎，军事科学院战略部国防政策研究中心研究员。

使其作出政治上的让步等等。在这些措施的实施中，非政府组织起到了“先锋队”的作用。

一、非政府组织的基本内涵及其在西方“和平演变”战略中的历史地位

“非政府组织”起源可追溯到中世纪救世军（the Salvation Army），但现代意义上的非政府组织最早出现在17世纪各主要资本主义国家，涉及人道主义和宗教领域。第二次世界大战以后，非政府组织的数量有了很大的增长，并开始登上国际政治舞台，成为国际政治舞台上的重要力量。同时，“非政府组织”这一术语被广泛应用。

目前国内外学术界根据各自侧重点，对非政府组织有不同的定义。有的根据法律的规定，有的依据资金来源，有的强调组织的结构与运作方式。联合国在1952年第288（X）号决议中认为：“任何不是根据政府间协议建立起来的国际组织均应被视为非政府组织。”此概念强调了非政府组织的国际性。世界银行编写的《非政府组织法的立法原则》则认为“非政府组织指在特定法律系统下，不被政府部门视为一部分的协会、社团、基金会、慈善信托、非营利公司及其他法人，且其不以营利为目的，即使如有赚取任何利润，也不可将此利润分配”。[①] 最受认同的是美国约翰·霍普金斯大学非营利组织比较研究

① 世界银行组织：《非政府组织法的立法原则》，喜马拉雅研究基金会2000年印行，第21页。由于各国文化传统、经济发展、政治体制的不同，学术界对非政府组织的称谓存在差异。如公民社会（civil society）、第三部门（the third sector）、非营利部门（nonprofit sector）、自愿部门（voluntary sector）、慈善组织（charit able organization）、隐形部门（invisible sector）、独立部门（independent sector）、免税部门（tax-exempt sector）、公益基金会（philanth rophic foundation）、社会部门（social sector）、影子政府（shadow state）、“志愿和社区组织”（voluntary and community organization）。

中心的“结构—运作”定义，即认为凡符合组织性、民间性、非营利性、自治性和志愿性等五个特性的组织都可被视为非政府组织。

第二次世界大战结束后，美国等西方国家在武力推翻原苏联和东欧国家政权无望的情况下，制定实施了以渗透与分化为基本政策的“和平演变”战略，而以非政府组织为主的公共外交则为这种战略的顺利实施立下了汗马功劳，成为冷战时期西方对外政策和国家安全战略中的重要组成部分。冷战时期每届美国政府都鼓励非政府组织参与美国的公共外交事务，把非政府组织看作是一支可以用来更有效地在世界各地“促进民主”的重要力量。参与美国公共外交的非政府组织经常以学校、医院、环保组织、慈善组织、宗教组织、人权组织、社会服务组织、艺术博物馆和研究机构、思想库、基金会、商会等形式出现。[①] 如高等学校、研究所等学术机构以及学术团体以知识为载体进行文化教育交流。这些非政府组织的活动方式是多种多样的，能够给人一种“客观”的感觉，弥补美国的正规对外宣传体系中经常出现因其政府性质而不被信任的弊端，从而有利于美国思想文化的渗透。

杜鲁门政府时期专门制定了针对苏联的“遏制战略”[②] 和“真理运动”[③]，制定了“新美国世纪计划”（Project for the New American Century）。[④] 为了更好地实施这些战略，1946 年 3 月杜鲁门成立了志愿对外援助顾问委员会（the Advisory Committee on Voluntary For-

① 胡文涛：《美国文化外交及其在中国的运用》，世界知识出版社 2008 年版，第 68 页。

② “遏制战略”从历史发展的脉络和学术研究的范畴看，有广义和狭义之分。狭义的遏制战略仅指杜鲁门总统执政时期的美国军事战略；广义的遏制战略是指贯穿整个冷战时期的美国争霸全球的国家安全战略。遏制战略实施的主要对象是苏联，也兼及中国等其他社会主义国家。

③ “真理运动”是指冷战初期杜鲁门政府提出的一项对外宣传政策，旨在通过非战争手段，对抗苏联宣传攻势中对于美国的歪曲，将美国认定的“真理”传播到全世界。该政策是杜鲁门政府执政时期对外宣传的核心，是思想意识领域的“马歇尔计划”。

④ 该组织以信息搜集等各种形式直接介入苏联和东欧国家的国际事务，煽动当地群众与政府对抗，制定了包括城市和农村的工人、专业人士和管理阶层、知识分子在内的涉及社会各个阶层的，覆盖 93 个国家的公共外交计划。参见于群：《美国国家安全与冷战战略》，中国社会科学文献出版社 2006 年版，第 329—330 页。

eign Aid，简称 ACVFA)。该委员会是在对外援助领域连接联邦政府与非政府组织之间的桥梁。[①] 到 1946 年底，已经有 103 个志愿性非政府组织在委员会注册。1949 年 5 月杜鲁门政府还成立了由非官方的美国公民组成的“欧洲自由委员会”，该组织表面上是非政府组织，但经费由中情局支付，其宗旨是“利用逃亡的东欧人开展与苏联的统治地位的斗争”。[②] 1950 年中央情报局又设立了非政府组织性质的“文化自由大会（the Congress for Cultural Freedom)”的组织。在鼎盛时期，它在 35 个国家设有分支机构。

艾森豪威尔政府时期，提出了用“宣传的压力”和“精神的压力”应对社会主义国家的“解放战略”。为了实现这一目标，艾森豪威尔政府利用非政府组织进行“心理战”和“隐蔽行动”。[③] “自由之家”[④] 虽是一个非政府组织，这一时期却是马歇尔计划与北大西洋公约组织的坚定拥护者和美国民权运动的积极参与者。该组织认为，东欧和苏联自由的推进或者暴政的废除都不能够依靠其内部因素推动，必须在西方领导下进行。这一时期以至以后的每届美国政府，美国的基金会等非政府组织成为冷战的重要工具，行使着政府文化外交项目的分包者和外交决策幕后的智囊的双重身份。[⑤] 弗朗西斯·斯托纳·桑德斯在其著作《文化冷战与中央情报局》中将这些非政府组织形象地称为美国进行文化冷战的“联合部队”。在美国公共外交领域比较知名的基金会有：福特基金会、洛克菲勒基金会、斯达尔基金会、杜蕾斯·杜蕾基金会、卡耐基基金会等 170 多个基金会。[⑥] 表面上看来，

---

① USAID，“About ACVFA”，http：//www. usaid. gov/abou t _ u said/acvf a/.

② 罗艳华：《美国输出民主的历史与现实》，世界知识出版社 2009 年版，第 110 页。

③ “隐蔽行动”由中央情报局来实施，其主要任务包括：宣传；政治行动；经济战；逃脱、躲避和撤离措施；针对敌对国家或组织的颠覆，包括援助地下抵抗运动、游击队和难民解放团体。

④ 其主要资助来自以下机构：福特基金会、索罗斯基金会、美国国际新署、欧亚基金会、自由论坛、国家民主捐赠基金（NED)、美国国际开发署、美国钢铁公司等。

⑤ 胡文涛：“冷战结束前私人基金会与美国文化外交”，《太平洋学报》2008 年第 3 期。

⑥ ［英］弗朗西斯·斯托纳·桑德斯：《文化冷战与中央情报局》，国际文化出版公司 2002 年版，第 119 页。

这些非政府组织的公共外交活动是正常的国际民间文化交流，实际上这些文化项目大多来自政府的资助，或者经过政府部门的授意，往往附加了许多政治和外交目的，比如输出民主模式、传播价值观念以及左右对方国家的公共舆论导向等。[①] 如福特基金会同美国政府合作，重点对苏联进行民主宣传和促进民主制度合作。这一时期美国的基金会成了美国政府推行外交政策的得力助手。正如 1957 年 8 月 21 日肯尼迪在美国参议院讲话时说："由于福特和洛克菲勒两个基金会的慷慨与远见，非官方的学生交流和教师工作已经取得了一些进展。这种援助花钱不多，但效果特别好。"[②] 这一时期，在美国新闻署和中央情报局牵头下，美国还成立了一些带有半官方色彩的非政府组织及一些中情局的外围组织，如大学联合委员会（Inter-University Committee）、国际教育协会（International Institute of Education）、"法菲尔德基金会"、"国际法学家委员会"、"争取自由欧洲委员会"、"国际妇女委员会"、"全国学生协会"、"世界青年大会"、"国际自由记者联合会"、"国际自由工会联合会"、"时代公司"、"国际笔会"、"美国知识协会理事会"和"美国现代语协会"等非政府组织。在中央情报局的直接或者间接的管理下，这些基金会及其外围组织积极参加了各种文化渗透活动，并制造谣言，欺骗民众，歪曲社会主义国家经济、社会、政治和文化建设，以达到颠覆东欧国家的目的。

肯尼迪政府时期，出于对共产主义的忧虑和反击，美国成立了以宣传美国价值观为主的非政府组织"和平队"，该组织宣称："要以一切可以利用的方法，来促使共产主义世界演变。"到了 1968 年"和平队"成为一个独立的美国联邦机构，其任务是向广大第三世界国家派遣志愿者，从事教育、医疗卫生、社区等工作，利用美国公民与其他公民之间的直接联系，向这些国家渗透美国的价值观念，传播"美国

① 赵可金：《公共外交的理论与实践》，上海辞书出版社 2007 年版，第 243 页。

② 辛灿：《西方政要谈和平演变》，新华出版社 1989 年版，第 14 页。

梦”。[①] 这一时期，美国还开始实施富布赖特海斯法案（Fulbright-Hays Act），该法案的宗旨是“通过教育和文化交流促进世界人民更好地理解美国的对外政策，从而改善和加强美国的对外关系”，进而宣传西方社会的价值观念，着重宣传政治上的多党制、多元化、自由化和经济上的“自由市场经济”和私有化。

尼克松政府时期，美国和西方国家利用一度出现的缓和局势，大力对东欧国家进行思想渗透，宣扬自由、民主、人权等西方价值观，期待有朝一日“开出变革之花”。在这种背景下，国际人道主义救援非政府组织和自由之家等人权非政府组织，在保持其非政府组织代表的法律地位的同时，积极在苏联和东欧地区输出西方价值观，充当美国战略利益的维护者。过去比较超然的基金会组织在“仇共”意识形态的氛围下，也自觉配合政府在世界上大量进行文化资本输出，成为“文化冷战”的主要参与者。[②]

卡特政府时期积极奉行“人权外交”，将人权与挤压苏联和共产主义势力联系在一起，加强了与国际非政府组织的联系。1977 年卡特接见索尔仁尼琴及刚刚获准赴美的布科夫斯基，并致信萨哈罗夫，声称“人权问题是美国政府主要关心的问题”，以示对苏联国内反对派的支持。这一时期，人权观察[③]等非政府组织把监督原苏联东欧地区国家遵守《赫尔辛基宣言》中有关人权的条款，推动原苏联东欧集团演变和解体作为该组织的“任务”之一。这一时期，自由之家成为波兰团结工会的主要资助者之一。

里根政府时期，强调美国的人权外交必须关注苏联违反人权的事例，叫嚣“要把马克思主义抛进历史的垃圾堆”，呼吁“美国要举国

① 刘国柱：《美国文化的新边疆》，中国社会科学出版社 2007 年版，第 54 页。

② 英国学者桑德斯认为：“该基金会简直就是政府在国际主义宣传领域里的延伸，基金会与马歇尔计划和中央情报局在某些具体项目中的密切合作，参与欧洲的隐秘行动。”参见［英］弗朗西斯·斯托纳·桑德斯：《文化冷战与中央情报局》，第 154 页。

③ 人权观察始建于 1978 年，当时称为“赫尔辛基观察”，目的是监察苏联阵营各国的人权情况是否符合《赫尔辛基协定》。

一致（包括政府和私人）致力于援助民主事业的发展”，要通过“思想和信息的传播”来影响东欧和苏联人民，要帮助这些国家的“民主力量”建立起“独立的工会、教会、政党、报刊和司法机构”，并通过培植这些“民主的基础结构”最终使苏联东欧实现西方模式的民主化。1982 年 5 月 20 日，里根签署了《美国国家安全战略》（NSDD32），授权采取隐蔽行动和其他手段支持该地区的反苏组织，如秘密资助游行示威、集会、各种会议、出版印刷宣传品、制作电视节目、展览以及诸如此类吸引人们注意苏联非法行为的活动。[①] 在政府的号召与鼓励下，美国的一些非政府组织开始了“援助”波兰的活动。这些团体包括美国援外合作社、教会对外服务团、美国波裔人联合会、科希秋什科基金会等。这些组织和团体在促进美国与原苏联和东欧国家文化交流方面起了比政府更直接的作用。[②] 1984 年成立的美国民主基金会，将支持、培植苏联和东欧国家的不同政见者同击退与推翻苏联支持的独裁政权的政治军事目标结合起来。美国劳联—产联、“全国民主基金会”等美国非政府组织同波兰的“团结工会”建立了“紧密的工作关系”，并给予大量资助。这一时期，以帮助社会主义国家转型为宗旨的索罗斯基金会迅速遍布欧洲东部。

布什政府时期，美国教师联盟及一些欧美工会组织、国际律师协会等非政府组织纷纷派人前去活动，为西方国家的“和平演变”战略推波助澜。

总之，在和平演变政策实施过程中，西方非政府组织与政府目标一致、相互协调、相互借重、团结协作，在各自的领域齐头并进。

---

① WILLIAM J. DAUGHERTY，*Executive Secrets*：*Covert Action & The Presidency*. *Lexington*. Kentucky：The University Press of Kentucky，2004，p. 193.

② 张玉国：《国家利益与文化政策》，广东人民出版社 2005 年版，第 50 页。

二、冷战时期西方非政府组织在苏联和东欧地区的活动特点及影响

（一）积极推进“跨国市民社会运动”（Transnational Civil Society Movement），帮助苏联东欧国家建立各种政治性非政府组织

1975年西方国家与苏联签订《赫尔辛基条约》后，美国、英国、德国和法国等西方国家与东欧一些社会主义国家的反对派一起，以人权为借口，开展了颠覆社会主义国家的“跨国市民社会运动”。美国的劳联—产联同法国、奥地利、比利时和西德等西欧国家的工会合作，专门帮助东欧和苏联新出现的独立工会组织。在他们的帮助下，20世纪70年代末苏联成立了苏联的劳联及其下属工会等组织，[①] 波兰成立了“团结工会”组织，捷克斯洛伐克成立了“第77宪章集团”（Charter 77），保加利亚成立了“支持”工会，罗马尼亚成立了“博爱”工会，匈牙利成立了“民主反对派”（Democratic Opposition）、民主工会联盟，东德成立了“剑与犁”组织（Swords and Ploughshares）等。这些工会组织在西方的支持下，鼓吹“极权政治”是核战争的根源、民主与和平不可分、裁军与人权统一等口号，并打着人权、自由和民主的幌子进行反共、反社会主义宣传。

（二）配合本国政府积极开展人权外交，支持苏联国内成立各种具有反对派色彩的“独立政治组织”和社会团体

从20世纪60、70年代开始，苏联出现了各种“民主”、“人权”运动组织、带有社会主义左翼倾向的联盟组织及民族主义组织和反对社会主义的宗教组织等，苏联青年人中也出现了相对独立的青年组

① 李世安：“评美国的跨国市民社会运动与人权外交”，《世界历史》2002年第6期。

织、文化组织，包括流行音乐爱好者组织、体育俱乐部、志愿性民间社团、环境保护团体以及文学团体等等。在人文和社会科学领域也出现了第三类民间社团。这些非政府组织试图在被官方正式禁止的研究课题中发现俄国历史、民俗文化、宗教等方面的许多史实，恢复被官方长期扭曲的俄国历史和人物的真实面貌。在这种情况下，“国际和平”组织、劳联—产联、国家民主基金会、人权观察、索罗斯基金会等非政府组织积极在这些组织中培植苏联社会里各种亲西方的民间组织，培育苏共的反对党，激化苏联社会中个体与社会、民众与“保守的官僚政府”、人民与执政的共产党之间的冲突。20 世纪 80 年代后期，索罗斯基金会开始在苏联地区进行渗透，支持所谓持不同政见者。1987 年建立了苏联索罗斯基金会，1990 年在乌克兰创立了国际复兴基金会，大搞民主渗透。自由之家利用在苏联培训基地及其他合法机构，网罗亲西方人员，物色和培植亲美亲西方势力，争夺、策反高级人才，鼓励、支持苏联内部的“持不同政见者”和鼓吹自由化的代表人物，鼓动宗教社团对抗和削弱马克思主义的意识形态，使反社会主义势力“逐步形成和发展”。利用所谓“人权”问题干涉苏联内政，支持和扶植苏联社会内部的反对势力，向社会主义国家的持不同政见者，如萨哈罗夫、瓦文萨等颁发“乔治·米尼人权奖”，向反对派组织提供资助。1989 年，国会拨给“全国争取民主基金会”2500 万美元，用于在社会主义国家特别是苏联“发展民主”和支持反对派，帮助他们建立各种非政府组织，资助他们出版各种宣传资产阶级自由化的出版物，并鼓励他们向苏共展开夺权斗争，并为他们提供政治避难。

在西方非政府组织的帮助下，苏联形形色色的非政府组织如雨后春笋般发展起来。1987 年在莫斯科的中央经济数学研究所成立了“改革俱乐部”、“历史政治俱乐部”、“全苏社会政治记者俱乐部”，1989 年出现了“纪念”、“保卫人权”等组织。1988 年 7 月 29 日叶利钦宣布成立“莫斯科人民阵线”。面对以非政府组织面目出现的政治反对派，1988年6月苏共总书记戈尔巴乔夫却说，各种非政府组织的迅速增加是改革的“显著特点”，“是人民首倡精神的出色表现，值得大力支持”。[①] 由于受到国家领导的肯定，苏联的非政府组织由1987年的3万多个上升到1990年8月的9万个。[②] 这些团体和组织要求取得与苏共平等的地位，实行多党制，改变共产党一党执政状况。这也标志着苏联共产党垄断政治舞台开始走向历史终结。正如美国学者罗伯特·斯切雷尔所说，“20世纪70—80年代，美国对苏联实行的‘人权’政策非常奏效，这项政策推动了苏联的‘持不同政见者们’的反政府活动，促进了其国内的民族民主运动，挑战了苏联的体制”。[③]

此外，在美国非政府组织影响或策划下，从1989年10月起，苏联军队内部也建立了“盾牌”、“士兵母亲运动”、“军官会议”、“全苏军队和劳动老战士组织”、“全苏老战士协会”、“民主阿富汗战争老战士联盟”、“联盟”等非政府组织。这些组织要求重新认识党对军队的全面领导等，对苏联的解体起到了推动作用。

（三）以开展学术交流活动为名，加强对原苏联和东欧国家知识界的意识形态渗透和思想政治影响

20世纪60年代以后，西方国家总结了“遏制”策略不能奏效的教训，提出了“以接触促演变战略”。为此，美国政府拨出数亿元资助一些学术团体、专家名流、文化部门，并通过非政府组织的公开性运动与苏联社会建立联系，进行各种交流，并向他们灌输西方价值观念，力图培养亲西方的社会群体，建立与官方政治机构对立的公民社会，并利用这些关系向苏联权力机关施压，形成对美国有利的社会舆

① 戈尔巴乔夫：《关于苏共二十七大决议的执行情况和深化改革的任务——在苏共第十九次全国代表大会上的报告》，莫斯科1988年版，第88页。

② 苏联解体前后出现的各种政治组织和政党情况可参见陈之骅、吴恩远主编：《苏联兴亡史纲》，中国社会科学出版社2004年版，第663—664页。

③ Robert Strayer, *Why did the Soviet Union Collapse? Understanding Historical Change*, New York: M. E. Sharpe, Inc., 1998, pp. 80－81, pp. 127－130.

论。劳联—产联下属的美国教师联合会帮助一些苏联教师组织，用“民主的原则和实践教育学生”，鼓励苏联学生同美国学生联络和对话，向教师提供帮助组织和管理新工会的“技术援助”。索罗斯基金会曾在苏联和东欧地区投资50亿美元，进行民主宣传。美国的“和平队”和“富布赖特”项目，把专家、学者和其他人员派遣到别的国家去进行学术交流，充当传播西方影响的使者。20世纪80年代美国还推出了以针对新闻记者为主的“国家访问学者计划”，从经费上支持苏联和东欧国家的独立组织和报纸，以培养亲西方的新闻记者和媒体。“美国民主基金会”向苏联的“民主分子”提供书籍、印刷设备及电脑、美元等等。苏联解体前，索罗斯基金会就投入几亿美元，资助美国中央情报局以发展帮助和支持原苏联地区的民主机构。① 此外美国的斯拉夫促进协会、胡佛战争与革命和平研究、经济发展委员会、兰德公司、保护人权会、福特基金会、哈佛大学俄罗斯东欧中心、耶鲁大学国际和平地区研究中心等非政府组织，从20世纪80年代中期就开始对原苏联和东欧国家的青年精英进行培训和提供去西方访问、讲学的经费，并与这些国家的高官、报刊电台的高级主管，学术界重要人物来往密切。洛克菲勒基金会和卡耐基基金会以促进全人类的“共同繁荣”为根本目标，以“传播文化、增加知识、促进了解、造福人类”为己任，在东欧进行文化资助，从而培养亲美意识。

此外，为配合对苏思想战，美国中央情报局秘密建立了以研究苏联问题为核心的非政府组织性质的智库。这些智库利用各种渠道，配合或直接参与搜集情报工作，或帮助美国特种机构筛选出有利用价值的特定人群，或给苏联反对派组织提供情报，帮助其采取具体行动以削弱苏联政权。1990年年初，美国中央情报局制定了一个与苏联、东欧“学术交流”的计划，该局的人员以“教授”、“学者”的身份到苏联、东欧去，与有关部门进行“直接接触”，建立双边的“学术联

---

① 季正矩、王瑾：《国家至要——当代国家政治安全新论》，重庆出版社2006年版，第63页。

系”，使美国对苏联、东欧的“情报分析工作更加准确可靠”。中情局还通过挂名组织和基金会对原苏联和东欧国家进行文化渗透。福特基金会、洛克菲勒基金会、卡普兰基金会、时代公司、国际笔会、大都会歌剧团和现代艺术博物馆、哈泼—罗公司、美国知识协会理事会和美国现代语协会等都是其协作伙伴。这些组织帮助苏联境内的持不同政见者办刊物、出版著作，聘请他们出国讲学，授予他们各种奖金，准许他们政治避难等。而这些人在苏联改革和苏联解体后的经济改革中，都发挥了非常巨大的影响和作用。1969 年，苏联著名持不同政见者索尔仁尼琴，在被苏联作协开除后的第二年被西方授予诺贝尔和平奖。1976 年，另一名著名的持不同政见者、后来在苏联演变期间深得西方赏识的安德烈·萨哈罗夫，也被西方授予诺贝尔和平奖。

(四) 积极资助出版宣传西方价值观的书刊和报纸

西方一些政治家认为，要搞乱共产党国家人们的思想，就要贬低他们所信奉的理论体系，而要贬低这些理论，就要搞臭创立和坚持这些理论体系的那些领袖们，第一是毛泽东，第二是斯大林，第三是……为达到此目的，美国中央情报局慷慨资助有关研究机构设计了一个专门打掉苏联人长期以来在实践中形成的对列宁其中包括斯大林情结的“哈佛方案”，使反对列宁和斯大林的作品充斥报刊、广播、电视和电影等。美国的传统基金会、企业研究所、威尔逊研究中心、卡特中心、尼克松中心等思想库积极在原苏联地区推销政治主张，他们否定苏共的革命历史，把苏联、东欧国家存在的社会问题无限夸大，煽动人民的不满，并把这种不满指向共产党和社会主义制度。他们通过召开各种学术研讨会议和有关国际性会议，给那些崇拜西方民主和自由的学者各种荣誉和奖金，抬高他们在国内外的名声和地位。有的非政府组织直接资助社会主义国家的社会科学研究机关，促使他们承担有利于传播西方民主、自由和人权的科研课题，有的通过互访和讲学宣扬西方民主制度创始人的功绩和进步性，“抨击共产党领袖的专断和残暴”，以达到丑化共产党领袖的目的。他们还别有用心地称赞戈尔巴乔夫的“新思维”，支持其削弱、取消党的领导和社会主义制度的改革，乘机宣扬西方所谓的“美好生活”和资本主义制度的优越。[①] 美国的非政府组织还编写了许多反苏的材料，偷运进苏联境内后在一些团体中散发，向他们宣传资本主义国家的经济和社会发展状况，希望能用这样的方式培养苏联的“第五纵队”。美国希望，当苏联社会出现动荡的时候，这些地下组织就开始公开活动，利用群众集会和游行或者更激进的手段来推翻现政权。此外，美国等西方国家的政府及其非政府组织通过资助、推荐等方式，使西方的政治哲学、社会学说大量地渗透到社会主义国家，以便动摇人们对社会主义和共产主义的信仰；认为未来的社会是信息社会，而不是共产主义社会，还说马克思的共产主义是在没有电灯的时代幻想出来的，而他们的信息社会是用电子计算机算出来的。其最终目的是从根本上动摇人们对共产主义的信仰，从根本上否定共产党领导的必要性。

西方国家还通过 NGO 控制的媒体放大苏联社会发展中出现的一些问题，从意识形态领域否定社会主义。针对苏联社会主义建设中出现的酗酒、赌博、贪污受贿、贪图享受、对政治冷漠等问题，西方非政府组织利用广播、电视等媒体故意无限制放大，极力丑化苏联和东欧国家的政府和政党。据统计，20 世纪 70 年代后期，西方对苏广播电台有 37 个，用 23 种苏联民族语言进行播音，昼夜广播，勃列日涅夫说整个太空“都充满着反苏宣传”。[②] 西方的宣传攻势对苏联青年产生了很大影响，在苏联青年中出现了一些叛逆行为，如仿效西方的生活方式，举止、衣着打扮一改苏联传统，有的崇拜并迷醉于西方的音乐舞蹈艺术，向往西方的自由、民主生活，出现了知识分子叛逃等现象；有的对共产主义信仰出现动摇，改为信仰宗教等等。

---

① 许华：“美国的苏联学与苏联解体”，《百年潮》2006 年第 7 期。

② 弗·弗科克留希：《同青年中的资产阶级思想影响进行斗争》，莫斯科 1979 年版。转引自《吴仁彰文集》，世界知识出版社 2002 年版，第 55 页。

（五）以维护世界和平、反对核战争为由，推广西方的民主价值观

西方非政府组织鼓吹“极权政治”是核战争的根源，民主与和平不可分，裁军与人权一致等等观点，甚至提出要完成裁军的目标，各国首先就要实现民主。“国际和平组织”、“科学家关心人类福利联合会”、“爆心投影点”、“国际医生防止核战争组织”、“争取可生存的世界委员会”、“意大利天主教道德神学会”等组织以反对军备竞赛、主张国家之间的和平共处为名，与人权运动、工会运动、妇女运动、反种族主义运动等相联系，积极推进西方民主化运动。苏联著名的持不同政见者、核物理学家萨哈罗夫的反冷战、呼吁世界和平的声音就是受到这些组织鼓动，成为西方对苏和平演变的先锋。

（六）插手苏联的民族宗教问题，制造民族矛盾，破坏苏联的民族关系

美国民主基金会、大赦国际（AI）和保护少数民族权利组织（MRG）、人权观察组织（U N-VOHR）等国际非政府组织支持苏俄侨民成立组织、出版刊物，并与苏国内的民族分离主义势力遥相呼应。在他们的支持下，波罗的海三国的民族分离主义势力趁机打着拥护改革的旗号大肆进行民族分离活动，成立了“人民阵线”组织，即“爱沙尼亚人民阵线”、“拉脱维亚人民阵线”和“立陶宛争取改革运动”。另外，20 世纪 80 年代国际上兴起“伊斯兰复兴运动”和“伊斯兰原教旨主义”等后，美国等西方国家的非政府组织配合其本国政府竭力有意引导这两种势力与苏联国内的民族分裂主义势力相结合，共同促进苏联向“民主、人道的国家演变”。[①] 美国学者科拉斯克·塞道指出，西方国家热衷于“在一些多民族构成的国家中制造矛盾，鼓励

---

① Ian Bremmer，Ray Taras，*Nation and politics in the Soviet successor states*，Cambridge：Cambridge University Press，1993，pp. 261－262.

那些削弱他国实力的民族分离主义”。[①] 西方非政府组织直接支持苏联国内的一些民族分离主义分子的活动，并进行蛊惑宣传和思想渗透，对苏联境内的民族动乱升级直至苏联解体起了煽风点火和推波助澜的作用。

（七）以苏联发展过程中出现的“环境问题”为借口，积极推动所谓的“绿色政治”，促使苏联及其他东欧国家发生剧变

苏联由于长期推行以军事工业为先导，优先发展重工业的工业化战略，超常规开采和使用自然资源，忽视对生态环境的保护和治理，到 20 世纪 60—70 年代已经出现了严重的生态环境问题，如贝加尔湖、波罗的海、咸海、里海、亚速海等内海湖泊出现水面萎缩和污染，顿巴斯煤区严重污染，科拉半岛和中亚地区土地严重沙化，大片森林被毁等。因此，“绿色政治”阐述的生态环境优先、人类整体安全、反战反核的和平主义三大观念以其超阶级、超国家、超社会制度的特性，很容易得到苏联民众的认同和共鸣。这也与苏共领导人戈尔巴乔夫实行所谓“新思维”有许多相同或相似之处。在此情况下，绿色和平组织（Green Peace）、“地球之友”、世界野生动物基金（WWF）等国际组织定期在莫斯科等地举行活动。20 世纪 50 年代末，莫斯科大学就成立了保护自然的学生社团组织，到了 1979 年全苏主要大学中共有 29 个学生环保团体，约有 3000 名成员。在席卷全国的群众性生态运动中，西方非政府组织或者把自身原有的不被官方所接受的政治性组织改头换面，在名称上冠以“绿色”、“生态”、“环境”等字眼，借以取得合法地位或者官方的默许，或者向单纯的生态团体渗透，使之成为符合自己政治目的的组织。

---

① Karasik Theodore W., *USSR Facts and Figures Annual Vol. 17*, Gulf Breeze: Academic International Press, 1992, pp. 400.

三、历史地看待非政府组织对苏联和东欧地区的影响

非政府组织虽然是建立在人道主义的慈善理念之上，独立于政府和政府间组织之外，不是政府的行政附属物，与政府之间不存在任何的行政隶属关系，但回顾整个冷战史和近几年来世界上所发生的“颜色革命”等事件，可以看出非政府组织在苏联解体过程中有意无意起到了推波助澜的作用，是美国等西方国家的和平演变战略“沉默的伙伴”。虽如此，非政府组织的作用只是外因，它们只能通过内因而起作用。没有一个外国政府或外国非政府组织能够制定出一个标准的成功模式，因为每一个国家的历史、文化和政治力量组合各不相同；也没有一个外国政府或外国非政府组织能够收买或鼓动足够人数的民众掀起一场大规模运动，对国家政治领导层形成有力的挑战。苏联解体的真正原因是“苏联模式的失败”，因为当局的公信力丧失，政权失去合法性，导致普通民众要求更换领导人的普遍行为。在一个经济发展繁荣、社会分配公平公正，政治清正廉洁的国家，境外非政府组织可以发挥影响的空间并不大。

苏联解体后，俄罗斯、东欧各国及中亚各国，将非政府组织视为“公民社会”的主体之一加以扶持，并试图借助西方非政府组织的资金、技术和经验推动其社会转型，这为西方非政府组织对俄渗透打开了大门。于是，西方非政府组织大量涌入俄罗斯和东欧地区。到2005年8月，总共有2914家西方非政府组织在中亚注册，其中在哈萨克斯坦的有699家、吉尔吉斯斯坦有1010家、塔吉克斯坦有595家、土库曼斯坦有138家、乌兹别克斯坦有472家。[①] 在俄罗斯的西方非政府组织由苏联解体前的数十个激增至2005年600余个。“颜色革

① 中国现代国际关系研究院课题组：《外国非政府组织概况》，时事出版社2010年版，第162页。

命”后，俄罗斯加大对西方非政府组织的整治，使西方非政府组织缩减了将近一半。截至 2009 年 3 月在俄罗斯国家登记署登记在册的外国非政府组织有 267 个。[①] 它们不仅在该地区独立开展教育、扶贫、宗教、文化、环保、人权、发展援助、科学研究等活动，而且通过提供资金、人力资源、组织管理等大力扶持中亚各国和俄罗斯本土非政府组织。但是这些组织大多有美国背景，且受到美国国际发展局（USAID）等机构的资助或直接领导，以参与政治为目的。西方非政府组织对该地区社会的稳定与发展带来了严重的挑战。2004—2005 年格鲁吉亚发生了“玫瑰革命”、乌克兰发生了“橙色革命”、吉尔吉斯斯坦发生了“黄色革命”。西方学者将这些以和平的、非暴力方式进行的政权变更方式称作“颜色革命”。其实，“颜色革命”与 20 世纪苏联东欧剧变时捷克斯洛伐克的“天鹅绒革命”一脉相承，都是西方和平演变战略的继续与发展。它是非政府组织搭台，西方政府唱戏，有很强隐蔽性、迷惑性和欺骗性。目前，因“颜色革命”西方非政府组织受到许多国家的批评和限制，但西方非政府组织并没有因此而退出，美国也不会因此而放弃在全球战略中利用非政府组织，依然通过非政府组织对该地区施加影响，扶植亲美势力，推动该地区国家内部的政治演变，进一步挤压俄罗斯的战略空间，并削弱欧盟在该地区的影响力，从而激化外部力量在中亚地区的角逐。然而，以无党派和公益性著称的非政府组织的合法性和公正性却越来越受到人们的质疑。

---

① 王岳：《俄罗斯应对外国非政府组织研究》，中央党校硕士论文 2009 年，第 19 页，中国知网。

战后苏美经济合作尝试的失败*

SU LIAN JIE TI DE YUAN YIN JI SI KAO

——兼论经济冷战的起源

崔海智**

经济冷战是冷战的重要内容，关于经济冷战起源的研究是国际学术界关注的一个重要领域。国际上诸多学者对经济冷战起源的研究是与他们对美国经济遏制政策的研究结合在一起的。① 传统派主张用美国的实力及其在东西方贸易统筹委员会中的主导作用来评判经济冷战

---

* 本文是教育部人文社会科学重点研究基地项目“冷战起源研究”(项目批准号：08JJDGJW261)阶段性战果。

** 崔海智，华东师范大学历史系冷战国际史研究中心助理研究员。

① 尤其是与对东西方贸易管制问题和对巴黎统筹委员会的研究结合在一起的代表性研究成果有：Y. 亚思哈勒和 V. 索芮森：《自由贸易的神话：东西方贸易管制委员会的起源，1945—1950》(Yoko Yasuhara & Vibeke Sorensen,“The Myth of Free Trade: the Origins of Co Com, 1945－1950”),《日本的美国研究》(*Japanese Journal of American Studies*) 1991 年第 4 期；V. 索芮森：《经济恢复及遏制：1947—1951 年间英美在东西方贸易问题上的分歧、合作和冲突》(Vibeke Sorensen,“Economic Recovery versus Containment: The Anglo-American Controversy over East-West Trade, 1947－1951”),《合作与冲突》(*Cooperation and Conflict*) 1989 年第 24 期；M. 马斯坦多诺：《作为战略工具的贸易：战后早期美国和盟国的出口管制政策》(Michael Mastanduno, “Tradeas a Strategic Weapon: American and Alliance Export Control Policy in the Early Post-war Period”),《国际组织》(*International Organisation*) 1998 年第 42 期；M. 马斯坦多诺：《经济遏制：巴黎统筹委员会和东西方贸易政治》(*Economic Containment: Co Com and the Politics of East-West Trade*),康奈尔大学出版社 1992 年版。

的起源；修正派主张通过西欧政府对美国禁运建议的反应来评价美国在东西方贸易管制委员会中制定的政策；① 冷战结束后出现的后修正主义学派，虽然依据新近解密的档案材料对美国经济遏制政策的起源以及美国与盟国之间的分歧重新进行了论述，但仍然没能摆脱从美国和英国的角度对经济遏制政策的起源进行研究的模式。② 笔者认为，关于经济冷战起源的研究不应仅仅局限于这种研究模式，还应从苏联和美国的角度对相关问题，特别是对第二次世界大战结束前后苏美两国进行的经济合作尝试这一重要问题进行研究。

解密的档案材料显示：第二次世界大战后期和战后初期，苏联领导层对从美国获取经济援助寄予一定的希望。而在罗斯福总统关于战后世界安排的“蓝图”中，美国方面也有在战后同苏联进行经济合作的考虑。为了在经济上进行合作，苏美两国都进行了一定的尝试，但历史的发展结果是这种合作的尝试最终归于失败。那么，苏美两国领导人对战后两国经济合作问题究竟是怎样认识的？这种经济合作的尝试为什么会归于失败，两国经济合作尝试的失败对经济冷战的起源产生了什么样的影响呢？本文依据新近解密的苏联和美国相关档案材料，以求对这些问题做一初步探讨。

---

① 王仕英、陈梅：“经济冷战研究综述”，《西南师范大学学报》（人文社会科学版）2006 年第 1 期。

② 后修正派学者对经济冷战进行研究的代表性成果有：L. 杰克逊：《经济冷战：美国、英国和东西方贸易 1948—1963》（Lan Jackson，*The Economic Cold War，American，Brita in and East-west Trade，1948－1963*），纽约 2001 年版；A. 多布森：《美国生存的经济之术：制裁、禁运与经济战 1933—1991》（Alan P. Dobson，*United States Economic State Craft for Survival，1933－1991：Of Sanctions and Embargoes and Economic Warfare*），纽约 2002 年版；加藤洋子：《美国的世界战略与巴统——转折关头的日本贸易政策》，有信堂 1992 年版；张曙光：《经济冷战：美国对华经济禁运和中苏同盟》和崔丕：《美国的冷战战略与巴黎委员会、中国委员会（1949—1994）》这两部著作也对经济冷战的起源相关的一些问题进行了研究。

一、苏联领导人对战后苏美经济合作的认识

在第二次世界大战后期和战后初期，苏联领导人曾考虑在战后同美国进行经济上的合作，他们也曾多次向美国方面表示，希望在战后从美国获取经济援助。1943 年 10 月，斯大林向来访的美国战时生产总局局长纳尔逊表示，苏联人民比世界其他各地人民更热爱美国人民，苏联希望得到品质优良的美国产品，美苏之间不存在利益冲突。① 1944 年夏，斯大林在会见美国商会主席约翰斯顿时又表示，苏联期待美国为战后苏联的经济复兴提供援助，包括向苏联提供矿山机械、筑路机械、制造设备、工厂设备、铁路设备等。② 为了从美国获取大量的经济贷款，1945 年 1 月苏联外长莫洛托夫正式向美国驻苏大使哈里曼提出向苏联提供贷款的要求，贷款总金额为 60 亿美元，用于购买机器制造产品和工业设备，贷款以 30 年为期限，并自第 9 年年终开始分期偿还。③

在世人的眼中，苏联领导人信奉的是马克思列宁主义关于社会主义和资本主义相互对立的学说，经常强调的是两种竞争的经济制度，即社会主义的苏联和资本主义西方之间不可避免的敌对。那么，第二次世界大战后期和战后初期，苏联领导人为什么还希望从美国获取经济援助，并考虑在战后同美国进行经济上的合作呢？

笔者认为，这一方面固然是由于苏联领导人希望在战后从美国获取经济援助来恢复和发展经济，但更为重要的是他们对战后苏美经济

---

① 苏联外交部编：《1941—1945 年伟大卫国战争期间的苏美关系：文献和材料》（第一卷），政治文献出版社 1984 年版，第 380、383 页。

② P. 弗尼杰罗：《冷战中的美苏贸易》（Philip J. Funijiello, *American-Soviet Trade in the Cold War*），北卡罗来纳大学出版社 1998 年版，第 10 页。

③ 《美国对外关系文件，1945 年》第五卷（*Foreign Relations of the United States, Diplomatic Papers Series. FRUS*, 1945, Vol. 5），华盛顿特区 1988 年版，第 942—947 页。

合作的认识是积极的。

苏联领导人认为，战后苏美两国存在经济合作的基础，双方能够在经济上进行合作。这种认识可以由苏联外交部在第二次世界大战后期制定的相关报告得到证明。1944 年 7 月 14 日，苏联驻美大使葛罗米柯向莫洛托夫递交了一份关于苏美关系的报告。这份报告对战后苏美关系的发展前景，其中包括对战后苏美两国进行经济合作的前景进行了分析。葛罗米柯认为，战后苏美两国不仅在政治上，而且在经济上都能够继续保持合作。两国在经济上有着共同的利益，苏联在一定的时期内需要向美国购买设备来恢复经济，而战后美国需要苏联的市场，美国工业的发展也需要从苏联进口一些原料。苏美两国共同的经济利益将会为两国在战后的合作关系提供牢固的基础。葛罗米柯还认为，战后苏联能够从美国获取大量贷款。这一方面是因为美国实业界和政界一些人士对于发展同苏联的贸易关系感兴趣，而“两国贸易关系的发展只有在苏联获得贷款的情况下才能进行”；另一方面是因为罗斯福政府支持向苏联提供贷款。“罗斯福政府认为，可以通过所谓的进出口银行，也就是通过政府渠道向苏联提供贷款。贷款的数目可能为数十亿美元。一些官员说为 50 亿—60 亿美元，甚至更多；一般认为提供的贷款期限为 20—25 年，年息为 2%—2.5%。”“美国的一些部门受美国政府的委托正在研究关于向苏联提供贷款的问题。”① 葛罗米柯对战后苏美经济合作持乐观态度的另一个重要原因是他认为：罗斯福政府坚决支持同苏联保持友好合作关系，美国有兴趣在政治和经济方面同苏联保持合作，对战后向苏联提供贷款持积极的态度。

第二次世界大战结束后，反法西斯联盟解体，苏美两国的矛盾日渐突出，美国国内正在酝酿对苏政策的转变。但苏联外交部对战后苏美经济合作前景的看法仍然是乐观的。1945 年 11 月 14 日，苏联副外交人民委员迈斯基就战后美国对外经济政策问题向莫洛托夫递交了一

① 日利亚耶夫：《1939—1945 年的苏美关系》，国际民主基金出版社 2004 年版，第 540—555 页。

份报告。迈斯基对战后美国对外经济政策和苏美经济关系做了深刻的分析，认为战后美国经济的特点是“经济过剩”，这将不可避免地导致美国实行对外经济扩张政策，千方百计地扩大自己在国外的投资。美国的对外扩张政策会对英国和其他一些大国产生非常大的威胁，但却涉及不到苏联。尽管他认为苏美在一些政治问题上的矛盾会对两国的经济关系产生一定的影响，但是“苏联和美国在领土、经济、贸易、海洋、殖民地问题等方面不存在重大矛盾”。苏联和美国在贸易问题上有着共同的利益，苏联市场对于美国的工业无疑具有非常重大的意义，在不远的将来一旦爆发经济危机，[①] 苏联市场对美国的工业将具有特别的吸引力，而且美国更加容易被说服处理好同苏联的贸易关系。苏联拥有良好的投资条件。美国希望在战后建立各种世界性的经济组织，没有苏联的参与，这些经济组织将不可能起到有效的作用。迈斯基认为，这些因素都有助于美国在战后同苏联在经济上进行合作，并且苏联可以从美国获得许多东西用于国民经济的恢复和发展。[②]

在迈斯基的上述报告中有两点值得注意：第一，迈斯基认为，战后资本主义世界将很快会爆发经济危机，在这种情况下苏联市场将会对美国具有特别重要的意义，美国将会更愿意同苏联发展经济贸易关系；第二，迈斯基认为，战后美英在经济上的矛盾将会更加突出，甚至将会超过美苏在经济上的矛盾，因此，在同英国进行竞争的时候，美国会希望获得苏联的支持，或者至少希望苏联能够“中立”。[③]

应该说，迈斯基提出的这些看法不是偶然的。根据列宁和斯大林对资本主义国家经济危机的论述，资本主义国家总是会发生周期性经

---

① 迈斯基认为，两年之后就会产生世界性的经济危机。俄罗斯联邦对外政策档案馆，全宗0102，目录1，卷宗15，案卷1，第19页，美国国家安全档案馆收藏，第7盒，1944—1945年。

② 俄罗斯联邦对外政策档案馆，全宗0102，目录1，卷宗15，案卷1，第64—65页，美国国家安全档案馆收藏，第7盒，1944—1945年。

③ 俄罗斯联邦对外政策档案馆，全宗0102，目录1，卷宗15，案卷1，第67页，美国国家安全档案馆收藏，第7盒，1944—1945年。

济危机，而且“这种危机已经有一百多年了，每隔十二年、十年、八年或更短的时间就发生一次”。[①] 既然这样，战后资本主义世界必然也会再次发生经济危机。在这种情况下，苏联市场对美国的作用必然会更加重要。而列宁的帝国主义理论和斯大林的“资本主义总危机”理论[②]使苏联领导人更加倾向于认为，战后美国和英国在经济上的矛盾将会日益尖锐，为了同英国对抗，美国会拉拢苏联。

因此，葛罗米柯和迈斯基关于战后苏美经济合作的报告有着深刻的理论基础，在很大程度上代表了苏联领导人对战后苏美经济合作的认识。在苏联领导人看来，战后不仅苏联需要美国的经济援助，而且经济过剩的美国也将特别需要苏联的市场，需要苏联在经济上的支持。因此，战后苏美经济合作主要就是美国向苏联提供经济援助，苏联向美国提供原料和市场。

但是，在关于战后苏美经济合作问题和向苏联提供经济援助问题上，美国政府却有着自己的考虑。

二、罗斯福政府关于战后美苏经济合作的考虑

以实力为后盾，确立以美国为主导的新的世界经济体系，是罗斯福关于战后世界蓝图的重要一环。在构建战后世界经济体系的时候，罗斯福汲取了第二次世界大战的教训。20 世纪 20 年代末发生的经济大萧条和由此导致的第二次世界大战，在美国统治者的脑海中留下了

---

① 中共中央马克思恩格斯列宁斯大林著作编译局编《列宁全集》第 26 卷，人民出版社 1988 年版，第 67 页；中共中央马克思恩格斯列宁斯大林著作编译局编《斯大林全集》第 12 卷，人民出版社 1955 年版，第 279 页。

② 斯大林认为：“各资本主义国家的发展是不平衡的，通常经过相当时期就要剧烈破坏世界资本主义体系内部的均势，那些认为自己没有足够的原料产地和销售市场的资本主义国家，通常就要用武力来改变这种状况，重新划分‘势力范围’，以求有利于自己。因而，资本主义世界就分裂为两个敌对的营垒而进行战争”，见中共中央马克思恩格斯列宁斯大林著作编译局编：《斯大林选集》（下卷），人民出版社 1979 年版，第 488—489 页。

不可磨灭的印象。美国领导人认为，德国在东欧、日本在远东地区、英国在英联邦国家内建立起来的封闭性的贸易壁垒，加强了国家间的敌对因素，把大国推向了发动战争的道路。因此，在构建新的世界经济秩序的时候，美国把矛头直接指向了各种自给自足的经济形式和贸易保护主义政策。美国领导人认为：一个自由贸易的、没有关税差别待遇的世界环境，即“门户开放”，将会带来和平竞争，会使各国保持稳定、和平和民主。“一个健全完整的世界贸易体系按照公平合理和无差别待遇的原则进行运转，是世界和平和安全结构的基石。”①

为了建立健全完整的世界贸易体系，罗斯福政府支持把苏联纳入战后新的世界经济体系。在美国的推动下，1944 年 7 月 1 日包括苏联在内的 44 个国家签署了两项布雷顿森林协议（建立国际货币基金组织和世界银行）。布雷顿森林体系的建立过程表明，第二次世界大战期间美国的决策者没有预计到他们和苏联在经济事务上将会发生冲突。事实上，他们所追求的正是建立包括社会主义国家在内的世界范围内开放的贸易秩序。美国负责策划布雷顿森林体系的官员——财政部长摩根索和他的高级助手怀特，都把苏联置于布雷顿森林体系中一个非常重要的位置。他们想避免重犯凡尔赛体系完全把苏联排除在外的灾难性错误。因此，美国财政部在制定美国对外贸易政策的时候，考虑了苏联和其他社会主义国家的迫切需要，并建议国会批准拨给苏联数十亿美元的重建资金。在美国的努力下，苏联获得了国际货币基金组织第三大代表表决权。摩根索和怀特在策划布雷顿森林体系的时候，已经为苏联制定了关于国家贸易和社会主义经济的特殊条款。当苏联暂时拒绝交纳它在世界银行所应交纳的税额时，摩根索只好让美国自己增加在世界银行的份额来弥补这个空缺。他还补充说，布雷顿

① A. 罗伯特：《经济安全和冷战的起源：1944—1950 年的布雷顿森林体系，马歇尔计划和美国武装力量重整》（A. Rober, “Economic Security and the Origins of the Cold War: Bretton Woods, the Marshall Plan, and American Rearmament, 1944—1950”），《外交史》（*Diplomatic History*）1985 年第 3 期。

森林体系要为资本主义国家和社会主义国家之间的合作提供一个基础。[①] 罗斯福总统以及美国政府的一些官员，特别是财政部长摩根索及其主要副手哈里·德克斯特·怀特，都把布雷顿森林会议及其达成的各项协议视为战后大同盟得以运转的经济基础。正如对希特勒的恐惧使他们在战争中走到一起那样，作为战后世界经济秩序共同利益之所在，经济上的相互依赖将在和平时期把大不列颠、苏联和美国结为一体。[②]

在支持苏联加入战后新的世界经济体系的同时，美国经济界和政界的一些人士，比如摩根索、纳尔逊和哈里曼都认为，战后美国需要向苏联扩大出口，为此应该向苏联提供巨额的经济援助。他们的这种认识与当时美国国内的经济状况有关。1943 年底到 1944 年初，美国的工业生产水平开始下降。美国的工业家们明白，生产军事技术和军事装备的形势对他们是不利的。为了减少战后的经济困难，他们决定向苏联扩大出口。同时，美国人明白，只有向苏联提供巨额贷款才能使苏联大量地购买美国货物。1943 年 10 月 15 日，纳尔逊在莫斯科三国外长会议上就向斯大林提出了这样的建议。1943 年 12 月 31 日，美国通过莫洛托夫正式向苏联提议对苏贷款，以便苏联从美国购买其战后经济恢复所必需的物资。1945 年初摩根索在给罗斯福的信中写道，向苏联提供贷款无论是对美国，还是对苏联都会带来长远的利益。不久，摩根索又向罗斯福总统递交了一份备忘录，建议向苏联提供 10 亿美元的贷款用来购买美国商品。而且，摩根索还认为，“向俄国提供的这些贷款可以在战后保障美国有 6000 万个工作岗位”。[③]

但是，罗斯福政府在考虑关于战后美苏经济关系问题，特别是在考虑关于向苏联提供贷款问题的时候，不仅仅是出于经济上的考虑，

① A. 罗伯特：《经济安全和冷战的起源：1944—1950 年的布雷顿森林体系，马歇尔计划和美国武装力量重整》，第 272、275、276 页。

② 孔华润主编，周桂银等译：《剑桥美国对外关系史》（下册），新华出版社 2004 年版，第 223 页。

③ 布杰宁娜：《租借法案》，国立大学高级经济学校出版社 2004 年版，第 136 页。

而且有着深远的政治目的。美国无与伦比的经济实力促使美国领导人更多地依赖美国的经济力量，而不是军事力量来达到美国的政治目的，他们把对外经济援助看作战后实现美国政治目的的一种有效手段。因此，他们虽然支持向苏联提供贷款，但更多的考虑是希望以贷款来换取苏联在政治上的让步，以此来保证美国在战后世界新秩序中的霸权地位。1944 年初，财政部长摩根索在提出处置德国问题的“摩根索计划”的同时，还主张向苏联提供 100 亿美元的贷款作为苏联恢复经济之用，其目的便在于取得苏联在诸如重建战后世界经济秩序、处置德国和对待东欧国家等问题上同意美国的安排。这一计划得到了罗斯福总统的同意。[①] 美国国会也认为，美国应该利用贷款来换取苏联在一些政治和经济问题上的让步。罗斯福总统对国会的这一立场也表示支持。[②] 总之，第二次世界大战后期，罗斯福政府在对苏贷款问题上的立场，正如哈里曼在发给国务院的备忘录中所表示的，“应把贷款问题与我国同苏联全部的外交关系联系起来考虑，而且应在适当的时候让苏联了解，我们在苏联庞大的战后重建问题上与他们衷心合作的意愿，取决于他们在国际事务中的表现”。1945 年 1 月，美国国务院确定的对苏贷款的方针是：借款要用于发展健全的经济；要用于发展出口工业；苏联应加入布雷顿森林体系；确保美国代表在盟国对罗马尼亚、保加利亚、匈牙利等国的管理机构中的适当地位；在解决波兰、匈牙利问题时，确保美国的适当作用；在适当的基础上改善美苏在伊朗的相互关系。[③]

由此可见，罗斯福政府关于战后美苏经济合作的考虑，主要是为了把苏联纳入以美国为主导的世界经济体系，并把向苏联提供经济援助看作实现美国外交政策目标的一种手段，企图以经济援助为条件来

---

① 刘同舜编：《“冷战”、“遏制”和大西洋联盟（1945—1950 年美国战略决策资料选编）》，复旦大学出版社 1993 年版，第 17—18 页。

② 布杰宁娜：《租借法案》，第 136 页。

③ 《美国对外关系文件，1945 年》第五卷，第 839—840 页。

换取苏联在政治问题上向美国作出让步，以此来达到美国的政治目的。

三、战后美国对苏经济援助政策的转变

罗斯福政府关于战后美苏经济合作的设想没能实现。首先，苏联虽然参加了布雷顿森林会议，但始终对会议提不起兴趣，“一直站在这场以美英为主角的演出的舞台的边缘”，[①] 并最终退出了布雷顿森林体系。其次，虽然莫洛托夫在 1945 年 1 月正式向美国提出了关于提供贷款的要求，但苏联领导人在这一问题上的态度是谨慎的，他们并没有像美国人设想的那样，在雅尔塔会议和波茨坦会议上再次提出这个要求。再次，尤为重要的是，罗斯福去世后，美苏两国在关于战后世界安排的一些问题上的矛盾更加突出，苏联不仅没有在这些问题上向美国作出让步，反而进一步提出了一些新的要求。[②]

苏联在战后安排问题上的强硬立场使杜鲁门的一些顾问，特别是他的白宫办公厅主任威廉·李海海军上将和驻苏大使哈里曼都开始认为：罗斯福对苏联人过分宽容，这种宽容刺激了苏联人的贪欲，使他们把美国的支持视为当然而几乎没有回报。[③] 波茨坦会议之后，美国政界和军界反对向苏联提供经济援助的呼声日益高涨，美国国内正在酝酿对苏联经济政策的转变。在这种情况下，美国驻苏联代办凯南就战后美苏贸易和向苏联提供贷款的可能性问题多次向国务院提出自己的建议。

---

① 孔华润主编，周桂银等译：《剑桥美国对外关系史》(下册)，第 223 页。

② 特别是在波茨坦会议上，苏联除了提出自己在东欧的利益要求外，还要求共同监管土耳其海峡，对卡尔斯和阿尔达汗地区提出领土要求，并要求在这两个地区建立军事基地；还要求托管前意大利在地中海的一块殖民地，要求在挪威和丹麦建立苏联的一个军事基地；同时，苏联还开展积极的活动，以便使伊朗北部成为其势力范围。

③ 孔华润主编，周桂银等译：《剑桥美国对外关系史》(下册)，第 236—237 页。

凯南虽然不反对发展美苏贸易，但是反对向苏联提供经济援助。在1945年夏提交给国会的备忘录中，凯南指出，无论是从政治上还是从经济上来说，美国都没有在战后继续向苏联提供经济援助的理由。从政治上来说，凯南担心苏联利用美国的经济援助来加速自己军事工业的发展，对美国构成威胁，“就像德国和日本一样”。从经济上来说，凯南认为，对于向苏联提供的贷款，美国获得补偿的唯一形式是让苏联从美国进口商品。但“苏联政府把对外贸易看做是用于增强自己国力的一种手段，把从美国获得进口看作是增强苏联自给自足的一种手段。在达到这些目的之后，苏联政府不一定会对从美国进行大量的进口感兴趣，特别是在同美国发生利益冲突的情况下”。也就是说，向苏联提供大量的贷款将会得不偿失。凯南还认为，战后俄国的恢复和发展“将不会依赖国际市场”，“即使可以加强自己的对外贸易，俄国人也不会把那些可以保障自己安全和发展的极端重要的东西交付西方”，“无论我们向俄国提供什么样的贷款，俄国人都会认为，我们这样做追求的是自己的利益”。[①] 因此在凯南看来，即使美国向苏联提供了大量的经济援助，苏联也不会在一些重大的政治问题上向美国作出让步。

凯南的这种观点具有一定的代表性，并且得到杜鲁门总统的特别顾问克利福德、海军部长福雷斯特尔、共和党参议员范登堡等人在不同程度上的支持。[②]

1946年9月24日，克利福德向杜鲁门递交的报告，也从维护美国国家安全的角度出发，坚决反对向苏联和苏联势力范围内的国家提供经济援助。克利福德指出：“目前，答应向苏联政府或苏联势力范围内其他国家政府提供经济援助，以及与这些国家开展民间贸易，其

① 乔治·凯南：《美国驻苏大使乔治·凯南眼中的第二次世界大战中的外交》，西区印刷中心出版社2002年版，第401—408页。

② 崔丕：《美国的冷战战略与巴黎统筹委员会、中国委员会（1945—1994）》，中华书局2005年版，第40页。

结果都将增强克里姆林宫向全球扩张的计划的实力。”“只要苏联工业的发展是用于增强自己的军事潜力，对苏联提供经济援助就直接关系到美国的安全。”同时，克利福德还把意识形态因素同美国的对外经济政策联系起来，拒绝向苏联及其控制的势力范围内的国家提供经济援助，但是向那些受到苏联威胁的国家提供援助，以遏制共产主义的威胁。克利福德指出，“……美国还应该支持和援助无论是受到苏联威胁，还是受到苏联伤害的民主国家。有力的经济援助是遏制共产主义的更为有效的屏障，签订贸易协定、提供贷款和派遣技术代表团，加强了我们与友好国家的联系，并有力地证明了资本主义至少是可与共产主义匹敌的。……一切在目前尚未纳入苏联势力范围的国家在他们反抗苏联的斗争中，均应得到美国慷慨的经济援助和政治支持”。[①]此后，美国军方也从维护国家安全的角度提出了类似的建议。1947年4月29日，美国三军联合战略调查委员会就美国对外援助问题向联合参谋总部递交了一份报告。这份报告指出，“决定美国向谁提供援助的主要原则是：苏联以及受它控制的一切国家应该排除在受援国范围之外。据此原则……苏联控制下的任何国家都不应得到美国的援助”。[②]

从凯南对战后美苏经济关系的分析到克利福德和美国三军联合战略调查委员会的这些报告可以看出，战后在对苏经济援助问题上美国的看法发生了根本的转变：不仅从维护美国国家安全的角度出发，拒绝向苏联提供经济援助，而且把意识形态问题与经济援助问题联系起来。一方面拒绝向苏联势力范围内的国家提供经济援助；另一方面加强对那些受到苏联威胁和伤害的“民主国家”提供援助，来遏制共产主义的威胁。

---

① 刘同舜编：《“冷战”、“遏制”和大西洋联盟（1945—1950年美国战略决策资料选编）》，第70—73页。

② 刘同舜编：《“冷战”、“遏制”和大西洋联盟（1945—1950年美国战略决策资料选编）》，第74页。

受此影响，杜鲁门政府在对苏经济援助问题上开始采取拖延战略。1945 年 12 月，杜鲁门在回答记者的提问时说："即使苏联提出过贷款要求，但我从来没有接到过正式申请。自从我继任总统以来，没有接到过苏联关于 60 亿美元借款的请求。"[①] 1946 年 3 月 1 日，国务院虽然承认苏联提出过借款的要求，但又敷衍地说：忘记将该文件放在何处了。[②] 1947 年 3 月，"杜鲁门主义"的提出标志着美国政府已经开始把对外经济援助问题同美国的国家安全，同遏制苏联共产主义的扩张联系了起来，美国的对苏经济政策越来越向经济遏制的方向发展。为了遏制西欧和南欧国家共产党势力的发展和苏联影响的扩大，为了复兴这些国家的经济，同时在苏联阵营的东欧卫星国家中钉入一个楔子，美国于 1947 年 6 月推出了马歇尔援助计划。[③] 1947 年 12 月 17 日，美国国家安全委员会再次决定："美国的安全需要立即、无限期地停止向苏联及其附庸国出口美国的短缺物资和有助于增强苏联军事潜力的物资。"[④] 自此，美国完全关闭了同苏联和东欧社会主义国家发展自由贸易的大门。

四、战后美苏经济合作尝试的失败与经济冷战的起源

苏联领导人对战后苏美经济合作的态度是矛盾的。一方面，他们希望同美国发展经济关系，并把从美国获取巨额贷款看做是"苏美关

① 《美国对外关系文件，1945 年》第五卷，第 823—824 页。

② P. 弗尼杰罗：《冷战中的美苏贸易》，第 18—19 页。

③ 梅尔温·莱弗勒：《美国和马歇尔计划的战略范围》(Melvyn P. Leffler, "The United States and the Strategic Dimensions of the Marshall Plan")，《外交史》(*Diplomatic History*) 1988 年第 3 期。

④ 《美国对外关系文件，1945 年》第五卷，第 412—511 页。

系发展的基础而给予高度重视”;[①] 另一方面，他们对战后苏美经济合作态度谨慎，疑虑重重。苏联一向致力于国家对贸易的控制，对全球开放的自由贸易体系始终保持着警惕。虽然苏联领导人有从美国获得经济援助的愿望和要求，但他们绝不会让美国利用经济援助来对苏联进行干预。对于苏联领导人来说，从美国获取贷款固然重要，但他们首先考虑的是增强苏联的地位，维护苏联的主权，绝不会为了获取经济援助而在重大的政治问题上作出让步。

对于杜鲁门上台之后美国对苏政策的转变，苏联领导人有着清醒的认识，并提高了对美国的警惕。正如 1946 年 9 月 27 日苏联驻美大使诺维科夫在发给莫斯科的电文中指出的，“杜鲁门总统的上台以及随后任命贝尔纳斯为美国国务卿，意味着民主党中最反动的集团加强了对美国外交政策的影响。同时，那些继承罗斯福的事业、希望爱好和平国家之间进行合作的人，对外交政策的影响已经下降”，“另一方面，我们也看到了美国统治阶级如意盘算的破产。他们假设苏联会在战争中被摧毁或战后极度衰弱以致被迫向美国祈求经济援助。如果此种情况发生，美国将可能操纵局势。这种局势使他们在欧亚地区放手扩张而无苏联之障碍”。“实际上，尽管由于战争和德国法西斯的占领所造成的巨大损失给战后时期的经济带来许多困难，但苏联对外部世界继续保持其经济独立，并正在自力更生重建国民经济。”[②]

尽管如此，苏联领导人仍然没有完全放弃同美国进行经济合作尝试的努力。1947 年 4 月 15 日，斯大林在同美国国务卿马歇尔进行会谈时讨论了苏美关系面临的一些障碍，斯大林再次提出了关于美国向

① 1945 年 1 月 3 日，莫洛托夫向美国驻苏大使哈里曼提交了一份备忘录，正式提出关于向苏联提供贷款的要求。莫洛托夫在这份备忘录中写道：“对今后苏美关系的发展，应该有所展望，而且两国关系必须立足于坚固的经济基础上”。莫洛托夫直言不讳地表示，苏联政府把在战后获取美国巨额贷款看作“苏美关系发展的基础而给予高度重视。”“苏美两国友好关系能否得到发展，取决于美国能否慷慨地向苏联提供贷款”。见《美国对外关系文件，1945 年第五卷》，第 942—947 页。

② 俄罗斯联邦对外政策档案馆，全宗 06，目录 8，卷宗 45，案卷 759，第 21—39 页，塞瓦斯季扬诺夫编：《1945—1948 年的苏美关系》，莫斯科大陆出版社 2004 年版，第 561 页。

苏联提供贷款的问题。"（美国）早在两年前就曾向苏联政府询问，战后苏联需要什么形式的贷款，美国应该为苏联分配多少订货。这是1945年1月的时候加里曼向我们询问的。苏联政府提交的备忘录对这一问题进行了答复，其中指出，如果可能并且条件合适的话，苏联政府希望从美国得到30亿至60亿美元或者更多的贷款。但是，两年过去了，苏联政府没有得到美国政府的任何答复。"① 在得到正式的邀请之后，苏联仍然派出了庞大的代表团参加巴黎会议，商讨马歇尔援助计划。只是在了解了马歇尔援助计划的实质之后，苏联才拒绝了这一计划，因为"苏联代表团洞悉了美国的这一企图：它只是想企图干涉欧洲国家的内政，将美国自己的方案强加给欧洲国家，美国希望以此将自己的战争剩余物资随心所欲地倾销到欧洲，并使这些国家的经济依附美国的利益而存在"。②

苏联拒绝参加马歇尔计划标志着战后苏美经济合作尝试的失败，其结果是美苏矛盾进一步加剧，并导致了东西方两大平行市场的形成和经济冷战的爆发。如果说在马歇尔计划之前，苏联领导人对于苏美合作还抱有一定希望的话，那么在此之后苏联领导人则完全放弃了这种合作的希望，并且使苏联的对外政策发生了全面的转变。③ 为了对抗马歇尔计划，苏联在经济上推出了"莫洛托夫计划"，致力于加强同东欧社会主义国家的贸易关系，并提出了两大平行市场的概念。自此，世界市场也被分为社会主义市场和资本主义市场。美国在实施马

---

① 俄罗斯联邦对外政策档案馆，全宗06，目录9，卷宗71，案卷1104，第29—39页，塞瓦斯季扬诺夫编：《1945—1948年的苏美关系》，第286页。

② 保加利亚共产党中央国家档案馆，全宗146—²，目录4，案卷639，第1—3页。沈志华收集和整理：《苏联历史：俄国档案原文复印件汇编》第8卷，华东师范大学冷战研究中心资料室藏。

③ 马歇尔计划对苏联对外政策的转变和冷战的起源都产生了十分重要的影响。详见斯科特·帕里什：《走向冲突：1947年苏联对马歇尔计划的反应》（Scott D. Parrish，"The Turntow ard Confrontation：The Soviet Reaction to the Marshall Plan，1947"），《冷战国际史项目研究报告》（*CWIHP Working Paper*）1994年第9期；米哈伊尔·纳林斯基著《苏联和马歇尔计划：来自俄罗斯总统档案馆的材料》，《近现代史》1993年第2期；杰弗里·罗伯茨：《莫斯科和马歇尔计划》（Geoffrey，Roberts，"Moscow and the Marshall Plan：Politics，Ideology and the On set of the Cold War，1947"），《欧亚研究》（*Europe-Asia Studies*）1994年第8期。

歇尔计划、加大对西欧和南欧国家经济援助的同时，也开始逐步加强对苏联和东欧国家的贸易管制，对社会主义国家实行经济上的遏制。马歇尔计划提出之后，美国国务院政策设计委员会和商务部开始分头研究和制定对苏联、东欧国家的贸易管制政策。随着东西方对抗的加剧，为了加强对社会主义国家的经济遏制，美国同西欧国家联合起来，于 1950 年 1 月 9 日在巴黎成立了“对共产党国家出口管制统筹委员会”，对所有的社会主义国家实行贸易管制。“巴黎统筹委员会”的建立使美国在推行冷战战略方面有了一个新的工具，它使美国单方面对苏联、东欧国家的贸易管制变为西方国家对全部社会主义国家的联合行动。[①] 两大阵营经济冷战的序幕由此揭开。

① 崔丕：《美国的冷战战略与巴黎统筹委员会、中国委员会（1945—1994）》，第 147—148 页。

论戈尔巴乔夫的经济“新思维”

SU LIAN JIE TI DE YUAN YIN JI SI KAO

向祖文　张锦冬*

一、“加速战略”出师不利

1985 年 4 月，戈尔巴乔夫在出任苏共中央总书记后的苏共中央全会上就提出了苏共新的社会经济发展构想——“加速社会经济发展战略”。根据这一构想，1986 年 3 月苏共二十七大正式通过了《苏联 1986—1990 年和到 2000 年前时期经济和社会发展基本方针》，明确规定了 20 世纪末苏联社会经济发展的主要目标、任务及其主要实现途径。这就是通常所说的戈尔巴乔夫的“加速战略”。

(一) 国内外形势的严重挑战

戈尔巴乔夫上台时，面临国内外一系列严重挑战。在国内，按照

---

* 向祖文，中国社会科学院俄罗斯东欧中亚研究所编审；张锦冬，首都经济贸易大学经济系副教授。

戈氏的说法，苏联国民经济已经滑到了“危机的边缘”。当时，各种经济矛盾不仅没有得到克服和缓解，而且不断加深和激化，致使危机全面爆发。主要表现为：自20世纪70年代中期以来，苏联经济增长速度持续下降，进入80年代后下降速度更是加剧。工业生产规模大，但效益很差；劳动生产率的增长速度减慢，基金回收率下降，物资消耗上升，产品质量差；财政从资金困难演变成整个财政金融体系的崩溃，面临巨额财政赤字、恶性通货膨胀、卢布急剧贬值等问题；消费市场从供应紧张演变成市场的全面混乱、瓦解 ；外贸从入超演变成进出口萎缩和外债剧增；人民生活水平从缓慢提高、停滞演变成大幅下降，导致人们对现状不满；等等。总之，苏联的经济形势和人民生活状况急剧恶化。

在国际方面，苏美经济实力差距出现扩大趋势，苏联在世界经济中的地位下降。20世纪60年代苏联是仅次于美国的第二经济大国。但1975年以后，苏联失去了在苏美竞争中的速度优势，苏美之间的差距扩大。美国发动了新一轮军备竞赛，企图从经济上消耗苏联，破坏戈尔巴乔夫重振苏联经济的努力，最终打破现存的战略均势，夺取军事优势。世界新技术革命提出了严峻挑战。20世纪70年代以来，西方发达资本主义国家，特别是美国，在许多高科技领域居优势地位。当时，虽然苏联的新技术发明占世界总数的1/3，但由于体制方面存在许多弊病，苏联的科学技术成果应用与西方发达国家相比相差15—20年。社会主义国家的经济体制改革及其取得的积极成果，对苏联模式提出了挑战，也影响到苏联与其他社会主义国家的经济联系。

面对国内外一系列严峻挑战，为了增强实力、稳定政局，确保苏联在世界政治经济舞台上的地位，在1985年苏共中央四月全会上，戈尔巴乔夫正式提出了加速社会经济发展的新战略。这是苏联发展史上的一个重要转折。1986年2月苏共二十七大确认了戈尔巴乔夫的“加速战略”设想。按照戈尔巴乔夫的解释，“加速战略”包含两方面的内容：一方面是提高经济发展速度，途径是在科学技术进步、经济结构改造、有效的管理、劳动组织和刺激形式的基础上尽一切可能使生产集约化；另一方面就是进一步完善社会关系。包括执行积极的社会政策，始终如一地确立社会主义公正原则。总之，近期的和长期的、经济的和社会的、政治的和社会形态的、内部的和外部的问题，统统都要通过加速社会经济发展这个途径来解决。

（二）“加速战略”的主要目标

“加速战略”规定，在20世纪最后15年内要对苏联经济进行“质的改造”，在加快科技进步、提高质量和效率的基础上到2000年国民收入翻一番，劳动生产率提高1.3—1.5倍，年均增长率达到6.3%，高于国民收入的增长率，并规定从“十二五”计划（1986—1990年）起就要做到国民收入的增长全部靠提高劳动生产率来实现。能源的消耗量应降低40%，金属的消耗量应降低50%，国民经济对燃料、动力、原材料需求量增长的75%—80%要靠节约来满足。实现这一战略目标的步骤是：前5年（1986—1990年）通过一系列调整和改革，理顺各种经济关系，加速科技进步，调动各方面的积极性，扭转经济增长率下降的趋势。这五年中计划国民收入年平均增长4.7%，也就是说，20世纪80年代前5年年均增长3.1%的速度要逐渐加快。工业产值年平均增长4.6%；后10年（1991—2000年）将是经济起步阶段，规定国民收入年平均增长5.1%，工业产值年平均增长4.9%。

（三）实现“加速战略”目标的主要途径

戈尔巴乔夫提出，实现“加速战略”目标的基本途径是加速科技进步和根本改革现行的经济体制。第一，发展先进科技，并用其来根本改造社会生产力。为了实现上述主要目标，提高经济效益，最主要的手段是大力加快科学技术进步，普遍采用科技进步的最新成果，使国民经济由粗放型向集约型过渡。为此，决定改革科技管理体制，加强经济机制对发展科技的引导作用，尽快把科技工作重点转向研制和应用先进工艺，为革新社会生产力服务，要把经济的发展重点由数量指标转向质量和效益指标，从中间产品转向最终产品，从扩大生产基金转向更新生产基金，从增加燃料及原材料的开采转到改进对燃料和原材料的利用、加速发展技术密集型产业及基础设施建设等方面来。第二，"根本改革"现行经济体制。戈尔巴乔夫强调，对传统的经济、政治体制进行根本性的全面改革，是"加速战略"能否实现的必要前提和关键。戈氏一再指出，在一切方面加速前进，必须以经济发生根本变化为条件，而要促进整个国民经济的发展，就需要"根本改造经营管理机制和经济管理的整个体制"。① 他认为在苏联形成了一种障碍机制，惰性、行政命令、官僚主义、管理方法和思想上的僵化、缺乏民主等等，不仅表现在经济方面，而且表现在政治和社会生活方面，以至阻碍了人民群众积极性的发挥，阻碍了经济的发展，如不彻底加以改革，就无法改变 70 年代后期以来苏联经济停滞不前的局面，更谈不上什么实现"加速战略"。

（四）"加速战略"失败

1986—1989 年，"加速战略"实施了 4 年。在头一两年里，围绕苏共二十七大制定的目标和任务，改革运动迅速展开，声势浩大，但在具体落实过程中，没有进行科学的研究，没有制定可行的实施政策，出现了一系列失误。尽管基建投资迅猛增长，年均高达 6.7%，但国民收入年增长率仅为 2.7%，不仅大大低于 20 世纪 70 年代以前的水平，甚至低于"加速战略"实施前的十年停滞时期的水平

① ［苏］戈尔巴乔夫：《十月革命与改革：革命在继续——在庆祝十月革命 70 周年大会上的报告》，［苏］《真理报》1987 年 11 月 3 日。

(1976—1980 年为 4.3%，1981—1985 年为 3.2%)。加速发展战略不仅没能加速经济发展，反而出现了经济发展速度最低的纪录。改革四年，全国范围内的食品和消费品供应短缺局面非但未能改观，且有不断恶化之势，市场供应已成为不容忽视的政治问题。经济改革困难重重，“加速战略”被迫宣告失败。1990 年 7 月苏联政府总理雷日科夫在苏共二十八大上被迫宣布放弃“加速战略”，然而为时已晚。

“加速战略”的失败是必然的，主要原因有以下几个方面。

第一，“加速战略”追求的是经济发展的速度，没有抓住经济结构不合理这一关键，未能通过加速发展轻工业和农业来缓解市场供应的矛盾，致使经济结构畸形问题更加严重。结果实施改革后购买力增长的第一个冲击波冲向市场后，立即出现消费品严重短缺危机。“加速战略”的实施效果实际上还不如勃列日涅夫的质量效益计划和柯西金的转向集约化经营的经济战略，苏联经济还在粗放经营的老路上徘徊。

第二，“加速战略”从工业起步违背了苏联生产力发展的规律。“加速战略”坚持优先发展重工业的方针，规定优先发展机器制造业，而在机器制造业中又将优先发展仪表、机床、电子、电机等工业部门。坚持优先发展重工业的出发点同斯大林时代没有任何区别，希望以此更新国民经济各部门的设备，从而带动经济快速发展。然而在苏联经济结构严重畸形的情况下，依然优先发展重工业，只会使原本积重难返的经济结构问题更加严重。

第三，科技落后，集约化方针难以贯彻，经济增长缺乏新动力。苏联的经济体制使企业不愿意进行技术革新，因为产品越老越容易完成计划。技术革新则需投入大量的人力、物力并且有风险。如果革新成功，则会成为政府增加企业生产指标的依据，可谓吃力不讨好。勃列日涅夫说过：“企业对革新的畏惧就像魔鬼怕见到正神一样。”所以并不奇怪，苏联的发明成果只有不到 1/3 转化为产品，而西方则有 1/2 以上转化为产品。可见，苏联巨大的科技投入并没有取得经济集约化的相应回报。

第四，“加速战略”本质上是在走粗放型赶超战略的老路。粗放型经济发展战略主要是增加资本投入、劳动力投入和掠夺性的开采资源来取得经济高速增长。然而进入20世纪70年代后，增加生产要素投入的潜力已经枯竭。首先，苏联的投入产出比出现负增长，仅靠增加基建投资的办法带动经济发展已经行不通。“加速战略”实施四年，基建投资迅猛增长，却仍无法阻遏经济的进一步滑坡。其次，苏联的劳动力补充来源日趋困难。由于缺乏劳动力，许多生产设备被闲置起来，形成不了生产规模。再次，资源开采日趋枯竭。这就表明，在经济增长速度长期呈下降趋势、增加生产要素投入的潜力日益枯竭的情况下，用粗放战略达到年均增长4.7%的经济增长速度，注定要失败。

到1988年6月苏共第十九次全国代表会议上，戈氏提出了“人道的民主的社会主义”的奋斗目标，到1990年7月苏共第二十八次代表大会上“人道的民主的社会主义”正式成为苏共纲领和政治路线，逐步取代了“加速战略”。当然“加速战略”的某些措施和思想影响仍然继续存在。

二、戈氏的“人道的民主的社会主义”理论的形成及实质

（一）戈氏“人道的民主的社会主义”的形成

戈尔巴乔夫的“人道的民主的社会主义”理论的形成大体经历了准备、提出和形成三个阶段。

第一阶段（1985年3月至1988年6月），从戈尔巴乔夫接任苏共中央总书记到公开出版《改革与新思维》一书，为“人道的民主的社会主义”理论的酝酿和准备阶段。这期间戈氏在“革新社会主义”的口号下，大力提倡不分阶段的“民主化”，没有限度的“公开性”和

抽象的“人道主义”，在国内形成一股强大的社会舆论。1986 年 2 月 25 日戈氏在苏共二十七大的政治报告中提出：（1）人道主义是社会主义的内涵和特征。他在这里所讲的“人道主义”是抽去了阶级内容的一般的人道主义。（2）开始从人道主义的立场阐述国际问题，提出了全人类的价值观。这里戈氏抹杀了世界还存在阶级、阶级矛盾和不同的社会制度。（3）提出在“核宇宙时代”，各国除了合作别无选择。“资本主义和社会主义之间的对抗”只能通过“合作与协作来解决”。[①]（4）片面宣扬“民主化”、“公开性”和人民自治的口号。与此同时，在“公开性”的旗号下，苏联出现了否定革命历史的现象。戈氏主张公开评论苏共历史，赞成公开评论苏联“历史上一度禁谈的问题”。戈氏通过提倡“民主化”、“公开性”和“人道主义”及“否定革命历史”，为“人道的民主的社会主义”理论的提出和推行做了充分的思想准备和理论准备。

第二阶段（1988 年 6 月至 1990 年 1 月），从苏共第十九次代表会议到苏共中央二月全会之前，为“人道的民主的社会主义”理论的提出和论证阶段。1988 年 6 月召开的苏共第十九次代表会议，是“人道的民主的社会主义”理论形成过程中的里程碑。在这次会议上，戈尔巴乔夫提出了“人道的民主的社会主义”这个概念，并对其进行了全面的阐述。其基本观点是：（1）提倡“多元化”，把“多元化”同“民主化”、“公开性”并列为苏共提出的三大“革命性倡议”，认为在社会主义内部经济、政治和意识形态领域里建立民主机制就是实行所有制多样性、党政分权化和舆论多元化。“多元化”是西方社会民主党的理论核心，戈氏把这个理论引进苏共，表明人道的民主的社会主义特有的理论基础已经确立。（2）认为人的权利是社会主义不可剥夺的特性，政治改革就是克服人与政权、与政治的疏远，大力维护和保障人的权利和自由，充分扩大民主和公开性，其最终目的和实现改革

① 《戈尔巴乔夫言论选集》，人民出版社 1987 年版，第 276、318、292、339、342 页。

的主要标准，就是全面充实人权，提高苏联人的社会积极性。这个问题在社会主义理论和实践中占有中心地位。(3) 对社会主义做了新的界定，指出社会主义有七大特征，即“真正的、现实的人道主义制度”、“有效而活跃的经济制度”、“社会公正的制度”、“具有高度文化素养和道德的制度”、“真正的民主政治制度”、“各民族真正平等的制度”、[①]“本质和利益必然渴望和平”的制度。戈尔巴乔夫归纳说，苏联所要建立的社会崭新状态，正是这种“民主的和人道的社会主义新面貌”。

第三阶段（1990 年 2 月至 7 月），从苏共中央二月全会到苏共第二十八次代表大会，为“人道的民主的社会主义”理论的发展和形成阶段。1990 年 2 月，苏共召开扩大的中央全会。戈尔巴乔夫在报告中对“人道的民主的社会主义”做了进一步阐述：党的自身要进行根本性的改革，党要“放弃与全民和全人类的价值相对立的阶级立场”，放弃那种自以为绝对正确的主张，放弃政治垄断地位，“我们的理想是人道的民主的社会主义”。1990 年 7 月，苏联共产党召开的第二十八次代表大会是苏联的历史性转折。大会通过题为《走向人道的民主的社会主义》的纲领性声明、苏共新党章以及其他一系列文件，标志着“人道的民主的社会主义”理论的形成。这主要表现为：(1) 按照人道的民主的社会主义的面貌彻底改造共产党。其一，改变了共产党的工人阶级性质，新党章规定，苏共是“公民”的“政治组织”。其二，改变了共产党的指导思想，用马克思、恩格斯、列宁的思想取代了马克思列宁主义概念，而且把他们的思想只作为人道的民主的社会主义的思想来源之一，不再看作党的根本指导思想和行动指南，主张从社会党国际纲领中寻找合理内核。其三，抛弃民主集中制原则，用“民主原则”代替“民主集中制”原则。新党章规定不限制党员在辩论中按纲领进行联合的权利，实际上允许党内存在派别和进行派别活

---

① [苏] 戈尔巴乔夫：“关于苏共二十七大决议的执行情况和深化改革的任务”，《苏联东欧问题译丛》1988 年第 5 期。

动，从而把苏共变成了争论不休的俱乐部。（2）把人道的民主的社会主义作为奋斗目标正式写入纲领声明和新党章。这说明苏共二十八大开始了全面实践这种模式的阶段。（3）确立了向私有化过渡的纲领，在经济上为人道的民主的社会主义奠定了基础。（4）确立"多党制"和"三权分立"原则是人道的民主的社会主义深化的政治表现。

从以上的演变过程可以看出，人道主义和多元化是民主社会主义的两大理论基础，是资产阶级历史唯心主义世界观的表现。建立在民主社会主义基础上的意识形态从根本上背离了无产阶级的意识形态，而是资产阶级的意识形态。在民主社会主义成为苏联的主导思想后，取消共产党的领导，主张多党制，实行资产阶级议会民主制；取消以社会主义公有制为主体，实行私有化等也就成为顺理成章、水到渠成的历史必然了。

（二）戈氏"人道的民主的社会主义"的思想来源和社会背景

戈尔巴乔夫推出"人道的民主的社会主义"不是偶然的，有其深刻的社会背景和思想理论渊源。

第一，从历史渊源来说，戈尔巴乔夫宣扬的"人道的民主的社会主义"与第二国际老修正主义者鼓吹的社会民主主义一脉相承。19世纪和20世纪之交，伯恩斯坦、考茨基等人修正和篡改马克思主义的基本原理，宣扬资产阶级人道主义和超阶级的民主观，反对无产阶级革命和无产阶级专政，鼓吹改良主义，提出通过议会道路来改良资本主义的主张。戈氏的"人道的民主的社会主义"将这些理论观点都继承下来了，只是根据新的历史条件做了一些改动。如果两者有什么区别的话，那么第二国际修正主义者只是否定通过革命建立社会主义的必要性，主张通过改良缓和矛盾，使资本主义得以保存下来。可见，他们起到了阻碍历史前进的作用。而戈氏宣扬"人道的民主的社会主义"旨在颠覆无产阶级专政的社会主义制度，变公有制为私有制，全面复辟资本主义。

第二，戈尔巴乔夫所宣扬的“人道的民主的社会主义”是赫鲁晓夫修正主义的继承和发展。戈氏曾多次谈到自己是“二十大的孩子”，说他这一代人的政治信仰发端于苏共二十大，发展于20世纪60年代，因而也被称为“六十年代人”。赫鲁晓夫曾鼓吹资产阶级人道主义，将其作为指导思想，提出“一切为了人，为了人的幸福”的口号。戈尔巴乔夫1989年11月26日在《真理报》上发表题为《社会主义思想与革命性改革》的文章，说“社会主义思想的核心是人，是人的全面发展”。这篇文章重新肯定赫鲁晓夫“全民国家”的论调，并指出为了体现“全民国家”的精神，目前应实行人民自治与“代表制议会民主机制辩证结合”，保证行政权和立法权的分开、司法权的独立。

第三，社会党国际的巨大影响。社会党国际自20世纪70年代冲出欧洲向亚非拉国家扩展，在民主社会主义的旗帜下出现了像瑞典那样的“福利国家”，对生活水平逐渐下降的苏联人来说形成了极大的诱惑力，也引起了戈氏的关注。他认为，现在需要到其他社会主义国家去，到瑞典、挪威去看一看，应深入研究和正确评价社会民主党对社会主义价值观的发展。1987年10月戈氏派出以中央经济顾问组组长米柳科夫为团长，政府智囊人物阿巴尔金、阿甘别吉扬为成员的代表团到瑞典访问，他们回国后甚为赞叹，认为这种机制（瑞典模式）把政治民主的保障同高度发展和高生活标准、有成效的经济结构改革、较小程度的通货膨胀、实际上的充分就业、广泛的雇员共决权利以及社会公正结合了起来。苏联报刊称赞瑞典是“生产中的资本主义，分配中的社会主义”。苏联外长谢瓦尔德纳泽也说，“长期以来，瑞典模式不论在实践上还是在理论上都引起我们的兴趣，而现在比任何时候都更加如此”。①

第四，“东欧新马克思主义”的熏染。“欧共”在20世纪70年代

① 鲍成钢：“试析苏联东欧的民主社会主义趋向”，《今日苏联东欧》1990年第6期。

趁苏美争夺之机，对东欧国家进行渗透，促使东欧国家领导人分裂，出现了所谓的"东欧新马克思主义"，实际上是民主社会主义在共产党内的变种。东欧一系列骚动和不安就是这些人不断运作的结果。"欧共"的思想通过这些人传导到戈尔巴乔夫。戈氏的"新思维"一词就来自"欧共"的"政治新思维"的说法。

还有一些因素对"人道的民主的社会主义"纲领的形成起到了催化作用。负责意识形态的苏共中央书记梅德韦杰夫和总统委员会成员沙塔林指出，目前苏共正在研究世界社会主义思想，正在从普列汉诺夫的著作，从费边社会主义的著作中，还从社会党国际的各政党的纲领中寻找合理的内核。格拉乔夫曾经指出，戈尔巴乔夫制订其计划时的顾问"可以是'布拉格之春'的浪漫主义者，也可以是他不久前发现的共产主义的'异教徒'——意大利共产党人和其他欧洲共产党人"。戈氏本人也承认这一点，同时他还加上了德国社会民主党领袖勃兰特的"东方政策"，说这些现象都"促使我国许多人对一些问题进行深入思考——对民主、自由与和平的价值的思考，对通向这些价值的道路的思考"。

总之，戈尔巴乔夫鼓吹的"人道的民主的社会主义"并不是他的什么新发明，只不过是国际上新老修正主义思想、欧洲共产党人和社会民主党人观点的大杂烩，是社会民主主义在苏联特定历史条件下的变种。

（三）戈氏"人道的民主的社会主义"的错误本质

"人道的民主的社会主义"有两大理论基础：人道主义和多元主义。

人道主义的历史观和价值观，是戈尔巴乔夫"新思维"的哲学基础。戈尔巴乔夫把社会主义的本质归结为人道主义。他在苏共二十七大报告中说，在社会领域"最广泛最明显地显示出社会主义制度的人道主义本质”。[①] 在苏共第十九次全国代表会议上，戈氏又强调人道主义“在社会主义理论和实践中占有中心地位”，社会主义是“现实的人道主义制度，在这一制度下，人是真正的万物的尺度”。[②] 他认为“社会主义的新面貌就是社会主义人的面貌”，人道主义是社会主义的“首要价值观”，应当彻底实行“人道标准在我国社会生活一切领域中居先的原则”。

首先应当明确，戈尔巴乔夫“新思维”中所讲的人道主义乃是一种抽象的人道主义，其实质是资产阶级的人道主义。作为社会历史观和基本价值观，它是同马克思主义根本对立的。人道主义形成于17—18世纪的资产阶级启蒙运动，是同以神为中心的神道主义相对立的一种资产阶级世界观、历史观和道德观。马克思主义者并不一概排斥人道主义，但决不局限于人道主义，而是要用马克思主义的唯物史观来审视人道主义。在伦理道德观上，马克思主义者提倡革命的人道主义和社会主义的人道主义。这种人道主义服从、服务于马克思主义的阶级斗争学说、无产阶级革命和无产阶级专政学说，是马克思主义的一种补充成分，并非马克思主义的主要成分和本质内容。戈氏“新思维”中所说的人道主义，也往往加上“社会主义”的定语，也称为“社会主义的人道主义”，而且说这是以马克思、恩格斯的《共产党宣言》中的一句重要名言为根据的，那就是“每个人的自由是一切人的自由发展的条件”。这里，戈尔巴乔夫是把马克思主义人道主义化，然后借助马克思主义的影响力来宣扬自己的货色。

多元主义是戈氏人道的民主的社会主义的又一理论支柱。“多元化”是西方社会民主党的理论核心，戈尔巴乔夫把这个理论引进了苏共，表明其人道的民主的社会主义特有的理论基础已经确立。戈尔巴乔夫主要从以下两个方面阐述了其多元化的理论。

一是“思想多元化”。戈尔巴乔夫认为，应当实行“毫无保留、

① 《戈尔巴乔夫言论选集》，第318页。

② 尧凌珊：《苏共第十九次全国代表会议文件和评论》，新华出版社1988年版，第42页。

毫无限制的公开性”和“完整的无条件的民主”；“坚决反对以任何形式对舆论工具进行垄断”，要允许各个党派、各种政治组织利用电视、广播、报刊自由地宣传自己的政治观点。笔者认为，意识形态是社会存在的反映，掌握国家政权和生产资料的统治阶级的思想必须居于统治地位，其他阶级的思想可与之共存，却不能平等。社会主义必须坚持以马克思主义为指导，因为马克思主义作为无产阶级世界观的完整理论体系，揭示了社会发展的客观规律，反映了无产阶级的利益，为社会主义事业提供了指南。“人道的民主的社会主义”无视两种思想体系和意识形态并存与对立的现实，抹杀二者的本质区别，大搞思想多元化与自由化，放弃了马克思主义在意识形态中的指导地位，这就等于放弃了无产阶级的思想体系，让位于资产阶级的思想体系。搞意识形态多元化，为资产阶级思想泛滥以及用资产阶级思想取代无产阶级思想在意识形态中的统治地位创造了条件。资产阶级思想占领了意识形态阵地，社会主义必然要被葬送。思想多元化的最大危害在于否定马克思主义对意识形态的指导地位，为资产阶级自由化创造条件。

二是“政治多元化”。为使思想多元化有政治和组织保证，戈氏积极主张调整和改革政治体制，使之“自由形成和表现各阶级和社会集团的利益和意志”，① 说穿了就是要实行“政治多元化”，即在政治体制中实行多元化机制，实行多党制。这完全是反对一党专政、取消无产阶级政党的领导、搞多党制的主观错误思想。他还认为，共产党同社会民主党在政治上和思想上的接近，“是当代世界发展的合乎逻辑的趋势”。这就是要从根本上改变对共产党性质的认识，把共产党“社会民主党化”，搞多党制和议会民主制。从苏维埃制度建立以来，共产党一直处于领导地位，这一条已载入《苏联宪法》。《苏联宪法》第六条规定：苏联共产党是苏联社会的领导力量和指导力量，是苏联社会政治制度以及一切国家机关和政治团体的核心。戈尔巴乔夫懂

① 尧凌珊：《苏共第十九次全国代表会议文件和评论》，新华出版社 1988 年版，第 41 页。

得，要改变苏联的社会主义制度，首先必须改造苏联共产党。所以，在1990年苏共中央二月全会上，戈氏在党内外反共反社会主义势力的推动下，也强调党的地位不应当依靠宪法来强行合法化，而应该对宪法进行必要的修改。同年3月14日通过的《苏联宪法修改补充法》则把《苏联宪法》第六条修改为“苏联共产党、其他政党以及工会、共青团、其他社会团体和运动通过自己选入人民代表苏维埃的代表并以其他形式参加制定苏维埃国家的政策，管理国家和社会事务”。这样，戈尔巴乔夫就完全否定了共产党的领导地位，为实行多党制创造了条件。

显然，民主社会主义的两大理论支柱——人道主义和多元主义，是资产阶级历史唯心主义世界观的表现，是以服从资本主义政治经济制度为前提的所谓“社会主义”的原则。建立在民主社会主义基础上的意识形态从根本上背离了无产阶级意识形态，而是资产阶级的意识形态。如果共产党人将其作为“传统”科学社会主义的替代物，无疑是自寻死路。而在戈尔巴乔夫把持苏共最高权力的情况下，苏联走向这条道路就是“不可逆转”的了。

三、向私有制和市场经济过渡的资本主义制度取向

（一）戈尔巴乔夫：“没有私有制，一事无成”

马克思主义认为，生产资料公有制是社会主义的本质特征。“剥夺剥夺者”，将资本家私人占有的生产资料转归劳动人民共同所有，是生产力的社会性质客观地提出的要求，也是社会主义革命的基本任务。正如列宁指出的，“工人阶级要获得真正的解放，必须进行资本主义全部发展所准备起来的社会革命，即消灭生产资料私有制，把它们变为公有财产”。用恩格斯的话来说，这就是“由上升到政治独占统治地位的无产阶级以社会的名义占有全部生产资料”。社会主义制

度与资本主义制度的具有决定意义的差别就在于，前者是在生产资料公有制的基础上组织生产，后者则是以资产阶级私有制为基础的。否认了公有制，也就否认了社会主义。因此，作为社会主义制度自我完善的社会主义方向的改革，必须坚持在公有制的前提下进行。

戈尔巴乔夫私有化思想的产生和最终形成经历了一个过程。戈氏深知，在十月革命故乡的苏联，社会主义国家生产资料公有制的思想已经深入人心。在这样一个政治氛围下，如果直截了当地提出私有化的主张，人们是绝不允许的。虽然他打定主意要彻底改变苏联社会制度的性质，但必须采取迂回曲折的举措。正如他在1991年所说的："应该改变制度，我当时（指戈尔巴乔夫上台不久——作者注）就得出了这个结论。但是如果一开始，社会还没有作好准备，就这样提出问题，那将一事无成。"他采用资产阶级政客惯用的手法，把自己的真实想法遮掩起来，先提出一些模棱两可的、模糊的新概念，在笼统的改革旗号下，把这些概念一点一点儿灌输给人民群众，等到群众的观点改变了再摊出自己的底牌，说出这些概念的真实含义。

戈尔巴乔夫推行资本主义私有化的第一步是丑化社会主义公有制，为私有化制造舆论。生产资料公有制是社会主义的基本经济基础。实行生产资料公有制还是私有制这是社会主义同资本主义的一个本质区别。坚持社会主义就必须坚持生产资料公有制，这是马克思主义的基本立场。然而，戈尔巴乔夫作为苏联共产党的主要领导人，不但不捍卫社会主义公有制，反而妖魔化公有制。1990年8月18日戈尔巴乔夫在奥德萨军区的讲话中强调，国家所有制的垄断性独占性的统治是造成苏联经济危机状况的主要原因，也是摆脱这种危机的主要障碍。因为这种统治使人同生产资料失去了联系，排除了建立创造性劳动条件的可能性。劳动者和劳动集体的经济利益本来是生产和交换的内在的根本的主动力，可是在当前这种垄断性独占性的国家所有制形式下，行政命令成了社会经济运行的基础，官僚主义的统治束缚了整个社会，不打破这种体制，国家根本不可能复兴和革新。因此，全面改革所有制关系，取消垄断，实现财产非国有化已经成了刻不容缓的任务。紧接着戈氏提出了“非国有化”（разгосударствление）的概念，笼统地主张“多种经济成分并存”。例如，他在 1990 年 3 月说：“不进行所有制关系的深刻改革，经济改革就是不可思议的。苏共主张多种多样的所有制形式，这些形式平等和合理的竞争是公民自由、劳动者实际选择发挥自己才能的方式方法以及保障消费者权益的经济基础。”经他建议修改的《苏联宪法》宣布：“苏联经济制度在苏联公民所有制、集体所有制和国家所有制的基础上发展，国家为发展多种形式的所有制创造必要的条件并保证平等地保护这些所有制形式。”1990 年 10 月 18 日戈尔巴乔夫颁布了《稳定国民经济和向市场经济过渡的基本方针》，提出了“各种所有制一律平等”和“非垄断化”、“非国有化”及“私有化”的方针。戈尔巴乔夫在上文中对“私有化概念”做了一个解释：“不一定把私有化理解为只是向私有制转化，而应理解为通过各种条件向集体、合作社、股份公司、外国银行、私人转让，或者通过出售国家财产的手段改变所有者的更为普遍的进程。”后来，戈尔巴乔夫就不讲非国有化了，而只提“私有化”（приватизация），并且强调私有化主要是向私有制转化，因为“没有私有制，一事无成”。可见，他的“非国有化”，实际上就是私有化，就是私有制。只不过这在当时不能和盘托出，要一步一步说出来。俄罗斯经济学家普切林采夫做了更明白的注释：“非国有化就是私有化，也就是资本主义化。可以说，非国有化是私有化的初级形式，私有化是非国有化的高级形式。开始时说非国有化，后来就说私有化。”

（二）戈尔巴乔夫：“除了向市场过渡，别无选择”

根据苏共第二十八次代表大会通过的纲领和戈尔巴乔夫 1990 年 10 月在最高苏维埃会议上作的题为《稳定国民经济和向市场经济过渡的基本方针》的报告，戈氏提出的经济纲领中包含作为运行机制的市场经济的内容主要是：（1）在经济活动中市场机制是基本的调节手段，它对资源配置起着基础性的调节作用，同时国家也给予必要的干预，以弥补市场机制的不足；(2) 企业是自主经营、自负盈亏的市场主体，它拥有进行经营活动所必要的全部权力，能够对市场调节的信号作出反应；(3) 价格是根据市场供求关系自由地形成的，必要时国家可以适当干预，但一般讲不能通过行政手段硬性加以规定；(4) 形成完整的市场体系，除了商品市场外，还要有劳动力市场、资金市场、技术市场、信息市场等，保证市场机制能正常地运转；(5) 积极参与国际分工，与世界市场接轨；(6) 建立服务于市场经济的社会保障制度、法律制度、行政机构；如此等等。上述报告明确指出：“除了向市场经济过渡，别无选择。全世界的经济已经证明，市场经济是有活力和有效率的。我国社会向市场经济过渡完全是人的利益决定的，目的在于建立起面向社会的经济，使全部生产面向消费者的需求，克服商品短缺和排长队的耻辱，切实保证公民的经营自由，为鼓励热爱劳动、创造性、主动性和高生产效率创造条件。”“市场与我国人民的社会主义选择并不矛盾。只有市场与全社会的人道主义方向结合，才能保证人们的需要得到满足、财富的公正分配、公民的社会权利和社会保障、自由和民主的扩大。”“市场固有的自我调节机制，能保证在全体生产者活动十分协调一致的情况下使经济保持平衡，保证合理地利用人力、物力和财力。市场要求生产具有灵活性，并能迅速接受科技进步的成果。”“向以市场关系为基础的经济体制过渡，使我们的经济能够同世界经济有机地结合起来，并使我国公民得以利用文明的一切成就。”

但必须指出的是，在戈尔巴乔夫的经济纲领中，市场经济是与资本主义制度结合在一起的，他要建立的是资本主义市场经济，因此在性质上、社会方向上与我们所要建立的社会主义市场经济是根本不同的。

第一，以私有制为主体的多元私有制结构是戈尔巴乔夫推行完全市场经济的前提。戈尔巴乔夫的逻辑是，市场经济反映的是一种自由的经济关系，市场的各个主体必须是自由地进行经济活动、相互展开平等竞争的经济实体。如果在所有制结构中国家所有制居统治地位，便无法使经济自由和平等竞争。市场经济需要有多种所有制为前提。戈尔巴乔夫否定了社会主义公有制后，1989 年年底苏联政府工作报告中开始出现“社会主义市场经济”的提法。到 1990 年二月全会，苏联所有制改革理论已发生了原则性转变，即明确放弃了公有制的主体地位。苏共中央二月全会通过的向苏共二十八大提交的行动纲领草案就明确提出，“应当以计划市场经济来取代本身具有垄断性和缺乏主动精神、消耗大和经营不善以及忽视消费者利益的命令主义分配制度”。“计划—市场经济”的提出标志着苏联向市场经济过渡的经济改革目标已经确立。在这一阶段，平等竞争的多种所有制形式是基础。苏共二十八大纲领草案指出，“计划—市场经济的基础是多种多样的所有制形式、独立商品生产者的竞赛、发达的财政体系”。

在苏共中央二月全会后的几个月内，苏联经济改革目标的提法由“计划—市场经济”发展为“可调节的市场经济”。在这一阶段，向市场经济过渡的基础已发展成为要对国家所有制进行非国有化的改造。1990 年 9 月提出的《苏联关于形成可调节的市场经济的机构和机制的政府纲领》指出：“存在市场关系的主体——独立自主的、不仅对经常性收入而且对自己的财产也负有经济责任的商品生产者，是建立市场和使市场机制有效运行的必要条件，这要求经济的非国有化，即将一部分国家所有制企业脱离联盟、共和国、地方苏维埃等国家管理机关的直接控制，并将它们改造成为股份企业、租赁企业、合作社、合伙经营、劳动经济以及私营企业。”

最后，1990 年 10 月份经济改革的“总统方案”中终于明确地确定了“向市场经济过渡”。由此可见，在经济改革目标演变的过程中，所有制改革理论的发展变化为确立市场经济目标奠定了基础，同时向市场经济过渡这一改革目标的确立反过来又为最终私有化开辟了道路。

第二，戈尔巴乔夫要搞的市场经济是以人道的民主的社会主义为理论基础的。作为改革目标被提出来的市场经济是戈尔巴乔夫的人道的民主的社会主义路线的组成部分，是人道的民主的社会主义的基本价值观在经济领域的反映。戈尔巴乔夫在强调建立市场经济必要性时指出，人道的、民主的社会主义贯彻到经济领域，就是要充分体现经济发展以人为目的、为人服务以及实现经济主体和人在经济生活中的自主和自由。就是说经济发展只是一种手段，人才是目的；要使经济结构以及整个社会制度实现向人的转折，实现经济结构的人道主义化。市场经济中以消费为目的、经济主体经营活动的自主和自由以及劳动者选择的自由等原则，正好符合“人道的民主的社会主义”的上述要求和价值观。可见建立市场经济是建立“人道的民主的社会主义”社会的一个有机组成部分，是其在经济领域的体现。戈尔巴乔夫指出，社会向市场经济过渡完全是由人的利益决定的，与苏联人民的社会主义选择并不矛盾。只有市场与社会发展的人道主义方向的结合，才能保证人们的需要得到满足、财富的公正分配、公民的社会权力和社会保障、自由和民主的扩大。所以苏联确定了向市场经济过渡的方针。

四、“全面经济改革”——全面经济崩溃

经济改革是戈尔巴乔夫执政初期的工作重点，也是他准备全面改革的切入点。戈氏经济改革的过程经历了三个阶段：第一阶段是从1985年到1986年，这个时期改革的特点是在原有经济体制内作局部修补；第二阶段是从1987年到1989年，这个阶段的特点是提出一些激烈的改革措施，但仍没有超出原有经济体制的基本框架；第三阶段是从1990年到1991年，这个阶段的经济改革不仅发生了方向性的改变，还造成了苏联经济的严重混乱和危机。

第一阶段（1985—1986 年）是在苏联原有经济体制内的局部性和修补性的改革。戈氏在这个时期提出的目标是“加速发展战略”。戈氏把勃列日涅夫时期称为“停滞时期”，针对这种“停滞时期”提出了“加速发展”战略目标。关于戈氏的“加速战略”在上文已做了全面分析，这里不再赘述。

第二阶段（1987—1989 年）是在第一阶段经济改革受阻后，开始采用更为激烈的改革措施。第一阶段经济改革提出的“加速战略”不仅没有取得明显的效果，而且改革的第一个重大举措“反酗酒运动”遭到了民众的强烈抵制，出师不利。戈尔巴乔夫又转而开始了新一轮的经济改革措施，其标志是 1987 年苏共中央的六月全会。根据苏共二十七大精神，戈氏在进行了一系列准备工作后，在六月全会上做了关于经济改革整体方案的报告。根据戈氏的报告，全会通过了一个《改革经济管理制度的基本原则》的决议。几天后，最高苏维埃正式通过了一系列贯彻苏共中央六月全会决议的新法令和《国营企业法》。作为一个重要法律文件，该法在 1988 年 1 月正式生效。戈尔巴乔夫在《改革与新思维》一书中对六月全会评价说：“这次全会批准了《改革经济管理制度的基本原则》，这大概是 1921 年列宁颁布新经济政策以后我国经济体制的最重大和最根本的改造纲领。”[①]《国营企业法》的主要目的是想放松国家经济计划控制全国经济活动的问题，因此在这个法律中给予企业更大的经营自主权。为了达到这个目的，苏联采取了以下一些改革措施：

第一，进一步改革高度集中的管理体制。《国营企业法》表明，苏联决心改革高度集中的管理体制，缩小国家集中控制的范围，扩大企业、地方的自主权，建立起集权与分权相结合的管理体制。在新体制下，国家的主要任务是实现全国性的经济、社会和科学技术发展战略，在经济平衡的基础上调整国民经济进程，为企业的有效经营活动

---

① ［苏］戈尔巴乔夫，苏群译：《改革与新思维》，新华出版社 1987 年版，第 32 页。

创造条件。新法律实施后中央潜心于加强对整个国民经济的宏观控制，不对企业进行直接控制和琐碎监督；只规定稳定的（5年不变）经济定额作为企业经营活动的主要调节器。不给企业规定劳动成果与劳动消耗的绝对数额。企业根据国家控制数字、经济定额、国家订货和用户订货独立自主地制订五年计划和年度计划。同时，企业要对经营成果负完全责任，实行权和责相结合。

第二，企业实行自负盈亏、自筹资金、自主经营的“三自原则”。企业利润上缴财政预算后，剩余的由企业支配，用作简单再生产和扩大再生产、职工工资及社会福利等。这样可使企业有一定的自我发展、自我改造的能力。由于扩大自主权和留成利润增多，公司就有可能依靠自己的力量不断更新技术。过去要花15年才能生产一种新型汽车，现在只需5年时间。实行新体制以来，广大职工普遍加强了生产责任感，关心生产效益，因为生产的好坏直接关系到每个人的切身利益。

第三，放宽农业政策，扩大农民自主权。苏联取消了农业部等6个部委，成立了苏联国家农工委员会，地方上也成立了相应的农工综合统一管理委员会。国家只根据具体条件为农庄和农场规定五年计划期间每年向国家交售粮食和其他重要农产品的固定数额，其他问题主要由农业企业自行安排。在完成农牧产品的交售任务后，农业企业有权自由处理剩余产品。农庄和农场分批实行自负盈亏和自筹资金。在农庄和农场积极推广作业队、作业组集体承包制以及家庭承包制。

第四，大力发展合作经济和个体经济。为了促进改革深入发展，苏联还制定了《个体劳动法》和发展合作社的基本原则，明确规定允许在手工业、居民生活服务业和社会文化领域里从事个体劳动。1987年3月公布了《苏联合作制法》（草案）。该法律文件规定，生产合作社是经济上独立的、集体的社会主义商品生产者。它按照完全经济核算和自筹资金原则进行活动，可以自行决定活动的方向、生产的数量和结构，进行生产的计划工作和组织工作，销售产品。

纵观苏联的这些改革措施，其最大特点是宏观配套，微观搞活。首先，经济体制改革必须辅之以政治体制改革。要克服干部和群众长期形成的保守思想、陈旧观念、习惯势力和平均主义等等，是一个相当复杂的过程。因此，苏联比较注意经济改革和政治改革同步进行。其次，经济改革本身也要配套。必须对部门管理进行重大改革，设立了归口单位，避免政出多门。最后，法律先行。有了法律，上上下下都有了约束，有了规范。通过法律来保证企业不受行政干预，避免“瞎指挥”，不至于乱套。微观搞活方面，先从完善企业机制抓起，而不从利益分配入手，这样做可以使改革的步子稳妥，降低引起震荡的可能性。

但是，改革并没有超出苏联原有基本经济制度的框架，只做了一定程度上调整，致使这个改革方案在 1988 年 1 月实施后造成了严重的经济混乱。实践证明，这个经济改革方案主要存在两个缺陷：一是中央和企业之间的联系出现断裂。这个经济改革方案对企业的行为进行了新的规定，并给了企业更大的经营自主权，可是相应的中央一级机构却没有任何衔接性的机制改革。这样放出去的、没有约束力的权力不可避免地会造成整个社会经济活动的混乱。二是中央财政收入出现困难。企业自主权增大的结果直接导致中央财政收入的减少，与此同时，苏联原有的经济制度里并没有对非国有企业的税收方面的内容，这对困难的苏联经济无疑是雪上加霜。此外，在苏联的改革进程中旧的体制还没有彻底破除，新的加速机制尚未形成，新旧并存，矛盾丛生，新旧体制之间的矛盾集中体现为两种体制的目标模式和动因机制不同。旧体制的目标主要是完成国家计划任务，重点放在数量指标上，基本手段是行政命令；新体制的目标主要是自我完善和发展，重点放在质量指标上，基本动因是利益机制。由于没有处理好新旧体制的复杂、辩证关系，因而改革从一开始就出现了新旧体制脱节。因此，苏联国民经济在 1988 年出现混乱，1989 年经济形势更加严峻。这迫使戈尔巴乔夫不得不一方面重新加大中央调控力度，另一方面加紧寻找和制定新的经济改革方案，于是戈尔巴乔夫的经济改革进入了新的阶段。

第三阶段（1990—1991 年）是戈氏经济改革造成苏联经济混乱和失控时期，并开始背离改革初期的目标和方向。1987 年夏季开始的改革没有达到预期的效果。1989 年，经济危机明显加剧。进入 1990 年，就如何摆脱经济危机、推进经济改革问题，在总结改革遭受的挫折和研究西方发展市场经济经验的基础上，苏联的几派主要政治力量和一些著名的经济学家都认识到必须实现整个经济向市场经济过渡。这一年成了制定向市场经济过渡方案的一年。1990 年 5 月 24 日，政府总理雷日科夫在苏联第三次最高苏维埃会议上提出了《关于国家经济状况和向可调节市场经济过渡的构想》（也称“五月构想”，以下简称《构想》），打算用 5 年时间分三个阶段向市场经济过渡。但是，由于雷日科夫要求加强总理的权力，以保证这个构想的贯彻执行，因而遭到戈尔巴乔夫的否决。

第一，“沙塔林方案”。在雷日科夫提出向可调节的市场经济过渡构想的同时，以 38 岁的经济学家亚夫林斯基为首的少壮派，模仿波兰式“休克疗法”，拟订了一份苏联向市场经济过渡的“400 天计划”，主张一步到位地实行自由经营和自由价格。1990 年 7 月，苏共召开第二十八次代表大会，在经济方面会议肯定了向市场经济过渡的设想。8 月份，在戈尔巴乔夫和叶利钦的监督下，以总统经济顾问、总统委员会成员沙塔林院士为首的 13 人小组，在“400 天计划”的基础上制定出《向市场过渡——构想和纲领》，即“500 天计划”（又称“沙塔林方案”），试图在 500 天内在苏联建成“市场经济”。该方案有三大特点：一是全面接受以私营化企业经济为基础的市场经济概念。这是该计划的主导思想。二是彻底改变中央和地方各共和国的经济关系。企业管理权、贸易权和税收权全部归地方，但货币统一，中央税率同地方税率相协调。三是要求私有化、企业自由竞争、价格放开、货币和金融改革、减少政府开支同步进行等等。

第二，“政府方案”。就在“500天计划”出笼的同时，苏联政府方面由部长会议副主席、著名经济学家阿巴尔金主持，在雷日科夫的支持下，以“五月构想”为基础，草拟了一份自称是“温和激进”的方案——《苏联关于形成可调节市场经济的结构和机制的政府纲领》，即“政府方案”。这是“五月构想”的具体化。雷日科夫和沙塔林院士都声称，尽管“政府方案”和“500天计划”有不少共同点，但存在许多原则分歧，不能“合二为一”。事实上，二者在向市场经济过渡的总目标、稳定财政和消费品的某些措施以及大规模实行国家所有制非国有化和私有化等方面是一致的。分歧主要表现在以下几个方面：一是表现在中央与各加盟共和国的关系上。“500天计划”主张各加盟共和国在经济上是独立自主的，共和国应是国家调节经济的主体，联盟是主权共和国的经济联盟。这样一来，中央政府就失去了调控经济的可能，也形成不了全联盟的统一市场。而“政府方案”规定，中央政府应保留一定的调控经济权，保证全苏统一市场的形成。二是表现在农业生产资料的改革问题上。“500天计划”主张在农业中实行土地和固定资产私有化，而“政府方案”则反对买卖土地，反对把现有的农业公有经济拆散，而主张多种形式的土地所有制。三是表现在一些具体问题上，如向市场经济过渡的方法、速度及具体措施等。

第三，“总统方案”。在“500天计划”和“政府方案”两派各持己见争执不下的情况下，为了打破僵局，戈尔巴乔夫指示与前两个方案无关的阿甘别吉扬院士起草了第三个方案，即所谓“综合方案”，也称“总统方案”，于1990年10月16日提交议会，10月19日获得通过，题为《稳定国民经济和向市场经济过渡的基本方针》。这个方案的主要特点是：考虑到各加盟共和国情况的不同和改革程度的差异，没有规定向市场经济过渡的固定期限；保留了沙塔林计划中提出的国民经济非国有化和私有化的原则，同时认为这个进程不会那么快；采纳了政府的统一提高批发价格和收购价格的方案，又要求在一段时间内继续对一些基本产品的价格进行控制，但应逐步减少实行价格控制的产品；必须使各加盟共和国能够根据当地的特点自主地制定向市场经济过渡的计划，授予其范围广泛的新权力来管理国家经济。同“500天计划”中的取消中央协调作用不一样，“总统方案”规定了各加盟共和国赋予联盟的职能和中央在协调向市场经济过渡中的作用。

戈尔巴乔夫在介绍“总统方案”时称，“中央决定放弃制定详细的全联盟计划，现在提出的只是向市场经济过渡的基本原则”，对过渡时间、速度、各项指标和实施细则未做具体规定，“各加盟共和国可在此基础上根据各自特点制订和实施自己的计划”，并对此承担责任。雷日科夫表示，苏联政府准备执行总统方案，并着手建立市场经济所需的新机构。上述三个方案的主要起草人沙塔林、阿巴尔金和阿甘别吉扬三位院士在联合记者招待会上提出，必须停止对“总统方案”优劣问题的争论，立即采取实际行动向市场经济过渡。

从表面上看，这场针对如何向市场经济过渡问题历时一年之久的激烈争论似乎告一段落，但实际情况更趋复杂，经济改革由“空转”走向混乱。苏联改革旧的经济体制，打破了中央高度集中的计划管理制度，可是又没有真正转向市场经济，既破未立，苏联统一的市场被分割，各加盟共和国各行其是，不再唯中央政府马首是瞻。原来亲如手足的加盟共和国之间相互封锁，互设关卡，限制往来，禁止商品流出，许多企业根本不签订或不履行经济合同。生产联系和协作关系中断，原来分工周密、互相协作、相互依存的经济体系四分五裂。经济联系的崩溃加速了苏联经济的衰退，市场供应更趋紧张，经济危机进入总爆发时期：生产急剧下滑，经济由低速增长变为负增长；财政赤字，货币发行处于失控状态；通货膨胀急剧上升，消费品市场供应恶化，人民生活水平大幅下降 ；农业处于低水平徘徊状态，农业改革多数流于纸上谈兵，未见根本成效。由于经济领域和消费市场日益严峻，苏联社会问题更加尖锐、复杂，最后直接导致了苏联的完全解体。

近十年来美英两国学术界冷战史研究述评

SU LIAN JIE TI DE YUAN YIN JI SI KAO

夏亚峰*

冷战主宰了20世纪的后半期国际政治。在后冷战时期，许多国家的学者利用新获得的档案资料来仔细考察和重新评估冷战史。自从冷战国际史项目（Cold War International History Project）于1991年在伍德罗·威尔逊国际学者中心（the Woodrow Wilson International Center for Scholars）建立以来，“冷战国际史”这一概念已经被广为接受。1997年，著名历史学家约翰·加迪斯（John L. Gaddis）提出了一个新的说法：“冷战史新研究”（the New Cold War History），他认为其特征在于利用多方档案以及“这场冲突所有主要参与者的记录”。① 就其“新意”而言，主要体现在两个方面：一是新视野、新角度。由于东欧剧变，苏联解体导致冷战结束，学者们能够将冷战作为一个有头有尾、完整的事件来重新看待，重新解释。二是新材料、新证据。冷战结束前，西方冷战史研究所利用的主要是西方档案，尤其

* 夏亚峰，华东师范大学国际冷战史研究中心兼职研究员、美国长岛大学（Long Island University）历史系副教授。

① John L. Gaddis, *We Now Know: Rethinking Cold War History*, New York: Oxford University Press, 1997, p. 282.

是英美两国档案，因此冷战史的研究在某种意义上实际是美国对外政策和英国对外政策的研究，而不是真正的全球冷战史研究。[①] 冷战结束后，随着前共产党国家档案的大量公布，使得冷战研究可以建立在多边、多国档案的基础上。2003 年，陈兼和余伟民发表专文，对“冷战史新研究”的崛起、主要学术特征等相关问题，进行了系统的研究和梳理。[②] 本文根据相关英文文献，[③] 对过去十年美英两国冷战史研究新发展、新动向以及冷战史研究现状做一总结归纳，且主要涉及以下几个方面：美国的主要冷战研究中心、研究冷战的资料来源和新的研究方法、学者们关注的热点问题及最新研究成果的介绍、英国冷战研究概况等。

一、美国主要冷战研究中心

很多美国大学开有专门教授冷战的课程或其他课程如美国外交政策、美国国内政治和文化、世界史、亚洲史、国际冲突和合作等，也涉及很多冷战史的内容。大多数冷战研究专家在历史系，但在政治系、美国研究系、人类学系和社会学系也有研究冷战的学者。除了下面将要重点介绍的 4 个以大学为依托的冷战研究中心外，其他一些大学也有很多著名的冷战研究学者：美利坚大学（American University)、波士顿大学（Boston University)、布朗大学（Brown University)、康纳尔大学（Cornell University)、乔治城大学（Georgetown

① 参见翟强 2008 年 4 月 29 日下午在上海华东师范大学的演讲：《西方冷战史研究近况》。

② 该文是唯一一篇全面介绍西方冷战史研究的综述性中文文章，参见陈兼、余伟民：《“冷战史新研究”的源起、学术特征及批判》，《历史研究》2003 年第 3 期。

③ 本文依据的主要英文材料有 Hope M. Harrison，“Teaching and scholarship on the Cold War in the United States,” *Cold War History*，Vol. 8，No. 2 (May 2008)：259－84；Michael F. Hopkins，“Teaching and research on the Cold War in the United Kingdom，” *Cold War History*，Vol. 8，No. 2 (May 2008)：241－58，以及近十年来出版的相关英文专著，本文注释中有介绍。

University)、俄亥俄州立大学（Ohio State University)、天普大学(Temple University)、加州大学柏克利分校（University of California at Berkeley)、德克萨斯州奥斯丁分校（University of Texasat Austin)、弗吉尼亚大学（University of Virginia)、耶鲁大学（Yale University)、哥伦比亚大学（Columbia University)、加州大学洛杉矶分校（University of California at Los Angeles）等。根据成立的时间先后循序，4个以大学为依托的冷战研究中心为：加州大学圣塔·巴巴拉分校冷战研究中心（the University of California at Santa Barbara Center for Cold War Studies）——1994年成立冷战历史小组，2002年建立冷战研究中心；1998年成立的哈佛大学冷战研究项目（the Harvard Project on Cold War Studies)；2000年成立的乔治·华盛顿大学冷战研究小组（the George Washington University Cold War Group）和2001年开始的纽约大学冷战研究项目（New York University Project on the Cold War)。

加州大学圣塔·巴巴拉分校冷战研究中心（http：//www. history. ucsb. edu/projects/ccws）现由雅趣（Salim Yaqub）教授主持，开设本科生和研究生冷战史研究课程，培养博士生，召开国际会议(特别是亚洲冷战方面的会议)，并举办公共讲座和研讨会、接受访问学者等。该中心还设有一个辅助中学和大学教师从事冷战教学的网站(http：//www. coldwarclassroom. org)，名为“冷战与国际冲突”(contemporary conflicts in light of the Cold W ar）项目。

哈佛大学冷战研究项目主要是一个学术研究机构，同时也开设冷战研究方面的课程。该中心由著名学者克莱默（Mark Kramer）主持，他本人是俄国问题研究专家，精通数国语言。该中心收藏大量苏联集团国家的档案，主编冷战研究学刊（Journal o f Co ldW ar Studies）（http：//www. fas. harvard. edu/～hpcws/journal. htlm)、冷战研究学术专著系列丛书（http：//www. fas. harvard. edu/～hpcws/bookseries. htlm)、举办会议和学术讨论会等。哈佛大学冷战研究项目主要是利用苏联集团的解密档案来认识冷战，开展理论讨论，为现实政治总结历史教训。还有一个重要方面是研究苏联的种族冲突和民族动荡问题。哈佛大学冷战研究项目提供网上获取苏联集团档案（http：//www.fas.harvard.edu/～hpcws/documents.htlm）的机会以及有关冷战研究的其他机会（http：//www.fas.harvard.edu/～hpcws/sources.htlm）。哈佛大学还有关于苏联共产党历史的大量微缩胶片。

乔治·华盛顿大学冷战研究小组注重用跨学科的方法研究冷战史，探讨冷战史与当前美国对外政策的关系。该中心现由哈利森（Hope M. Harrison）教授主持，主要学者有赫希伯格（James G. Hershberg）、布热津斯基（Gregg Brazinsky）和古德盖尔（James Goldgeier）等。在历史系和政治学系开设冷战研究本科生和研究生课程。该小组与英国伦敦经济学院（London School of Economics）冷战研究中心有博士研究生交换项目。近10年来，该中心与加州大学圣塔·巴巴拉分校冷战研究中心和伦敦经济学院冷战研究中心举办每年一次的博士生论坛。来自世界各地的博士研究生在论坛期间宣读他们利用新材料、阐述新观点的论文。会议评选出来的最好论文，在伦敦经济学院冷战研究中心主编的《冷战史》（Cold War History）期刊发表。中心特别注重冷战史专业的研究生的培养，从2003年以来，受梅隆基金会（the Andrew W. Mellon Foundation）资助，每年暑期为研究生举办如何使用档案的短训班。短训班为期一周，训练和培养现代史和国际关系专业的博士生从事档案研究的能力。已有数名来自中国大陆和香港的博士生参加过该学院的培训。中心还获得美国国家人文基金（the National Endowment for the Humanities）资助，为大学教授和中学教师举办暑期培训班，指导他们如何将冷战研究的最新成果传授给学生。与威尔逊国际学者中心冷战国际史研究项目合作，中心利用美国国家人文基金的资助，为中学教师和学生设立了关于冷战档案的网站（http：//www.coldwarfiles.org）。自2008年以来，中心与上海华东师范大学冷战国际史研究中心共同在暑期举办冷战国际史中美博士论坛，为中美两国高校从事冷战史研究的在读博士生和青年教师提供一个可以相互学习交流的平台。

纽约大学因为2001—2004年的全球冲突研究项目（Global Conflict）和2006—2010年的美国国内政治与冷战研究中心（Center for the United States and the Cold War）的设立，使其成为美国主要的冷战研究中心之一。该中心除了为本科生和研究生开设冷战方面的课程外，还资助研究项目、支持访问学者，举办国际会议和讲习班、研讨会等。全球冲突研究项目由玛丽琳·扬（Marilyn Young）教授和亨特（Allen Hunter）教授主持，第一年的研究主题是战争与和平；第二年的研究主题是日常生活、知识和文化；第三年的研究主题是历史、统治方式和可供选择的其他方案。美国国内政治与冷战研究中心由玛丽琳·扬教授和纳什（Michael Nash）教授主持，主要是收集美国劳工和左派运动历史资料（http：//www. nyuedu/library/bobst/research/tam/programs. html）。这个5年的研究项目提供一个博士生研究基金和一个博士后研究基金，为研究冷战是如何影响美国国内政治文化和外交政策课题、利用中心收藏于塔米闷图书馆（Tamiment Library）的苏联和美国档案的学者提供暑期研究基金。

位于美国首都华盛顿威尔逊国际学者中心的冷战国际史项目是美国，其实也是全世界最主要的，不是以大学为依托的冷战研究中心（http：//www. cwihp. org）。该中心成立于1991年，由麦克阿瑟基金会（Mac Arthur Foundation）资助。利用苏联档案的解密，从事收集、整理、翻译、公布前共产党国家的档案，研究“另一方”的历史。赫希伯格（1991—1997年）、王大卫（David Wolff，1997—1998年）和奥斯特曼（Christian F. Ostermann，1998年至今）先后任主任。中心编辑出版冷战国际史项目公报（CWIHP Bulletin）和研究论文系列（CWIHP Working Paper series），其冷战研究专著系列始于1998年，由赫希伯格担任主编，斯坦福大学出版社和威尔逊中心出版社联合出版。中心成立之初，主要是着力从莫斯科和苏联集团国家获取档案并予公布。由于从莫斯科获取新档案的机会越来越少，中心近年来工作重点转到中国，并已与中华人民共和国外交部签订几个有关公布档案的协议。中心的出版物和国际会议已经对以下问题有很深的研究：美苏冷战起源与结束、美苏缓和、第三世界、中苏分裂、华沙条约、南斯拉夫问题、东欧危机、朝鲜战争和很多其他问题。

另一个不是以大学为依托的冷战研究中心为国家安全档案馆（The National Security Archive：http：//www.gwu.edu/～narchiv）。该机构成立于1985年，由曾担任《华盛顿邮报》记者的阿姆斯特朗（Scott Armstrong）发起。国家安全档案馆设于乔治·华盛顿大学格尔曼（Gelman）图书馆内，布莱通（Thomas S. Blanton）从1992年以来一直担任主任。中心致力解密美国政府涉及安全问题的档案，收藏大批美国解密档案和苏联、拉美以及其他地区的档案。很多文件已经电子化，供研究人员免费订阅下载（http：//nsarchive.chadwyck.com/marketing/index.jsp）。国家安全档案馆还与冷战国际史项目合作，就冷战时期的一些“爆炸性”问题（flashpoints），例如1953年的东德暴乱（the 1953 East German Uprising）、1956年的匈牙利革命、古巴导弹危机、1968年的布拉格之春、1980年代的波兰军管等问题共同举办国际会议。国家安全档案馆为这些会议准备解密文件的简报，并与中欧大学出版社（Central European University Press）共同出版国际档案文件集。国家安全档案馆还为世界其他国家的档案馆就信息自由法（Freedom of Information Act）的程序问题提供咨询，并成为这些文件的收藏中心。国家安全档案馆的工作人员还个人出版了不少研究冷战的著作。如中国读者所熟悉的伯尔（William Burr）博士编著出版的基辛格（Henry Kissinger）秘密档案，已经翻译成中文出版。[①]

---

① William Burr，*The Kissinger Transcripts*：*The Top Secret Talks with Beijing and Moscow*，New York：The New Press，1998.

二、冷战史研究的美国资料

对于从事冷战史研究的新手来说，可以从研读国家安全档案馆、冷战国际史项目公报及论文系列、哈佛大学和纽约大学的档案材料开始。对那些研究冷战时期美国对外政策的学者来说，可查阅位于华盛顿近郊马里兰州的美国国家第二档案馆（National Archives II），与冷战相关的档案也可以从网上查询（http：//www. archives. gov/research/cold-war）。冷战时期的各位美国总统，从杜鲁门（Harry Truman）到福特（Jerald Ford）时期的档案也已经相继解密，供研究者查阅。美国国务院历史学家办公室编辑出版多卷本《美国外交档案文件》（Foreign Relations of the United States），也可以在网上下载（http：//www. state. gov/r/pa/ho/frus）。此外，弗吉尼亚大学的米勒中心（Miller Center）总统录音项目（the Presidential Recordings Project），收集了从罗斯福（Franklin D. Rooseve lt）到尼克松（Richard Nixon）六位美国总统大约 5000 小时的会议录音和电话录音，很多已用文字公布，可以从网站下载（http：//millercenter. org/academic/presidentia lrecordings/index? PHPSESSID）。美国国会图书馆、哈佛大学、普林斯顿大学、耶鲁大学、乔治城大学、斯坦福大学胡佛研究所（the Hoover Institution at Stanford）收藏有美国政府前官员的个人档案和访谈记录。特别是乔治城大学设有一个外交口述史项目（Foreign Affairs Oral History Project），收藏有美国许多外交官的访谈录和口述史的录音和文字记录（http：//www. library. georgetown. edu/dept/speccoll/c1999. htm）。此外，联合国、世界银行、国际货币基金组织以及国际发展署（the Agency for International Development）的档案馆也有很多有价值的档案材料。

还有几个有用的关于冷战研究的网站：1998—1999 年，美国有线新闻网（CNN：Cable News Network）制作了一部 24 个系列的冷战（Cold War）专题片，并设立了一个冷战网站，包含专题片的文字形式、访谈、地图和资源图片（http：//cg. iturnerlearning. com/cnn/coldwar/cw _ start. html）。由旅美捷克裔学者马斯特尼（Vojtech Mastny）主持的“合作安全平行研究项目”（http：//www. php. isn. ethz. ch），对北约和华约、资本主义阵营和社会主义阵营做比较研究，其网站有很多文件和出版物等。加州大学洛杉矶分校荃特伯格（Marc Trachtenberg）教授于 2006 年出版了一本关于国际史治史方法的专著，[①] 他的网站（http：//www. polisc. iucla. edu/faculty/trachtenberg）为从事冷战研究的学者提供了十分有用的指南，有很多关于冷战研究资料、机构和信息。圣塔·克劳拉大学（Santa Clara University）冷战电子信息资源网（http：//www. scu. edu/library/research/political _ science/coldwar. html），可以下载冷战研究的原始档案、研究文章和网络信息等。此外，美国首都华盛顿近郊位于弗吉尼亚州费尔法克斯县（Fairfax County）的冷战博物馆（The Cold War Museum）有一个内容丰富的网站（http：//www. coldwar. org），致力于保持冷战时期人物、地点和事件的历史准确性，从事教育和研究这一全球性意识形态和政治冲突。

此外，美国外交史学家协会（the Society for Historians of American Foreign Relations）每年夏天举办的年会，总会有很多关于冷战史的专题讨论会，其会刊（Diplomatic History）经常刊登有关冷战史研究的重要论文。美国人文社会科学在线外交与国际史专栏（H-Diplo）经常刊登有关冷战史研究专著及论文的圆桌书评和单篇书评，有不少有关冷战研究的信息（http：//www. h-ne. tmsu. edu/～diplo）。

---

① Marc Trachtenberg，*The Craft of International History*：*A Guide to Method*，Princeton，N. J.：Princeton University Press，2006.

三、冷战史教学与热点问题的争论

在冷战时期，冷战研究经历了三个重要阶段和学术流派：20 世纪 50 年代的正统学派（Orthodoxy）或传统学派（Traditionalism），认为苏联应该对冷战的起源负责，而美国则是被动卷入冷战，是为了捍卫民主制度，遏制共产主义扩张；20 世纪 60—70 年代的修正学派（Revisionism），因为受美国陷入越战困境的影响，认为冷战不是起源共产主义扩张，而是美国式帝国主义扩张的结果；倾向接受经济决定论的影响，认为美国的对外政策受垄断资本集团的操重和控制，其目的是为在全球建立美国的经济霸权地位；20 世纪 70 年代末到 80 年代崛起的后修正学派（Post-revisionism），继承了修正学派的观点，也吸收传统学派的说法，认为冷战由传统均势机构的失衡所致，美苏双方对冷战的起源都应负责任，但苏联的责任更大一些。① 冷战结束以来，由于新的档案材料的公布，出现了加迪斯所称的“冷战史新研究”的学术潮流。根据陈兼和余伟民的看法，“所谓‘冷战史新研究’并不是一种外延与内涵都可以清楚界定的学术流派，而是一种由来自不同国家、属于不同具体领域的学者们通过一系

① Hope M. Harrison, “Teaching and scholarship on the Cold War in the United States,” *Cold War History*, Vol. 8, No. 2 (May 2008): 266；翟强：《西方冷战史研究近况》。传统学派代表作为 Herbert Feis, *Churchill, Roosevelt, Stalin: The War They Waged and the Peace They Sought*, Princeton NJ: Princeton University Press, 1957；Thomas A. Bailey, *America Faces Russia: Russian-American Relations from Early Times to our Day*, Ithaca, NY: Cornell University Press, 1950；修正学派代表作为 William A. Williams, *American-Russian Relations, 1781－1947*, New York: Rinehard, 1952 & 1971; The Tragedy of American Diplomacy, New York: Dell, 1959, 1962, 1972, 1988; Gar Alperovitz, *Atomic Diplomacy: Hiroshima and Potsdam: the Use of the Atomic Bomb and the American Confrontation with Soviet Power*, New York: Sim on and Schuster, 1965, 1966, 1985, 1994；后修正学派代表作为 John L. Gaddis, *The United States and the Origins of the Cold War*, New York: Columbia University Press, 1972; “The Emerging Post-Revisionist Synthesis on the Origins of the Cold War,” *Diplomatic History*, Vol. 7, No. 3 (Summer 1983): 171－190。

列个案研究以及相互之间的学术交流及讨论而产生的学术现象。其中，学者之间在概念、定义、史料阐述以及史实释义上往往存在不同意见”。[①] 在课堂、媒体、政治家和学者之间，关于冷战问题的争论十分热烈，除传统学派、修正学派和后修正学派观点的交锋外，此外还有“西方胜利论”（Triumphalism）和“民主优越论”观点的存在。

使用最为广泛的冷战史教材是康纳尔大学现已退休的拉法比（Walter La Feber）教授所著的《美国、俄国和冷战》（America，Russia and the Cold War）。该书于1967年第一次出版，到2006年已经出第十版。在1990年以来的几个较新版本中，拉法比引用了冷战国际史项目的一些新档案材料，并建了一个有原始资料、相关网站和图片资料的专门网站（http：//www. mhhe. com/LaFeber）。拉法比最初属于修正学派，批评美国对冷战起源应负的责任，认为战后美国由于经济需要寻找市场和原料。与“西方胜利论”学派对美国取得冷战胜利十分自豪的观点不同的是，拉法比对冷战持批评态度，他的书是这样开头的，“冷战花费美国国防开支8兆美元，10万美国人为此丧命；在麦卡锡主义盛行的1950年代初期，许多人的职业被毁；美国陷入东南亚的冲突，引发了于1980年代爆发、40年来最严重的经济危机。”[②] 笔者认为该书对讲授美国与冷战课程比较合适，但对教授国际冷战史课程就不是最好的选择。

最近十多年，可作为冷战史教科书最为有影响的是耶鲁大学教授加迪斯1997出版的《我们现在知道了：重新思考冷战历史》（We Now Know：Rethinking Cold War History）和2005年出版的《冷战：一部新历史》（The Cold War：A New History）。加迪斯为后修正学派主要代表，《我们现在知道了》一书主要讨论的是冷战前15年

① 参见陈兼、余伟民：“‘冷战史新研究’的源起、学术特征及批判”，《历史研究》2003年第3期。

② Walter LaFeber, *America, Russia, and the Cold War, 1945 — 2002*, New York: McGraw Hill, 2002, p. 1.

的历史，涉及美苏两个超级大国在欧亚两洲建立的相互对抗的阵营、核武器问题、古巴导弹危机、德国问题、第三世界、经济冷战、意识形态和同盟关系等。① 加迪斯强调冷战的结束是西方领导人正确决策的结果，冷战胜利的英雄是西方的强硬派和保守派，比如美国前总统里根（Ronald Reagan）、英国前首相撒切尔夫人（Margaret Thatcher）和教皇保罗二世（John Paul II）等。正像他的书名表明的那样，加迪斯是以一种西方胜利者的自信，来重新审视冷战历史的，他的口气就像一个法官，居高临下，在为一个案子做最后的结论和判决："我们现在知道了"，冷战全是共产主义的错。② 加迪斯于 2005 年出版的《冷战：一部新历史》主要为大学本科生所著，是一部简明冷战史通俗读本。该书语言风趣幽默，很适合本科生阅读。③ 加迪斯主要关心的是美苏大国关系，是欧洲中心论，他很少讨论两个超级大国在冷战中对第三世界的干涉以及这些干涉所产生的后果。

加迪斯的著作受到美国主流媒体的高度评价，但冷战史研究的学者对加迪斯的一些观点也提出批评：加迪斯认为斯大林需要对冷战起源负责；把西方民主制与共产主义制度的斗争看成是正义战胜邪恶，从而忽视了冷战时期美国外交政策中暴力、不道德和违背法律的方面；认为 20 世纪 70 年代美苏缓和只是维持第二次世界大战后的均势，从而低估了西欧政策的重要性；对第二次世界大战结束后苏联的安全需求缺乏理解和同情；对中国是如何影响冷战进程缺乏认识；很少注意到第三世界等。④ 尽管加迪斯的著作重点论述的是美苏冷战，这两

---

① John L. Gaddis, *We Now Know: Rethinking Cold War History*, New York: Oxford University Press, 1997.

② 翟强：《西方冷战史研究近况》。

③ John L. Gaddis, *The Cold War: A New History*, New York: The Penguin Press, 2005.

④ Caroline Eisenberg, "Review of We Now Know by Michael S. Sherry," *The Journal of American History*, Vol. 84, No. 4 (March 1994): 1462—1464; David Painter, "A Partial History of the Cold War," *Cold War History*, Vol. 6, No. 4 (November 2006): 527—534; Geir Lundestad, "The Cold War According to John Lewis Gaddis," *Cold War History*, Vol. 6, No. 4 (November 2006): 535—542.

本书表明两个超级大国并不能控制其所有盟友和他们各自的军事集团的政策取向。从他的书中，我们知道了更多有关铁托、金日成、李承晚、（埃及）纳赛尔、毛泽东、周恩来、蒋介石、（南越）吴庭艳、胡志明、（西德）阿登纳（Konard Adenauer）、（东德）乌布利希（Walter Ulbricht）、戴高乐等，从而形成“近中心论”（pericentrism）的研究方法。所谓“近中心论”是指超越对美苏两个超级大国的分析框架，也就是超越传统学派、修正学派和后修正学派的观点，依赖新的档案资料，强化对法国、西德、东德、北朝鲜、北越、中国、古巴、巴基斯坦、阿富汗等国在冷战中作用的研究。① 这是“冷战史新研究”的一个重要方面。

其他有影响的教科书有英国剑桥大学教授雷纳兹（David Reynolds）所著的《一个分割的世界：1945 年以来的全球史》。该书讨论的重点不是冷战史和美苏关系，雷纳兹提出“二战以来发生的许多事情是无法全部装在冷战这个盒子里的”，认为不仅仅是美苏冷战“分割”了世界，还有民族、文化、宗教、南北问题、经济问题、性别差异、宗族问题等。雷纳兹重点讨论战后民族国家的激增和相互关系，认为“民族国家的出现和为巩固新的民族国家的努力，引发 20 世纪后半世纪的很多纷争”。② 利用冷战史研究的新材料，雷纳兹参与冷战热点问题的争论，他认为斯大林对冷战的起源负有直接的责任，但也

① Tony Smith, “New Bottles for New Wine: A Pericentric Framework for the Study of the Cold War,” *Diplomatic History*, Vol. 24, No. 4 (Fall 2000): 567—591.

② David Reynolds, *One World Divisible: A Global History since 1945*, New York: Norton, 2000, pp. 3—4. 其他一些有影响的冷战史教科书有：Martin Walker, *The Cold War: A History*, New York: Holt, 1993; Richard Crockatt, *The Fifty Years War: The United States and the Soviet Union in World Politics, 1941 — 1991*, New York: Routledge, 1995; David Painter, *The Cold War: An International History*, New York: Routledge, 1999。较有影响的教学辅助冷战史文献读本有：Jussi M. Hanhimakiand and O. Arne Westad, eds., *The Cold War: A History in Documents and Eyewitness Accounts*, New York: Oxford University Press, 2003; Edward H. Judge and John W. Langdon, eds., *The Cold War: A History Through Documents*, Upper Saddle River, NJ: Prentice Hall, 1999; Ernest R. May, ed., *American Cold War Strategy: Interpreting NSC 68, New York: Bedford/St. Martin Press*, 1993; Ellen Schrecker, *The Age of McCarthyism: A Brief History with Documents*, Boston: Bedford Books of St. Martin Press, 1994。

对其他导致冷战起源的因素进行了现实的考察和分析。[①] 对于冷战的结束，他认为戈尔巴乔夫是最关键的因素，但补充道："戈尔巴乔夫做得多一些，里根也是积极响应和配合"。[②]

一些有重大影响的、提供了非美国中心论观点的专著有：关于苏联与冷战，最重要的代表人物和著作有马斯特尼和他的专著《冷战与苏联的不安全感》，他的观点与加迪斯的立场接近，他批评斯大林对周围的人缺乏信任，认为斯大林总是希望建立新的缓冲地带，以控制周围的地区。[③] 旅美俄裔学者祖博克（Vladislav Zubok）和普列沙科夫（Constantine Pleshakov）合著《克里姆林宫的冷战：从斯大林到赫鲁晓夫》，他们充分利用了后冷战时期公布的俄国档案，特点是让读者真正了解二战结束后苏联领导人的思想倾向。对于冷战的起源，他们谴责斯大林、苏联的马克思列宁主义政治体系以及西方的政策，强调领导人个性、意识形态、历史文化以及地缘政治在冷战初期的重要性。[④] 祖博克的新著《失败的帝国：从斯大林到戈尔巴乔夫的苏联冷战》为美国学生提供了关于美国和苏联观点的冷战全史。[⑤] 关于中国与冷战最重要的著作是中国学者所熟悉的旅美华裔学者陈兼所著的《毛的中国与冷战》。[⑥]

教学中涉及最多的问题是冷战的起源、朝鲜战争、柏林墙、古巴导弹危机、美苏在 20 世纪 70 年代的缓和、越南战争、欧洲与冷战、拉丁美洲与冷战、中东与冷战、亚洲冷战、阿富汗问题、冷战的结束。特别是关于冷战的结束，是一个广为争论的问题。大量新材料的

---

① Reynolds, *One World Divisible*, p. 36.

② Reynolds, *One World Divisible*, pp. 545－547.

③ Vojtech Mastny, *The Cold War and Soviet Insecurity*, New York: Oxford University Press, 1996.

④ Vladislav Zubok and Constantine Pleshakov, *Inside the Kremlin's Cold War: From Stalin to Khrushchev*, Cambridge, MA: Harvard University Press, 1997.

⑤ Vladislav Zukov, *A Failed Empire: The Soviet Union in the Cold War from Stalin to Gorbachev*, Chapel Hill: University of North Carolina Press, 2007.

⑥ Chen Jian, *Mao's China and the Cold War*, Chapel Hill: University of North Carolina Press, 2000.

出现，并不能显示哪个学派观点的胜利。2007 年出版的弗吉尼亚大学莱夫勒（Melvyn Leffler）教授的专著《为了人类的灵魂：美国、苏联和冷战》通过美苏关系中的五个案例分析，考察冷战为什么持续这么长时间、又为什么会在 1990 年代初突然结束。这五个案例是 1945—1948 年间冷战的起源、1953—1954 年间美国总统艾森豪威尔（Dwight Eisenhower）和后斯大林时代苏联领导人之间的权谋与斗争、赫鲁晓夫与美国领导人在古巴导弹危机后的互动、1975—1980 年间在勃列日涅夫和卡特（Jimmy Carter）时期美苏缓和机会的丧失、1985—1990 年间冷战的结束。作者指责美苏双方，对美国政策的批评很多。强调国内国际的机制因素导致冷战难以结束。莱夫勒认为，就冷战结束而然，戈尔巴乔夫起了主要作用，因为是他的思想发生了根本的转变，而里根的作用是次要的。[①] 关于冷战结束争论激烈的一个重要原因是冷战结束时担任美国政府和苏联政府官员的不少人现在还健在，并出版了不少回忆录，如老布什（George H. W. Bush）总统、前国家安全顾问斯考克罗夫特（Brent Scowcroft）、前国务卿贝克（James A. Baker III）、曾任老布什政府中央情报局局长的盖茨（Robert M. Gates）、曾在国家安全委员会任职的翟历考（Philip Zelikow）和前国务卿莱斯（Condoleezza Rice）。苏联方面出版回忆录的有前苏共中央总书记戈尔巴乔夫和前外长谢瓦尔德纳泽（Eduard Shevardnadze）。关于冷战结束的原因的争论经常在学术专著、学术期刊、媒体和领导人讲话中出现，比如说小布什总统和前国务卿莱斯强调里根和美国赢得了冷战的胜利。[②]

翟强教授认为，2000 年“9·11”事件以后，由于伊斯兰原教旨主义对基督教文明的挑战，西方价值观再次受到威胁，因冷战结

---

① Melvyn P. Leffler, *For the Soul of Mankind: The United States, the Soviet Union, and the Cold War*, New York: Hill and Wang, 2007.

② Hope M. Harrison, "Teaching and scholarship on the Cold War in the United States," *Cold War History*, Vol. 8, No. 2 (May 2008): 273.

束而产生的西方优越感顿时消失殆尽，西方信心受到挫折，“历史终结论”很快被人遗忘，人们突然发现西方意识形态并没有被全世界广泛接受。学者们更加关注对第三世界的研究，希望通过追溯冷战时期西方对第三世界的干涉，找到理解当前第三世界动荡的答案。他们认为，冷战中两个超级大国对第三世界的干涉所造成的负面影响，为当今世界反西方的骚乱埋下了种子。[①] 2005年出版的伦敦经济学院国际关系史教授文安立（Odd A. Westad）的专著《全球冷战：第三世界的干涉和我们时代的形成》是这方面研究的代表作。文安立的著作研究冷战时期美苏两个超级大国对越南、南非、埃塞俄比亚、伊朗、阿富汗以及其他地区的干涉，并探讨冷战时期美苏对第三世界干涉对当今世界的影响。文安立的著作依赖多国和多语种档案以及对当事人的访谈。文安立认为，美苏在第三世界的争夺代表了冷战的最主要方面、最核心问题。在欧洲由于两个军事集团的存在和对峙，冷战冲突陷入僵局，取得新突破的空间和机会很少。然而，第三世界却有可能有取得突破的机会，是美苏两家推广和验证各自遵循的一套政治理论和经济发展模式的场所。美苏在第三世界的争夺，不仅是为了获取军事优势（盟友、基地等），更主要的是希望通过干涉第三世界的内部事务、影响第三世界的政治和经济发展，来显示各自代表的政治和经济模式的优越性和合法性，证明自己所信仰的价值观所具有的全球适用性。[②]

另一部研究第三世界与冷战专题而受到关注的著作是美国哥伦比亚大学马休·康纳利（Matthew Connelly）教授所著的《外交革命：阿尔及利亚的独立斗争和后冷战时代的起源》。在这本书中，康纳利指出阿尔及利亚争取独立的斗争既包含东西方（美苏）对抗的因素，又包含南北方（殖民地人民与殖民主义国家之间、伊斯兰教与基督教

① 翟强：《西方冷战史研究近况》。

② Odd A. Westad, *The Global Cold War: Third World Interventions and the Making of Our Times*, New York: Cambridge University Press, 2005；翟强：《西方冷战史研究近况》。

之间）矛盾的因素。康纳利指出，仅仅用冷战的眼光来看待 1945 年后的历史是片面的。在 1945—1991 年这段历史中，除了东西方的对抗之外，还有南北矛盾，阿尔及利亚冲突就是这方面的缩影。阿尔及利亚既寻求共产主义的支持，称自己持反帝的立场，又呼吁阿拉伯国家的支持，反对基督教文明，这种文明的冲突实际上是南北矛盾的表现形式。①

在新冷战史的研究中，除了以上从传统政治史和外交史的角度开展讨论外，还有不少学者将目光转向了社会和文化领域，出现了一个可以叫作"文化冷战"（the Cultural Cold War）的研究热点。这些学者关心文化是如何影响冷战的，以及冷战又是如何影响文化的发展。②美国哥伦比亚教授阿姆斯特朗（Charles K. Armstrong）研究了 1945 到 1950 年底美韩与苏联和北朝鲜两方在文化领域的争夺战。作者认为在这段时间，美国在朝鲜半岛的文化冷战中输给了共产党人。朝鲜战争使美国认识到在朝鲜和亚洲其他地区"争取人心之战"的重要性，美国的政策由此发生根本性的变化。③还有些著作关注冷战时期美国是如何宣传和利用自己的"软实力"（soft power），他们着重探讨知识和权力（knowledge and power）之间的关系，研究知识在国外和国内的走向和流动（movement of knowledge）。④在对知识走向的

---

① Matthew Connelly，*A Diplomatic Revolution*：*Algeria's Fight for Independence and the Origins of the Post-Cold War Era*，New York：Oxford University Press，2002. 参见翟强：《西方冷战史研究近况》。

② Robert Griffith，"The Cultural Turn in Cold War Studies，" *Reviews in American History*，Vol. 29，No. 1 (March 2001)：150.

③ Charles Armstrong，"The Cultural Cold War in Korea，1945－1950，" *The Journal of Asian Studies*，Vol. 62，No. 1 (February 2003)：71－99.

④ 关于研究美国文化的国外传播（export of American culture overseas），参见 Walter L. Hixson，*Parting the Curtain*：*Propaganda*，*Culture*，*and the Cold War*，*1945－1961*，Palgrave Macmillan，1997；Jessica C. E. Gienow-Hecht，*Transmission Impossible*：*American Journalism as Cultural Diplomacy in Postwar Germany*，*1945－1955*，Baton Rouge：Louisiana University Press，1999；翟强：《西方冷战史研究近况》。

考察中，一些学者追踪冷战中美国是如何向国外传播她的文化和知识的，[①] 另一些学者则探讨知识是如何在美国国内流动的，即学者如何为政府服务、学者如何与权力互动。[②]

在冷战社会史研究方面最有影响的著作是哈佛大学东亚系宋怡明（Michael Szonyi）教授的《冷战岛：处于冷战前线的金门》。[③] 该书的主角既不是蒋介石，也不是毛泽东，而是金门的人民和当地的驻军。全书分为四个部分：第一部分通过对 1949 年 10 月的古宁头战役、1954—1955 年以及 1958 年金门炮战的描绘，作者试图将金门和全球冷战联系起来，称为地缘政治化（geopolitica lization)；第二部分是通过对 1960—1970 年间事件的描绘，强调由于冷战对抗，导致金门的军事化（militarization)；第三部分叙述的是由于地缘政治化和军事化对金门人民生活的影响，作者考察的是妇女地位、经济和宗教方面的问题；第四部分考察的是冷战结束后，金门的非军事化过程以及中国大陆与台湾的政治变化与贸易交往。这一研究的重要意义在于通过对冷战时期普通老百姓生活的研究，加强对冷战时期领导人决策更深刻的理解，为同类研究指了一条新路子。[④]

在冷战文化史研究方面，不少学者开始重视探讨冷战时期大学与

---

① Volker Berghahn，*America and the Intellectual Cold Wars in Europe*：*Shepard Stone between Philanthropy*，*Academy*，*and Diplomacy*，Princeton，N. J：Princeton University Press，2002；John Trumpbour，*Selling Hollywood to the World*：*U. S. and European Struggles for Mastery of the Global Film Industry*，*1920－1950*，Cambridge：Cambridge University Press，2007；翟强：《西方冷战史研究近况》。

② 关于知识是如何在美国国内流动的，即学者如何为政府服务，学者如何与权力互动，参见 Bruce Kuklick，Blind Oracles，*Intellectuals and War from Kennan to Kissinger*，Princeton，N. J.：Princeton University Press，2007；翟强：《西方冷战史研究近况》。

③ Michael Szonyi，*Cold War Island*：*Quemoy on the Front Line*，Cambridge and New York：Cambridge University Press，2008.

④ 另一本从社会史角度研究冷战的著作是由美国德克萨斯农业和机械大学（Texas A & M University）恩格尔（Jeffrey Engel）教授主编的一本论文集。该书收集的论文，研究的是政治领导人在冷战时期所做的决定对普通人的生活以及地方环境和社区造成的影响。参见 Jeffrey Engel，*Local Consequences of the Global Cold War*，Washington D. C. & Stanford，Calif：Woodrow Wilson Center Press and Stanford University Press，2007。

政府决策的关系。研究表明，在美国政府特别是军事情报部门的支持下，一批有影响的社会科学研究机构应冷战而生，最有代表性的是麻省理工大学国际问题研究中心（Center for International Studies）、哥伦比亚大学的俄国研究所（Russian Institute，1992 年更名为 Harriman Institute）以及哈佛大学的俄国研究中心（Russian Research Center)。2002 年更名为 Davis Center for Russian and Eurasian Studies)。美国重要的私人基金会如卡内基、洛克菲勒以及福特基金会，也为这些研究注入大量资金。从凯南（George Kennan）到基辛格（Henry Kissinger）等大师级国际问题专家对美国政府冷战时期对外政策形成和实施产生过重要影响。研究表明，冷战对美国学术界的影响是多方面的，既有对学术自由的限制，学术为金钱和政治玩于股掌之中；也有政府和基金会对学术研究的大量资金支持。实际上，冷战结束以来，美国政府和基金会对地区研究（area studies）和发展研究（development studies）的经费支持大大减少。[①]

2010 年 2 月出版的一本关于亚洲冷战的论文集的编者提出了冷战研究的新方法。编者郑扬文（Zheng Yangwen）、刘宏（Liu Hong）以及宋怡明在书的导言部分提出，传统冷战研究的三个主要学派重视的是两个超级大国的对抗，而对冷战时期其他全球性问题如非殖民化（decolonization）、国家构建（nation-building）以及经济全球化（economic globalization）等问题涉及很少。与现已出版的研究亚洲冷战的著作（即认为冷战是两极对抗、冷战是民族国家在外交和国际关系领域的对抗、冷战对抗与其他全球性问题没有直接关系）不同的是，这

① 参见 Noam Chomsky，et al.，*The Cold War and the University*：*Toward an Intellectual History of the Postwar Years*，New York：New Press，1997；Rebecca S. Lowen，*Creating the Cold War University*：*The Transformation of Stanford*，Berkeley：University of California Press，1997；Ron Robin，*Making the Cold War Enemy*：*Culture and Politics in the Military-In tellectual Complex*，Princeton，NJ：Princeton University Press，2001；Christopher Simpson，ed.，*Universities and Empire*：*Money and Politics in the Social Sciences during the Cold War*，New York：New Press，1998。

本论文集研究的是亚洲冷战中文化的作用、公共外交（public diplomacy）及思想意识形态如毛泽东主义（Maoism）在世界各国的传播。[①]

四、冷战史研究在英国

冷战史研究在英国经历了三个阶段：第一阶段从冷战出现的20世纪40—70年代，期间英国皇家国际事务研究所（the Royal Institute of International Affairs）有一些研究成果出版，还有一些思辨性的著作。此外一些政治人物和政府官员回忆录中也提到这一冲突。此间，政治学者讲授冷战方面的课程，而史学家很少涉及这一问题；第二阶段从20世纪70年代开始到1988/1991年这段时间，由于对当代史的重视和有历史档案30年可以解密的规定，有关冷战起源的历史档案到20世纪70年代中期开始解密。英国外交部开始出版《英国海外政策文件集》（DBPO：Documents on British Policy Overseas），现已出版第一系列8卷（Series I，1945—1950）；第二系列4卷（Series II，1950—1960）；第三系列5卷（1960— ）。此间研究的重点是外交和战略问题，注重的是这次冲突的政治和军事方面。很少有学者研究冷战政策的国内因素和冷战的其他方面；[②] 第三阶段从20世纪90年代初期冷战结束至今。[③]

---

① Zheng Yangwen，Hong Liu and Michael Szonyi，*The Cold War in Asia：The Battle for Hearts and Minds*，Brill，Leiden and Boston，2010. 旅美中国学者卿世美2007年出版的专著认为，1945—1960年的中美关系恶化不是由于两国核心国家利益和道德原则的冲突，而是双方反复误判对方意图所致。参见 Simei Qing，*From Allies to Enemies：Visions of Modernity，and U. S.-China Diplomacy，1945—1960*，Cambridge，MA：Harvard University Press，2007。

② Michael F. Hopkins，"Teaching and research on the Cold War in the United Kingdom，" *Cold War History*，Vol. 8，No. 2（May 2008）：246.

③ Michael F. Hopkins，"Teaching and research on the Cold War in the United Kingdom，" *Cold War History*，Vol. 8，No. 2（May 2008）：241.

由于冷战的结束，苏联、东欧前共产党集团国家以及中国档案的解密，冷战可以作为完整历史来研究，出现新的研究领域：对公共舆论和宣传的研究；对意识形态的研究；对心理战的研究；对东西方"文化冷战"和"冷战文化"（Cold War Culture）的研究；对经济冷战和情报战的研究等。① 早期以档案为依据的冷战研究成果，主要探讨英国/美国关系的性质，这仍然是英国冷战史研究的一个重要方面。最主要的学者是剑桥大学雷纳兹教授。1988 年，他与丁宝璧（David Dimbleby）合著的《分割的海洋》仍然是该专题最好的著作。② 此外，麦克唐纳（Callum A. MacDonald）对朝鲜战争期间的英美关系有独到的研究。③ 其他著作探讨美英防务关系、英国驻华盛顿大使的作用、美英经济关系的性质、美英关系的特征与和谐性。④ 争论的焦点是这一关系"特殊性"的程度，特别是英国是否从这一特殊关系中获得利益。尤其是冷战结束后，英美特殊关系存在的理由已不存在，不少学者对英国是否从这一特殊关系中取得利益更为怀疑。⑤

英国冷战研究的主要贡献除对英美关系的研究，对苏联也有不少研究，但对中国的研究还很少。冷战史专业的博士生培养主要集中在剑桥大学、伦敦大学（University of London，包括伦敦经济学院）、

① Michael F. Hopkins，"Teaching and research on the Cold War in the United Kingdom," *Cold War History*，Vol. 8，No. 2（May 2008）：247.

② David Dimbleby and David Reynolds，*An Ocean Apart*，London：Hodder & Stoughton，1988. 雷纳兹 2006 年出版的著作中对此问题也有涉及，参见 Reynolds，*From World War to Cold War*，Oxford：Oxford University Press，2006。

③ Callum A. Mac Donald，*Britain and the Korean War*，Oxford：Blackwell，1990.

④ John Baylis，*Anglo-American Defence Relations* 1939－1984：*The Special Relationship*，2nd ed.，London：Macmillan，1984；Michael F. Hopkins，*Oliver Franks and theTruman Administration：Anglo-American Relations，1948－1952*，London：Frank Cass，2003；Saul Kelly，"A Very Considerable and Largely Unsung Success：Sir Roger Makin's Washington Embassy，1953－1956，" in *Twentieth-Century Anglo-American Relations*，edited by Jonathan Hollowell，Basingstoke：Palgrave，2001；Ian Jackson，*The Economic Cold War：America，Britain and East-West Trade，1948－63*，Basingstoke：Palgrave Macmillan，2001.

⑤ Michael F. Hopkins，"Teaching and research on the Cold War in the United Kingdom，" *Cold War History*，Vol. 8，No. 2（May 2008）：247.

牛津大学、诺丁汉大学（University of Nottingham），每年大致有6—8名研究生获冷战史专业博士学位。伦敦经济学院冷战研究项目（the Cold War Studies Program）（http：//www. lse. ac. uk/collections/CWSC/about _ cwsc. htm）是英国最主要的冷战研究中心。该中心成立于2000年，创始人为文安立教授和考克斯（Michael Cox）教授。中心致力于冷战在欧洲和第三世界的研究，得到艺术人文研究委员会（the Arts and Humanities Research Council）、经济和社会研究委员会（the Economic and Social Research Council）、麦克阿瑟基金会和福特基金会（the Ford Foundation）等著名基金会的资助。中心培养硕士、博士研究生、资助博士后研究人员和来自英国和世界各国的学者来此访学。中心创造跨学科的研究条件，研究人员有机会与国际组织、政府机构以及其他世界范围的机构就教学和研究问题合作。自2000年以来，中心主编出版冷战研究学术刊物Cold War History（http：//www. lse. ac. uk/collections/CWSC/cold War History Journal/Default. htm），注重刊登冷战史研究新解释和新研究的文章；冷战研究系列丛书（http：//www. lse. ac. uk/collections/CWSC/cass _ series/Default. htm）。该系列丛书致力将冷战研究的新材料和新解释进行传播和扩散，特别注重对主要历史事件新解释的著作和对新材料综述性评析著作的出版。

特别值得一提的是由美国弗吉尼亚大学莱夫勒教授和伦敦经济学院文安立教授共同主编的三卷本《剑桥冷战史》。① 该书由20个国家71位冷战史领军学者共同完成，于2010年4月由英国剑桥大学出版社出版。该书的目的是阐明冷战的根源、动力和结局；力图说明冷战是如何从第一次世界大战、第二次世界大战以及两次大战之间的地缘政治、意识形态、经济和政治环境中演化而来的；冷战

① Melvyn P. Leffler and Odd A. Westad，*The Cambridge History of the Cold War*，Vol. Ⅰ：Origins，1917—1962；Vol. Ⅱ：Conflicts and Crises，1962—1975；Vol. Ⅲ：Endings，1975—1991，Cambridge：Cambridge University Press，2010.

遗产是如何影响当今国际体系的。该书远远超出狭义的外交史，要说明的是冷战时期对绝大多数人来说最重要的是什么；表明不了解市场、思想和文化互动是如何影响政治话语、外交事件、战略思想，就无法理解冷战的结束。该书是一部国际史，广泛涉及20世纪的社会史、知识史和经济史方面，讨论人口统计学、消费学、妇女和青年、科学和技术、种族和民族问题；尽管很多章节主要讨论的是个别国家或双边关系，有更多的篇幅讨论的是地区性和全球性问题。本书的大部分作者是历史学家，但也有政治学家、经济学家和社会学家。在方法论方面，本书力图做到综合性、比较性和多元性的结合。作者来自不同的冷战研究学派，写作中力求在阐述自己的观点的同时，指出其他解释和研究方法的存在。本书为一部学术著作，主要供学者、外交官、战略学家和军事分析人员使用；同时也希望成为高年级本科生和广大公众的参考书（http：//www. lse. ac. uk/collections/CWSC/chcw/overview. htm）。

2000年，文安立教授曾指出，"'冷战史新研究'尚不能称为单一的研究方法（a singular approach），更不是一个'学术流派'（a school）"。[①] 除了传统的从两大权力集团冲突的双边关系和外交史的角度来解释冷战冲突，他认为今后的研究应重视将冷战史看作是现代国际关系史的一部分，他提出三个可能的研究冷战史的新的分析研究框架（three possible paradigms），从三个新角度来研究冷战史：意识形态（ideo logy）、[②] 冷战时期科学技术（techno logy）的作用[③]和第

---

① Odd A. Westad, "Introduction: Review the Cold War," in Odd A. Westad, ed., *Reviewing the Cold War: Approaches, Interpretations, Theory*, London: Frank CASS, 2000, p. 5.

② 关于意识形态与冷战的关系，最新出版的有很大影响的专著有 Lorenz M. Lüthi, *The Sino-Soviet Split: Cold War in the Communist World*, Princeton, NJ: Princeton University Press, 2008。

③ 2007年美国历史学会（the American Historical Association）以单行本的形式发表一篇研究冷战时期技术政治的文章，可见这一题目正受到学术界的广泛重视。参见 Gabrielle Hecht and Pau lN. Edwards, *The Technopolitics of Cold War: Toward a Transregional Perspective*, Washington D. C.: American Historical Association, 2007。

三世界（the Third World）。① 根据陈兼和余伟民的解释，越来越多的学者对于意识形态因素在冷战时期国际关系演变中的作用予以高度重视。越来越多的学者倾向于对“意识形态”做更为广义与宽泛的界定：当人们不再简单地将“意识形态”视为“关于官方信念的陈词滥调式的表述”时，在冷战史研究中便出现了对文化因素与意识形态关系的广泛关注；出现了对国家与社会关系以何种方式“造成”了意识形态的特定表达，又在何种意义上受到意识形态因素制约的强烈兴趣；还出现了对普通人生活经历、经验与意识形态因素演变之间交互影响关系的深刻关怀。② 2005 年出版的文安立的《全球冷战：第三世界的干涉和我们时代的形成》一书受到学术界的广泛重视，获得三个人文社科专著奖（the Bancroft Prize，the Akira Iriye International History Book Award，and the Michael Harrington Award from the American Political Science Association）。美国天普大学教授希契科克（William Hitchcock）认为“该书表明‘冷战史新研究’时代终于来临”。③

---

① Odd A. Westad，“The New International History of the Cold War：Three（possible）Paradigms，” *Diplomatic History*，Vol. 24，No. 4（Fall 2000）：551－565.

② 陈兼、余伟民：《“冷战史新研究”的源起、学术特征及批判》，《历史研究》2003 年第 3 期。

③ 参见 H-Diplo Round table Review，volume VIII，no. 12（2007），http：//www. h-net. org/～dipo/roundtables/，2009 年 9 月 30 日。

后 记

SU LIAN JIE TI DE YUAN YIN JI SI KAO

2011 年 12 月 5—6 日，教育部人文社会科学重点研究基地——华东师范大学俄罗斯研究中心与华东师范大学国际关系与地区发展研究院在上海举行“冷战终结及其对国际关系影响的再认知”国际学术研讨会，会议收到了来自国内外学者论文 30 余篇，本论文集就是会议最终成果的体现。

20 世纪 80 年代末、90 年代初，柏林墙倒塌、东欧剧变、苏联解体标志着作为一个时代的冷战的终结。20 多年过去了，对于这一历史大变动的原因及背景的分析始终是国际学术界一个令人深思和深入交流的话题，诸多问题萦绕在人们的头脑中并要求人们去回答。比如：冷战的终结为何在欧洲和亚洲表现出不同的面貌；冷战的终结为何是一个大多数学者都未能预料到的问题；冷战终结及苏联解体对随后 20 年的历史产生了怎样的历史影响；为何需要通过对冷战终结及苏联解体的总结来展望未来国际政治的发展前景等。为回答这些问题，来自中、俄、美、欧、韩、哈等国的顶尖学者汇聚一堂，就“冷战终结及苏联解体的原因和背景”、“作为历史过程的冷战的终结”、“冷战终结的国际影响”三大主题展开了深入的讨论。

俄罗斯外交与国防委员会主席谢尔盖·卡拉加诺夫、康奈尔大学教授陈兼、弗吉尼亚大学教授 Allen Lynch、威尔逊中心冷战项目主任 Christian F. Ostermann、华东师范大学俄罗斯研究中心主任冯绍雷教授、国际冷战史中心主任沈志华教授等国际知名学者参加了会议。

全书由华东师范大学俄罗斯研究中心刘军教授汇集整理，俄罗斯研究中心主任冯绍雷教授最后定稿。华东师范大学国际关系与地区发展研究院硕士研究生程艳阳、杨茗、范亚辉为本书英文文稿的翻译及部分作者的对外联系作出了贡献，在此一并致谢。